Madert/Müller-Rabe
Kostenhandbuch Familiensachen

Kostenhandbuch Familiensachen

Streitwerte und Gebühren in Ehe- und Familiensachen

von

Wolfgang Madert

Rechtsanwalt in Moers

und

Dr. Steffen Müller-Rabe

Richter am OLG München

Verlag C. H. Beck München 2001

Die Deutsche Bibliothek – CIP Einheitsaufnahme

Madert, Wolfgang:
Kostenhandbuch Familiensachen : Streitwerte und Gebühren in Ehe- und Familiensachen / von Wolfgang Madert und Steffen Müller-Rabe. – München : Beck, 2001
  ISBN 3-406-47296-6

ISBN 3 406 47296 6

© 2001 Verlag C. H. Beck oHG
Wilhelmstraße 9, 80801 München
Druck: Freiburger Graphische Betriebe, Bebelstraße 11, 79108 Freiburg
Satz: Jung Satzcentrum, Lahnau
Umschlaggestaltung: Bruno Schachtner, Grafik-Werkstatt, Dachau
Gedruckt auf säurefreiem, alterungsbeständigem Papier
(hergestellt aus chlorfrei gebleichtem Zellstoff)

Vorwort

Streitwerte und Gebühren in Ehe- und Familiensachen lautet der Untertitel dieses neuen Kostenhandbuchs Familiensachen. An und für sich folgen sowohl Streitwerte als auch Gebühren den allgemeinen Regeln. Kompliziert und manchmal unübersichtlich werden Werte und Gebühren durch viele Sondervorschriften, durch die unterschiedliche Behandlung, je nachdem es sich um Verbundverfahren oder isolierte Familiensachen handelt. Zusätzlich sind Anrechnungsvorschriften zu beachten.

Dadurch hat sich das Kostenrecht in Familiensachen fast zu einem Spezialgebiet entwickelt. Es schien daher geboten, in einem neuen Handbuch umfassend die Streit-, Gegenstands- und Geschäftswerte und die von ihnen abhängigen Gerichtskosten und Anwaltsgebühren darzustellen, umfassend zum Nutzen von Richtern, Rechtspflegern und Anwälten.

Die Verfasser bitten die Benutzer dieses Handbuchs um Kritik und Anregungen.

Moers/München, im Oktober 2000

Wolfgang Madert　　　　　　　　　　　　　　Dr. Steffen Müller-Rabe
47441 Moers, Ostring 6　　　　　　　　　　　 82205 Gilching, Cecinastr. 38

Inhaltsübersicht

Inhaltsverzeichnis	IX
Literaturverzeichnis	XXVII
Abkürzungsverzeichnis	XXIX
A. Übersichtstabellen	1
B. Streitwerte bzw. Gegenstands- oder Geschäftswerte	5
C. Gebühren im Verbund	55
D. Isolierte Familiensachen	77
E. Abtrennung und Einbeziehung	109
F. Gebühren vorläufiger Rechtsschutz	121
G. Aussöhnung	137
H. Gebühren Zwangsvollstreckung	141
I. Gebühren bei außergerichtlicher Tätigkeit	143
J. Trennungs- und Scheidungsvereinbarungen	163
K. Gebühren bei Mediation	179
L. Honorarvereinbarungen in Ehe- und Familiensachen	189
M. Kostenfestsetzung	225
N. Vergütungsfestsetzung	235
O. Auswirkungen von Prozesskostenhilfe	237
Sachverzeichnis	265

Inhaltsverzeichnis

Literaturverzeichnis XXVII
Abkürzungsverzeichnis XXIX

A. Übersichtstabellen
(Müller-Rabe)

I. Ehesachen und Verbund 1
II. Isolierte Familiensachen 1
III. Vorläufiger Rechtsschutz 3
IV. Scheidungsvereinbarung 4

B. Streitwerte bzw. Gegenstands- oder Geschäftswerte
(Madert)

I. Allgemeines 5
   1. Begriffliches 5
   2. Verbund 6
   3. Isolierte Verfahren 7
   4. Einstweilige Anordnungen nach § 620 ZPO 8
   5. Vorläufige Anordnungen in selbstständigen Familiensachen 9
   6. Einstweilige Verfügung und Arrest 9
II. Der Streitwert der Ehescheidung 9
   1. Berechnungsbeispiel 9
   2. Gerichts- und Anwaltsgebührenwert 10
   3. Bewertungszeitpunkt 10
   4. Berechnung des Einkommens 11
   5. Kinder und sonstige Unterhaltsberechtigte 12
   6. Schulden 12
   7. Vermögen 13
   8. Umfang der Sache 14
   9. Bedeutung des Eheverfahrens 15
   10. Sonstige Ehesachen; Antragsänderung 15
   11. Rechtsmittel 15
   12. Streitwertfestsetzung 16
   13. Der Wert für die Aussöhnungsgebühr des § 36 Abs. 2 BRAGO 16

Inhaltsverzeichnis

III. Der Streitwert der drei Kindesverfahren	17
1. Elterliche Sorge	17
2. Umgangsrecht	19
3. Kindesherausgabe	20
4. Eine oder mehrere Angelegenheiten sowie sonstige Bewertungsfragen	20
IV. Kindschaftssachen nach § 640 Abs. 2 ZPO	20
V. Der Streitwert beim Unterhalt für Ehegatten und Kinder	21
1. Grundsätze zum Streitwert in Unterhaltssachen	21
a) Vertraglicher Unterhaltsanspruch	21
b) Gesetzlicher Unterhaltsanspruch	21
c) Getrenntlebensunterhalt	22
d) Regelbetragsunterhalt	23
e) Unterhaltsansprüche nach § 1615 l und m BGB	24
f) Bestimmung der Art des Unterhalts nach § 1612 Abs. 2 BGB	24
g) Freistellung von Kindesunterhalt	24
h) Anlage U zur Steuererklärung	25
2. Rückstände	25
3. Klage und Widerklage	26
4. Freiwillige Zahlungen und Streitwert	26
5. Einbeziehung von freiwilligen Leistungen in einen Vergleich	27
6. Isolierte Auskunftsklage	28
7. Stufenklage	29
a) Berechnungsbeispiele	29
b) Allgemeines	29
c) Anspruch auf Auskunftserteilung und Rechnungslegung	30
d) Anspruch auf Abgabe der eidesstattlichen Versicherung	30
e) Der Hauptanspruch	31
f) Der Streitwert der einzelnen Regelgebühren	32
g) Rechtsmittelwert	32
h) Bezifferte Teilklage verbunden mit Auskunfts- bzw. Stufenklage	32
8. Abänderungsklage	33
9. Vollstreckungsabwehrklage	33
10. Vereinfachte Abänderung von Unterhaltstiteln	34
11. Negative Feststellungsklage	34
12. Unterhaltsverzicht	35
13. Abfindungsvergleich	36
14. Rechtsmittelwert	37
VI. Streit- bzw. Geschäftswert beim Versorgungsausgleich	37
1. Streitwert im Scheidungsverbund	37
2. Abweichung zwischen gerichtlichem Streitwert und dem Wert für die Rechtsanwaltsgebühren	38
3. Geschäftswert im isolierten Verfahren nach § 621 Abs. 1 Nr. 6 ZPO	39
4. Auskunftsverfahren zum Versorgungsausgleich	40

Inhaltsverzeichnis

VII. Geschäfts- bzw. Streitwert bei der Regelung der Rechtsverhältnisse an der Ehewohnung und am Hausrat 40
  1. Geschäfts- bzw. Streitwert der Ehewohnung 40
  2. Der Streit- bzw. Geschäftswert bezüglich des Hausrats 41
  3. Vergleich 42
  4. Rechtsmittel 42

VIII. Der Streitwert für Ansprüche aus dem ehelichen Güterrecht 42
  1. Zugewinnausgleich 43
  2. Vorzeitiger Ausgleich des Zugewinns 44
  3. Stundung der Ausgleichsforderung; Übertragung von Vermögensgegenständen 45
  4. Zustimmungsverfahren; Änderung des Güterstandes 46
  5. Gütergemeinschaft 46

IX. Bruchteilsgemeinschaft, gemeinsame Schulden 47
  1. Bruchteilsgemeinschaft 47
  2. Gemeinsame Schulden 47

X. Ausländisches Recht 48
  1. Trennung und Scheidung nach italienischem Recht 48
  2. Verfahren auf Anerkennung einer ausländischen Entscheidung in Ehesachen 48
  3. Verfahren auf Vollstreckbarerklärung eines ausländischen Urteils 48

XI. Streitwerte in Eilverfahren – einstweilige und vorläufige Anordnung, Arrest und einstweilige Verfügung 48
  1. Einstweilige Anordnungen in Ehesachen 48
     a) Elterliche Sorge, § 620 Nr. 1 ZPO 49
     b) Regelung des Umgangs eines Elternteils mit dem Kind, § 620 Nr. 2 ZPO 49
     c) Herausgabe des Kindes an einen Elternteil, § 620 Nr. 3 ZPO 49
     d) Unterhaltpflicht gegenüber einem minderjährigen Kind, § 620 Nr. 4 ZPO 49
     e) Getrenntleben der Ehegatten, § 620 Nr. 5 ZPO 50
     f) Unterhalt eines Ehegatten, § 620 Nr. 6 ZPO 50
     g) Benutzung der Ehewohnung und des Hausrats, § 620 Nr. 7 ZPO ... 50
     h) Herausgabe oder Benutzung der zum persönlichen Gebrauch eines Ehegatten oder eines Kindes bestimmten Sachen, § 620 Nr. 8 ZPO 50
     i) Prozesskostenvorschuss für die Ehesache und Folgesachen, § 620 Nr. 9 ZPO 51
  2. Einstweilige Anordnungen in isolierten Familiensachen 51
     a) Einstweilige Anordnung in Unterhaltssachen, § 644 ZPO 51
     b) Prozesskostenvorschuss in Unterhaltssachen, § 127a ZPO 51
     c) Einstweilige Anordnung über Kostenvorschuss, § 621f ZPO 51
     d) Unterhalt für Mutter und Kind während des Rechtsstreits auf Feststellung des Bestehens der Vaterschaft, § 641d ZPO 52
  3. Vorläufige Anordnungen in selbstständigen Familiensachen 52

4. Arrest und einstweilige Verfügung	52
5. Rechtsmittel in Eilverfahren	53

C. Gebühren Verbund
(Müller-Rabe)

I. 1. Instanz	55
1. Leicht übersehene Gebühren	55
2. Berechnungsbeispiel	55
3. RA-Gebühren	56
a) Einheitliches ZPO-Verfahren	56
b) Anwendungsbereich	56
c) Prozessgebühr	57
aa) Scheidung	57
bb) Anhörung zur elterlichen Sorge gemäß § 613 Abs. 1 S. 2 ZPO	57
cc) Unterhalt	57
dd) Amtsverfahren, insbes. VA	57
ee) Wohnung und Hausrat	60
d) Verhandlungsgebühr	60
aa) ZPO-Sachen	60
bb) FG-Folgesachen	61
e) Beweisgebühr	62
aa) Anhörung zur Ehesache gemäß § 613 Abs. 1 S. 1 ZPO	62
bb) Anhörung zum Sorgerecht gemäß § 613 Abs. 1 S. 2 ZPO	63
cc) ZPO-Folgesachen Allgemeines	64
dd) Unterhaltsanspruch	64
ee) FG-Folgesachen Allgemeines	66
ff) Kindessachen ohne § 613 Abs. 1 S. 2 ZPO	67
gg) Versorgungsausgleich	67
hh) Wohnungszuweisung	68
f) Erörterungsgebühr	68
g) Post- und Telekommunikation	70
h) Fälligkeit	70
i) Nicht postulationsfähiger RA	71
aa) Berechnungsbeispiel	71
bb) Anwendungsbereich	71
cc) Prozessgebühr	71
dd) Verhandlungsgebühr	72
ee) Beweisgebühr	72
ff) Erörterungsgebühr	72
4. Gerichtskosten	73
a) GKG	73
b) Verfahrensgebühr	73
c) Urteils- und Beschlussgebühr	73
d) Auslagen	74

Inhaltsverzeichnis

II. Rechtsmittel	74
1. Berechnungsbeispiel	74
a) Berufung	74
b) Befristete Beschwerde	75
2. RA-Gebühren	75
a) Berufung und befristete Beschwerde	75
b) Revision und weitere Beschwerde	75
3. Gerichtskosten	76
a) Berufung und befristete Beschwerde	76
b) Revision und weitere Beschwerde	76

D. Gebühren Isolierte Familiensachen

(Müller-Rabe)

I. Leicht übersehene Gebühren	77
1. ZPO-Verfahren	77
2. FG-Verfahren	77
II. Allgemeines	77
1. Übersicht Anzuwendende Vorschriften	77
2. Eine oder mehrere Angelegenheiten	77
3. Hinweispflicht bei willkürlich isolierten Verfahren	78
III. Ehesachen	78
IV. Kindessachen (elterl. Sorge usw.)	78
1. 1. Instanz	78
a) Berechnungsbeispiel	78
b) RA-Gebühren	79
aa) Geschäftsgebühr	79
bb) Besprechungsgebühr	79
cc) Beweisaufnahmegebühr	79
dd) Gebührenhöhe	81
c) Gerichtskosten	81
aa) Übersicht der einschlägigen Vorschriften	81
bb) Gerichtsgebühren	82
cc) Auslagen des Gerichts	82
dd) Auslagenschuldner	83
2. Rechtsmittel	85
a) Berechnungsbeispiel	85
b) RA-Gebühren	85
c) Gerichtskosten	86
3. Kostenentscheidung	86
a) Unterschied § 94 Abs. 3 S. 2 KostO – § 13a Abs. 1 FGG	86
b) Kostenentscheidung gemäß § 94 Abs. 3 S. 2 KostO	87
c) Kostenentscheidung gemäß § 13a Abs. 1 S. 1 FGG	87
d) Auslegung der Kostenentscheidung	88

V. Vermittlungsverfahren gemäß § 52a FGG 89
1. Berechnungsbeispiele 89
   a) Erfolgreiches Vermittlungsverfahren 89
   b) Erfolglose Vermittlung und Nachverfahren 89
2. RA-Gebühren 90
3. Gerichtskosten 90

VI. Kindschaftssachen (Vaterschaftsanfechtung usw.) 90
1. Berechnungsbeispiele 90
   a) 1. Instanz 90
   b) Rechtsmittel 90
2. RA-Gebühren 91
   a) ZPO-Verfahren 91
   b) FG-Verfahren 91
3. Gerichtskosten 91
   a) ZPO-Vefahren 91
   b) FG-Verfahren 91

VII. Unterhalt 91
1. Instanz 91
   a) Berechnungsbeispiele 91
      aa) Leistungsklage 91
      bb) Stufenklage 92
   b) RA-Gebühren 92
   c) Gerichtskosten 93
2. Rechtsmittel 93
   a) Berechnungsbeispiel 93
   b) RA-Gebühren 93
   c) Gerichtskosten 93

VIII. Vereinfachtes Unterhaltsverfahren 94
1. 1. Instanz 94
   a) Berechnungsbeispiel 94
   b) RA-Gebühren 94
      aa) Vereinfachtes Verfahren 94
      bb) Überleitung ins streitige Verfahren 94
      cc) Teils vereinfachtes, teils streitiges Verfahren 95
      dd) Abänderungsverfahren 95
      ee) Übergangsrecht 96
   c) Gerichtskosten 96
      aa) Vereinfachtes Verfahren 96
      bb) Überleitung ins streitige Verfahren 96
      cc) Teils vereinfachtes, teils streitiges Verfahren 96
      dd) Abänderungsverfahren 96
      ee) Übergangsrecht 97
2. Rechtsmittel 97
   a) Berechnungsbeispiel 97

b) RA-Gebühren	97
c) Gerichtskosten	97

IX. Versorgungsausgleich ... 98
1. 1. Instanz ... 98
   a) Berechnungsbeispiel ... 98
   b) RA-Gebühren ... 98
   c) Gerichtskosten ... 98
2. Rechtsmittel ... 99
   a) Berechnungsbeispiel ... 99
   b) RA-Gebühren ... 99
   c) Gerichtskosten ... 99

X. Wohnung und Hausrat ... 100
1. Instanz ... 100
   a) Berechnungsbeispiel ... 100
   b) RA-Gebühren ... 100
   c) Gerichtskosten ... 101
2. Rechtsmittel ... 102
   a) Berechnungsbeispiel ... 102
   b) RA-Gebühren ... 102
   c) Gerichtskosten ... 102

XI. Güterrecht ... 102
1. Zugewinnausgleich ... 102
   a) 1. Instanz ... 102
      aa) Berechnungsbeispiel ... 102
      bb) RA-Gebühren ... 103
      cc) Gerichtskosten ... 103
   b) Rechtsmittel ... 103
      aa) Berechnungsbeispiel ... 103
      bb) RA-Gebühren und Gerichtskosten ... 103
2. Vorzeitiger Ausgleich des Zugewinns ... 103
   a) Berechnungsbeispiel ... 103
   b) RA-Gebühren und Gerichtskosten ... 104
3. Stundung oder Übertragung gemäß §§ 1382 ff. BGB ... 104
   a) 1. Instanz ... 104
      aa) Berechnungsbeispiel ... 104
      bb) RA-Gebühren ... 104
      cc) Gerichtskosten ... 104
   b) Rechtsmittel ... 105
      aa) Berechnungsbeispiel ... 105
      bb) RA-Gebühren ... 105
      cc) Gerichtskosten ... 105
4. Gütergemeinschaft ... 106
5. Gerichtliche Zustimmungen ... 106

XII. Bruchteilsgemeinschaften und gemeinsame Schulden	106
XIII. Anerkennung ausländischer Entscheidungen in Ehesachen	106
1. Berechnungsbeispiel	106
a) Verfahren vor der Landesjustizverwaltung	106
b) Entscheidung durch OLG	106
2. RA-Gebühren	107
3. Gerichtskosten	107

E. Abtrennung und Verbindung
(Müller-Rabe)

I. Echte und unechte Abtrennung	109
II. Scheidungsurteil vor Folgesachenentscheidung (§ 628 ZPO)	109
1. Leicht übersehen	109
2. 1. Instanz	110
a) Berechnungsbeispiel	110
b) RA-Gebühren	110
c) Gerichtskosten	111
3. Rechtsmittel	111
a) Berechnungsbeispiel	111
b) RA-Gebühren	111
c) Gerichtskosten	111
III. Vorwegentscheidung zur elterlichen Sorge (§ 627 ZPO)	112
1. Leicht übersehen	112
2. 1. Instanz	112
a) Berechnungsbeispiel	112
b) RA-Gebühren	112
3. Befristete Beschwerde	113
a) Berechnungsbeispiel	113
b) RA-Gebühren	113
IV. Echte Abtrennung und Fortführung	114
1. Berechnungsbeispiel	114
2. RA-Gebühren	115
3. Gerichtskosten	115
V. Verbindung	116
1. Abgrenzung	116
2. Gleiche Gebühren in beiden Verfahren vor Verbindung	117
a) Berechnungsbeispiel	117
b) RA-Gebühren	117
c) Gerichtskosten	118
3. Ungleiche Gebühren in den Verfahren vor Verbindung	118
a) Berechnungsbeispiel	118
b) RA-Gebühren	118
4. Erhöhung des Streitwerts nach Verbindung	119

Inhaltsverzeichnis

      a) Berechnungsbeispiel 119
      b) RA-Gebühren 120

F. Gebühren Vorläufiger Rechtsschutz
(Müller-Rabe)

I. Leicht übersehene Gebühren 121
II. Einstweilige Anordnung gemäß § 620 Nr. 1–9 ZPO 121
    1. 1. Instanz 121
      a) Berechnungsbeispiel 121
      b) RA-Gebühren 121
        aa) Anwendung der §§ 31 ff. BRAGO 121
        bb) Besondere Angelegenheit 122
        cc) Mehrere Anträge 122
        dd) Mehrere Rechtsanwälte 123
        ee) Prozessgebühr 123
        ff) Verhandlungs- bzw. Erörterungsgebühr 124
        gg) Beweisgebühr 124
        hh) Einigung und Vergleich 125
      c) Gerichtskosten 125
    2. Rechtsmittel 125
      a) Berechnungsbeispiel 125
      b) RA-Gebühren 125
        aa) Anzuwendende Vorschriften 125
        bb) Mehrere Beschwerden 125
      c) Gerichtskosten 126
III. Einstweilige Anordnung gemäß § 644 ZPO 126
    1. 1. Instanz 126
      a) Berechnungsbeispiel 126
      b) RA-Gebühren 126
      c) Gerichtsgebühr 126
    2. Rechtsmittel 127
IV. Einstweilige Anordnung gemäß §§ 127 a, 621 f ZPO 127
V. Einstweilige Anordnung gemäß § 641 d ZPO 127
VI. Einstweilige Anordnung gemäß § 53 a Abs. 3 FGG 127
VII. Einigung und Vergleich 127
    1. Berechnungsbeispiele 127
      a) Vorläufige Regelung über anhängige Sachen 127
      b) Vorläufige Regelung über nicht anhängige Sache 128
      c) Vorläufige Regelung in außergerichtlichem Vergleich zu nicht anhängiger Sache 128
        aa) Gerichtliche Protokollierung ist von Anfang an vorgesehen 128
        bb) Gerichtliche Protokollierung ist nicht vorgesehen 129

	d) Endgültige Regelung	129
	e) Vorübergehende und endgültige Regelung zu nicht anhängigen Gegenständen in einem Vergleich	130
2.	RA-Gebühren	130
	a) Prozessgebühr	130
	aa) Anhängiger Antrag	130
	bb) Nicht anhängiger Gegenstand	131
	b) Verhandlungs- bzw. Erörterungsgebühr	132
	c) Vergleichsgebühr	132
3.	Gerichtskosten	132

VIII. Vorläufige Anordnung in isolierten FG-Sachen ... 133
1. 1. Instanz ... 133
    a) RA-Gebühren ... 133
    b) Gerichtsgebühren ... 133
2. Rechtsmittel ... 133
    a) Berechnungsbeispiel ... 133
    b) RA-Gebühren ... 134
    c) Gerichtskosten ... 134

IX. Arrest und einstweilige Verfügung, ... 134
1. 1. Instanz ... 134
    b) RA-Gebühren ... 135
    c) Gerichtskosten ... 135
2. Widerspruchs- und Anordnungsverfahren ... 135
    a) Berechnungsbeispiel für Widerspruch ... 135
    b) RA-Gebühren ... 135
    c) Gerichtskosten ... 136
3. Berufung ... 136
    a) Berechnungsbeispiel ... 136
    b) RA-Gebühren ... 136
    c) Gerichtskosten ... 136

G. Aussöhnung
(Müller-Rabe)

I. Berechnungsbeispiel ... 137
II. Voraussetzungen gemäß § 36 II BRAGO ... 137
1. Ehegefährdung ... 137
    a) 1. Alternative: Anhängiges Verfahren ... 137
    b) 2. Alternative: Absicht eines Verfahrens ... 137
2. Aussöhnung ... 138
3. Mitwirkung des RA ... 138

III. RA-Gebühren ... 139
1. Aussöhnungsgebühr ... 139
2. Weitere Gebühren ... 140

Inhaltsverzeichnis

H. Gebühren Zwangsvollstreckung
(Müller-Rabe)
1. RA-Gebühren 141
2. Gerichtskosten 141

I. Gebühren bei außergerichtlicher Tätigkeit
(Madert)
I. Die Ratsgebühr 143
   1. Rats- oder Auskunftsgebühr, § 20 Abs. 1 BRAGO 143
      a) Allgemeines 143
      b) Höhe der Gebühr 144
   2. Erstberatung 145
   3. Eine oder mehrere Angelegenheiten 146
      a) Allgemeines 146
      b) Angelegenheit und Beratungsgegenstände 148
II. Beratungshilfe 149
   1. Gebühr für Rat oder Auskunft 149
   2. Vergütung für die in § 118 BRAGO bezeichneten Tätigkeiten 150
   3. Vergleich oder Erledigung der Rechtssache 150
   4. Auslagen 150
   5. Gegenstandswert 151
   6. Schutzgebühr, Vergütungsvereinbarung 151
   7. Anspruch gegen den Gegner 151
   8. Eine oder mehrere Angelegenheiten 151
III. Gutachten nach §§ 21 oder 21a BRAGO 152
IV. Gebühren nach § 118 BRAGO 153
   1. Die Geschäftsgebühr, § 118 Abs. 1 Nr. 1 BRAGO 153
   2. Die Besprechungsgebühr, § 118 Abs. 1 Nr. 2 BRAGO 155
   3. Die Beweisaufnahmegebühr, § 118 Abs. 1 Nr. 3 BRAGO 156
   4. Einmaligkeit der Gebühren, mehrere Auftraggeber, mehrere
      Angelegenheiten 157
   5. Die Höhe der Gebühren, § 12 BRAGO 157
   6. Die Vergleichsgebühr, § 23 BRAGO 157
   7. Anrechnung der Gebühren des § 118 BRAGO auf andere
      Gebühren 161

J. Trennungs- und Scheidungsvereinbarungen
(Madert)
I. Gebühren nach §§ 31 ff. oder 118 BRAGO 163
   1. Allgemeines 163
      a) Der Rechtsstreit ist anhängig 163
      b) Der Rechtsstreit ist nicht anhängig, aber Prozessauftrag erteilt ... 164

Inhaltsverzeichnis

       c) Bedingter Prozessauftrag 164
  2. Abgrenzung in Ehe- und Familiensachen 165
  3. Ausnahmen 165
       a) Reine Trennungsvereinbarung 165
       b) Trotz beabsichtigter Scheidung keine gerichtliche Protokollierung .. 166
  4. Wege zu § 118 BRAGO 168

II. Gebühren nach § 118 BRAGO 169
  1. Geschäfts- und Besprechungsgebühr 169
  2. Die Vergleichsgebühr 169
       a) Gegenseitiges Nachgeben 170
       b) Mitwirken des Rechtsanwalts 170
       c) Wirksamkeit des Vergleichs und Beweislast 171
       d) Höhe der Vergleichsgebühr 171
       e) Einbeziehung anhängiger Gegenstände in einen außergerichtlichen Vergleich 171
       f) Gegenstandswert hinsichtlich der Vergleichsgebühr 172
       g) Anrechnung von Gebühren 172

III. Gebühren (nur) §§ 31 ff. BRAGO 173
  1. Prozessgebühr 173
  2. Verhandlungs- bzw. Erörterungsgebühr 173
  3. Vergleichsgebühr 174
  4. Gegenstandswert 174
  5. Vergleich nach Urteil 174

IV. Anwaltsvergleich 174
  1. Berechnungsbeispiel 174
  2. Allgemeines 174
  3. Die Gebühren beim Anwaltsvergleich 175
  4. Gebühren für die Vollstreckbarerklärung 175
  5. Anrechnung der Geschäftsgebühr auf die Prozessgebühr 176

V. Eine oder mehrere Angelegenheiten 176
  1. Allgemeine Grundsätze 176
  2. Anzahl der Angelegenheiten in Scheidungs- und Folgesachen 176
  3. Trennungs- und Scheidungsvereinbarungen 177
  4. Keine Familiensachen 177

K. Gebühren bei Mediation

(Madert)

I. Der Rechtsanwalt als Mediator 179
  1. Begriff 179
  2. Anwaltliches Berufsrecht 179

II. Die Vergütung des Rechtsanwalts als Mediator 180
  1. Anwendung der BRAGO ausgeschlossen durch § 1 Abs. 2 180

Inhaltsverzeichnis

    2. Anwendung der BRAGO nach § 1 Abs. 1 180
    3. Vergütung des Mediators durch Honorarvereinbarungen 181
III. Die Gebühren nach der BRAGO für den RA als Mediator 182
    1. Vergütung durch die Ratsgebühr des § 20 Abs. 1 BRAGO 182
    2. Vergütung durch die Geschäftsgebühr des § 118 Abs. 1 Nr. 1 BRAGO . 182
    3. Die Vergleichsgebühr, § 23 Abs. 1 S. 1 BRAGO 184
    4. Der Gegenstandswert für die Tätigkeit des Rechtsanwalts
       als Mediator 185
IV. Der Rechtsanwalt als Parteivertreter in der Mediation 185
V. Zusammenfassung 186
    1. Gebühren und Gegenstandswerte in der Mediation 186
    2. Honorarvereinbarung, nicht nur empfehlenswert, sondern dringend
       nötig 187

L. Honorarvereinbarungen in Ehe- und Familiensachen
(Madert)

I. Allgemeines 189
    1. Anwendungsbereich 189
    2. Die Zulässigkeit einer Gebührenvereinbarung 189
    3. Die Notwendigkeit von Honorarvereinbarungen 190
II. Formvorschriften 190
    1. Die Vorschrift des § 3 Abs. 1 S. 1 BRAGO 190
       a) Nicht der Formvorschrift unterliegende
          Honorarvereinbarungen 191
       b) Eine höhere als die gesetzliche Vergütung 191
       c) Die Erklärung des Auftraggebers 192
       d) Honorarversprechen Dritter 192
    2. Die eigenhändige Namensunterschrift 192
    3. Vollmacht oder Vordruck 193
    4. Honorarscheine 193
III. Der Verstoß gegen die Formvorschrift 195
    1. Keine Nichtigkeit des Anwaltsvertrags 195
    2. Die Zahlung, freiwillig und ohne Vorbehalt geleistet 196
IV. Zulässige Honorarvereinbarungen 197
    1. Im Ermessen des Vorstandes der Rechtsanwaltskammer oder im
       Ermessen eines Vertragsteils oder eines Dritten 197
    2. Zulässige Inhalte von Honorarvereinbarungen 197
       a) Allgemeines 197
       b) Mögliche Inhalte 197
       c) Zeitgebühren 198
       d) Auslagenvereinbarung 199
       e) Umsatzsteuer 200

V.	Honorarvereinbarung bei Prozesskosten- und Beratungshilfe	200
	1. Prozesskostenhilfe	200
	2. Beratungshilfe	201
VI.	Nachträgliche Honorarvereinbarung	201
VII.	Die Gebührenunterschreitung und ihre Ausnahmen	202
	1. Das Verbot der Gebührenunterschreitung	202
	2. Die Ausnahmen von dem Verbot	203
	a) Besondere Umstände in der Person des Auftraggebers	203
	b) Bei Pauschal- oder Zeitvergütungen	204
	3. Schriftlichkeit, Beweisfragen	205
	a) Schriftlichkeit	205
	b) Beweisfragen	205
	4. Zivilrechtliche Folgen des Verstoßes	205
VIII.	Unzulässige Honorarvereinbarungen	205
	1. Erfolgshonorar und quota litis	205
	2. Ausnahmen vom Verbot	206
IX.	Herabsetzung der vereinbarten Vergütung	207
	1. Unangemessen hohe Vergütung	207
	2. Durchführung der Herabsetzung	208
	3. Herabsetzung auf den angemessenen Betrag	209
	4. Folge der Herabsetzung	210
X.	Praxis der Honorarvereinbarungen	210
	1. Vorarbeiten	211
	a) Die Notwendigkeit von Honorarvereinbarungen	211
	b) Kalkulation	211
	2. Notwendigkeit von Honorarvereinbarung in Ehe- und Familiensachen	212
	a) Ehescheidungsrechtsstreit als nicht vermögensrechtliche Streitigkeit	212
	b) Kapitalabfindung anstelle gesetzlicher Unterhaltsansprüche	212
	c) Anfertigung und Vorlage eidesstattlicher Versicherungen	213
	d) Einstweilige Anordnungen gem. § 41 BRAGO	213
	e) Vertretung der reichen Partei im PKH-Bewilligungsverfahren	213
	f) Hausratssachen	213
	g) Sonstige Angelegenheiten nach § 118 BRAGO	214
	h) Mediation	214
	i) Erhöhung des Kilometergeldes und des Tage- und Abwesenheitsgeldes	214
	j) Zugewinnausgleich	214
	k) Trennungs- und Scheidungsvereinbarungen	215
	3. Weitere Vorteile einer Honorarvereinbarung	215
XI.	Zeitpunkt des Abschlusses	215
	1. Grundsätzliches	215
	2. Gestaffeltes Honorar	216

XII. Mögliche Honorarvereinbarungen 217
1. Grundformen 217
   a) Gesamtbetrag 217
   b) Gebührenerhöhung 217
   c) Streit- oder Gegenstandswerterhöhung 217
   d) Ausschluss einzelner gesetzlicher Regelungen 217
   e) Zeitgebühren 218
   f) Auslagenvereinbarung, Mehrwertsteuer 219
2. Kombinationen 220

XIII. Praktische Hinweise für das Abfassen von Honorarvereinbarungen ... 220
1. Häufige Fehler 220
2. Checkliste notwendiger und wesentlicher Teile der Honorarvereinbarung 221

M. Kostenfestsetzung
(Müller-Rabe)

I. Vollstreckbarer Titel 225
1. Entscheidungen 225
2. Vergleiche 225

II. Teilentscheidungen mit unterschiedlichen Kostenregelungen 226

III. Fortführung als selbstständige Verfahren 227

IV. Differenzgebühr gemäß § 32 Abs. 2 BRAGO 227

V. Streitgenossen 228

VI. Vereinfachtes Unterhaltsverfahren 229

VII. Vorläufiger Rechtsschutz 229

VIII. Willkürlich isolierte Verfahren 230

IX. RA-Gebühren als notwendige Kosten 230

X. Verkehrsanwalt 231

XI. Nicht postulationsfähiger RA 231

XII. Fahrtkosten des RA 232

XIII. Rahmengebühren 232

XIV. Prozesskostenvorschuss 232

XV. PKH-Antragsverfahren 234

N. § 19 BRAGO
(Müller-Rabe)

Inhaltsverzeichnis

O. Auswirkungen von Prozesskostenhilfe
(Müller-Rabe)

- I. Leicht übersehen 237
  - 1. Umfang der Beiordnung 237
    - a) Automatische Erfassung 237
    - b) Nicht erfasste Gegenstände 237
    - c) Außergerichtlicher Vergleich 238
  - 2. Streitgenossen 238
  - 3. Beiordnung eines neuen PKH-Anwalts 238
  - 4. Willkürliche isolierte Verfahren 239
  - 5. Reisekosten des RA 239
  - 6. RA-Ansprüche gegen den Mandanten 239
    - a) Hauptverfahren 239
    - b) PKH-Antragsverfahren 239
  - 7. Frist für Antrag auf Vergütungsfestsetzung 239
  - 8. Kostenerstattung 239
    - a) Eigener Festsetzungsanspruch des RA 239
    - b) Gerichtskostenerstattung § 58 Abs. 2 S. 2 BRAGO 240
- II. Hauptsacheverfahren 240
  - 1. RA-Ansprüche gegen Staatskasse 240
    - a) Anspruch nur gegen Staatskasse 240
    - b) Weitere Vergütung 240
      - aa) Ratenzahlung an Staatskasse 240
      - bb) Vorschusszahlungen an RA 241
    - c) Umfang der PKH 242
      - aa) Verbundverfahren 242
      - bb) Unbezifferte Stufenklage 242
      - cc) Widerklage 242
      - dd) Prozessvergleich § 122 Abs. 3 S. 1 BRAGO 242
      - ee) Außergerichtlicher Vergleich 243
      - ff) Aussöhnung 244
      - gg) Vorläufiger Rechtsschutz 244
    - d) Teil-PKH 245
      - aa) Berechnungsbeispiel 245
      - bb) Differenzmethode 245
    - e) Beiordnung für nur einen Streitgenossen 245
      - aa) Berechnungsbeispiel: 245
      - bb) Anspruch des PKH-Anwalts gegen die Staatskasse 246
      - cc) Ausgleichsanspruch der Staatskasse 247
    - f) Erst Wahl-, dann PKH-Anwalt 247
    - g) Aufhebung der Beiordnung 247
    - h) Beiordnung eines neuen PKH-Anwalts 247
    - i) Willkürlich isolierte Verfahren 249
    - j) Nicht postulationsfähiger RA 251
    - k) Gebührenhöhe 251

Inhaltsverzeichnis

  l) Reisekosten des RA 251
    aa) Allgemeine Grundsätze 251
    bb) Gerichtlicher Ausschluss der Reisekosten 252
  m) Frist für einen Antrag auf Vergütungsfestsetzung 252
  2. RA-Ansprüche gegen Mandanten 253
  3. RA-Ansprüche gegen Gegner 253
  4. Rückgriff der Staatskasse gemäß § 130 BRAGO 253
  5. Gerichtskosten – § 58 Abs. 2 S. 2 GKG 254
III. PKH-Antragsverfahren 255
  1. RA-Gebühren gegen Mandanten 255
   a) ZPO-Verfahren 255
    aa) Berechnungsbeispiele 255
    bb) Prozessgebühr 256
    cc) Erörterungsgebühr 256
    dd) Beweisgebühr 256
    ee) Vergleichsgebühr 256
    ff) Beschwerde gegen Ablehnung des PKH-Antrags 256
    gg) Abgrenzung zur Tätigkeit in der Hauptsache 257
    hh) Nachfolgende Tätigkeit auch in Hauptsache 257
   b) FG-Verfahren 258
    aa) Berechnungsbeispiele 258
    bb) § 118 BRAGO 258
  2. RA-Gebühren gegen die Staatskasse 259
   a) Berechnungsbeispiele 259
    aa) PKH für das gesamte Antragsverfahren 259
    bb) PKH nur für Abschluss eines Vergleichs 259
    cc) Einbeziehung weiterer Ansprüche in Vergleich 259
   b) Ausnahmsweise Anspruch gegen Staatskasse 260
   c) Einbeziehung nichtanhängiger Gegenstände in Vergleich 260
  3. Gerichtsgebühren 262
IV. Kostenerstattung bei PKH 262
  1. Hauptsacheverfahren 262
   a) Erstattungsanspruch gegen PKH-Berechtigten 262
   b) Eigener Erstattungsanspruch des RA 262
   c) Zahlung der Staatskasse bei Kostenquotelung 263
  2. PKH-Antragsverfahren 263

Sachverzeichnis 265

Literaturverzeichnis

Anders/Gehle	Handbuch des Streitwertes, 3. Auf. 1998
Baumbach/Lauterbach-Bearbeiter	ZPO, 58. Aufl., 2000
Borth Versorgungsausgleich	Versorgungsausgleich in anwaltlicher und gerichtlicher Praxis, 3. Aufl. 1998
Brieske Honorarvereinbarung	Die anwaltliche Honorarvereinbarung, 1997
Bumiller/Winkler	FGG, 7. Aufl., 1999
von Eicken/Lappe/Madert	Kostenfestsetzung, 17. Aufl. 1987
FA-FamR-Bearbeiter	Gerhardt/Heintschel-Heinegg/Klein (Hrsg.) Handbuch Fachanwalt Familienrecht, 2. Aufl. 1999
Fehmel	Hausratsverordnung 1992
Gerold/Schmidt-Bearbeiter	Gerold/Schmidt/von Eicken/Madert, BRAGO, 14. Aufl. 1999
Göttlich/Mümmler BRAGO	Göttlich/Mümmler/Braun/Rehberg, BRAGO, 19. Aufl. 1999
Göttlich/Mümmler KostO	Göttlich/Mümmler/Assenmacher/Mathias, KostO, 19. Aufl., 1997
Groß	Anwaltsgebühren in Ehe- und Familiensachen, 1997
Hansens	BRAGO, 8. Aufl. 1995
Hartmann KostG	Kostengesetze, 29. Aufl. 1999
Hartung/Holl	Anwaltliche Berufsordnung, 1997
Henssler/Koch-Bearbeiter	Mediation in der Anwaltspraxis, 2000
Henssler/Prütting-Bearbeiter	BRAO, 1997
KostRsp.	Lappe/vonEicken/Noll/Herget, Kostenrechtsprechung (Loseblattsammlung), 4. Aufl. 1998
Johannsen/Henrich-Bearbeiter	Eherecht, 3. Aufl., 1998
Kalthoener/Büttner	Prozesskostenhilfe und Beratungshilfe, 2. Aufl., 1999
Keidel-Bearbeiter	FGG, 14. Aufl., 1999

Literaturverzeichnis

Korintenberg-Autor	KostO, 14. Aufl., 1999
Lappe	Kosten in Familiensachen, 5. Auflage 1994
Madert Gegenstandswert	Der Gegenstandswert in bürgerlichen Rechtsangelegenheiten, 4. Auf., 1999
Madert/Hellstab	Anwaltsgebühren in Verwaltungs-, Sozial- und Steuersachen, 2. Aufl. 1998
Markl/Meyer	GKG, 3. Aufl., 1996
MüKo ZPO-Bearbeiter	Münchner Kommentar zur ZPO, 1. Aufl. 1992
Musielak-Bearbeiter	ZPO, 1999
Oestreich/Winter/Hellstab	GKG, Loseblattsammlung, 1999
Palandt-Bearbeiter	BGB, 59. Aufl., 2000
Riedel/Sußbauer-Bearbeiter	BRAGO, 8. Aufl. 2000
Rohs-Bearbeiter	KostO Loseblattsammlung
Schneider/Herget	Streitwert-Kommentar für den Zivilprozess, 11. Aufl. 1996
Schumann/Geißinger	BRAGO, 2. Aufl. 1974/1979
Stein/Jonas-Bearbeiter	ZPO, 21. Aufl. 1994 ff.
Thomas/Putzo	ZPO, 22. Aufl., 1999
Wolf/Horn/Lindacher	AGB-Gesetz, 4. Aufl. 1999
Zöller-Autor	ZPO, 21. Aufl., 1999

Abkürzungsverzeichnis

Es werden die gebräuchlichen juristischen, im Übrigen nur aus sich selbst verständlichen Abkürzungen verwendet, sowie

RA . . . . = Rechtsanwalt, Rechtsanwalts
Rn. . . . . = Randnummer.

In Zweifelsfällen ist das Abkürzungsverzeichnis in Gerold/Schmidt/von Eicken/Madert, BRAGO Kommentar, letzte Auflage, heranzuziehen.

Sind Entscheidungen nur mit Ortsangabe angeführt, so handelt es sich um Entscheidungen des entsprechenden Oberlandesgerichts.

Das Wort Rechtsanwalt wird geschlechtsneutral als Berufsbezeichnung wie in der BRAO, der BerufsO und der BRAGO verwendet.

A. Übersichtstabellen

I. Ehesachen und Verbund

	Gerichtskosten	RA Gebühren	Werte
Hauptsache 1. Instanz	KV 1510ff.	§§ 31ff.; 31 III BRAGO beachte §§ 31 I Nr. 3; 33 I 2 Nr. 3 BRAGO	Allg. § 19a GKG; § 7 II BRAGO Ehesache § 12 II 1, 2, 4 GKG Unterhalt: gesetzl. § 17 I 1, IV GKG vertragl. § 9 ZPO Güterrecht § 3 ZPO Kindessachen § 12 II 3 GKG VA 17a GKG Hausrat §§ 3 ZPO, 12 I GKG, 21 III HausratsVO
2. u 3. Instanz	Berufung, Beschwerde KV 1520ff. Revision KV 1530ff.	Berufung, Revision §§ 31ff., 13 II 2, 11 I 4 BRAGO (erhöhte Gebühren) Beschwerde, weitere Beschwerde § 61a BRAGO (ganze erhöhte Gebühren)	Nach Rechtsmittelantrag. Besonderheiten bei VA und Hausrat

II. Isolierte Familiensachen

	Gerichtskosten	RA Gebühren	Werte
Unterhalt 1. Instanz	KV 1201ff.	§§ 31ff. BRAGO	17 I, IV GKG
2. und 3. Instanz	KV 1220ff.; 1230	§§ 31ff.; 11 I 4 BRAGO	Nach Rechtsmittelantrag
Vereinf. Unterhalt § 645 ZPO 1. Instanz	KV 1800, 1801	§ 44 I BRAGO	§ 17 I 2, IV 3 GKG, § 24 IV KostO

A. Übersichtstabellen

	Gerichtskosten	RA Gebühren	Werte
2. Instanz	KV 1931, 1932	§ 61 I 1 BRAGO	Nach Rechtsmittelantrag
Güterrecht a) ZPO Sache 1. Instanz	KV 1201 ff. bzw. §§ 97 I Nr. 1, 30 II KostO	§§ 31 ff. BRAGO	§ 3 ZPO
2. und 3. Instanz	KV 1220 ff.; 1230 ff.	§§ 31 ff.; 11 I 4 BRAGO	Nach Rechtsmittel antrag
b) gem. §§ 1382, 1383 BGB 1. Instanz	§ 97 I 1 KostO Achtung: § 12 II 2 GKG	§ 118 BRAGO Achtung: § 31 III BRAGO analog	§§ 97 I 1, II, 30 II KostO
2. Instanz	§ 131 KostO Achtung: § 12 II 2 GKG	§ 118 BRAGO Achtung: § 31 III BRAGO analog	§§ 131 II, 30 KostO
Kindessachen 1. Instanz	§ 94 I KostO[1]	§ 118 BRAGO	§§ 94 II, 30 II KostO
2. Instanz	§§ 131 I; III (!) KostO uU § 94 I Nr. 1 KostO	§ 118 BRAGO	§§ 131 II, 30 II KostO
Kindschaftssachen 1. Instanz	KV 1201 ff. bei 1600e II BGB § 94 I Nr. 7 KostO	§§ 31 ff. BRAGO bei 1600e II BGB § 118 BRAGO	§ 12 II 3 GKG bei 1600e II BGB § 94 II, 30 II KostO
2. Instanz	KV 1220 ff. bei 1600e II BGB 131 I, III KostO	§§ 31 ff.; 11 I 4 BRAGO bei 1600e II BGB § 118 BRAGO	§ 12 II 3 GKG bei 1600e II BGB §§ 131 II, 30 II KostO
VA 1. Instanz	§ 99 I, II KostO	§ 118 BRAGO	§ 99 III KostO
2. Instanz	§ 131a KostO	§ 118 BRAGO	§§ 131 II, 30, 99 III KostO
HausratsVO 1. Instanz	§ 21 I HausratsVO	§ 63 III BRAGO	§ 21 III HausratsVO
2. Instanz	§ 21 IV HausratsVO	§ 63 II, I Nr. 1, III BRAGO	§§ 131 II, 30 KostO, § 21 III HausratsVO

[1] Im Einzelnen s. Kap. d Rn. 15

III. Vorläufiger Rechtsschutz

	Gerichtskosten	RA Gebühren	Werte
Einstw. AO gem. §§ 620, 644 ZPO 1. Instanz	KV 1701, 1704 Bezügl. Kind und Trennung keine Gebühr	§§ 41 I, 31 ff., 33 I 2 Nr. 3 (analog) BRAGO	Trennung § 8 II 3 BRAGO Unterhalt § 20 II 1 GKG Kind § 8 II 3 BRAGO Hausrat § 20 II 2 GKG
2. Instanz	Beschwerde nach § 620c ZPO: KV 1951; sonst: KV 1953	§ 61 I Nr. 1 BRAGO	Nach Rechtsmittelantrag
Einstw. AO gem. §§ 127a, 621f ZPO 1. Instanz	KV 1700, 1702	§§ 41 I 1a und c, 31 ff. BRAGO	§ 3 ZPO
2. Instanz	KV 1953	§ 61 I Nr. 1 BRAGO	§ 3 ZPO
Einstw. AO gem. § 641d ZPO	KV 1703	§ 41 I d BRAGO	§ 20 II 1 GKG
Einstw. AO gem. 53a III FGG	Keine Gebühren	Keine zusätzlichen RA Gebühren	
Arrest, einstweil. Verfügg. 1. Instanz	KV 1310ff	§§ 40 I, 31 ff. BRAGO	i. a. R. 1/3–1/2 des Hauptsachewerts Unterhalt § 20 II 1 GKG analog
Widerspruch und Klageanordnung	Keine neuen Gebühren, es sei denn KV 1311	Keine neuen Gebühren es sei denn § 31 Nr. 2–4 BRAGO	Nach Rechtsbehelfsantrag
Berufung	KV 1320ff. bei § 1389 BGB aber KV 1520	§§ 31 I, 11 I 4, 13 II 2 BRAGO	Nach Rechtsmittelantrag
Vorläufige Anordnung in isolierten FG Sachen 1. Instanz	Keine Gebühren	Für RA der Hauptsache keine zusätzl. Gebühren; sonst § 118 BRAGO	§ 8 II 2 i.V.m. § 8 II 3 BRAGO; § 20 I und II GKG
Beschwerde	§ 131 KostO	§ 118 BRAGO	Nach Rechtsmittelantrag

IV. Scheidungsvereinbarung

	Gerichtskosten	RA Gebühren	Werte
Gerichtlich	KV 1653	§§ 31 ff., 23; beachte insbes. §§ 32 II und 36 I 2 BRAGO	Scheidung § 12 II GKG Unterhalt § 17 I GKG Kind § 12 II 3 GKG oder §§ 94 II, 30 II KostO VA § 17a GKG, § 99 III KostO Güterrecht § 3 ZPO, §§ 97 I, II, 30 II KostO Verf. HausratsVO § 21 III HausratsVO
Außergericht	Keine	§§ 118, 23 BRAGO	Wie gerichtl. Vergleich

B. Streitwerte bzw. Gegenstands- oder Geschäftswerte

I. Allgemeines

1. Begriffliches

Die nachstehenden Ausführungen befassen sich mit dem Wert des Streitgegenstandes 1
in Ehe- und Familiensachen. In Prozessen spricht man im Allgemeinen vom Streitwert.
Die KostO spricht vom Geschäftswert (§ 18 Abs. 1), die BRAGO vom Gegenstandswert (§ 7 Abs. 1). Daneben finden sich für Rechtsmittelverfahren die Begriffe Beschwer, Beschwerde- und Rechtsmittelwert.

In der Praxis werden die Begriffe oft synonym verwendet, d. h. verwechselt. So weit keine sachlichen Unterschiede bestehen – auf die nachfolgend hingewiesen wird –, ist das unschädlich und wirkt sich bei der Berechnung der von Streit-, Geschäfts- oder Gegenstandswerten abhängigen Gebühren nicht aus. Streitwertvorschriften finden sich in der ZPO, im GKG, in der BRAGO und in Einzelgesetzen. Die Streitwertvorschriften der ZPO (§§ 3–9) dienen in erster Linie der Bestimmung der sachlichen Zuständigkeit des angegangenen Gerichts und der Zulässigkeit der eingelegten Rechtsmittel und nur in zweiter Linie der Gebührenberechnung. Man spricht daher vom **Verfahrens- oder Prozessstreitwert**.

Die Wertvorschriften des GKG und der BRAGO dienen ausschließlich der Berechnung der Gebühren. Hier spricht man von **Gebührenstreitwert**. 2

Nach dem Verfahrens- oder Prozessstreitwert richten sich grundsätzlich auch die Gerichtsgebühren. Denn § 12 Abs. 1 S. 1 GKG bestimmt: *„In bürgerlichen Rechtsstreitigkeiten und in den in § 1 Abs. 2 genannten Familiensachen richten sich die Gebühren nach dem für die Zuständigkeit des Prozessgerichts oder der Zulässigkeit des Rechtsmittels maßgeblichen Wert des Streitgegenstandes, so weit nichts anderes bestimmt ist."*

Das heißt: Der Gebührenstreitwert bemisst sich grundsätzlich nach den Vorschriften über den Verfahrens-Prozessstreitwert. Nur wenn im GKG etwas anderes bestimmt ist, gelten für den Gebührenstreitwert die Bestimmungen des GKG. Solche von den Regelungen der §§ 3 bis 9 ZPO für den Verfahrens- oder Prozesswert abweichenden Bestimmungen für den Gebührenstreitwert sind in den §§ 12 Abs. 2 bis 22 GKG enthalten.

§ 7 BRAGO bestimmt, dass sich die Anwaltsgebühren nach dem Gegenstandswert richten; § 8 BRAGO regelt in Ausführung des § 7 BRAGO, **wie** dieser Gegenstandswert zu berechnen ist. Er unterscheidet dabei folgende Regelungen:

a) Wird der RA in einem gerichtlichen Verfahren tätig, richtet sich der Gegenstandswert nach den für die Gerichtsgebühren geltenden Vorschriften, § 8 Abs. 1 S. 1 BRAGO.
b) Ist der RA außerhalb eines gerichtlichen Verfahrens tätig, dann wird der Gegenstandswert dieser Tätigkeit in gleicher Weise wie im Falle a) bemessen, wenn der

B. *Streitwerte bzw. Gegenstands- oder Geschäftswerte*

> Gegenstand der Tätigkeit auch Gegenstand eines gerichtlichen Verfahrens sein könnte, § 8 Abs. 1 S. 2 BRAGO.
> c) In anderen Angelegenheiten richtet sich der Gegenstandswert nach bestimmten Vorschriften der KostO, § 8 Abs. 2 S. 1 BRAGO.
> d) Ist der Gegenstandswert nach den vorstehend aufgeführten Bestimmungen nicht zu ermitteln, ist er nach billigem Ermessen zu bestimmen, § 8 Abs. 2 S. 2 BRAGO. § 8 Abs. 2 S. 2 und S. 3 BRAGO seinerseits enthält vier Fallgruppen.[1]

Die Schwierigkeiten, in Ehe- und Familiensachen den Streit-, Gegenstands- bzw. Geschäftswert zu bestimmen, ergeben sich aus Folgendem: Derselbe Gegenstand (i. S. eines Rechts oder Rechtsverhältnisses), auf den sich die anwaltliche Tätigkeit bezieht, kann einen unterschiedlichen Streit- oder Gegenstandswert haben, je nachdem in welchem Verfahren der RA tätig ist.

Als Beispiel dafür diene die elterliche Sorge für ein und dasselbe Kind. Ist die elterliche Sorge Gegenstand einer isolierten Familiensache (§ 621 Abs. 1 Nr. 1 ZPO), beträgt der Wert 5000 DM (Begründung s. unten Rn. 30); ist sie Folgesache im Scheidungsverbund, so ist von einem Wert von 1500 DM auszugehen (Begründung s. unten Rn. 29); ist sie Gegenstand einer einstweiligen Anordnung nach § 620 ZPO, so ist nur von einem Wert von 1000 DM auszugehen (Begründung s. unten Rn. 101).

Daraus folgt: Zunächst ist genau zu bestimmen, in welchem Verfahren wird das Recht geltend gemacht, denn davon hängt der richtig Streit- bzw. Gegenstandswert ab, und folglich auch die richtigen Gebühren.

Die Sache wird weiter kompliziert dadurch, dass zu den unterschiedlichen Werten noch vielfach verschiedene Gebührenvorschriften anzuwenden sind. Als Beispiel diene wiederum die elterliche Sorge. Als Gegenstand einer isolierten Familiensache ist als Gebührenvorschrift ausschließlich § 118 BRAGO anzuwenden. Ist die elterliche Sorge Gegenstand des Scheidungsverbundes, sind §§ 31 ff. BRAGO anzuwenden.

Nur wer weiß, dass Streit- und Gegenstandswerte und auch Gebühren in Ehe- und Familiensachen von der Art des Verfahrens abhängen, in dem ein Recht geltend gemacht wird, kann Werte und Gebühren richtig bestimmen bzw. berechnen.

2. Verbund

3   Verbund bedeutet, dass über Ehesachen und Folgesachen einheitlich zu verhandeln und zu entscheiden ist, § 623 Abs. 1 S. 1 ZPO. Die Folge für den Streitwert zieht § 19a GKG. Danach gelten **die Scheidungssache und die Folgesachen als ein Verfahren, dessen Gebühren nach dem zusammengerechneten Wert der Gegenstände zu berechnen sind.** Dabei ist es gleichgültig, ob es sich um die Folgesache öffentlich-rechtlicher Versorgungsausgleich handelt, die ohne Antrag zum Verbund gehört (sog. obligatorische Verbundsache) oder um Folgesachen, die nur in den Verbund gelangen, wenn eine Partei es beantragt (sog. fakultative Folgesachen). Für die Gebühren bestimmt § 7 Abs. 3 BRAGO, dass eine Scheidungssache und die Folgesachen als dieselbe Angelegenheit im Sinne des Gesetzes gelten. Folglich kann der RA die Gebühren in jedem Rechtszug nur einmal aus den zusammengerechneten Werten berechnen, §§ 13 Abs. 2 S. 1, 7 Abs. 2 BRAGO. Hinsichtlich der Gebührenhöhe bestimmt § 31 Abs. 3 BRAGO, dass die

---
[1] Einzelheiten zu den Wertvorschriften s. *Madert* Der Gegenstandswert Rn. 1–19.

I. Allgemeines

Abs. 1 und 2 auch gelten für Scheidungsfolgesachen nach § 623 Abs. 1–3, 5, § 621 Abs. 1 Nr. 1–3, 6, 7 und 9 der ZPO. Das bedeutet, dass diese FG-Sachen, wenn sie als Folgesachen im Verbund sind, nicht nach § 118 BRAGO, sondern wie Verfahren, für die die ZPO gilt, nach § 31 BRAGO abgerechnet werden.

Verbund bedeutet weiter, dass neue Wertvorschriften geschaffen werden, die von den Wertvorschriften der KostO für isolierte Familiensachen abweichen. Für den Versorgungsausgleich als selbstständige Familiensache gilt § 99 KostO, für ihn als Folgesache § 17a GKG. Für die Kindesverfahren elterliche Sorge, Umgangsrecht und Anspruch auf Herausgabe des Kindes gelten die Bestimmungen der KostO (§ 94 Abs. 1 S. 1, 4, 6, Abs. 2 in Verb. m. § 30 Abs. 2 KostO), während dieselben Angelegenheiten als Folgesachen im Verbund mit dem Regelwert von 1500 DM zu bewerten sind, § 12 Abs. 2 GKG.

Wird der **Scheidungsantrag abgewiesen**, so werden die Folgesachen gegenstandslos. Auf Antrag einer Partei kann im Urteil vorbehalten werden, dass eine Folgesache als selbstständige Familiensache fortgesetzt werden kann, § 629 Abs. 3 ZPO. Die im Verbund verdienten Gebühren sind auf diejenigen Gebühren anzurechnen, die bei Fortführung der nunmehr isolierten Folgesachen verdient werden.

Bei einer **Vorwegentscheidung über den Scheidungsantrag** gem. § 628 ZPO bleiben die Folgesachen anhängig, werden keine isolierten Familiensachen. Es muss deshalb eine einheitliche Kostenberechnung nach den zusammengerechneten Werten für die Scheidungssache und die Folgesache stattfinden.[2]

Abgetrennte Folgesachen. Das Gericht kann rechtzeitig eingeleitete Folgesachen betreffend die Übertragung der elterlichen Sorge oder eines Teils der elterlichen Sorge wegen Gefährdung des Kindeswohls auf einen Elternteil, einen Vormund oder einen Pfleger von der Scheidungssache abtrennen, § 623 Abs. 3 S. 2 ZPO. Die Folge ist, die abgetrennten Folgesachen werden als selbstständige Familiensachen gemäß § 623 Abs. 2, S. 4, Abs. 3 S. 3 ZPO fortgeführt. Die Anwaltsgebühren entstehen für den Zeitraum ab Verfahrenstrennung noch einmal, und zwar aus den Werten der getrennten Verfahren. Der Ausgangswert für das Sorgerechtsverfahren beläuft sich nunmehr nach §§ 94 Abs. 2, 30 Abs. 2 KostO auf 5000 DM, nicht mehr auf 1500 DM gem. § 12 Abs. 2 S. 3 GKG.[3] Wegen der Anrechnung vgl. Kap. E. IV.

Wird ein **Rechtsmittel** eingelegt, so bleibt der Verbund bestehen, auch wenn es sich nur auf Folgesachen bezieht (§ 629a Abs. 2 S. 3 i. V. m. § 623 Abs. 1 und § 629 ZPO). Die Werte sind, so weit das Rechtsmittel sie betrifft, zu addieren.

3. Isolierte Verfahren

Für die isolierten Familiensachen des § 621 Abs. 1 ZPO bestimmt sich das Verfahren für die unter Nr. 1–3, 6, 8 und 9 genannten Verfahren nach den Vorschriften des FGG und der HausratsVO (sog. FG-Verfahren), für die unter den Nr. 4, 5 und 8 genannten Verfahren nach der ZPO (sog. ZPO- oder kurz ZP-Verfahren). Bei den FG-Verfahren richten sich die Werte für die Gerichts- und Anwaltskosten (§ 8 Abs. 1 BRAGO) nach der KostO, in Hausratssachen nach der HausratsVO, bei Zivilprozessen nach dem GKG.

Auch in der freiwilligen Gerichtsbarkeit können **unterschiedliche Gegenstände in einem Verfahren** geltend gemacht werden (z. B. Sorge- und Umgangsrecht)[4] bzw.

---
[2] Celle JurBüro 1979, 1551; Frankfurt FamRZ 1979, 1049; Hamm Rpfleger 1979, 473.
[3] Karlsruhe JurBüro 1999, 420.
[4] Köln JurBüro 1981, 1564; Oldenburg FamRZ 1997, 383 (für Vergleich).

B. Streitwerte bzw. Gegenstands- oder Geschäftswerte

kann eine Verbindung analog § 147 ZPO erfolgen. Dann sind die Werte der Ansprüche analog § 5 ZPO zu addieren und ein einheitlicher Geschäftswert zu bilden.[5] Zu beachten ist aber, dass die gemeinsame Verhandlung von getrennten Verfahren als bloße Maßnahme der Vereinfachung noch nicht zu einer Verbindung führt und die Gebühren weiterhin getrennt anfallen.[6]

9 Bei **mehreren Beschwerden** gegen unterschiedliche Entscheidungen fallen gesonderte Gebühren und damit gesonderte Werte an[7], und zwar auch dann, wenn mehrere Beschwerden, die verschiedene Angelegenheiten betreffen und verschiedene Ziele verfolgen, vom Gericht in einem Beschluss entschieden werden.[8]

4. Einstweilige Anordnungen nach § 620 ZPO

10 Während der Anhängigkeit einer Ehesache kann das Gericht auf Antrag gem. § 620 ZPO die in den Nummern 1–9 aufgezählten Angelegenheiten im Wege einer einstweiligen Anordnung regeln. In den isolierten Familiensachen nach § 621 Abs. 1 Nr. 4, 5 oder 11 ZPO kann gem. § 644 ZPO das Gericht den Unterhalt auf Antrag durch einstweilige Anordnung regeln. Die Werte bestimmen sich nach § 20 Abs. 2 GKG i. V. m. § 8 Abs. 1 BRAGO. Gem. § 41 Abs. 1 S. 2 BRAGO erhält der RA für mehrere Verfahren, die in S. 1 unter einem Buchstaben genannt sind, die Gebühren in jedem Rechtszug nur einmal. Im Falle des Buchstabens b) sind dies Verfahren auf Anordnung nach § 620 und die auf Aufhebung und Änderung nach § 620b Abs. 1 und Abs. 2 ZPO genannten Verfahren. Die Gegenstände mehrerer Verfahren nach § 620 ZPO sind zusammenzurechnen, § 7 Abs. 2 BRAGO. Aus dem so gewonnenen Betrag erhält der Rechtsanwalt die Gebühren nur einmal.

Berechnungsbeispiel:[9] Wird z. B. zunächst der Antrag auf Gestattung des Getrenntlebens und auf Zahlung von 100 DM Unterhalt an die Frau, später der Antrag auf Übertragung der elterliche Sorge für zwei Kinder und Zahlung von 50 DM Unterhalt für jedes Kind, schließlich ein Antrag auf Zahlung von 150 DM Prozesskostenvorschuss gestellt, so könnte der RA ohne die Bestimmung des § 41 Abs. 1 S. 2 BRAGO für das erste Verfahren, falls der Anspruch auf Getrenntleben nur mit 600 DM bewertet wird, die Prozessgebühr nach einem Wert von 600 DM + (100 DM × 6 =) 600 DM = 1200 DM verlangen. Für das zweite Verfahren könnte er, wenn der Anspruch auf Übertragung der Personensorge für beide Kinder mit 1500 DM bewertet wird, eine Prozessgebühr nach einem Werte von 1500 DM + (2 × 50 DM × 6 =) 600 DM = 2100 DM und für das dritte Verfahren eine solche nach einem Werte von 150 DM berechnen. Infolge des § 41 Abs. 1 S. 2 BRAGO kann er aber nur eine Prozessgebühr nach einem Gesamtwerte von 1200 + 2100 + 150 = 3450 DM, also in Höhe von 265 DM, beanspruchen.

Im Falle des § 620 Abs. 1 Nr. 4 und 6 ZPO erhöht sich der für die Gebührenberechnung maßgebliche Streitwert nicht, wenn der Unterhaltsschuldner gem. § 620b Abs. 1 ZPO die Aufhebung oder die Herabsetzung der einstweilig geregelten Unterhaltspflicht beantragt.[10] § 19a Abs. 1 S. 3 GKG ist bei der einstweiligen Anordnung nach § 620 ZPO anwendbar.

---

[5] BayObLG GZ 1997, 29; Köln JurBüro 1991, 1564; *v. Eicken* AGS 1997, 61. Zur Berechnung bei nachträglicher Verbindung im Einzelnen, s. *Gerold/Schmidt-von Eicken* § 31 Rn. 52; Oldenburg FamRZ 1997, 383.
[6] BayObLG GZ 1997, 29.
[7] *Lappe* Rn. 70.
[8] BayObLG Rpfleger 1975, 106.
[9] Nach *Gerold/Schmidt-von Eicken* § 41 Rn. 12. Einzelheiten s. unten Rn. 100 ff.
[10] KG JurBüro 1985, 1653; Stuttgart JurBüro 1982, 1358.

5. Vorläufige Anordnungen in selbstständigen Familiensachen

Für selbstständige Familiensachen, deren Verfahren sich nach dem FGG richtet, kennt das Gesetz nur die einstweilige Anordnung für das Hausratsverfahren, § 13 Abs. 4 HausratsVO. Für die anderen Verfahren hat die Rechtsprechung das Institut der sog. vorläufigen Anordnung (bewusst nicht als einstweilige Anordnung bezeichnet) entwickelt. Die vorläufigen Anordnungsverfahren sind in § 41 BRAGO nicht genannt. Die Rechtsprechung lehnt eine entsprechende Anwendung ab. Daraus folgt, dass die vorläufigen Anordnungsverfahren gebührenrechtlich keine besondere Angelegenheit sind. Sie haben grundsätzlich keinen eigenen Streitwert. Die Tätigkeit des RA wird durch die Gebühren des Hauptsacheverfahrens mitabgegolten.[11] Da im Hauptsache- verfahren die Rahmengebühren des § 118 BRAGO anfallen, kann der Erlass einer vorläufigen Anordnung gem. § 12 Abs. 1 BRAGO (Umfang der anwaltlichen Tätigkeit) durch Bestimmung eines höheren Gebührensatzes innerhalb des Gebührenrahmens Berücksichtigung finden.

Die vorläufigen Anordnung müssen jedoch dann bewertet werden, wenn nur hinsichtlich der vorläufigen Anordnung eine Verhandlung oder Beweisaufnahme bzw. ein Rechtsmittel stattgefunden hat. Der Wert bestimmt sich nach § 8 Abs. 2 S. 2 BRAGO, da es für das FG-Verfahren an einer den § 20 GKG entsprechenden Vorschrift fehlt. Die Wertungen des § 20 Abs. 1 und Abs. 2 GKG und § 8 Abs. 2 S. 3 BRAGO sind jedoch heranzuziehen.[12]

11

6. Einstweilige Verfügung und Arrest

Der Streitwert ist gem. § 20 Abs. 1 GKG nach § 3 ZPO frei zu schätzen. Maßgebend ist das Interesse des Antragstellers im Zeitpunkt der Antragstellung an der einstweiligen Regelung. Der Wert liegt deshalb im Allgemeinen nicht unerheblich unter dem Wert der Hauptsache. Meistens wird 1/3 bis 1/2 des Hauptsachewertes angenommen.[13] Im Einzelfall kann der Streitwert jedoch höher sein, z. B. bei einer einstweiligen Verfügung über einen Prozesskostenvorschuss ist er 100 %. Dieselben Grundsätze gelten beim Arrest.[14]

12

II. Der Streitwert der Ehescheidung

1. Berechnungsbeispiel

13

Familie mit 2 Kindern, Scheidung nach italienischem Recht.		
Einkommen		
Gehalt 3 Monate	3 × 5000 DM	15 000 DM
+ Einkünfte aus Kapital 12 000 DM im Jahr	12 000 DM: 12 × 3	3 000 DM

---

[11] Bamberg JurBüro 1985, 396; 1988, 1008; Celle JurBüro 1982, 222; Düsseldorf AGS 1993, 28; Frankfurt JurBüro 1985, 1818; Hamm JurBüro 1979, 1819; Karlsruhe MDR 1980, 325; FamRZ 1994, 917; Köln JurBüro 1983, 867; Stuttgart JurBüro 1989, 79; s. auch unten Rn. 114; *a. A. Lappe* Rn. 989, 990.
[12] Bamberg JurBüro 1988, 1008; Karlsruhe FamRZ 1999, 797 (regelmäßig 1000 DM); *Lappe* Rn. 90.
[13] Düsseldorf NJW 1953, 424; KG Rpfleger 1962, 120; Koblenz AnwBl. 1974, 27; München NJW 1963, 1014 (Ls); Nürnberg JurBüro 1962, 161.
[14] Einzelheiten s. *Madert* Gegenstandswert Rn. 87.

B. Streitwerte bzw. Gegenstands- oder Geschäftswerte

+ Urlaubs- u. Weihnachtsgeld 6 000 DM im Jahr	6000 DM : 12 × 3	1 500 DM
− Aufwendungen z. B. Krankenversicherung 500 DM im Monat	3 × 500 DM	1 500 DM
− Werbungskosten 3 000 DM im Jahr	3000 DM : 12 × 3	750 DM
− Kinderfreibeträge	2 × 500 DM × 3	3 000 DM
− beträchtliche Schulden, Kreditrate 600 DM monatlich	3 × 600 DM	1 800 DM
Summe Einkommen		**12 450 DM**
Vermögen		
Aktivvermögen		800 000 DM
− Schulden		50 000 DM
− Freistellungsbeträge für 4 Personen	4 × 120 000 DM	480 000 DM
Gesamtvermögen		270 000 DM
Davon 5 %	13 500 DM	13 500 DM
Summe Einkommen/Vermögen		25 950 DM
Bedeutung und/oder Umfang nach italienischem Recht + 20 %	5190 DM	31 140 DM
Eine 10/10-Gebühr nach § 31 Abs. 1 beträgt		1 185,00 DM.

2. Gerichts- und Anwaltsgebührenwert

14 Gem. § 12 Abs. 2 GKG ist der Wert des Streitgegenstandes unter Berücksichtigung aller Umstände des Einzelfalles, insbesondere des Umfangs und der Bedeutung der Sache und der Vermögens- und Einkommensverhältnisse der Parteien, nach Ermessen zu bestimmen. In Ehesachen ist für die Einkommensverhältnisse das in drei Monaten erzielte Nettoeinkommen der Eheleute anzusetzen. Der Wert darf nicht über zwei Millionen DM und nicht unter 4000 DM angenommen werden.

Dieser Wert für die Gerichtsgebühren gilt auch für die Anwaltsgebühren gem. §§ 8 Abs. 1 S. 1, 9 Abs. 1 BRAGO.[15]

Einigkeit in der Rechtsprechung besteht inzwischen darüber, dass die Einkommensverhältnisse nur einer von mehreren Faktoren sind. Allen Wertkriterien des § 12 Abs. 2 GKG kommt der gleiche Rang zu. Daran ändert auch die praktische Handhabung nichts, vom Einkommen auszugehen und dann Zu- und Abschläge vorzunehmen.

3. Bewertungszeitpunkt

15 Gem. § 4 Abs. 1 ZPO ist für die Wertberechnung maßgebend der Zeitpunkt („Stichtag") der Einreichung des Scheidungsantrags. Wird z. B. der Wert gem. § 12 Abs. 2 S. 2 GKG ausschließlich aus dem Nettoeinkommen berechnet, kommt es auf die letzten drei zusammenhängenden Monate vor Eingang des Scheidungsantrags an.[16] Veränderungen des Einkommens nach Antragseingang bis zur Urteilsverkündung bleiben außer Betracht, denn nach § 15 GKG ist für die Wertberechnung der Zeitpunkt der die Instanz einleitenden Antragsstellung maßgebend.[17]

---

[15] Koblenz Ez FamR aktuell 1999, 9 (Der Mindestwert ist auch in besonderen Fällen nicht zu überschreiten).
[16] Bamberg JurBüro 1981, 1704; Hamm JurBüro 1979, 249; Karlsruhe KostRsp. GKG § 12 Nr. 135 = JurBüro 1989, 1161; Koblenz KostRsp. GKG § 12 Nr. 26; München FamRZ 1997, 34; *Hartmann* § 12 GKG Rn. 37 m. w. N.; ausführlich zur gesamten Problematik *Schneider/Herget* Rn. 1046–1055a.
[17] Brandenburg NJW-RR 1998, 867; *Hartmann* § 15 GKG Rn. 3; **a. A.** Düsseldorf JurBüro 1983, 254.

II. Der Streitwert der Ehescheidung

4. Berechnung des Einkommens

Bei **Unselbstständigen** (Lohn- und Gehaltsempfängern) wird praktisch wie bei der Berechnung des Unterhalts vorgegangen. Mit dem zusammengerechneten Nettoverdienst (nicht aber Kindergeld) der letzten zwölf Monate sind Urlaubs- und Weihnachtsgelder, 13. Gehalt, Steuerrückzahlungen mit dem auf drei Monate entfallenden Teilbetrag zu berücksichtigten.[18] Als Einkünfte gelten auch Tantiemen, Vergütungen für Überstunden, Nachtdienst und Sonn- Feiertagsarbeit. Die bei der Unterhaltsberechnung üblichen Abzüge von 5% für berufsbedingte Aufwendungen und der 1/7-Erwerbstätigenbonus werden nicht vorgenommen.[19] **Sozialhilfe** wird, da sie nicht als Ausdruck einer erhöhten Leistungsfähigkeit bewertet werden kann, nicht einbezogen.[20] **Arbeitslosengeld** dagegen wohl, da es Lohnersatzfunktion hat.[21] **Arbeitslosenhilfe** wiederum nicht, da sie einer Sozialhilfeleistung nahesteht.[22]

16

Bei **Selbstständigen** und **Freiberuflichen** wird ebenfalls wie bei der Unterhaltsberechnung vorgegangen, bezogen auf die letzten drei Jahre vor Antragsstellung. So weit von der Steuerveranlagung ausgegangen wird, müssen Absetzungen, die sich nur steuerlich auswirken, aber das Einkommen nicht wirklich mindern, unberücksichtigt bleiben. Es bedarf daher nicht selten einer Streitwertermittlung unter Beachtung des allgemeinen Lebenszuschnitts.[23]

17

Bei **beiderseitiger Prozesskostenhilfe** darf nicht schematisch von 4000 DM ausgegangen werden.[24] Dieser pauschalen Gleichsetzung ist nicht zu folgen, der erforderliche Zusammenhang von Prozesskostenhilfe und Streitwert findet im Gesetz keine Sütze. Mit Recht bemerkt *Groß*[25]: *„Dem (gemeint ist die schematische Festsetzung auf 4000 DM) ist mit der überwiegenden Meinung entgegenzuhalten, dass sich die Voraussetzungen, unter denen Prozesskostenhilfe gewährt wird, nicht mit den Kriterien decken, die bei der Streitwertbestimmung maßgebend sind. Erstere stehen in der ZPO, letztere im Gerichtskostengesetz. Es braucht jemand, der im Sinne der Prozesskostenhilfe „arm" ist, nicht vermögenslos und nicht einkommenslos zu sein. Erinnert sei an das Schonvermögen in Form des selbst bewohnten Einfamilienhauses gem. §88 BSHG. Angesichts des eindeutigen Gesetzeswortlauts („... in Ehesachen ist... das Nettoeinkommen... einzusetzen") kann die Meinung, es sei immer nur der Mindestwert von 4000 DM in Prozesskostenhilfefällen anzusetzen, nicht richtig sein."*

18

---

[18] Düsseldorf AnwBl. 1977, 412; Hamm JurBüro 1979, 249; KG NJW 1976, 899; München JurBüro 1980, 892 (Bafög, falls nicht als Darlehn gewährt).

[19] *Groß* Rn. 67.

[20] Bremen FamRZ 1992, 709; Karlsruhe FamRZ 1998, 572; Köln FamRZ 1998, 310; München JurBüro 1979, 1539; Nürnberg FamRZ 1997, 35; München OLGR 1996, 117; *Schneider/Herget* Rn. 1062; a. A. *Groß* Rn. 67 (weil auch im Unterhaltsrecht als Einkommen behandelt).

[21] Köln FamRZ 1998, 311.

[22] Bremen JurBüro 1992, 113 = KostRsp. GKG § 12 Nr. 149 m. Anm. *Schneider*; Karlsruhe FamRZ 1998, 572; a. A. Düsseldorf FamRZ 1994, 250.

[23] Bamberg JurBüro 1977, 241 (Landwirtschaft); Bamberg JurBüro 1977, 1117 (bei fingiertem Arbeitsverhältnis); KG NJW 1970, 1930 (L, Entnahmen = Einkommen, selbst wenn der Betrieb nach steuerlichen Gesichtspunkten mit Verlust arbeitet).

[24] Dresden JurBüro 1997, 479; 1998, 317; Düsseldorf JurBüro 1982, 1700; KG AnwBl. 1976, 164 = NJW 1976, 899; AnwBl. 1992, 280; Köln JMBlNRW 1998, 57; a. A. München JurBüro 1990, 1332.

[25] Rn. 73.

B. Streitwerte bzw. Gegenstands- oder Geschäftswerte

5. Kinder und sonstige Unterhaltsberechtigte

19 Weil Kinder als besondere Belastung das Einkommen schmälern, nimmt die Rechtsprechung je Kind pro Monat einen pauschalen Abzug vor, der früher mindestens 300 DM betrug. Weil die Lebenshaltungskosten inzwischen gestiegen sind, haben einzelne Gerichte den Betrag auf 350 DM bis 600 DM erhöht.[26]
Vom OLG Schleswig[27] und vom OLG Hamm[28] werden der tatsächlich gezahlte Unterhalt abgezogen, wobei das OLG Hamm mangels anderweitiger Anhaltspunkte die Mindestbeträge der Düsseldorfer Tabelle heranzieht.

6. Schulden

20 Schulden der Parteien sind zu berücksichtigen, wenn sie im Verhältnis zu dem Einkommen einen derartigen Umfang haben, dass sie die Lebensverhältnisse nachhaltig beeinträchtigen. Der Rechtsprechung ist es bisher nicht gelungen, einheitliche Maßstäbe, wie Schulden zu berücksichtigen sind, zu entwickeln. Nicht jeder Ratenkredit beeinträchtigt die Vermögensverhältnisse der Parteien nachhaltig. Haben die Parteien durch die Aufnahme von Ratenkrediten Ausgaben finanziert, wie sie heute weitgehend zum allgemeinen Konsumverhalten gehören (Hausratsanschaffungen, Urlaubsreise, Autokauf), so hat sich ihr Lebenszuschnitt dadurch weder erhöht noch gemindert. Zwar finanzieren die Parteien über die entsprechende Kreditaufnahme Ausgaben, die ihren Lebenszuschnitt zunächst erhöhen, die aber später durch Abtragungen der eingegangen Schuld zu einer korrespondierenden Minderung ihres Lebenszuschnitt führen.[29]
Uneinheitlich ist die Rechtsprechung zur Frage, wie Schulden zu berücksichtigen sind. Es werden folgende Ansichten vertreten:[30] Geringwertige Schulden bleiben außer Betracht.[31] Bei „höheren" Schulden kann ein 15 %-iger Abschlag von dem vorher errechneten Streitwert vorzunehmen sein.[32] Bei „beträchtlichen" Schulden können die monatlichen Tilgungsleistungen in voller Höhe abzuziehen sein.[33] Bei „außergewöhn-

---

[26] 300 DM: heute noch Jena FamRZ 1999, 602; 350 DM: Düsseldorf JurBüro 1986, 1681; 400 DM: Saarbrücken JurBüro 1991, 983; 500 DM: Bamberg JurBüro 1987, 1694; Hamburg JurBüro 1994, 492; Hamm JurBüro 1998, 420; Karlsruhe OLGR 1998, 210; Nürnberg JurBüro 1986, 414 = FamRZ 1986, 194; 600 DM: KG AnwBl. 1976, 164; Koblenz FamRZ 1993, 827; JurBüro 1999, 475; a. A. *Groß* Rn. 69. Nach ihrer Ansicht sollte man dem Abzug von Kinderfreibeträgen entgegenhalten, „dass zwar die Wirtschaftskraft geringer, dafür die Bedeutung der Ehesache höher ist, wenn minderjährige Kinder da sind. Alle Gesichtspunkte des § 12 Abs. 2 S. 1 GKG sind gleichwertig."
[27] JurBüro 1985, 1674.
[28] FamRZ 1997, 36; auch Dresden FamRZ 1998, 574 zieht die konkreten Tabellenbeträge ab.
[29] Düsseldorf JurBüro 1987, 1693 (Schulden sind vom Einkommen abzuziehen, wenn es sich um hohe und langfristige Ratenverbindlichkeiten handelt, denen keine entsprechenden Werte entgegenstehen. Das ist der Fall bei Darlehn für Anschaffung einer Lebenseinrichtung. Einmal in Benutzung genommene Möbel oder sonstige für den Hausrat bestimmte Gebrauchsgegenstände haben in der Regel nur noch einen geringen Verkehrswert und stellen deshalb praktisch kein verwertbares Vermögen dar); Zweibrücken JurBüro 1986, 78 (Schulden, die sich im Verhältnis zum regelmäßigen Einkommen der Parteien im üblichen Rahmen halten oder denen entsprechende Werte gegenüberstehen, sind nicht zu berücksichtigen); so auch Bamberg JurBüro 1983, 1539; Düsseldorf JurBüro 1983, 1070; München JurBüro 1980, 894; Zweibrücken JurBüro 1986, 78.
[30] Übersicht bei *Schneider/Herget* Rn. 1079–1090.
[31] Bamberg JurBüro 1983, 1539.
[32] Bamberg JurBüro 1983, 1539.
[33] Düsseldorf AnwBl. 1986, 250; Koblenz JurBüro 1999, 475.

II. Der Streitwert der Ehescheidung

lich hohen Schulden" sind Abzüge vorzunehmen, jedoch nicht in voller Höhe der monatlichen Tilgungsraten.[34] Jedenfalls Schulden solchen Ausmaßes, dass die „Lebensverhältnisse der Parteien hiervon nachhaltig beeinträchtigt" werden, sind in Höhe der monatlichen Kreditraten bei der Wertfestsetzung zu berücksichtigen.[35] Hausbelastungen, die eine den Einkommensverhältnissen angemessene Miete übersteigen, wirken streitwertmindernd.[36] *Herget*[37] spricht sich dafür aus, dass grundsätzlich alle Schulden abgezogen werden, da alle anderen Handhabungen unpraktikabel seien.

Berechnungsbeispiele: Abzug der monatlichen Tilgungsleistungen:
Monatliches Nettoeinkommen 1542 DM − Kreditrate 217 DM = 1325 × 3 = 3975 DM. So Düsseldorf (5. Senat) JurBüro 1982, 1375; Düsseldorf (10. Senat) JurBüro 1985, 1357; AnwBl. 1986, 250; Hamm AnwBl. 1984, 504.
Anders Düsseldorf (4. Senat) JurBüro 1983, 1070; 1986, 1681; 1987, 732 (Schulden, die über das doppelte Monatseinkommen der Parteien hinausgehen, werden mit 10% des überschießenden Betrags vom Dreimonatseinkommen bis zur Grenze des Mindeststreitwertes herabgesetzt. Monatseinkommen 4200 DM × 3 = 12600 DM. Schulden 53000 DM − doppeltes Monatseinkommen 8400 DM = 44600 DM. Davon 10% = 4460 DM. Diese werden abgezogen, also 12600 DM − 4460 DM = 8140 DM als Streitwert.

7. Vermögen

Nach § 12 Abs. 2 S. 1 GKG sind die Vermögensverhältnisse der Parteien bei der Streitwertbestimmung zu berücksichtigen. Dennoch werden häufig, wenn nicht sogar meistens, ausschließlich die Einkommensverhältnisse bei der Streitwertbestimmung berücksichtigt. Das ist aber nur korrekt, wenn die Parteien gar kein Vermögen haben.

Wie bei den Schulden ist es der Rechtsprechung bis heute nicht gelungen, klare Kriterien zu entwickeln, wie das Vermögen zu berücksichtigen ist.

Einhellige Meinung ist, dass kurzlebige Wirtschaftsgüter, wie z. B. die übliche Wohnungseinrichtung, der PKW der Mittelklasse, das kleine Sparguthaben usw. unberücksichtigt bleiben.[38] Das Vermögen wurde zurzeit der Geltung des Vermögenssteuergesetzes nach überwiegender Ansicht nach Abzug der Verbindlichkeiten um Freistellungsbeträge entsprechend dem Vermögenssteuergesetz gekürzt. Diese waren zuletzt 120000 DM je Erwachsenen und je Kind, wobei jedoch von einigen OLGs die letzte Erhöhung der Freibeträge nicht mehr berücksichtigt wurde. Auch nach Wegfall des VStG sind die Freibeträge der letzten Fassung des VStG weiterhin in Abzug zu bringen. Der Grundgedanke, dass bei der Streitwertfestsetzung ein gewisser Freibetrag abzuziehen ist, ist nicht dadurch weggefallen, dass es kein VStG mehr gibt. Daher ist auch derzeit der Höhe nach eine Orientierung an den letzten Freibeträgen des VStG angebracht.[39] Die Familiensenate des OLG Düsseldorf ziehen pro Ehegatte 120000 DM,

21

---

[34] Saarbrücken NJW-RR 1986, 308.
[35] Düsseldorf JurBüro 1982, 1375.
[36] Hamm FamRZ 1997, 36.
[37] *Schneider/Herget* Rn. 1079.
[38] Braunschweig JurBüro 1980, 239; Frankfurt JurBüro 1977, 703; Köln JurBüro 1988, 1355 (Vermögen bis zu 30000 DM pro Ehegatte bleibt unberücksichtigt).
[39] Rechtsprechungsbeispiele: 70000 DM/35000 DM: Bamberg JurBüro 1981, 1543; JurBüro 1982, 286; Braunschweig JurBüro 1980, 239; Düsseldorf Fam RZ 1994, 249 (bei erheblichem Vermögen, hier 6 Mill. DM), AGS 1994, 34 m. Anm. *Madert*; Düsseldorf (4. Senat) JurBüro 1984, 1542; Frankfurt FamRZ 1994, 250; Frankfurt FamRZ 1994, 250 (L); Hamm JurBüro 1984, 1543; Karlsruhe FamRZ 1999, 1288; Köln (26. Senat) FamRZ 1997, 37; München AnwBl. 1985, 203 (5% bei selbst bewohntem Eigentum),

pro Kind 60 000 DM ab.[40] Das noch verbleibende Vermögen wird zum Teil mit 5%[41], zum Teil mit 10%[42] in Ansatz gebracht. Es wird auch differenziert nach Privatvermögen, das zu einer 10%-igen Streitwerterhöhung führen soll, Betriebsvermögen zu einer 5%-igen, weil das Betriebsvermögen sich schon bei den Einkommensverhältnissen auswirke.[43]

Berechnungsbeispiel mit Freibeträgen 70 000 DM/35 000 DM und 5%: Einkommen der Eheleute zusammen 4500 DM monatlich, 1 minderjähriges Kind, Einfamilienhaus mit Wert 400 000 DM, belastet mit 100 000 DM. Berechnung: 4500 DM − 500 DM (für Kind) × 3 = 12 000 DM. Vermögen 400 000 DM − 100 000 DM = 300 000 DM abzüglich Freibeträge (70 000 DM + 70 000 DM + 35 000 DM = 175 000 DM) = 125 000 DM; davon 5% = 6250 DM. Streitwert mithin: 12 000 DM + 6250 DM = 18 250 DM.

8. Umfang der Sache

22 Nur auf den Umfang des gerichtlichen Verfahrens ist abzustellen, die vor- oder außergerichtliche Tätigkeit des RA im Hinblick auf die Scheidung bleibt unberücksichtigt.[44] Es ist auch nicht auf die Folgesachen abzustellen, da diese einen eigenen Streitwert haben.[45] Wird das Scheidungsverfahren mit ungewöhnlicher Härte geführt, kann eine Streitwerterhöhung gerechtfertigt sein.[46] Die Rechtsprechung nimmt **bei einfachen Scheidungsangelegenheiten** und **bei der so genannten einverständlichen Scheidung** einen Abzug von 20 bis 25% vom Streitwert vor.[47]

Erledigt sich der Scheidungsantrag alsbald nach seiner Einreichung durch Rücknahme, rechtfertigt sich ein Abschlag des in einem Durchschnittsfall anzusetzenden Wertes.[48]

München AnwBl. 1985, 203 (bei ertragsbringendem Grundvermögen); JurBüro 1992, 349; München AnwBl. 1985, 203; Nürnberg FamRZ 1986, 194; Nürnberg JurBüro 1989, 1723; FamRZ 1986, 194; Schleswig FamRZ 1997, 36.
[40] Unveröffentlichte Übereinkunft.
[41] Frankfurt FamRZ 1994, 250; Karlsruhe OLGR 1999, 299 = JurBüro 1999, 420.
[42] Düsseldorf FamRZ 1994, 249; München JurBüro 1992, 249.
[43] KG NJW 1987, 1430.
[44] Bamberg JurBüro 1976, 217; FamRZ 1992, 708; Köln JurBüro 1976, 1538; Zweibrücken JurBüro 1979, 1864, *Lappe* Rn. 13.
[45] Brandenburg FamRZ 1997, 34; **a. A.** Düsseldorf JurBüro 1991, 1238 m. abl. Anm. *Mümmler*; JurBüro 1995, 252.
[46] Hamm JurBüro 1976, 766.
[47] Bamberg JurBüro 1977, 1590; Dresden JurBüro 1997, 479; Düsseldorf (10. Senat) JurBüro 1985, 1357; JurBüro 1986, 1682; (4. Senat) JurBüro 1987, 732; (1. Senat) JurBüro (4. Senat) 1988, 1076; Hamm JurBüro 1984, 1373; Koblenz AGS 1993, 37 m. Anm. *Madert;* Köln JurBüro 88, 1355; München AnwBl. 77, 251; Saarbrücken JurBüro 1982, 1378; Zweibrücken JurBüro 1979, 1333; 1983, 1537; **a. M.** Brandenburg FamRZ 1997, 34; Karlsruhe AnwBl. 1981, 404; Frankfurt FamRZ 1997, 35; Düsseldorf (3. Senat) JurBüro 1983, 407 (kein Abzug, weil die unstreitige Scheidungssache als Normalfall zu betrachten ist); München JurBüro 1992, 349; Schleswig JurBüro 1985, 1675; *Groß* Rn. 72; anders Düsseldorf (5. Senat) JurBüro 1987, 1693 (bei einverständlicher Scheidung nach § 630 ZPO oder nach § 1566 Abs. 2 BGB Abzug gerechtfertigt, nicht aber bei so genannter Konventionalscheidung, weil es die nach dem Gesetz nicht gibt).
[48] Nach Schleswig JurBüro 1985, 1675 = SchlHA 1985, 180 und 1985, 191 um 25%; nach Hamburg JurBüro 1994, 492 mit 50%.

II. Der Streitwert der Ehescheidung

9. Bedeutung des Eheverfahrens

Das ist der am schwierigsten zu konkretisierende Bemessungsfaktor. Neuere Entscheidungen liegen nicht vor. Abweichungen vom Regelfall werden z. B. erfolgen können, wenn die Parteien im öffentlichen Leben eine besondere Stellung einnehmen (Politiker, Künstler, Sportler).[49] Auch kann die Dauer der Ehe, die Zahl der Kinder und die ökonomische Unabhängigkeit der Parteien voneinander eine Rolle spielen.[50]

Bei Scheidungsverfahren, die nach der Härteklausel erfolgen (§ 1568 BGB), ist ein entsprechender Zuschlag angezeigt, auch bei Anwendung ausländischen Rechts.[51]

Wechselseitige Scheidungsanträge betreffen immer denselben Streitgegenstand, so dass die Gebühren nur einmal aus dem einfachen Wert zu berechnen sind, § 19 Abs. 1 S. 3 GKG. Dies gilt auch dann, wenn sie zufällig zunächst zu gesonderten Verfahren mit verschiedenen Aktenzeichen geführt haben. Gesonderte Werte ergeben sich jedoch, wenn die Verfahren bei verschiedenen Gerichten anhängig gemacht werden.[52]

Dasselbe gilt, wenn gegen den Scheidungsantrag der Antrag auf Ehenichtigkeit oder Eheaufhebung geltend gemacht wird.

10. Sonstige Ehesachen; Antragsänderung

Neben dem Scheidungsverfahren gelten nach § 606 Abs. 1 S. 1 ZPO als Ehesachen die Verfahren auf Aufhebung oder Nichtigkeitserklärung einer Ehe, auf Feststellung des Bestehens oder Nichtbestehens einer Ehe zwischen den Parteien oder auf Herstellung des ehelichen Lebens. Auch hier ist § 12 Abs. 2 S. 2 GKG maßgebend. Auf die Ausführungen zum Streitwert der Ehescheidung wird verwiesen. Das Kammergericht[53] hat bei einer Klage auf Wiederherstellung der ehelichen Lebensgemeinschaft den Streitwert auf 2/3 des Ehescheidungsstreitwertes zusammengestrichen, weil die Folgen eines solchen Verfahrens weitaus geringer sein als die eines Ehescheidungsverfahrens.

Beim Übergang vom Antrag auf Aufhebung der Ehe zum Scheidungsantrag innerhalb desselben Verfahren handelt es sich um eine Angelegenheit und um einen Gegenstand (keine Addition).[54]

11. Rechtsmittel

Der Wert richtet sich nach den Verhältnissen im Zeitpunkt der Rechtsmitteleinlegung (§ 15 GKG); ansonsten gilt das zur ersten Instanz Gesagte. Wurde der Scheidungsantrag vom Erstgericht zurückgewiesen, so werden die Folgesachen gegenstandslos; der Wert der Berufung errechnet sich nur aus der Scheidungssache.[55] Wird bei einer erfolgreichen Scheidungsklage mit der Berufung gegen den Scheidungsausspruch auch hilfsweise der Folgeausspruch angegriffen, so ist die Bewertung streitig. Nach einer Ansicht

---

[49] KG NJW 1969, 1305 (bei einem Anspruch auf Unterlassung von Beleidigungen).
[50] Hamm JurBüro 1973, 452 (dreißigjährige Ehe); Koblenz JurBüro 1979, 1675.
[51] Koblenz JurBüro 1975, 1092 (Recht der CSR); Zweibrücken JurBüro 1984, 899 (20% bei Anwendung italienischen Rechts); vgl. Übersicht bei *Schneider/Herget* Rn. 1137–1141; *Lappe* Rn. 19 (Härteklausel-Scheidung).
[52] KG MDR 1978, 678; *Lappe* Rn. 21.
[53] NJW 1969, 1357 u. JurBüro 1974, 1412.
[54] München JurBüro 1995, 138.
[55] *Von Eicken* AGS 1997, 39.

B. Streitwerte bzw. Gegenstands- oder Geschäftswerte

richtet sich der Streitwert nur nach der Scheidungshauptsache, da mit der angestrebten Aufhebung des Scheidungsausspruchs und der Abweisung des Scheidungsantrags die im Scheidungsurteil geregelten Folgen automatisch entfallen und über die Hilfsanträge nicht mehr zu entscheiden ist (§ 19 Abs. 1 S. 2 GKG)[56]. Nach anderer Ansicht sind auch die Folgesachen mit zu berücksichtigen, da § 19a Abs. 1 S. 1 GKG auch in der Berufungsinstanz anzuwenden ist, weshalb in der Berufungsinstanz dasselbe zu gelten hat wie in der ersten Instanz, in der trotz der Abhängigkeit der Folgesachen von der Scheidung eine Addition der Werte stattfindet.[57] Wird die gegen ein Scheidungsurteil ergangene Berufung vor Antragstellung und Begründung zurückgenommen, so ist mit zu berücksichtigen, wieweit auch FG-Sachen von dem Rechtsmittel erfasst sind und in wieweit das Erstgericht abweichend von der in der ersten Instanz geäußerten Ansicht des Rechtsmittelführers entschieden hat.[58]

12. Streitwertfestsetzung

27 Vor Beendigung der Instanz kann der Streitwert in Ehesachen nicht endgültig festgesetzt werden, da sich erst am Ende des Rechtszugs der Umfang und die Bedeutung ergeben.[59] Nach § 25 Abs. 1 S. 1 GKG kann das Gericht bei Eingang des Scheidungsantrags den Wert durch Beschluss vorläufig festsetzen. Einwendungen gegen die Höhe des festgesetzten Wertes können gem. § 25 Abs. 1 S. 2 GKG nur gem. § 6 GKG nach Anordnung eines Vorschusses oder einer Vorauszahlung mit der Beschwerde geltend gemacht werden. Der Verweis auf § 6 GKG in § 25 Abs. 1 S. 2 GKG regelt nur das Verhältnis des Gerichts zur Partei, nicht das Verhältnis des Gerichts zum Anwalt. Für den RA gilt § 9 Abs. 2 S. 1 GKG. Danach kann der Anwalt aus eigenem Recht, wenn er den Streitwert für zu niedrig hält, Rechtsmittel gegen die Festsetzung einlegen. Ein Ausschuss des Beschwerderechts für die vorläufige Wertfestsetzung ist nicht vorgesehen.[60]

13. Der Wert für die Aussöhnungsgebühr des § 36 Abs. 2 BRAGO

28 Der Wert richtet sich nach dem für die Ehesache gerichtlich festgesetzten Wert. Ist eine Scheidungssache oder ein Verfahren auf Aufhebung einer Ehe noch nicht anhängig, ist der Wert gem. § 8 Abs. 1 S. 2 BRAGO nach § 12 Abs. 2 GKG zu berechnen. Es gilt mithin alles vorstehend Ausgeführte. Das Bemessungskriterium Umfang der Sache bleibt dabei als wertneutral unberücksichtigt; es ist also weder der mutmaßliche Umfang, den die Ehesache bei Durchführung angenommen hätte, zu schätzen noch, weil nicht vorhanden, wertmindernd zu beachten.[61]

---

[56] Frankfurt JurBüro 1985, 1211; OLG Hamm (2. Senat) FamRZ 1997, 41.
[57] Koblenz JurBüro 1987, 1200.
[58] Bamberg FamRZ 1997, 37.
[59] Bamberg JurBüro 1976, 54; KG MDR 1973, 1030.
[60] *Schneider* MDR 2000, 381; a. A. *Hartmann* KostG § 25 GKG Rn. 14; Brandenburg OLGR 2000, 61.
[61] *Gerold/Schmidt-von Eicken* § 36 Rn. 15.

III. Der Streitwert der drei Kindesverfahren

1. Elterliche Sorge

Verbundverfahren. Mit der Neuregelung des Sorgerechts durch das am 1.7.1998 in Kraft getretene Kindschaftsrechtsreformgesetz ist die automatische Einleitung eines Sorgerechtsverfahrens anlässlich des Scheidungsverfahrens (sog. Zwangs- bzw. Amtsverbund) ersatzlos entfallen. Nur wenn im **Verbundverfahren** ein Antrag auf Übertragung der elterlichen Sorge gestellt wird (gem. §§ 1666 ff. BGB), ist von einem Wert von 1500 DM auszugehen; der Wert darf nicht über zwei Millionen DM angenommen werden, § 12 Abs. 2 S. 3 und 4 GKG. Maßstäbe für die Wertbemessung sind alle Umstände des Einzelfalls, vor allem der Umfang und die Bedeutung der Sache sowie die Einkommens- und Vermögensverhältnisse der Eltern und der Kinder, § 12 Abs. 2 S. 2 GKG.[62] Eine Herabsetzung des Wertes kann sich wegen des verminderten Prüfungsumfanges für das Gericht daraus ergeben, dass es gem. § 1671 Abs. 2 Nr. 1 BGB an den übereinstimmenden Willen der Eltern gebunden ist. 29

Ist ein Sorgerechtsverfahren durch entsprechenden Antrag eines Elternteils nicht anhängig gemacht worden, so muss das Gericht gem. § 613 Abs. 1 S. 2 ZPO dennoch die Eltern zum Sorgerecht anhören. Da nach § 31 Abs. 1 Nr. 3 BRAGO der RA für die Anhörung der Parteien eine Beweisgebühr erhält, müsste nach dem an und für sich eindeutigen Wortlaut dieser Bestimmungen, unabhängig davon, ob ein Sorgerechtsverfahren (durch Antrag oder von Amts wegen) anhängig ist, durch die Anhörung eine Beweisgebühr anfallen. Folglich müsste der Beweisgebühr auch ein Wert zugrundegelegt werden. Diese Meinung wird auch in Rechtsprechung und Schrifttum vertreten.[63] Es ist aber der Ansicht zuzustimmen, dass, wenn kein Sorgerechtsverfahren anhängig ist, keine Beweisgebühr erwächst, da es ohne ein anhängiges Verfahren keine Beweisgebühr gibt.[64] Es liegt ein redaktionelles Versehen des Gesetzgebers vor. Er hat übersehen, § 31 Abs. 1 Nr. 3 BRAGO an die Neufassung des § 613 Abs. 1 S. 2 ZPO anzupassen und auf die Anordnung gem. § 613 S. 1, 3 ZPO zu beschränken.[65] Vgl. Kap. C Rn. 22, 23.

In selbstständigen Familiensachen richten sich die Geschäftswerte in Angelegenheiten der freiwilligen Gerichtsbarkeit nach der KostO (Ausnahme: Hausratssachen nach der HausrVO). Der Wert für die Gerichtsgebühren bildet auch den Gegenstandswert für die Anwaltsgebühren, § 8 Abs. 1 S. 1 BRAGO. Für isolierte Familiensachen nach § 621 Abs. 1 Nr. 1 ZPO bestimmt sich der Gegenstandswert nach § 30 Abs. 2 KostO (§ 94 Abs. 2 S. 1 KostO). Er ist somit regelmäßig auf 5000 DM anzunehmen, kann nach Lage des Falles niedriger oder höher, jedoch nicht über eine Million DM an- 30

---

[62] Für die Übertragung der elterlichen Sorge und für die Regelung des Umgangsrechts hat das LG München (JurBüro 1969, 228) bei einem Vermögen der Eltern von 1,5 Millionen DM jeweils 300 000 DM angesetzt; *Lappe* Rn. 22.

[63] KG AGS 1999, 181; Koblenz AGS 1999, 138 = Rpfleger 1999, 463; AG Euskirchen AGS 1999, 139; AG Rendsburg MDR 1999, 454; *Krause* JurBüro 1999, 118; *Mock* JurBüro 1999, 469.

[64] Düsseldorf OLGR 2000, 89; Karlsruhe Rpfleger 1999, 419; Nürnberg Rpfleger 2000, 185; Schleswig Rpfleger 1999, 508; Stuttgart FamRZ 1999, 1359; *Enders* JurBüro 1998, 618; *Gerold/Schmidt-von Eicken* § 31 Rn. 111.

[65] Ausführlich und überzeugend *Müller-Rabe* FamRZ 2000, 137.

B. Streitwerte bzw. Gegenstands- oder Geschäftswerte

genommen werden. Ein Mindestwert ist nicht mehr vorgeschrieben, weil dieser sich aus der niedrigsten Gebührenstufe von bis zu 2000 DM ergibt, § 32 Abs. 1 S. 1 KostO.[66]

Dass eine Sorgerechtsregelung lediglich für die Zeit des Getrenntlebens der Eltern beantragt wird, rechtfertigt allein noch keine geringere Bewertung, weil kaum annähernd sicher erkennbar ist, für welchen Zeitraum die erstrebte Sorgerechtsregelung Bestand haben wird. Der Gesetzgeber trifft beim Regelwert keine Unterscheidung zwischen den Verfahren nach § 1671 und nach § 1672 BGB.[67] Wenn von vorne herein aber eine eng begrenzte Dauer und Bedeutung der Regelung voraussehbar ist, z. B. bei Anhängigkeit des Scheidungsverfahren oder bei einem Verfahren kurz vor der Volljährigkeit des Kindes, kann eine Bewertung unterhalb des Regelwertes in Betracht kommen.[68]

31 Nach § 19a Abs. 1 S. 2 GKG sind die Kindesverfahren als Scheidungsfolgesachen auch dann als ein Gegenstand zu bewerten, wenn sie **mehrere Kinder** betreffen. Der Umstand „mehrere Kinder" kann aber nach Lage des Falles nach § 30 Abs. 2 KostO bzw. § 12 Abs. 2 GKG in isolierten Kindesverfahren berücksichtigt werden. Streitig ist, ob wegen der Mehrzahl der Kinder der Wert stets oder nur bei Mehrarbeit zu erhöhen ist.[69]

Eine Erhöhung des Ausgangswertes ist gerechtfertigt, wenn z. B. folgende Umstände vorliegen: Umfangreiche oder mehrfache Anhörungen des Kindes, der Eltern oder des Jugendamtes, Einholung eines psychologischen Gutachtens, sonstige Beweiserhebungen, widerstreitende Interessen und Anträge der Eltern, Gegenwehr des Kindes selbst gegen bestimmte Regeln. All das stellt für die beteiligten Anwälte eine besondere Belastung dar, der Zeitaufwand, wenn man sich mit diesen Problemen auseinandersetzt, ist groß. Die sich aus dem Regelstreitwert ergebenden Gebühren sind manchmal nicht einmal kostendeckend. Sind die Gerichte an einer sachgerechten Mitarbeit der Rechtsanwälte interessiert, so sollten Sie durch richtige Streitwerte selbst die Voraussetzung schaffen.[70] Umgekehrt können wenige, kurze Schriftsätze, begrenzte Auseinandersetzung, knappe Stellungnahme des Jugendamtes eine Verminderung des Streitwertes von 5000 DM z. B. auf 3000 DM rechtfertigen.[71]

32 Sind **Sorge- und Umgangsrecht** Gegenstand eines Verfahren, so liegen zwei zu addierende Gegenstände vor. Der Wert ist im Verbundverfahren in der Regel 2 × 1500 DM.[72]

Das Verfahren auf **Änderung** einer früheren Entscheidung ist im Verhältnis zum vorausgegangenen Verfahren eine neue, selbstständige Sache.[73]

---

[66] Koblenz AGS 1993, 53 (Bei einer isolierten Sorgerechtsregelung ist mangels genügender tatsächlicher Anhaltspunkte von einem Regelwert von 5000 DM auszugehen); Schleswig SchlHA 1993, 220.
[67] *Groß* Rn. 112.
[68] Bamberg JurBüro 1980, 1828; Düsseldorf JurBüro 1983, 901; Köln JurBüro 1981, 1564; *Groß* Rn. 111; *Lappe* Rn. 22; *Mümmler* JurBüro 1981, 1565.
[69] **Erhöhung ohne Mehrarbeit**: Bamberg JurBüro 1988, 1008 (Erhöhung des Ausgangswertes); Celle JurBüro 1982, 1710; Düsseldorf AnwBl. 1985, 222 (isolierte Familiensache: 5000 DM + 1500 DM für jedes weitere Kind); Düsseldorf AGS 1993, 92 (bei unstreitigem Verfahren Wert 2500 DM + 500 DM für jedes weitere Kind); AnwBl. 1994, 95 (L: Im Verfahren der Regelung der elterlichen Sorge über 4 Kinder kann der Streitwert angesichts des Umfangs auf 3000 DM im Verbund festgestellt werden); Köln AGS 1994, 77 m. Anm. *Madert*.
Erhöhung nur bei Mehrarbeit: Bamberg JurBüro 1981, 735; Frankfurt JurBüro 1981, 245; Hamm JurBüro 1989, 1303; Koblenz JurBüro 1979, 404; Saarbrücken AnwBl. 1984, 372.
[70] Vgl. Frankfurt Ez FamR aktuell 1999, 184 = JurBüro 1999, 371 (Wert 16 000 DM).
[71] Karlsruhe FamRZ 1999, 730 = OLGR 1999, 72.
[72] Köln JurBüro 1981, 1564; Oldenburg FamRZ 1997, 383.
[73] *von Eicken* AGS 1997, 62.

III. Der Streitwert der drei Kindesverfahren

Bei einem **Vergleich** über die elterliche Sorge ist eine Einigung der Parteien von Ausnahmen abgesehen bindend. Daher ist auch für den Vergleich der volle Wert anzusetzen. Im **Rechtsmittelverfahren** ist der Wert grundsätzlich identisch mit dem der ersten Instanz. Legen beide Eltern Rechtsmittel ein, so sind wegen Gegenstandsidentität nicht zwei Werte zu addieren.[74]

33

2. Umgangsrecht

Beim Umgangsrecht ist im Regelfall im Verbund von 1500 DM (§ 12 Abs. 2 S. 3 2. Hs. GKG), im isolierten Verfahren von 5000 DM auszugehen (§§ 94 Abs. 1 Nr. 6, Abs. 2, 30 Abs. 2 KostO). Die Verweisung in § 94 Abs. 2 S. 1 KostO auf § 30 Abs. 2 KostO ist eine Rechtsfolgenverweisung.[75] Eine grundsätzlich geringere Bewertung des Umgangsrechts im Verhältnis zum Sorgerecht ist mit dem Gesetz nicht vereinbar. Der Gesetzgeber hat für alle drei Verfahren den gleichen Regelwert angeordnet; damit bringt er zum Ausdruck, dass er die drei Kindesverfahren gebührenrechtlich für gleichwertig hält.[76] Dennoch nimmt ein Teil der Rechtsprechung hier regelmäßig einen niedrigen Ausgangswert an wegen der geringeren Bedeutung des Umgangsrechts im Verhältnis zur elterlichen Sorge.[77]

34

Abzulehnen ist auch der Versuch, den Wert des § 12 Abs. 2 GKG – 1500 DM für die Kindesverfahren im Verbund – auf die Kindesverfahren im isolierten Verfahren zu übertragen.[78] Die Unterschiede der Gegenstandswerte haben ihren Grund darin, dass im Verbund die Gebühren für FG-Verfahren höher sind (10/10-Gebühren des § 31 Abs. 1 BRAGO) gegenüber den 5- bis 10/10-Gebühren des § 118 Abs. 1 BRAGO. Die Werte wurden vom Gesetzgeber im Verbundverfahren gemindert, um die Mehrbelastungen der Parteien durch die höheren Gebühren auszugleichen.[79]

Nach *Groß*[80] bietet § 13 Abs. 2 KostO neben dem Regelwert einen Rahmen, der unter 5000 DM anfängt und bei einer Million endet. „Dieser Rahmen wird nach den gleichen Grundsätzen ausgefüllt, wie sie für die Gebühr des § 118 Abs. 1 BRAGO gelten (§ 34 KostO). Bei den isolierten Kinderverfahren treffen also Bewertungsrahmen und Gebührenrahmen zusammen und es ist zu fragen, ob ein und derselbe Umstand zweimal oder nur einmal zu berücksichtigen ist. Kann ein besonders lang andauerndes Sorgerechtsverfahren eines noch kleinen Kindes bei hohem Einkommen und Vermögen der Eltern zu einer Erhöhung des Regelwertes und zugleich zu einer Ausschöpfung des Gebührenrahmens führen? Das ist m. E. zu bejahen. Wenn der Gesetzgeber zwei Rahmen zur Verfügung stellt, sind beide Rahmen unabhängig voneinander auszufüllen."[81]

---

[74] *Lappe* Rn. 342.
[75] BayObLG Rpfleger 1960, 187.
[76] *Groß* Rn. 112; Karlsruhe OLGR 2000, 336 CL).
[77] Celle Rpfleger 1979, 35; Düsseldorf JurBüro 1987, 1697; Köln JurBüro 1981, 1564; Zweibrücken JurBüro 1980, 1719; a. A. Frankfurt NJW-RR 2000, 952 (regelmäßig 5000 DM; hier 16 000 DM wegen überdurchschnittlichen Umfangs); Nürnberg FamRZ 1990, 1130.
[78] So aber Frankfurt JurBüro 1984, 224; widersprochen hat Koblenz AGS 1993, 53 und Brandenburg JurBüro 1986, 312.
[79] *Groß* Rn. 113; *Lappe* in Anm. zu LG Hannover KostRsp. § 12 GKG Nr. 21; *Schneider/Herget* Rn. 1421.
[80] Rn. 114.
[81] a. A. *Lappe* Rn. 266 (Wenn der Umfang der anwaltlichen Leistung schon bei § 13 II KostO berücksichtigt wurde, könne er nicht noch einmal bei § 118 I BRAGO berücksichtigt werden).

B. Streitwerte bzw. Gegenstands- oder Geschäftswerte

35 Für das **Vermittlungsverfahren gem.** § 52a FGG kennt das Gesetz keine Gebührenvorschrift, da das Verfahren gerichtskostenfrei ist. Der Wert ist im Regelfall 5000 DM. Die Vorschriften für das Umgangsrecht sind unmittelbar oder zumindestens im Rahmen des § 8 Abs. 2 S. 2 BRAGO anzuwenden.

3. Kindesherausgabe

36 Für das Verfahren Kindesherausgabe bestimmt sich der Geschäftswert nach §§ 30 Abs. 2, 94 Abs. 2 KostO (regelmäßig 5000 DM) und im Verbund gem. § 12 Abs. 2 S. 3 u. S. 4 GKG (regelmäßig 1500 DM). Der Wert ist keinesfalls niedriger als der der elterlichen Sorge anzusetzen, denn die Herausgabe ist familiensoziologisch und aus der Sicht der Eltern gewichtig und einschneidend.[82]

4. Eine oder mehrere Angelegenheiten sowie sonstige Bewertungsfragen

37 Nicht selten stellt ein Elternteil in einem isolierten Verfahren betreffend die elterliche Sorge zusätzlich den Antrag auf Herausgabe des Kindes, während der andere Elternteil eine Umgangsregelung anstrebt. Vielfach wird dann so abgerechnet, als würde eine Angelegenheit vorliegen und die Verfahrensgegenstände (elterliche Sorge, Herausgabe, Umgangsrecht) werden gem. § 7 Abs. 2 BRAGO zusammengezählt und eine Gebühr aus der Summe der Werte errechnet (§ 13 Abs. 2 S. 1 BRAGO).

Die freiwillige Gerichtsbarkeit kennt aber keine Gegenstands- und Beteiligtenhäufung im Sinne der Streitgenossenschaft. Folglich müssen gesonderte Werte nach der KostO festgestellt werden mit der weiteren Folge, dass dann aus diesen Werten gesonderte Gebühren anfallen (Ausnahme: § 94 Abs. 2 S. 2 KostO). Anders wäre es, wenn es zu einer echten Verfahrensbindung entsprechend den ZPO-Regeln kommt. Aber auch dann sind bis zur Verbindung die einzelnen Verfahren zu bewerten und gesonderte Gebühren auszuwerfen, erst ab Verbindung kommt es zu einem Gesamtwert und zu einer einheitlichen Gebühr.[83]

Wird ein Kindesverfahren zunächst als **selbstständige Familiensache** geführt und dann in den **Verbund** einbezogen oder umgekehrt, beginnt ein Verfahren im Verbund und wird später als selbstständige Familiensache fortgeführt, so bedarf es für beide Verfahren gesonderter Bewertung. Denn erst aus den Werten ergibt sich, welche einheitliche Gebühr zu berechnen ist.[84]

IV. Kindschaftssachen nach § 640 Abs. 2 ZPO

38 Kindschaftssachen sind Verfahren, welche zum Gegenstand haben 1. die Feststellung des Bestehens oder Nichtbestehens eines Eltern- Kindes-Verhältnisses; hierunter fällt auch die Feststellung der Wirksamkeit oder Unwirksamkeit einer Anerkennung der Vaterschaft, 2. die Anfechtung der Vaterschaft oder 3. die Feststellung des Bestehens

---

[82] *Lappe* Rn. 51; *Schneider/Herget* Rn. 1861.
[83] Zur Berechnung bei Verbindung s. *Gerold/Schmidt-von Eicken* § 31 Rn. 52.
[84] *Lappe* Rn. 50.

oder Nichtbestehens der elterlichen Sorge der einen Partei für die andere, § 640 Abs. 2 ZPO. Gem. § 12 Abs. 2 S. 3 GKG ist von einem Wert von 4000 DM auszugehen.

Sind mehrere Kinder betroffen, liegen mehrere Kindschaftssachen vor. Die einzelnen Streitwerte sind getrennt zu ermitteln und zu addieren gem. § 5 ZPO.[85]

Zur Verbindung der Vaterschaftsklage mit der Klage auf Zahlung von Regelunterhalt vgl. unten Rn. 44.

V. Der Streitwert beim Unterhalt für Ehegatten und Kinder

1. Grundsätze zum Streitwert in Unterhaltssachen

a) Vertraglicher Unterhaltsanspruch

Ein vertraglicher Unterhaltsanspruch ist gegeben, wenn der Anspruch durch Vertrag (z. B. Altenteilsvertrag[86] oder bei nichtehelicher Lebensgemeinschaft) begründet ist. Der Wert eines vertraglichen Unterhaltsanspruchs errechnet sich gem. § 9 ZPO aus dem $3^{1}/_{2}$-fachen Jahresbetrag.[87]

39

Wird hingegen in dem Vertrag oder in dem Vergleich lediglich die gesetzliche Unterhaltspflicht anerkannt oder geregelt, so geht es um den gesetzlichen Unterhalt.[88]

Problematisch wird es, wenn der vereinbarte Unterhaltsanspruch höher als derjenige, der auf Grund des Gesetzes bestünde[89]. Im Zweifel ist anzunehmen, dass es sich um den gesetzlichen Unterhalt handelt.[90]

b) Gesetzlicher Unterhaltsanspruch

Nach § 17 Abs. 1 S. 1 GKG ist bei Ansprüchen auf Erfüllung einer gesetzlichen Unterhaltspflicht der für die ersten zwölf Monate nach Einreichung der Klage oder des Antrags geforderte Betrag maßgeblich, höchstens aber der Gesamtbetrag der geforderten Leistung.

40

Beispiel: Die Klägerin fordert im Dezember 1999 für das Jahr 2000 monatlich 600 DM Unterhalt, für das Jahr 2001 monatlich 700 DM, für das Jahr 2002 monatlich 900 DM. Gegenstandswert 12 Monate × 600 DM = 7200 DM.[91] Nach dem vor dem 1. 7. 1998 gültigem Recht hätte der Streitwert nach allgemeiner Meinung 12 × 900 DM = 10 800 DM betragen. Nur wenn der Gesamtbetrag des Unterhaltsanspruchs beim Eingang der Klage endgültig geringer ist als der Wert des seit Klageeingang einjährigen Unterhaltsbezugs, gilt gem. § 17 Abs. 1 S. 1 Hs. 2 GKG die geringere Summe.

Werden in einem Unterhaltsverfahren von einem RA **mehrere Unterhaltsberechtigte** vertreten, so sind gem. § 7 Abs. 2 BRAGO die Ansprüche der Unterhaltsberechtigten

---

[85] Hamburg JurBüro 1987 882; Karlsruhe KostRsp. ZPO Nr. 70.
[86] Zum Wert von Altenteilsverträgen s. *Madert* Gegenstandswert in bürgerlichen Rechtsstreitigkeiten Rn. 572.
[87] Bamberg MDR 1991, 859; *Schneider/Herget* Rn. 4417.
[88] Bamberg MDR 1991, 859.
[89] *Schneider/Herget* Rn. 4417; *Enders* JurBüro 1996, 115 mit Rechenbeispielen; sie meinen, § 17 GKG sei auf den gesetzlichen Unterhalt anzuwenden und dazu § 9 ZPO auf den Teil des vereinbarten Unterhalts anzuwenden, der den gesetzlichen übersteigt. Mit Recht ablehnend *Groß* Rn. 92.
[90] BGH FamRZ 1984, 874; 1985, 161 u. 367; *Groß* Rn. 92.
[91] Die Regelung in § 17 Abs. 1 S. 1 GKG beruht auf den KindUG, in Kraft seit dem 1. 7. 1998.

zu addieren.⁹² Klagt ein Kind in einem Verfahren **gegen beide Eltern** anteilig Unterhalt ein, so sind die Werte zu addieren.⁹³

Klagt ein Unterhaltsberechtigter auf Grund von Pfändung und Überweisung Gehaltsansprüche des unterhaltsverpflichteten Geschäftsführers gegen dessen Dienstherrn ein, so bemisst sich der Streitwert nicht nach § 17 Abs. 1 GKG, sondern nach § 17 Abs. 3 GKG.⁹⁴

Wird bei vorliegender einstweiliger Anordnung nach 620 ZPO die Hauptsacheklage erhoben, so ist der Streitwert nach dem Klageantrag gem. § 17 GKG zu bemessen. Nicht abzustellen ist auf den Differenzbetrag zwischen der titulierten und der begehrten Summe.⁹⁵

c) Getrenntlebensunterhalt

41   Wird mit der Klage lediglich Unterhalt für die Dauer des Getrenntlebens eingeklagt, so ist dieser Anspruch zeitlich bis zur Rechtskraft der Scheidung begrenzt. Da für die Wertberechnung der Zeitpunkt der Klageeinreichung maßgebend ist (§ 4 ZPO, § 15 GKG), ist es grundsätzlich unerheblich, wenn sich erst bei Beendigung des Rechtsstreits herausstellt, dass der Unterhalt nun für weniger als ein Jahr geschuldet wird.⁹⁶

Beispiel: Am 1. 6. wird Klage auf Trennungsunterhalt erhoben. Die Ehe der Parteien wird am 30. 12. rechtskräftig geschieden. Maßgebend ist nicht der 7-monatige Betrag, sondern der Jahresbetrag.⁹⁷

Wenn aber zum Zeitpunkt der Klageeinreichung oder des Rechtsmittels davon auszugehen ist, dass ein rechtskräftiges Scheidungsurteil in weniger als einem Jahr vorliegen wird, ist der Streitwert aus dem kürzeren Zeitraum zu berechnen.⁹⁸ Streitig ist dabei, ob hierfür nach den Erkenntnismöglichkeiten bei Klageeinreichung eine überwiegende

---

⁹² *Gerold/Schmidt-von Eicken* § 6 Rn. 8.
⁹³ *Gross* Rn. 84.
⁹⁴ München JurBüro 1985, 1522 m. zust. Anm. *Mümmler* = KostRsp GKG § 17 Nr. 71 m. abl. Anm. *Lappe*.
⁹⁵ Karlsruhe FamRZ 1999, 606 = NJW-RR 1999, 582.
⁹⁶ München FamRZ 1998, 573 (Das gilt auch für Fall, dass die Klageeinreichung unter der Bedingung der PKH-Gewährung erfolgte, noch keine förmliche Klagezustellung stattfand, die Sache im ca. einen Monat später stattfindenen Verhandlungstermin zur PKH verglichen wurde und in diesem Termin bereits feststand, dass die Ehescheidung zwischenzeitlich rechtskräftig war); a. A. Bremen OLGR 2000, 151 (Zeitraum zwischen der die Instanz einleitenden Antragstellung und der Rechtskraft der Scheidung, wenn vor Ablauf eines Jahres nach Antragseinreichung die Rechtskraft der Scheidung eintritt).
⁹⁷ Bamberg JurBüro 1988, 1077 = KostRsp. GKG § 17 Nr. 105; JurBüro 1989, 1306 (Ist bei Einreichung der Klage die Beendigung des Scheidungsverfahrens noch nicht mit Sicherheit abzusehen, so ist der Unterhaltsstreitwert auf den Jahresbetrag der geforderten Leistung festzusetzen); Düsseldorf (6. Senat) FamRZ 90, 1379 = KostRsp. GKG § 17 Nr. 125; Hamm AnwBl. 1988, 179 = FamRZ 1987, 405 = KostRsp. GKG § 17 Nr. 91 mit zust. Anm. *Schneider*; FamRZ 1996, 502; MDR 1997, 506; Köln JurBüro 1993, 164 = KostRsp. GKG § 17 Nr. 139; *Groß* Rn. 82; a. A. (Zeitraum zwischen Klageerhebung und Eintritt der Rechtskraft) Düsseldorf (5. Senat) JurBüro 1987, 1843 = KostRsp. GKG § 17 Nr. 98; JurBüro 1992, 51 = KostRsp. GKG § 17 Nr. 133, m. abl. Anm. *Schneider* und zust. Anm. *Lappe*; München JurBüro 1985, 742.
⁹⁸ Bamberg JurBüro 1988, 1077; Düsseldorf (6. Senat) FamRZ 1990, 1379 (L); Köln JurBüro 1993, 164; **a. A.** München JurBüro 1985, 742.

V. Der Streitwert beim Unterhalt für Ehegatten und Kinder

Wahrscheinlichkeit[99] oder Absehbarkeit[100] genügt oder ob noch strengere Anforderungen zu stellen sind.[101]

Wenn von vorne herein weniger als der Jahresbetrag beantragt wird, dann ist nach § 17 Abs. 1 S. 1 GKG der Gesamtbetrag der geforderten Leistungen maßgebend.

Beispiel: Ein Vergleich über Trennungsunterhalt für 10 Monate wird am Tag geschlossen, an dem die Scheidung rechtskräftig wird. Der Vergleichsbetrag ist der 10-monatige Unterhaltsbetrag.[102]

Unterhaltsansprüche für **die Zeit des Getrenntlebens und für die Zeit nach der Scheidung begründen verschiedene Streitgegenstände.** Werden sie im selben Rechtsstreit geltend gemacht, dann sind beide Anträge nach § 17 Abs. 1 GKG zu bewerten, die Einzelwerte zu addieren.[103] 42

Die **Klage auf Rückzahlung geleisteten Unterhalts** ist wie eine Unterhaltsklage nach § 17 GKG zu bewerten.[104] Dasselbe gilt, wenn ein Unterhaltsvergleich angefochten wird.[105] § 17 Abs. 1 GKG findet auf die Klage gegen einen Dritten, mit der Schadensersatz wegen schuldhafter Verursachung einer gesetzlichen Unterhaltspflicht begehrt wird, keine Anwendung.[106]

d) Regelbetragsunterhalt

Das minderjährige, eheliche oder uneheliche Kind, das mit dem in Anspruch genommenen Elternteil nicht in einem Haushalt lebt, kann seine Unterhaltsansprüche geltend machen u. a. gem. § 645 ZPO im vereinfachten Verfahren, aber nur so weit der Unterhalt vor Anrechnung nach den §§ 1612b–1612c BGB zu berücksichtigenden nach Leistungen das 1½-fache des Regelbetrags nach der Regelbetrag-VO nicht übersteigt. Bei diesen Unterhaltsansprüchen ist dem Wert nach Satz 1 des § 17 Abs. 1 GKG der Monatsbetrag des Unterhalts nach dem Regelbetrag und der Altersstufe zu Grunde zu legen, die im Zeitpunkt der Einreichung der Klage oder des Antrags maßgebend ist.[107] Das bedeutet aber nicht, dass nur 100% des Regelbetrags zu nehmen sind. Werden 150% geltend gemacht, so beträgt der Gegenstandswert 150% des Regelbetrags. Zwar 43

---

[99] Bamberg FamRZ 1996, 502 (Bei einer Klage auf Trennungsunterhalt ist der Streitwert geringer als ein Jahresbetrag, wenn nach den Erkenntnismöglichkeiten bei Klageeinreichung eine überwiegende Wahrscheinlichkeit dafür spricht, dass die Eheleute vor Ablauf eines Jahres rechtskräftig geschieden sein werden). Dazu *Herget* (in Anmerkung zur KostRsp. GKG § 17 Nr. 152) zu Recht: „Die Auffassung hat den Nachteil, dass sich gut darüber streiten lässt, wann eine überwiegende Wahrscheinlichkeit für eine unterjährige Dauer spricht." *Groß* Rn. 84 meint ebenfalls zu Recht: „Es ist kaum ein Fall denkbar, in dem zwar die Ehescheidung nicht rechtskräftig ist, aber gleichwohl mit Sicherheit vorausehbar ist, dass und wann sie rechtskräftig wird. Deshalb sollte auch in diesen Fällen auf den unbeschränkten Antrag abgestellt werden. Der Anwalt muss den Antrag anpassen, wenn vor Einlegung des Rechtsmittels oder vor dem Verhandlungstermin die Scheidung rechtskräftig geworden ist. Darüber hinaus ist es nicht angebracht, zeitliche Begrenzungen in den Antrag hineinzuinterpretieren. Der Jahresbetrag ist ohnehin schon ein ermäßigter Ansatzpunkt."
[100] Düsseldorf (6. Senat) FamRZ 1990, 1379 (L) = JurBüro 1990, 1513 (das Scheidungsurteil war bereits verkündet, aber noch nicht rechtskräftig).
[101] *Madert* AGS 1997, 73; Hamm MDR 1997, 506.
[102] *Madert AGS 1997, 73;* Braunschweig OLGR 1995, 295 = KostRsp. § 17 GKG Nr. 151; Düsseldorf FamRZ 990, 1379.
[103] BGH FamRZ 1981, 242; 1981, 1099; Hamburg FamRZ 1984, 1250; Hamm FamRZ 1988, 402.
[104] Hamburg FamRZ 1998, 311.
[105] Saarbrücken KostRsp GKG § 17 Nr. 120 m. Anm. *Schneider* = JurBüro 1990, 97.
[106] BGH KostRsp GKG § 17 Nr. 29 (fehlgeschlagene Sterilisation) = VersR 1981, 481; KostRsp GKG § 17 Nr. 142.
[107] Karlsruhe FamRZ 1998, 572; FamRZ 1990, 900 (L).

B. Streitwerte bzw. Gegenstands- oder Geschäftswerte

ist der Wortlaut des § 17 Abs. 1 S. 2 GKG nicht eindeutig, lässt aber eine entsprechende Auslegung zu, da der Regelbetrag nur „zugrundezulegen" ist.[108]
Anrechnungen von **Kindergeld** gem. §§ 1612b und c BGB sind abzuziehen.

44 **Rückstände** sind gem. § 17 Abs. 4 S. 1 und 2 GKG auch im vereinfachten Verfahren gem. § 17 Abs. 4 S. 3 GKG zu berücksichtigen. Wird mit der **Vaterschaftsfeststellung** zugleich gem. § 653 ZPO auf Regelunterhalt geklagt, so ist nach § 12 Abs. 3 GKG der höhere der beiden Ansprüche maßgebend. Das wird wegen der steigenden Regelunterhaltssätze häufig der Unterhaltsanspruch sein.[109] Unterhaltsrückstände aus der Zeit vor der Klageeinreichung erhöhen den Streitwert.[110] Erfolgt keine Feststellung der Vaterschaft, so ist ein Antrag auf Verurteilung zum Regelbetragsunterhalt als nicht gestellt anzusehen, da er nur bedingt für den Fall der Vaterschaftsfeststellung gestellt ist.[111]

Bei Verbindung einer Klage auf Feststellung der nichtehelichen Vaterschaft mit der Klage auf Leistung des Regelunterhalts ist gem. § 12 Abs. 3 GKG der höhere der beiden Werte entscheidend.[112]

e) Unterhaltsansprüche nach § 1615 l und m BGB

45 Der Wert richtet sich nach den tatsächlich geltend gemachten Beträgen. Sollte im Fall des § 1615 l BGB für mehr als ein Jahr Unterhalt verlangt werden, so gelten wieder § 17 Abs. 1 und 4 GKG.

f) Bestimmung der Art des Unterhalts nach § 1612 Abs. 2 BGB

46 Der Regelwert für das Verfahren nach § 1612 Abs. 2 S. 2 BGB beträgt 5000 DM nach §§ 94 Abs. 1 Nr. 1, Abs. 2, 30 Abs. 2 KostO.[113] Verbindet eine Unterhaltsklägerin ihren Antrag auf Abänderung des Unterhaltsbestimmungsrechts nach § 1612 Abs. 2 BGB mit der Klage auf Kindesunterhalt, ist in entsprechender Anwendung von § 18 GKG für den Verfahrensstreitwert der höhere beider Streitwerte maßgebend.[114]

g) Freistellung von Kindesunterhalt

47 Nach § 1614 Abs. 1 BGB kann für die Zukunft auf Kindesunterhalt nicht verzichtet werden. Dennoch findet sich in Trennungs- und Scheidungsvereinbarungen oft die Abrede, dass der Vater die Mutter (oder umgekehrt) von Unterhaltsansprüchen der gemeinsamen Kinder freistellt. Unstreitig ist, dass derartige Vereinbarungen und die daraus folgenden Freistellungsklagen nicht unmittelbar nach § 17 Abs. 1 GKG zu bewerten sind. Es gilt § 3 ZPO, in dessen Rahmen § 17 Abs. 1 GKG mit zu berücksichtigen ist, so dass sich der Wert aus dem Einjahresbetrag ergibt.[115]

---

[108] Karlsruhe OLGR 2000, 258; a. A. *Enders* JurBüro 1998, 450.
[109] Hamm JurBüro 1984, 1214.
[110] Karlsruhe OLGR 1988, 264.
[111] *Oesterreich/Winter/Hellstab* Streitwert Regelunterhalt.
[112] Hamm FamRZ 1984, 820; Koblenz JurBüro 1987, 1197; München JurBüro 1981, 1376.
[113] BayObLG FamRZ 1987, 1298; 1990, 905 (Das BayObLG hat bei zwei Antragstellern und weitgehend gleichem Sachvortrag 7000 DM angenommen).
[114] Karlsruhe OLGR 2000, 4 (L).
[115] Düsseldorf JurBüro 1992, 52 m. Anm. *Lappe*, der § 9 ZPO anwenden will; Oldenburg JurBüro 1992, 253; *Groß* Rn. 202–204.

V. Der Streitwert beim Unterhalt für Ehegatten und Kinder

h) Anlage U zur Steuererklärung

Begehrt der Kläger die Abgabe der Anlage U zur Einkommensteuererklärung gem. § 10 Abs. 1 Nr. 1 EStG, so ist der Wert mit dem damit verbundenen Steuervorteil zu 100% anzusetzen. Der Wert ist nicht deswegen zu vermindern, weil der Klagegegenstand die Abgabe einer Willenserklärung ist und nicht unmittelbar der Steuervorteil.[116]

48

2. Rückstände

Nach § 17 Abs. 4 S. 1 GKG werden die bei Einreichung der Klage fälligen Beträge dem Streitwert hinzugerechnet. Mit Einreichung der Klage ist die Anhängigkeit gemeint, nicht die Rechtshängigkeit, die erst mit der Zustellung an den Gegner eintritt.

49

Beispiel: Die Kl. begehrt die Verurteilung des Bekl. zur Zahlung von Unterhalt, und zwar 1. Rückstand für zwei Monate mit 400 DM, 2. monatlich 200 DM. Bis zum Termin der mündlichen Verhandlung vergehen sechs Monate. Im Termin beantragt die Kl.: 1. Verurteilung zur Zahlung von 1600 DM, 2. monatlich 200 DM. Dennoch beträgt der Streitwert für den Klageantrag zu 1. nur 400 DM, denn Rückstände werden nur aus der Zeit vor Einreichung der Klage hinzugerechnet, nicht die zwischen Einreichung der Klage und mündlicher Verhandlung weiter aufgelaufenen Rückstände. Der Gesamtstreitwert beträgt daher 2800 DM.[117]

Berechnungszeitpunkt der Rückstände: Fällige Beträge sind Rückstände gem. § 17 Abs. 4 GKG, nicht fällige Beträge werden bewertet nach § 17 Abs. 1 GKG. Also ist der im Monat des Klageeinganges fällig werdende Betrag rückständiger Unterhalt.

Beispiel: Wird mit der am 26. 6. eingereichten Klage Unterhalt von monatlich 200 DM ab 1. 5. verlangt, sind die Unterhaltsbeträge für die Monate Mai und Juni Rückstände.[118] Es kommt auf das Datum des Eingangs der Klage beim Gericht, nicht auf die Rechtshängigkeit an. Der Streitwert beträgt daher 12 × 200 = 2400 DM + 2 × 200 = 400 DM, zusammen 2800 DM.

Streitig ist, ob die mit einer Klageerweiterung für die Zeit zwischen der Einreichung der Klage und der Einreichung der Klageerweiterung geltend gemachten Beträge Rückstände sind, oder nur der gesamte Betrag, der bis zur Klageeinreichung angefallen ist.[119]

Beispiel: Im vorigen Beispiel wird die Klage am 01.09. rückwirkend ab 01.05. auf monatlich 500,00 DM erhöht. Nach der erstgenannten Ansicht beträgt der Streitwert 12 × 500 = 6000 DM zuzüglich 4 × 500 DM (für Mai und August), zusammen 8000 DM. Nach der zweiten Ansicht 12 × 500 = 6000 DM und zuzüglich nur 2 × 500 DM = 1000 DM, zusammen 7000 DM.

Rückstände bei einem Gesuch um Prozesskostenhilfe: Für die Hinzurechnungen der Rückstände steht das Gesuch um PKH der Klage gleich, denn § 17 Abs. 4 S. 2 GKG bestimmt: „Der Einreichung der Klage steht die Einreichung eines Antrags auf Bewilligung der Prozesskostenhilfe gleich, wenn die Klage alsbald nach Mitteilung der Entscheidung über den Antrag oder über eine alsbald eingelegte Beschwerde eingereicht wird."

50

---

[116] Düsseldorf JurBüro 1995, 254.
[117] Hamm JMBlNRW 1996, 103 (Eine Erhöhung des Streitwertes um die nach Einreichung der Klage aufgelaufenen Unterhaltsrenten ist auch dann nicht angängig, wenn nach mehrjähriger Dauer des Rechtsstreits der gesamte Rückstand in einem Antrag ziffernmäßig besonders geltend gemacht wird).
[118] Hamm OLGR 1996, 263; KG FamRZ 1991, 1216.
[119] Bejahend Karlsruhe FamRZ 1986, 194; *Schneider/Herget* Rn. 3937. Verneinend Hamburg Kost-Rechtsp. § 17 GKG Nr. 51 m. abl. Anm. *Lappe;* Saarbrücken KostRsp. § 17 GKG Nr. 120 m. abl. Anm. *Schneider; Hartmann* § 17 GKG Rn. 52; Karlsruhe OLGR 2000, 206 (Der Eingang des Antrags auf Erlass eines Mahnbescheids ist gleichzusetzen der Einreichung einer Klage bei Gericht).

3. Klage und Widerklage

51 Die in einer Klage und in einer Widerklage geltend gemachten Ansprüche, die nicht in getrennten Prozessen verhandelt werden, werden gem. § 19 Abs. 1 S. 1 GKG zusammengerechnet. Betreffen die Ansprüche denselben Gegenstand, ist nach S. 3 des Abs. 1 nur der Wert des höheren Anspruchs maßgebend.

Beispiel: Dem Bekl. ist durch einstweilige Anordnung aufgegeben, an die Kl. 400 DM Unterhalt monatlich zu zahlen. Die Kl. klagt weitere 200 DM monatlich ein. Der Bekl. erhebt Widerklage mit dem Ziel, eine Herabsetzung der ihm durch einstweilige Anordnung aufgegebenen Unterhaltsleistungen auf 100 DM monatlich zu erreichen. Zum Streitwert der Klage mit 12 × 200 DM ist der der Widerklage mit 12 × 300 DM hinzuzurechnen.

Mit der Widerklage ist die Frage streitig gestellt, ob der Beklagte die ihm durch einstweilige Anordnung aufgegebene Unterhaltsleistung zu erbringen hat. Die Klage bezog sich nur auf die Frage, ob er darüber hinaus weiteren Unterhalt schulde. Die Spanne des streitigen Unterhalts hat sich also mit der Widerklage vergrößert, weil die Widerklage nicht den Teil der Unterhaltspflicht betrifft, den schon die Klage zum Gegenstand hat.[120]

Weiteres Beispiel: Klage und Widerklage betreffen nicht denselben Gegenstand, wenn der Vater den Unterhalt des Sohnes gegen die Mutter, die mit der Widerklage den Unterhalt der Tochter geltend macht; also Zusammenrechnung.

4. Freiwillige Zahlungen und Streitwert

52 Besteht ein Unterhaltsanspruch, so muss der Gläubiger, bevor er den Anspruch einklagt, mehrere Überlegungen anstellen: Beim **Kindesunterhalt** besteht die Möglichkeit der kostenfreien Titulierung durch die sog. Jugendamtsurkunde. Der Unterhaltsgläubiger muss vom Unterhaltsschuldner die Errichtung und die Vorlage einer solchen Urkunde verlangen. Weigert sich der Unterhaltsschuldner oder legt er sie nicht fristgerecht vor, kann wegen des gesamten Unterhalts geklagt werden. Der Unterhaltsgläubiger wird dann auch nicht mit einem Teil der Verfahrenskosten belastet, wenn der Unterhaltsschuldner im Klageverfahren ganz oder teilweise anerkennt. Legt der Schuldner die Jugendamtsurkunde vor, kann der Gläubiger wegen eines geforderten Mehrbetrages im Wege der Abänderungsklage den Schuldner in Anspruch nehmen.

Beim **Trennungs- bzw. nach Scheidungsunterhalt** besteht die Möglichkeit der Titulierung durch eine Jugendamtsurkunde nicht. Auch wenn der Schuldner freiwillig Unterhalt leistet, hat die Unterhaltsgläubigerin grundsätzlich einen Anspruch auf Titulierung. Ihr ist nicht zuzumuten, der Willkür und der Gnade des Schuldners ausgesetzt zu sein, ob dieser freiwillig zahlt, wie viel und wann. Die Gläubigerin sollte, um jedes Kostenrisiko bei einer Klage auszuschalten, den Schuldner zur Titulierung auffordern.

Ist der Schuldner zur Titulierung nicht bereit, zahlt er aber einen Teil des Unterhalts freiwillig pünktlich, so muss die Gläubigerin sich entscheiden, wenn sie glaubt, einen höheren Unterhaltsanspruch zu haben: Soll sie nur den streitigen Mehrbetrag einklagen, etwa mit dem Antrag *„über die freiwillig gezahlten DM... weitere... DM, insgesamt... DM"*, oder ob sie auch den unstreitig bezahlten Betrag mit anhängig machen soll. Zu raten ist ihr, den gesamten Unterhaltsbetrag einzuklagen. Klagt sie nämlich nur den Spitzenbetrag ein, läuft sie Gefahr, dass der Schuldner den freiwillig gezahlten Betrag nicht

---

[120] Hamm FamRZ 1981, 809 = KostRsp. GKG § 19 Nr. 48 m. Anm. *Schneider*; Karlsruhe AnwBl. 1984, 203 = KostRspr. GKG § 19 Nr. 75; *Groß* Rn. 158.

V. Der Streitwert beim Unterhalt für Ehegatten und Kinder

mehr zahlt, oder jedenfalls kürzt, so dass die Unterhaltsgläubigerin zu einem zweiten Rechtsstreit gezwungen wird, weil sie wegen des bisher unstreitig gezahlten Betrages keinen Vollstreckungstitel hat.

Zahlt der Unterhaltsschuldner einen Teil des geforderten Unterhalts freiwillig und klagt der Unterhaltsgläubiger den freiwillig gezahlten und streitigen Unterhalt ein, so ist die gesamte Forderung der Streitwertberechnung zugrundezulegen.

Beispiel: Der Bekl. zahlt an die Kl. Monatlich 300 DM freiwillig. Die Klägerin begehrt 200 DM mehr und beantragt, den Bekl. zur Zahlung von 500 DM monatlich zu verurteilen.

Im vorliegenden Fall nimmt die Klägerin den Beklagten auf Erfüllung der gesamten Forderung in Anspruch, nicht nur auf Erfüllung des bestrittenen Teils der Forderung. Unerheblich für die Wertberechnung ist, dass der Beklagte bereit ist, einen Teil der Leistungen zu erbringen, deretwegen er in Anspruch genommen wird. Der Streitwert errechnet sich allein nach den Anträgen der Klägerin.[121] Beim Miteinklagen des freiwillig gezahlten Unterhalts ist die Berechnung des Streitwertes allerdings eindeutig.[122] Wenn aber die Klägerin beantragt, den Beklagten zu verurteilen, über den freiwillig gezahlten Betrag von 300 DM weitere 200 DM monatlich zu zahlen, dann beträgt der Streitwert nur 12 × 200 DM; das gilt selbst dann, wenn das Urteil im Tenor den eingeschränkten Antrag wiederholt.[123]

Bei unklarem Klageantrag kann seine Begründung zur Streitwertbestimmung herangezogen werden. Lässt sich dieser eine eindeutige Einschränkung auf den die freiwilligen Unterhaltszahlungen übersteigenden Betrag entnehmen, ist lediglich der Spitzenbetrag der Streitwertentscheidung zugrundezulegen.[124]

5. Einbeziehung von freiwilligen Leistungen in einen Vergleich

Von der Frage der Einklagung freiwilliger Zahlungen ist zu unterscheiden die Einbeziehung freiwilliger Leistungen in einen Vergleich.

53

Beispiel: Der Bekl. zahlt an die Kl. freiwillig monatlich 300 DM. Die Kl. begehrt 200 DM monatlich mehr und klagt den Mehrbetrag ein. Im gerichtlichen Vergleich verpflichtet sich der Bekl. an die Kl. monatlich 400 DM zu zahlen.

Nach h. M. in der Rechtsprechung ist nicht die Klagesumme der Vergleichswert, auch nicht die Summe der streitigen und nichtstreitigen, aber im Vergleich mitgeregelten Ansprüche, sondern der Wert des Vergleiches ist zu berechnen aus dem streitigen An-

---

[121] Bamberg JurBüro 1983, 914; 1988, 1385 und 1504; 1989, 1604 = KostRsp. GKG § 17 Nr. 119; JurBüro 1993, 110; Brandenburg JurBüro 1996, 589 = OLGR 1996, 33; Braunschweig NJW-RR 1996, 256; KostRsp. § 17 GKG Nr. 149; Bremen AnwBl. 1978, 423; Düsseldorf FamRZ 1988, 519; AGS 1993, 79; Frankfurt AnwBl. 1982, 198; KG KostRsp. § 17 GKG Nr. 4; Karlsruhe FamRZ 1991, 468; Koblenz JurBüro 1978, 268 m. zust. Anm. *Mümmler*; Köln FamRZ 1986, 827; München FamRZ 1990, 778 = JurBüro 1990, 1658 = KostRsp. § 17 GKG Nr. 124; Oldenburg FamRZ 1979, 64 (L) = Rpfleger 1979, 72; Saarbrücken JurBüro 1985, 912; Schleswig KostRsp. § 17 GKG Nr. 13 = SchlHA 1978, 212; *Schneider/Herget* Rn. 4456.
[122] Eine Fülle von Problemen ergeben sich allerdings hinsichtlich der Kostentragung und - erstattung; s. *Künkel* NJW 1985, 2665 (Die Titulierung des freiwillig gezahlten Unterhalts); *Göhlich* FamRZ 1988, 560 (Sofortiges Anerkenntnis und Titulierungsanspruch im Unterhalt).
[123] BGH FamRZ 1993, 945; 1995 729; Bamberg JurBüro 1992, 625 = KostRsp. GKG § 17 Nr. 46 m. Anm. *Schneider*; FamRZ 1993, 457; Brandenburg OLGR 1996, 3 = KostRsp. § 17 GKG Nr. 153; Hamm Fam RZ 1996, 219; Zweibrücken JurBüro 1984, 1548; *Schneider/Herget* Rn. 4458.
[124] München FamRZ 1998, 573.

spruch zuzüglich eines nach § 3 ZPO im Wege der Schätzung zu bemessenden Interesses an der Titulierung des unstreitigen Teils, denn über die nichtstreitigen Ansprüche wird kein Vergleich geschlossen, sondern nur ein Titel geschaffen. Bei dem Titulierungsinteresse schwankt die Rechtsprechung zwischen 10 und 50% der freiwilligen Jahresbeträge.[125]

Neben dem laufenden Unterhalt geforderte Rückstände aus der Zeit vor Klageerhebung sind nach § 17 Abs. 4 GKG hinzuzurechnen, so weit sie ebenfalls Gegenstand des Vergleichs sind.

6. Isolierte Auskunftsklage

54 Bei einer Klage auf Erteilung einer Auskunft ist der Streitwert nach § 3 ZPO entsprechend dem Interesse des Klägers an der erstrebten Vorbereitung des Leistungsanspruchs frei zu schätzen. Die Rechtsprechung geht regelmäßig von einem Betrag von 1/5 bis 1/4 des Wertes der Hauptsache aus.[126] Es sollte aber nicht schematisch vorgegangen werden. Es hängt vom Einzelfall ab, wie groß das Interesse des Klägers an der Auskunft ist. Je weniger der Kläger über die Einkommensverhältnisse des Beklagten weiß, desto größer ist sein Interesse an der Auskunft.

Umgekehrt kann davon im Einzelfall abgewichen werden, wenn der Anspruchsteller im Wesentlichen über die Einkommensverhältnisse bereits orientiert ist und es ihm nur (noch) darum geht, Informationen über eine in Betracht kommende Mehrforderung zu erlangen.[127]

Machen mehrere Kläger in einer gemeinschaftlich erhobenen Klage einen nach seinem äußeren Gehalt einheitlichen Auskunftsanspruch geltend, ist gleichwohl davon auszugehen, dass sie ihre Auskunftsklage zur Feststellung von mehreren rechtlich selbstständigen Unterhaltsansprüchen erhoben haben. Es liegen dann mehrere verschiedene Streitgegenstände vor, deren Werte gem. § 7 Abs. 2 BRAGO zusammengerechnet werden.

Beispiel: Die Kl. 1. bis 3., Kinder des Bekl., verlangen mit ihrer Klage Auskunft vom Bekl. über die Höhe seines Einkommens. Sie sind der Ansicht, dass sie einen Unterhaltsanspruch von je 600 DM haben. Wertberechnung: $1/4$ von $600\,DM = 150 \times 3 \times 12 = 5400\,DM$.[128]

---

[125] Bamberg JurBüro 1983, 103; 1992, 628 (unstreitiger Teil 1/10); Frankfurt JurBüro 1985, 424 (unstreitiger Teil 20%); Hamburg KostRsp. GKG § 17 Nr. 101 m. Anm. *Schneider*, der ausführt: „Für die Vergleichsgebühr ist jedoch der nicht rechtshängig gemachte Unterhaltsanspruch, der freiwillig erfüllt, aber bislang noch nicht tituliert worden ist, werterhöhend zu berücksichtigen. Zwar ist begrifflich ein Vergleich über unstreitige Ansprüche nicht möglich (da der Vergleich Streit oder Ungewissheit beseitigen soll, § 779 Abs. 1 BGB). Der Prozessvergleich verbessert jedoch die rechtliche Stellung des Unterhaltsgläubigers, weil dessen unbestrittener Anspruch vollstreckungsfähig ausgestaltet wird. Dieses Mehr bewertet die überwiegende Rechtsprechung beim Vergleichswert mit einem so genannten Titulierungsinteresse…"); Hamm JurBüro 1979, 1867 m. zust. Anm. *Mümmler* = KostRsp. § 17 GKG Nr. 17 (unstreitiger Teil 10%); AnwBl. 1985, 385; Koblenz AnwBl. 1984, 204 (unstreitiger Teil 25%); OLG Nürnberg, AGS 1995, 2 mit Anm. *Madert* = KostRsp. GKG § 17 Nr. 146 (Titulierungsinteresse grundsätzlich 10%, nur 5%, wenn bereits eine einstweilige Anordnung erlassen wurde); Zweibrücken JurBüro 1978, 896 m. zust. Anm. von *Mümmler* = KostRsp. § 17 Nr. 7 (unstreitiger Teil 50%); *Schneider/Herget* Rn. 4467; a. A. Nürnberg JurBüro 1985, 1395 (Titulierungsinteresse regelmäßig mit vollem Wert).
[126] BGH BB 1960, 796; Bamberg JurBüro 1985, 576; 1987, 747; Celle AnwBl. 1987, 286; Düsseldorf AGS 1993, 29 m. Anm. *Madert*; Köln JurBüro 1974, 636; München MDR 1972, 247 (Ls).
[127] Düsseldorf FamRZ 1991, 1315; AGS 1993, 29.
[128] Düsseldor JurBüro 1982, 712.

V. Der Streitwert beim Unterhalt für Ehegatten und Kinder

Häufig wird mit dem Anspruch auf Auskunft über die Höhe des Einkommens der Anspruch auf Vorlage der Belege betreffend die Einkünfte verbunden. Es handelt sich dennoch nur über einen Anspruch, bei dem nicht zwei Werte anzusetzen sind.

Bei der **Berufung des Beklagten gegen die Verurteilung zur Auskunftserteilung** ist Vorsicht geboten. Denn oftmals wird der Wert des Beschwerdegegenstandes (Berufungssumme, § 511 a Abs. 1 ZPO) nicht erreicht. Der Wert des Beschwerdegegenstandes ist nicht gleich dem Wert der Auskunftsklage, sondern bemisst sich lediglich nach dem Interesse, das der Beklagte daran hat, die Auskunft nicht zu erteilen. Dieses Interesse ist allein danach zu bewerten, welchen Aufwand, welche Arbeitszeit und welche allgemeinen Kosten die Erteilung der Auskunft fordert.[129] Ausnahmsweise ist noch ein Geheimhaltungsinteresse dazuzurechnen. Das muss sich aber aus anderen als unterhaltsberechtigten Interessen ergeben, z. B. weil die Klagepartei ein konkurrierendes Unternehmen betreibt.[130]

55

7. Stufenklage

a) Berechnungsbeispiele

(1) Der Kläger, der 500 DM monatliche Unterhaltszahlungen beanspruchen zu können glaubt, verlangt Auskunft und stellt unbestimmten Leistungsantrag. Nach Auskunftserteilung klagt er nunmehr monatlich 300 DM ein.
Werte: Unterhalt 12 × 500 DM = 6000 DM oder 12 × 300 DM = 3600 DM (str.).
Auskunft 1/4 aus 6000 DM = 1500 DM. Für die Prozessgebühr gilt der Wert der ersten Stufe: 6000 DM (oder 3600 DM), für die Verhandlungsgebühr der Wert 1500 DM (oder 900 DM). Zweite Stufe: Die Prozessgebühr ist bereits angefallen. Die Verhandlungsgebühr fällt an aus dem Wert 3600 DM, in welche die Gebühr für die Verhandlung über den Auskunftsanspruch aufgeht.

56

(2) Der Kläger stellt sich 1000 DM monatlichen Unterhalt vor. In allen Stufen wurde streitig verhandelt. Nach Auskunftserteilung wird der Leistungsantrag mit 1000 DM monatlich beziffert. Der Wert der Prozessgebühr beträgt 12 000 DM, auch der Wert der Verhandlungsgebühr. Der Wert für die Auskunftsstufe mit 3000 DM (1/4 des Leistungsantrags) ist ohne Bedeutung, weil der Wert für die streitige Verhandlung über den Leistungsantrag höher ist.

(3) Der Kläger hatte sich 1500 DM vorgestellt, aber aus der Auskunft ergibt sich nur ein Anspruch von 1000 DM. Für die Prozessgebühr ist der höchste – der vorgestellte – Wert mit 18 000 DM zu Grunde zu legen. Für die Verhandlungsgebühr ist der Wert der bezifferten Leistungsstufe als der höchste vorkommende Wert mit 12 000 DM zu Grunde zu legen. Wiederum spielt der Wert für die Auskunftsstufe (1/4 von 18 000 DM) keine Rolle.

b) Allgemeines

Für die Stufenklage nach § 254 ZPO sind für die sachliche Zuständigkeit die Streitwerte gem. § 5 ZPO zusammenzurechnen. Für den **Gebührenstreitwert** gilt § 18 GKG, wonach für die Wertberechnung nur einer der verbundenen Ansprüche, und zwar der **hö-**

57

---

[129] BGH WM 1984, 180; FamRZ 1988, 494; (meistens unter 1500 DM, Berufung daher unzulässig); BGH GZS FamRZ 1995, 349.
[130] BGH FamRZ 1986, 796; 1991, 791.

here, maßgebend** ist. Eine Wertaddition nach § 12 Abs. 1 GKG i. Verb. m. § 5 ZPO findet also nicht statt. Mithin sind die Einzelansprüche nach dem Vorbringen des Klägers zu beurteilen, der höchste sich ergebende Wert ist maßgebend. Das ist regelmäßig der Hauptanspruch, da die anderen Ansprüche ihn nur vorbereiten.[131] Der Hauptanspruch steht erst nach Rechnungslegung fest. Er ist zunächst nach § 3 ZPO zu schätzen. Dabei kann grundsätzlich von der Wertangabe des Klägers ausgegangen werden.[132] Wird der Zahlungsanspruch nicht beziffert, ist auf den auf Grund der Klagebegründung vorgetragenen Sachlage zu erwartenden Unterhalt abzustellen, also auf den Unterhaltsbetrag, den der Kläger bei weiterem Verfahrensablauf voraussichtlich angegeben hätte.[133] Bei diesem Wert verbleibt es selbst dann, wenn sich später herausstellt, dass der Zahlungsanspruch überhaupt nicht oder doch in geringerer Höhe als zunächst erwartet begründet ist.[134] Erst von dem Zeitpunkt, in dem ein bezifferter Antrag gestellt wird, bemisst dieser Antrag den Streitwert. Wird der Hauptantrag nachträglich erhöht, ist der erhöhte Antrag maßgebend.[135]

Abweichend davon wird neuerdings von einigen Oberlandesgerichten die Ansicht vertreten, der Gebührenstreitwert eines im Wege der Stufenklage eingeklagten, zunächst unbezifferten Leistungsanspruchs, richte sich nicht nach den Erwartungen des Klägers zu Beginn, sondern nach den Erkenntnissen des Gerichts am Ende der Instanz. Wenn sich später herausstelle, dass ein Zahlungsanspruch überhaupt nicht bestand, dann bleibe es beim Wert des Auskunftsanspruchs, wenn sich ergebe, dass der Zahlungsanspruch in geringerer Höhe als zunächst erwartet begründet sei, dann richte er sich nach dieser Höhe.[136] Auch wird die Ansicht vertreten, wenn es letztlich nicht zu einer Bezifferung komme, sich der Wert der Klage unabhängig vom Ergebnis der Auskunft nur noch nach dem Auskunftsanspruch richte.[137]

c) Anspruch auf Auskunftserteilung und Rechnungslegung

58 Der Auskunftsanspruch ist nach § 3 ZPO zu schätzen. Als Wert wird regelmäßig ein Bruchteil des angenommenen Leistungsanspruchs angenommen, s. vorstehend isolierte Auskunftsklage Rn. 54.

d) Anspruch auf Abgabe der eidesstattlichen Versicherung

59 Die eidesstattliche Versicherung stellt im Rahmen einer Stufenklage im Verhältnis zum Auskunftsbegehren nach h. M. keinen eigenen Gegenstand dar, da es sich bei beiden um einen den Leistungsantrag vorbereitenden Antrag handele, beide seien als eine Einheit

---

[131] Köln JurBüro 1972, 244; Düsseldorf OLGR 1998, 23 (Grundsätze für die Festsetzung der Streitwerte und die Berechnung der Kosten).
[132] Düsseldorf NJW 1961, 2021; Hamm JurBüro 1982, 1376.
[133] Dresden (10. Senat) MDR 1998, 64; Hamm FamRZ 1998, 1308; Karlsruhe AGS 1999, 156 = FamRZ 1999, 609; KG AnwBl. 1984, 612; München KostRspr. GKG § 18 Nr. 51.
[134] Celle FamRZ 1997, 99; Dresden (10. Senat) MDR 1998, 64; KG (1.Senat) JurBüro 1994, 108; Karlsruhe Die Justiz 1985, 353; FamRZ 1999, 1216; *Madert* AGS 1997, 97; *Schneider/Herget* Rn. 4259.
[135] Celle AnwBl. 1987, 286; Düsseldorf JurBüro 1987, 736.
[136] Dresden (7. Senat) NJW-RR 1997, 1430; Frankfurt JurBüro 1987, 878 m. abl. Anm. *Mümmler*; KG JurBüro 1997, 595 mit zust. Anm. *Meyer* = NJW-RR 1998, 418; dagegen mit Recht *Groß* Rn. 154.
[137] Bamberg JurBüro 1989, 685; Dresden (7. Senat) MDR 1997, 691; Frankfurt JurBüro 1987, 878; Stuttgart FamRZ 1990, 652; Schleswig FamRZ 1997, 40; *Lappe* NJW 1998, 1112.

V. Der Streitwert beim Unterhalt für Ehegatten und Kinder

anzusehen.[138] Das Verfahren über die eidesstattliche Versicherung hat aber dann einen eigenen Wert, wenn die Auskunftsklage erledigt ist und eine Gebühr nur noch für die eidesstattliche Versicherung anfällt.[139] Werden lediglich der Auskunftsanspruch und der Anspruch auf Abgabe der eidesstattlichen Versicherung zugleich, aber nicht im Rahmen einer Stufenklage erhoben, so ist § 18 GKG nicht anwendbar. Es liegen vielmehr, was den Streitwert angeht, zwei selbstständige Ansprüche vor, die jeweils gesondert zu bewerten sind.[140]

Muss die eidesstattliche Versicherung gesondert bewertet werden, ist von einem Bruchteil des Auskunftsanspruchs auszugehen, etwa 1/3 bis 1/2[141].

e) Der Hauptanspruch

Vgl. zunächst vorstehend Allgemeines, Rn. 57. Darüber hinaus ist zu beachten: Der Leistungsanspruch ist ausnahmslos der höhere. Er kann nie hinter dem Wert des Anspruchs auf Auskunftserteilung zurückbleiben. Andererseits bildet der Leistungsanspruch stets die obere Grenze für die Bewertung der anderen Ansprüche. Bei der Schätzung nach § 3 ZPO ist auf die Erwartungen des Klägers bei Beginn der Instanz abzustellen und zwar unabhängig davon, ob später noch zum Leistungsanspruch erkannt wird.[142] Unerheblich ist auch, ob über den Leistungsanspruch entschieden wird, die spätere Bezifferung hinter den ursprünglichen Erwartungen des Klägers zurückbleibt.[143] Nimmt der Kläger die Stufenklage nach Erledigung des Auskunftsanspruch zurück oder betreibt er die Leistungsklage nach Auskunftserteilung nicht weiter, bringt den Rechtsstreit also zum Ruhen, dann bleibt der höhere Wert des Leistungsanspruchs maßgebend.[144] Dasselbe gilt, wenn die Parteien sich vergleichen.[145] Bis zur Bezifferung ist also der höhere Streitwert, der auf Grund der Erwartungen des Klägers bei Klageerhebung festgesetzt worden war, maßgebend; ab bezifferter Antragstellung der geringere Streitwert. Diese Wertänderung gilt dann nur noch für die danach entstehenden Gebühren.[146] 60

Hinsichtlich der **Rückstände bei einer Stufenklage** gilt: In der Zeit zwischen einer Einreichung der Stufenklage und der Einreichung des Schriftsatzes mit bezifferten Ansprüchen nach Durchführung der Auskunfts- und eidesstattlichen Versicherungsstufe laufen keine Rückstände auf. Ansonsten erhöhen vorher bezifferte Rückstände nach 61

---

[138] Düsseldorf MDR 1963, 937; Frankfurt JurBüro 1973, 766; Köln MDR 1963, 144; Zweibrücken JurBüro 1973, 445.
[139] Köln MDR 1963, 144; vgl. auch München JurBüro 1984, 1376.
[140] Bamberg FamRZ 1997, 40.
[141] *Lappe* Rn. 27.
[142] Düsseldorf NJW 1961, 2021; MDR 1963, 937; Frankfurt JurBüro 1973, 766; Hamm JurBüro 1989, 1004; Karlsruhe KostRspr. GKG § 18 Nr. 22; KG Rpfleger 1962, 120; Köln JurBüro 1972, 244; München JurBüro 1989, 1164 = MDR 1989, 646.
[143] Düsseldorf KostRsp. GKG § 18 Nr. 28 = JurBüro 1987, 736; Zweibrücken KostRsp. GKG § 18 Nr. 26 = JurBüro 1987, 563.
[144] Düsseldorf JurBüro 1983, 1876; Zweibrücken JurBüro 1989, 1455.
[145] Düsseldorf JurBüro 1984, 87 = KostRsp. GKG § 18 Nr. 12; Zweibrücken JurBüro 1984, 736; KostRsp. GKG § 18 Nr. 30 und KostRsp. GKG § 17 Nr. 117 = JurBüro 1989, 1455.
[146] Bamberg JurBüro 1979, 251 = KostRsp. GKG § 18 Nr. 2 m. Anm. *Schneider*; Frankfurt JurBüro 1985, 443 = KostRspr GKG § 18 Nr. 18; Hamm JurBüro 1982, 1377; a. A. Frankfurt KostRsp. GKG § 18 Nr. 29 m. abl. Anm. *Schneider* = JurBüro 1987, 878 m. abl. Anm. *Mümmler*, wonach es beim Leistungsantrag verbleibt, wenn er nach Bezifferung höhenmäßig hinter den vom Kläger bei Prozessbeginn zum Ausdruck gebrachten Erwartungen zurückbleibt.

B. Streitwerte bzw. Gegenstands- oder Geschäftswerte

§ 17 Abs. 4 GKG den Streitwert einer jeden Stufe.[147] Das gilt auch, wenn die Rückstände zwar eingeklagt, aber das Leistungsbegehren erst später beziffert wird, weil die Rechtshängigkeit des unbezifferten Leistungsantrags bereits mit Klageerhebung eintritt.[148]

f) Der Streitwert der einzelnen Regelgebühren

62 Die Stufenklage wird mit allen Ansprüchen rechtshängig. Also ist für die Prozessgebühr des § 31 Abs. 1 Nr. 1 BRAGO der höchste Streitwert des Leistungsanspruchs immer maßgebend.[149] Der Streitwert der Verhandlungs- und der Beweisgebühr richtet sich nach dem Wert derjenigen Verfahrensstufe, in der diese Gebühren anfallen. Das gilt auch dann, wenn der Hauptantrag (versehentlich) mitverlesen worden ist.[150]

g) Rechtsmittelwert

63 Für den Fall, dass der Beklagte gegen seine Verurteilung zur Auskunftserteilung Rechtsmittel einlegt, s. Isolierte Auskunftsklage oben Rn. 54. Bei der **Leistungsklage** ist entscheidend, in welchem Umfang die erstinstanzliche Entscheidung angegriffen wird.

Beispiel: Der Kl. hat monatlich 4000 DM verlangt, ihm sind 3000 DM zuerkannt worden. Mit der Berufung verfolgt er seinen ursprünglichen Klageantrag weiter, also Streitwert 12 × 1000 DM = 12 000 DM.

Zu beachten ist aber, dass bei Unterhaltsklagen hinsichtlich des Gebührenstreitwertes auf § 17 GKG, hinsichtlich des Rechtsmittelstreitwertes auf § 9 abzustellen ist.

Der Rechtsmittelstreit im vorigen Beispiel beträgt also 3,5 × 12 000 DM = 42 000 DM.[151]
Weiteres Beispiel: Bei einem Unterhaltsbetrag von 40 DM monatlich beträgt der Gebührenstreitwert nach § 17 GKG 480 DM, der Wert für die Zuständigkeit und die Zulässigkeit des Rechtsmittels nach § 9 ZPO (3 1/2-facher Jahresbetrag) 1680,00 DM.

Die Berufung ist also in vielen Fällen zulässig, in denen der nach § 17 GKG bestimmte Wert unter 1500 DM liegt.

h) Bezifferte Teilklage verbunden mit Auskunfts- bzw. Stufenklage

64 Gelegentlich kommt es vor, das eine bezifferte Teilklage mit einer Auskunfts- und/oder einer Stufenklage verbunden wird. Das sind zwei Gegenstände, so dass nach § 7 Abs. 2 BRAGO die Werte der Teilklage und/oder der Auskunfts- und/oder der Stufenklage zusammenzurechnen sind.[152]

---

[147] *Schneider/ Herget* Rn. 4237; vgl. auch *Groß* Rn. 83.
[148] Düsseldorf KostRsp. GKG § 17 Nr. 34 = JurBüro 1981, 1048 sowie Nr. 45 = JurBüro 1983, 408 u. KostRsp. GKG § 17 Nr. 58 = JurBüro 1984, 1864; Hamburg MDR 1983, 1032; KostRsp. GKG § 17 Nr. 126 = JurBüro 1990, 1336.
[149] Bamberg KostRsp. GKG § 18 Nr. 25 = JurBüro 1986, 1062; Hamm KostRspr. GKG § 18 Nr. 32 = JurBüro 1989, 1004.
[150] Bamberg KostRspr. GKG § 18 Nr. 25 = JurBüro 1986, 1062; Düsseldorf Rpfleger 1973, 327; Hamm KostRsp. GKG § 18 Nr. 32 = JurBüro 1989, 1004; KG JurBüro 1973, 754.
[151] BGHZ FamRZ 1995, 729.
[152] *Groß* Rn. 155.

V. Der Streitwert beim Unterhalt für Ehegatten und Kinder

8. Abänderungsklage

Nach § 323 Abs. 3 S. 1 ZPO darf ein Unterhaltsurteil nur für die Zeit nach Einreichung 65
der Klage geändert werden. Der Streitwert errechnet sich, wenn es um die gesetzliche Unterhaltspflicht geht, unter Berücksichtigung von § 17 Abs. 1 S. 1 GKG aus dem Betrag, in dessen Höhe eine Abänderung begehrt wird, bei rein vertraglicher Unterhaltspflicht nach § 9 ZPO. Hat der Berechtigte bereits einen Unterhaltstitel auf Grund einer einstweiligen Anordnung, so ist eine nachfolgende Unterhaltsklage, mit der ein Mehrbetrag begehrt wird, keine Abänderungsklage, sondern eine normale Unterhaltsklage, da die einstweilige Anordnung nicht in materieller Rechtskraft erwächst.

Beim Kindesunterhalt besteht die Möglichkeit der kostenfreien Titulierung des Unterhaltsanspruches durch die so genannte Jugendamtsurkunde. Hat der Unterhaltsschuldner eine solche Urkunde erstellen lassen, kann er wegen eines Mehrbetrages nur noch im Wege der Abänderungsklage in Anspruch genommen werden.[153]

Eine Zeitschranke für die Abänderung von Urteilen bei **Anträgen auf Unterhaltserhöhung** besteht gem. § 323 Abs. 3 S. 2 ZPO nicht, so weit die materiellen Voraussetzungen für die Geltendmachung von Unterhalt für die Vergangenheit nach §§ 1360a Abs. 3, 1361 Abs. 4 S. 4, 1585b Abs. 2, 1613 Abs. 1 BGB vorliegen. Die Erhöhung kann dann auch rückwirkend begehrt werden. Folglich ist auch § 17 Abs. 4 GKG anzuwenden. Dasselbe gilt für einen Vergleich. Wird hingegen im Abänderungsrechtsstreit **Herabsetzung des Unterhalts** beantragt, bleibt es bei Urteilen bei der Zeitschranke des § 323 Abs. 3 ZPO, d. h. die Änderung darf erst für die Zeit ab Klageerhebung, also nicht rückwirkend erfolgen. Dennoch sind die Rückstände streitwerterhöhend zu berücksichtigen, denn der Streitwert wird allein von der Klage bestimmt.[154] Auch unzulässige Klageanträge haben einen Streitwert.

Wird mit dem Abänderungsantrag zugleich Antrag auf Rückzahlung zu viel gezahlten Unterhalts begehrt, sind die Streitwerte nicht zusammenzurechnen.[155] Wird mit der Abänderungsklage eine Erhöhung, mit der Widerklage eine Herabsetzung verlangt, so sind beide Werte zu addieren.[156]

Wird mit der Abänderungsklage erhöhter Unterhalt geltend gemacht, beantragt der Beklagte Klageabweisung und begehrt er mit der Widerklage Herabsetzung des titulierten Unterhaltes oder macht er sogar mit einer negativen Feststellungsklage geltend, dass er gar keinen Unterhalt mehr schulde, so sind die Streitwerte von Klage und Widerklage zu addieren, vgl. oben Rn. 51.

9. Vollstreckungsabwehrklage

Für die Vollstreckungsabwehrklage (auch Vollstreckungsgegenklage genannt) gelten 66
dieselben Grundsätze wie für die Änderungsklage. Ihr Wert richtet sich ausschließlich danach, in welchem Umfang der Kläger die Feststellung der Unzulässigkeit der

---

[153] Karlsruhe FamRZ 1994, 637; München FamRZ 1994, 1126.
[154] Hamm JurBüro 1979, 873.
[155] Zweibrücken JurBüro 1988, 232 m. Anm. *Schneider* KostRsp. Anm. zu § 5 ZPO Nr. 76; *Schneider/Herget* Rn. 65, der aber die Einjahresregelung des § 17 GKG mitheranziehen will, so dass höchstens die Rückstände für ein Jahr zu berücksichtigen sind; a. A. *Groß* Rn. 86.
[156] Vgl. oben 3. Klage und Widerklage, Rn. 30.

B. Streitwerte bzw. Gegenstands- oder Geschäftswerte

Zwangsvollstreckung begehrt, nicht nach der Höhe der eingeleiteten Vollstreckungsmaßnahmen.[157]

Der Streitwert einer Vollstreckungsabwehrklage gegen eine einstweilige Anordnung auf Zahlung von Unterhalt nach § 620 ZPO bemisst sich nach § 17 GKG und nicht nach § 20 Abs. 2 S. 1 GKG.[158]

10. Vereinfachte Abänderung von Unterhaltstiteln

67 § 655 ZPO betrifft die vereinfachte Abänderung von Unterhaltstiteln (Urteil, Beschluss, Urkunde) hinsichtlich der Festsetzung abzurechnender kinderbezogener Leistungen nach §§ 1612b, 1612c BGB. Ändert sich z. B. das in der Unterhaltsurkunde betragsmäßig genannte Kindergeld, kann der auf wiederkehrende Unterhaltsleistung gerichtete Vollstreckungstitel im vereinfachten Verfahren gem. § 655 ZPO geändert werden. Nach § 44 Abs. 3 BRAGO bestimmt sich in Verfahren nach Abs. 1 Nr. 2 der Wert nach § 17 GKG.

11. Negative Feststellungsklage

68 Man unterscheidet die behauptende (positive) Feststellungsklage, die auf die Feststellung des Bestehens eines Rechtsverhältnisses gerichtet ist, und die leugnende (negative) Feststellungsklage, die auf Feststellung des Nichtbestehens eines Rechtsverhältnisses abstellt. Der Streitwert beider Klagen richtet sich gem. § 3 ZPO nach dem Interesse des Klägers an der Feststellung, nicht an dem Wert des festzustellenden Rechts selbst. Bei der **positiven Feststellungsklage** ist von dem für eine entsprechende Leistungsklage errichteten Streitwert ein Abstrich in der Regel von 20% zu machen, weil der Kläger mit dem Feststellungsurteil keinen so weit tragenden Titel erlangt wie mit einem entsprechenden Leistungsurteil.[159]

Bei der **negativen Feststellungsklage** bemisst sich der Streitwert nach der vollen Höhe des Anspruchs, dessen sich der Beklagte berühmt. Denn das stattgebende Urteil schließt sowohl die Erhebung einer behaupteten Feststellungsklage umgekehrten Inhalts, als auch die einer entsprechenden Leistungsklage durch den vermeintlich anspruchsberechtigten Beklagten aus.[160]

Unterhaltszahlungen aus der Zeit vor der Erhebung einer Feststellungsklage, die nicht gleichzeitig als Leistungsklage geltend gemacht werden, erhöhen den Streitwert nicht. § 17 Abs. 4 GKG ist nach überw. M. weder bei der positiven noch bei der negativen Feststellungsklage anwendbar, da die Feststellungsklage wesensmäßig und begrifflich keine Rückstände kennt.[161] Das erscheint nicht gerechtfertigt. Auch unzulässige Klageanträge sind wertmäßig zu beziffern.

Werden Rückzahlungen aus der Zeit vor der Erhebung der Feststellungsklage jedoch

---

[157] München KostRspr GKG § 17 Nr. 145 = OLGR 1994, 23.
[158] Karlsruhe JurBüro 1982, 1718.
[159] Ständige Rechtsprechung des BGH, Nachweise s. *Madert* Gegenstandswert Rn. 221.
[160] BGHZ 2, 286; BGH NJW 1970, 2025; BAG JZ 1961, 666; Bamberg JurBüro 1971 536; Braunschweig MDR 1975, 848; Celle AnwBl. 1964, 53 (L); VersR 1985, 397; Frankfurt MDR 1960, 507; NJW 1963, 354; KG NJW 1963, 2031; Karlsruhe MDR 1959, 401; München MDR 1963, 144; NJW-RR 1988, 190; Oldenburg Rpfleger 1968, 314; Schleswig Rpfleger 1962, 425; LAG Düsseldorf JurBüro 1988, 1234.
[161] BGHZ 2, 74; Hamm JurBüro 1988, 778; Karlsruhe FamRZ 1997, 39.

V. Der Streitwert beim Unterhalt für Ehegatten und Kinder

zusammen mit der Feststellungsklage im Wege der Leistungsklage geltend gemacht, so wirken sie nicht streitwerterhöhend.[162]

Der Streitwert einer einstweiligen Anordnung ist gem. § 20 Abs. 2 GKG der sechsmonatige Betrag. Also müsste der Streitwert einer **negativen Feststellungsklage gegen eine einstweilige Anordnung** auch der sechsmonatige Betrag sein. Wenn die einstweilige Anordnung aber nicht ausdrücklich auf sechs Monate zeitlich beschränkt ist, sondern auch nach der Scheidung fort gilt und ein der negativen Feststellungsklage stattgebendes Urteil die fehlende Unterhaltspflicht endgültig und rechtskräftig feststellt, dann gilt nicht § 20 Abs. 2 S. 1 GKG, sondern § 17 GKG.[163]

69

Bei der **Leistungsklage und der negativen Feststellungswiderklage** liegt derselbe Gegenstand dann vor, wenn sich die beiderseitigen Ansprüche dergestalt ausschließen, dass die Zuerkennung des einen notwendig die Aberkennung des anderen Aufschubs bedingt. Ist das der Fall, findet keine Wertaddition statt. Wenn sich aber Leistungsklage und negative Feststellungswiderklage gegenüberstehen, die sich nicht auf völlig identische Zeiträume beziehen, dann liegt nur Teilidentität vor mit der Folge, die nichtidentischen Teile sind zusammenzurechnen.

70

Beispiel:[164] Der Student klagt gegen seinen Vater Unterhalt für die Dauer eines Semesters (vier Monate) ein, der Vater erhebt Widerklage, dass dem studierenden Sohn überhaupt kein Ausbildungsunterhalt zustehe. Hier ist der Viermonatsbetrag für das Sommersemester dem Jahresbetrag hinzuzurechnen, also 16 Monate.

12. Unterhaltsverzicht

Nur auf nachehelichen Unterhalt kann gem. § 1585 c BGB verzichtet werden, nicht auf Getrenntlebensunterhalt oder Verwandtenunterhalt.

71

Der Wert eines Unterhaltsverzichtes ist gem. § 3 ZPO zu schätzen, wobei § 17 GKG (Wert des Anspruchs, auf den verzichtet wird) mit heranzuziehen ist. Steht der Unterhaltsanspruch, auf den verzichtet wird, der Höhe nach fest, so ist dessen Jahresbetrag als Vergleichswert anzusetzen.[165] Ist ein Unterhaltsanspruch ungewiss, so ist ein Bruchteil zu nehmen. Für die Höhe des möglicherweise einmal zu zahlenden Unterhalts sind oft keine hinreichend sicheren Anhaltspunkte vorhanden, und die Wahrscheinlichkeit, dass überhaupt jemals eine Unterhaltspflicht entstehen wird, ist nur schwer vorauszusagen. Viele Gerichte gehen daher, jedenfalls bei durchschnittlichen wirtschaftlichen Verhältnisse der Eheleute, von festen Beträgen aus, schätzen den Wert für jede Partei beim Verzicht auf ungewisse zukünftige Ansprüche auf mindestens 100 DM monatlich, so dass der nach § 5 ZPO zusammengerechnete Wert 2400 DM beträgt. Aber die Entscheidungen, die den Wert eines beiderseitigen Unterhaltsverzichts mit 2400 DM festsetzen, sind schon vor mehr als 25–30 Jahren ergangen. Es ist daher gerechtfertigt, den Streitwert für den Unterhaltsverzicht in Anpassung an die gestiegenen Lebenshaltungskosten höher anzusetzen.[166] Bei einem gegenseitigen Unterhaltsverzicht ist mithin mindestens von 3600 DM bis 4800 DM auszugehen.[167]

---

[162] Karlsruhe FamRZ 1997, 39.
[163] Hamm JurBüro 1988, 656; Schleswig JurBüro 1982, 488.
[164] Nach *Groß* Rn. 158.
[165] *Gerold/Schmidt-von Eicken* § 36 Rn. 5; *Groß* Rn. 192.
[166] *Rohs* in Festschrift für *H. Schmidt* „Kostenerstattung und Streitwert" S. 199.
[167] **3600 DM**: Düsseldorf JurBüro 1984, 1542; 1985, 1521; Köln FamRZ 1998, 310; **4800 DM**: Karlsruhe, Beschl. v. 3. 5. 1999–16 UF 226, 96

B. Streitwerte bzw. Gegenstands- oder Geschäftswerte

Wird gleichzeitig auf Trennungs- und Nachscheidungsunterhalt verzichtet, sind die Jahresbeträge zu addieren.[168]

13. Abfindungsvergleich

72 Manchmal wird für einen Unterhaltsverzicht die Zahlung einer Abfindungssumme vergleichsweise geregelt.

Beispiel: Der Bekl. zahlt an die Kl. 500 DM Unterhalt monatlich. In einem Scheidungsvergleich verpflichtet sich der Beklagte, als Gegenleistung für den Unterhaltsverzicht der Klägerin an diese 30 000 DM zu zahlen.

Eine Meinung hält in einem solchen Fall den Abfindungsbetrag als Vergleichswert für maßgeblich. Denn mit der Ersetzung des gesetzlichen Unterhaltsanspruchs durch die vertragliche Kapitalabfindung wandele sich der Charakter des Anspruchs. Das zeige sich an den Folgen: Keine Abänderbarkeit gem. § 323 ZPO; kein Rückforderungsrecht der Erben des Unterhaltsschuldners bei dessen frühzeitigem Tod oder bei dem des Unterhaltsgläubigers.[169] Aber auch hier gilt der Satz: Maßgebend ist nicht worauf, sondern worüber man sich vergleicht. Das ist aber der gesetzliche monatliche Unterhaltsanspruch. Nur so kann auch der sozialpolitische Zweck der Streitwertbestimmung des § 17 GKG erhalten werden. Vergleichswert ist also der Jahresbetrag der Unterhaltsbezüge.[170] Um dem Meinungsstreit zu entgehen, ist eine Honorarvereinbarung angebracht.[171]

Anders ist es im Fall des § 1585 Abs. 2 BGB. Danach kann **statt der Rente** der Berechtigte **eine Abfindung in Kapital** verlangen, wenn ein wichtiger Grund vorliegt und der Verpflichtete dadurch nicht unbillig belastet wird. Wird ein Anspruch nach § 1585 Abs. 2 BGB geltend gemacht und einigen sich die Parteien auf eine bestimmte Abfindung, dann ist der geforderte Kapitalbetrag der Wert des Vergleichs. Das setzt aber voraus, dass der abgegoltene Anspruch ausdrücklich auf eine Kapitalabfindung gerichtet war. Es reicht nicht aus, dass nur die Möglichkeit einer solchen in die Debatte geworfen wird.[172]

---

[168] Hamm FamRZ 1988, 402.
[169] *Markl* in Festschrift für *H. Schmidt* S. 86 (90); *Schmidt* AnwBl. 1977, 442; Frankfurt JurBüro 1980, 1216 = Rpfleger 1980, 239; Hamm NJW 1966, 162 = Rpfleger 1966, 341; Nürnberg Rpfleger 1963, 178.
[170] Bamberg JurBüro 1992, 51; Celle KostRsp. GKG § 17 Nr. 11 m. zust. Anm. v. *Lappe;* Frankfurt MDR 1971, 404; Hamburg JurBüro 1987, 401; KG KostRsp. GKG § 17 Nr. 70 m. Anm. *Schneider;* Köln JurBüro 1974, 743; Schleswig JurBüro 1980, 411 m. zust. Anm. v. *Mümmler; Gerold/Schmidt-von Eicken* § 23 Rn. 45. *Lappe* weist in seiner Anmerkung zu Frankfurt KostRsp. § 17 GKG Nr. 24 auf Folgendes hin: „Der Streitgegenstand wird durch den Klageantrag bestimmt. Dieser bemisst folglich seinen Wert. Dass im Rahmen von Vergleichsverhandlungen der Kläger eine bezifferte Abfindung fordert, verändert aber den Streitgegenstand nicht, wie spätestens beim Scheitern der Vergleichsverhandlungen deutlich wird, es ist über den ursprünglichen Klageantrag zu entscheiden. Das OLG bestimmt mit anderen Worten den Streitwert nicht nach dem Streitgegenstand, sondern nach dem Ergebnis. Das ist unzulässig. Es gibt auch keinen besonderen Vergleichsgegenstand. Denn dann müssten beim Scheitern der Vergleichsverhandlungen die Anwälte eine Tätigkeitsgebühr insoweit erhalten, als der Vergleichsgegenstand den Streitgegenstand übersteigt."
[171] S. auch den von Nürnberg entschiedenen Sonderfall (JurBüro 1962, 226): Der unterhaltspflichtige Ehemann verspricht seiner geschiedenen Ehefrau in einem Unterhaltsvergleich einen monatlichen Unterhaltsbetrag und für den Fall der Wiederverheiratung eine Abfindung. Nürnberg addiert zu dem Jahresbetrag des laufenden Unterhalts 2/5 des Abfindungsbetrags, weil es sich um einen bedingten Anspruch handelt, der gem. § 3 ZPO zu schätzen ist.
[172] Düsseldorf JurBüro 1984, 1865; *Groß* Rn. 194.

VI. Streit- bzw. Geschäftswert beim Versorgungsausgleich

Zeitlich gestaffelter Unterhaltsanspruch mit anschließendem Unterhaltsverzicht wird im Fall des § 1573 Abs. 5 i. Verb. m. § 1578 Abs. 1 S. 2 BGB manchmal vereinbart, um z. B. für eine Übergangszeit die Wiedereingliederung in das Berufsleben zu ermöglichen.

Beispiel:[173] In einem Unterhaltsvergleich wird vereinbart: Zahlung des Ehemanns an die Ehefrau für die Monate Juni bis einschließlich Dezember 2001 monatlich 1000 DM, für das ganze Jahr 2002 monatlich 800 DM, ab 2003 gegenseitiger Unterhaltsverzicht.

Auszugehen ist beim zeitlich gestaffelten Unterhaltsanspruch von dem höchsten Monatsbetrag und wenn dieser weniger als ein Jahr gezahlt werden soll, ist er auszufüllen mit dem zweithöchsten aus der übrigen Zeit auf das volle Jahr. Der Unterhaltsverzicht der Ehefrau hat daneben keinen eigenen Wert. Wohl aber ist der Unterhaltsverzicht des Ehemannes zu bewerten.

Im Beispielsfalle also: 7 × 1000 DM + 5 × 800 DM = 11 000 DM, zuzüglich Wert für den Unterhaltsverzicht des Ehemannes mit 1800 DM.

14. Rechtsmittelwert

Sowohl § 9 ZPO als auch § 17 GKG befassen sich mit dem Streitwert der Ansprüche auf wiederkehrende Leistungen. Nach § 9 ZPO ist der Wert der $3^{1}/_{2}$-fache Jahresbetrag (bei einem Unterhaltsbetrag von 40 DM monatlich mithin 1680 DM), nach § 17 GKG ein Jahresbetrag (bei 40 DM monatlich mithin 480 DM). § 9 ZPO bestimmt den Wert für die Zuständigkeit und für die Zulässigkeit von Rechtsmitteln, § 17 GKG allein für die Bemessung der Gerichts- und Anwaltsgebühren. Die Berufung ist also in vielen Fällen zulässig, in denen der nach § 17 GKG bestimmte Wert unter 1500 DM liegt.[174]

VI. Streit- bzw. Geschäftswert beim Versorgungsausgleich

1. Streitwert im Scheidungsverbund

Den Streitwert für die Gerichtskosten, der gem. § 8 Abs. 1 S. 1 BRAGO als Streitwert für die Anwaltsgebühren maßgebend ist, regelt § 17a GKG wie folgt:
 „*Im Verfahren über den Versorgungsausgleich sind maßgebend*
 1. *in den Fällen des § 1587b BGB der Jahresbetrag der Rente, die den zu übertragenden oder zu begründenden Rentenanwartschaften entspricht, mindestens jedoch 1000 DM,*
 2. *im Falle des § 1587g Abs. 1 BGB der Jahresbetrag der Geldrente, mindestens jedoch 1000 DM.*"

In dem Fall des § 1587b BGB überträgt das Familiengericht Rentenanwartschaften von dem Rentenkonto des einen Ehegatten auf das des anderen Ehegatten oder es begründet für den anderen Ehegatten Rentenanwartschaften. Streitwert ist grundsätzlich der Jahresbetrag der (Mehr-) Rente, die sich aus der Übertragung oder Begründung der Rentenanwartschaft für den berechtigten Ehegatten ergibt. Es kommt nicht auf den Antrag der Partei an, sondern auf den Wert, der sich aus der gerichtlichen Entscheidung er-

---

[173] Nach *Groß* Rn. 197.
[174] *Schmidt* MDR 1981, 986.

B. Streitwerte bzw. Gegenstands- oder Geschäftswerte

gibt.[175] Wenn der rechnerisch ermittelte Jahresbetrag der Rente unter 1000 DM liegt, ist der Mindeststreitwert mit 1000 DM anzusetzen.[176]

Auch wenn festgestellt wird, dass der Versorgungsausgleich nicht stattfindet, sind ebenfalls 1000 DM als Gegenstandswert festzusetzen.[177] Wenn aber beide Parteien übereinstimmend erklären, sie hätten während der Ehe keine Anwartschaften oder Aussichten auf eine Versorgung erworben, das Familiengericht deshalb das Ausgleichsverfahren gar nicht erst durchführt und/oder sich darauf beschränkt, festzustellen, dass ein Ausgleich nicht stattfindet, ist kein Wert festzusetzen.[178]

Kann die Höhe dieser (Mehr-) Rente nicht genau ermittelt werden, oder kommt es zu keiner Entscheidung, weil der Scheidungsantrag zurückgenommen oder abgewiesen wird, ist die Versorgungsanwartschaft nach dem Sachverhalt gem. § 12 GKG i.V.m. § 3 ZPO zu schätzen.[179] Auch im Falle einer Schätzung sind die vorliegenden Auskünfte in die Wertfestsetzung einzubeziehen. Liegen keine genügenden Anhaltspunkte für eine Schätzung vor, ist der Mindeststreitwert anzusetzen.[180]

Im Falle des § 1587g Abs. 1 BGB handelt es sich um den **schuldrechtlichen Versorgungsausgleich**. Streitwert ist der Jahresbetrag der Ausgleichsrente, mindestens jedoch 1000 DM.[181]

Auch wenn rechnerisch ein Versorgungsausgleich gegeben wäre, der zu einem Streitwert von über 1000 DM führen müsste, aber ein **Ausschlussgrund wegen Unbilligkeit** (§ 1587c BGB) oder wegen einer entgegenstehenden Vereinbarung (§ 1587o BGB) vorliegt, muss der Mindestwert, nicht der sich rechnerisch gegebene Wert herangezogen werden. Denn das Gesetz stellt auf das Ergebnis ab und nicht auf die Gründe, die zu dem Ergebnis führen.[182]

2. Abweichung zwischen gerichtlichem Streitwert und dem Wert für die Rechtsanwaltsgebühren

75 Nach der gesetzlichen Ausgestaltung des Versorgungsausgleichs wird die Hälfte der Anwartschaften des einen Ehegatten, so weit sie die des anderen übersteigen, auf letzteren übertragen; dieser Betrag bestimmt dann den Streitwert. Mit anderen Worten, die Bewertung richtet sich nach dem Ergebnis, was im Streitwertrecht eine Ausnahme von dem sonst maßgeblichen Prinzip, dass sich der Streitwert nach dem Klagebegehren richtet, darstellt. Daraus ergibt sich die Frage, wie ist zu verfahren, wenn der Antrag des RA und das Ergebnis auseinander fallen? Bemüht sich z.B. der Antragsteller um Übertragung einer bestimmten Anwartschaft und versucht der Antragsgegner, sie abzuwenden, so muss in einem solchen Falle in Abkehr von § 17a GKG der Grundsatz des § 7

---

[175] *Lappe* Rn. 30.
[176] Karlsruhe KostRsp. GKG § 17a Nr. 15.
[177] Hamm FamRZ 1986, 1117; Saarbrücken KostRspr. GKG § 17a Nr. 13.
[178] Bamberg KostRsp. GKG § 17a Nr. 23; *Schneider/Herget* Rn. 4819.
[179] Schleswig KostRsp. GKG § 17a Nr. 14; Zweibrücken JurBüro 1986, 1387.
[180] Bamberg JurBüro 1978, 1358; Bremen JurBüro 1980, 1702; Hamm JurBüro 1981, 404 m. zust. Anm. *Mümmler*; München JurBüro 1990, 1501; Stuttgart FamRZ 1998, 1313.
[181] Frankfurt JurBüro 1989, 136; Stuttgart FamRZ 1980, 467.
[182] In FA-FamR-*Müller-Rabe* Kap. 17, Rn. 89; a.A. *Gutdeutsch/Pauling* FamRZ 1998, 215.

VI. Streit- bzw. Geschäftswert beim Versorgungsausgleich

Abs. 1 BRAGO zum Tragen kommen, wonach sich der Anwaltsgebührenwert nach dieser Vorschrift richtet.[183]

Im **Abfindungsverfahren** nach § 1587 l BGB entscheidet der Jahresbetrag der abgegoltenen Geldrente, Mindestwert 1000 DM.[184] **76**

Bei einer **Genehmigung einer Vereinbarung** über den Versorgungsausgleich ist die Wertbestimmung gem. § 8 Abs. 2 S. 1 BRAGO vorzunehmen. Zwar ist § 99 Abs. 3 KostO nicht unmittelbar auf das Genehmigungsverfahren anzuwenden, da es dort nicht genannt ist. Die Wertung des § 99 Abs. 3 KostO ist aber heranzuziehen. Auszugehen ist von den ohne die Vereinbarung zu übertragenden oder zu begründenden Rentenanwartschaften, die erforderlichenfalls zu schätzen sind. Fehlt es an einer ausreichenden Schätzungsgrundlage, so ist, wenn in der Vereinbarung ein Jahresbetrag festgesetzt ist und Anhaltspunkte dafür fehlen, dass er höher als der an sich gegebene Anspruch ist, der vereinbarte Jahresbetrag anzusetzen, hilfsweise der Mindestwert von 1000 DM.[185] Werden das Versorgungsausgleich- und das Genehmigungsverfahren innerhalb eines Verfahrens durchgeführt, so sind sie eine Angelegenheit.[186] **77**

Einigen sich die Parteien, dass der Ausgleichsberechtigte statt des gesetzlichen Versorgungausgleichs vom Pflichtigen für ihn begründete Ansprüche aus einer Versicherung erhält und liegt der Jahresbetrag der Versicherungsbeiträge unter dem, der sich betreffend den Versorgungsausgleich ergeben würde, so ist der höhere Wert maßgebend. Da es sich um einen Vergleich handelt, gilt der Satz, nicht worauf, sondern worüber man sich einigt, ist wertmäßig maßgebend.[187]

3. Geschäftswert im isolierten Verfahren nach § 621 Abs. 1 Nr. 6 ZPO

Als selbstständige Familiensache findet ein Versorgungsausgleich nur statt 1. bei Aufhebung oder Nichtigkeit der Ehe (da es hier keinen Verbund gibt), 2. bei Auflösung der Ehe im Ausland, 3. wenn er erst nach dem in § 623 Abs. 2 ZPO bezeichneten Zeitpunkt eingeleitet wird (weil erst jetzt Tatsachen bekannt werden, die die Einleitung rechtfertigen), 4. beim Abänderungsverfahren gem. § 10a VAHRG, 5. bei den Verfahren nach §§ 1587d Abs. 1, 1587i in Verb. m. § 1587d Abs. 2 BGB. Für den Geschäftswert gilt das Gleiche wie beim Verbund, statt § 17a GKG ist § 99 Abs. 3 Nr. 1, 2 KostO maßgebend. Es ist auf den einjährigen Wert der erfolgten Veränderung abzustellen; mindestens beträgt der Wert jedoch 1000 DM.[188] **78**

Alle sonstigen Angelegenheiten werden gem. § 99 Abs. 3 KostO nach § 30 KostO bewertet. Hier geht es nicht um Ausgleich, sondern um Modalitäten. Daher ist es gerechtfertigt, einen Bruchteil des Hauptsachewertes anzusetzen. Das VAHRG-Verfahren ist in der KostO nicht erwähnt. Realsplitting, Quasisplitting, erweiterter öffentlich-rechtlich und schuldrechtlicher Versorgungsausgleich werden wie die entsprechenden

---

[183] *Groß* Rn. 120; *Lappe* Rn. 31; a. A. FA-FamR-*Müller-Rabe* Kap. 17, Rn. 89, weil es § 8 Abs. 1 BRAGO widerspricht.
[184] Für das isolierte Verfahren regelt dies § 99 Abs. 3 Nr. 3 KostO ausdrücklich. Es gilt aber auch für den Verbund, da es sich aus allgemeinen Grundsätzen ergibt; *Groß* Rn. 214; FA-FamR-*Müller-Rabe* Kap. 17, Rn. 89.
[185] FA-FamR-*Müller-Rabe* Kap. 17, Rn. 89; a. A. *Lappe* Rn. 60, der § 84 Abs. 3 KostO (höchstens der 5-fache Jahresbetrag) anwenden will.
[186] Hamburg FamRZ 1991, 202; a. A. *Groß* Rn. 138.
[187] Saarbrücken, KostRspr. GKG § 17a Nr. 10 m. Anm. *Lappe*.
[188] München JurBüro 1990, 1501; *Mümmler* JurBüro 1989, 454.

BGB-Verfahren bewertet (§ 99 Abs. 2 S. 1 Nr. 1, 2 KostO); Verlängerung und Änderung sind zu bewerten nach § 30 Abs. 1, hilfsweise Abs. 2 KostO gem. § 99 Abs. 3 S. 2 KostO.[189]

4. Auskunftsverfahren zum Versorgungsausgleich

79 Gem. § 1587 e Abs. 1 BGB haben beide Ehegatten hinsichtlich des Versorgungsausgleichs und den damit in Zusammenhang stehenden Fragen einen wechselseitigen Auskunftsanspruch. Der Wert des Auskunftsverlangens bemisst sich auf einen Bruchteil des Gegenstandes des Hauptanspruches. Es gilt das zur Auskunftsklage oben Rn. 54 Gesagte.

VII. Geschäfts- bzw. Streitwert bei der Regelung der Rechtsverhältnisse an der Ehewohnung und am Hausrat

1. Geschäfts- bzw. Streitwert der Ehewohnung

80 Gem. § 21 Abs. 3 S. 1 HausratsVO bestimmt sich der Geschäftswert, so weit der Streit die Wohnung betrifft, nach dem einjährigen Mietwert.[190] Die Bestimmung gilt für das isolierte Verfahren gem. § 621 Abs. 1 Nr. 7 ZPO für die Trennungszeit (§ 1361b BGB, § 18a HausratsVO), für das Wohnungszuweisungsverfahren nach Rechtskraft der Scheidung und für das Änderungsverfahren nach § 17 HausratsVO. Maßgebend ist die Kaltmiete.[191]

Obwohl der Wortlaut des § 21 Abs. 3 S. 1 HausratsVO eindeutig ist, wird vielfach für das isolierte Wohnungszuweisungsverfahren in der Trennungszeit nur ein sechs-monatiger Mietwert zugrundegelegt.[192] Nur den Dreimonatswert hat das OLG Saarbrücken angesetzt.[193] Zur Begründung wird § 20 Abs. 2 GKG herangezogen oder § 21 Abs. 3 S. 2 HausratsVO. § 20 Abs. 2 S. 2 GKG betrifft aber nur die einstweilige Anordnung; § 21 Abs. 3 S. 2 HausratsVO regelt nur den Streitwert über die Nutzung des Hausrats. Außerdem wird übersehen, dass der RA in diesem arbeitsaufwändigen Verfahren ohnehin nur gem. § 63 Abs. 3 BRAGO die Hälfte der in § 31 BRAGO bestimmten Gebühren erhält. *Gross*[194] weist mit Recht darauf hin, dass dem Hinweis auf die geringere Bedeutung des Verfahrens im Grenntlebenszeitraum gegenüber dem Verfahren im Verbund und dem Verfahren nach der Scheidung entgegenzuhalten sei, dass es im Allgemeinen nicht mehr zu einem zweiten Verfahren kommt, wenn während der Getrenntlebenszeit das Wohnungszuweisungsverfahren durchgeführt wurde; der Jahreswert sei bereits ein Wert, der im Interesse der Partei niedrig gehalten werde; er solle nicht noch mehr ermä-

---

[189] *Lappe* Rn. 63.
[190] Karlsruhe AnwBl. 1981, 404 = MDR 1981, 681; *Schneider/Herget* Rn. 5119.
[191] Brandenburg FamRZ 1996, 502 (Ls.); KG FamRZ 1987, 850; Zweibrücken KostRspr. HausratsVO § 21 Nr. 9.
[192] Bamberg FamRZ 1995, 560; Hamburg FamRZ 1991, 967; FamRZ 1997, 380; Hamm FamRZ 1989, 739; KG FamRZ 1988, 98; Köln FamRZ 1995, 562; München FamRZ 1988, 1187; Schleswig FamRZ 1991, 82.
[193] JurBüro 1988, 230; ebenso *Lappe* Rn. 66.
[194] Rn. 125.

VII. Geschäfts- bzw. Streitwert bei d. Regelung der Rechtsverhältnisse an d. Ehewohnung

ßigt werden; zurecht werde auf die Parallele zum Getrenntlebensunterhalt hingewiesen, auch der Getrenntlebensunterhalt werde nicht unter den Jahreswert gekürzt, eben weil der Jahresbetrag schon eine Kürzung sei.

Beim Verbund sind im Rahmen des § 12 Abs. 1 GKG, § 3 ZPO die Wertungen des § 21 Abs. 3 HausratsVO heranzuziehen.[195] Es bleibt somit beim Jahresbetrag.

Wird unzulässigerweise die **Übertragung des Miteigentumsanteils** begehrt, so bestimmt dieser den Streitwert.[196]

Der Wert eines Fristverlängerungsantrags nach § 17 HausratsVO ist regelmäßig niedriger als der einjährige Mietwert der Wohnung.[197] Anhaltpunkt kann der Zeitraum der begehrten Verlängerung sein.

2. Der Streit- bzw. Geschäftswert bezüglich des Hausrats

Der Geschäftswert bestimmt sich, so weit der Streit den Hausrat betrifft, nach dem **Wert des Hausrats**, § 21 Abs. 3 S. 1 HausratsVO. Es kommt somit auf den Verkehrswert, also den vermutlichen Verkaufserlös, nicht auf den Neuwert oder den Wiederbeschaffungs- bzw. Versicherungswert an.[198]

Streitig ist, ob sich der Wert nur aus dem beiden Parteien gemeinsam gehörenden Hausrat errechnet und Alleineigentum nur einzubeziehen ist, wenn insoweit eine Partei einen Antrag auf Verteilung gestellt hat, oder ob es darauf ankommt, hinsichtlich welcher Gegenstände die Parteien streiten[199], oder ob auf den gesamten Hausrat abzustellen ist.[200] Für letztere Ansicht (gesamter Hausrat) spricht, dass das Gericht nicht an die Anträge gebunden ist, sondern es den gesamten Hausrat, so weit er unter den Parteien noch nicht verteilt ist, zu erfassen und von sich aus eine gerechte und zweckmäßige Lösung zu finden hat.[201] Wenn § 21 Abs. 3 S. 1 HausratsVO in diesem Sinne zu verstehen ist, so findet nach dem Wortlaut eine Differenzierung zwischen gemeinsamen Eigentum und Alleineigentum nicht statt, wobei mit zu berücksichtigen ist, dass die richterliche Prüfung im Hinblick auf § 9 HausratsVO ohne besonderen Antrag einer Partei auch in Alleineigentum stehenden Hausrat miterfasst.[202]

Wenn aber ein Teil des Hausrats außer Streit steht (z. B. gemeinsamer Hausrat, der schon unstreitig aufgeteilt ist, oder einseitiger Hausrat, und insoweit kein Antrag nach § 9 Abs. 1 und 2 HausratsVO gestellt wird), so ist dieser Teil des Hausrats nicht mitzubewerten, denn insoweit ergeht keine Entscheidung des Gerichts. Allein der Umstand, dass bei der begehrten Scheidung zu berücksichtigen sein kann, dass diesen nicht im Streit befindlichen Hausrat schon der eine oder andere Ehegatte bekommen kann, än-

---

[195] Karlsruhe AnwBl. 1981, 404.
[196] Bamberg JurBüro 1979, 753 m. zust. Anm. *Mümmler* = KostRsp. HausratsVO § 21 Nr. 3 m. abl. Anm. *Lappe*; Schleswig SchlHA 1978, 145 = KostRsp. HausratsVO § 21 Nr. 2 m. abl. Anm. *Lappe*.
[197] Braunschweig OLGR 1994, 90. Der Anspruch gegen den geschiedenen Ehegatten auf Herausgabe des Hausgrundstücks, in dem sich früher die Ehewohnung befand, bemisst das OLG Köln (MDR 1999, 637) nicht nach dem Verkehrswert, sondern analog § 21 Abs. 3 HausrVO mit dem Jahresnutzungswert.
[198] München JurBüro 1979, 1542; Saarbrücken AnwBl. 1984, 372; *Schneider/Herget* Rn. 2340.
[199] Frankfurt JurBüro (4. Senat) 1984, 753.
[200] Frankfurt (3. Senat) JurBüro 1989, 1563; *Lappe* Rn. 34; *Mümmler* JurBüro 1982, 17 (23); *Schneider/Herget* Rn. 3239.
[201] BGHZ 18, 145.
[202] FA-FamR-*Müller-Rabe* Kap. 17, Rn. 94.

dert daran nichts;²⁰³ zu bewerten ist dann der gesamte restliche Hausrat, so weit er noch im Streit ist, also der Hausrat, der gemeinsam ist oder von dem behauptet wird, er sei gemeinsam, sowie das Alleineigentum, das der andere Ehegatte gem. § 9 Abs. 1 und 2 HausratsVO zugewiesen haben möchte.²⁰⁴

82   Betrifft der Streit im Wesentlichen nur die **Benutzung des Hausrats**, so ist gem. § 21 Abs. 3 S. 2 HausratsVO das Interesse der Beteiligten an der Regelung maßgebend. Anzusetzen ist ein Bruchteil (1/4 bis 1/2) des Verkehrswertes.²⁰⁵

3. Vergleich

83   Bei einem Vergleich der Parteien, dass die eine Partei den Hausrat behält und dafür der anderen als Ausgleich einen Betrag zahlt, stellt die Ausgleichszahlung keinen zusätzlichen Vergleichsgegenstand dar. Es macht nämlich keinen Unterschied, ob eine Partei den gesamten Hausrat behält und dafür der anderen eine Ausgleichszahlung gewährt oder die Parteien den Hausrat unter sich teilen. In beiden Fällen ist es nur der Hausrat, über den die Parteien sich verglichen haben.²⁰⁶

Sind Wohnung und/oder Hausrat bereits verteilt, dann hat die Erklärung, dass es dabei bleiben soll, nur deklaratorische Bedeutung; ein Streitwert ist nicht anzusetzen.²⁰⁷ Ein Streitwert ist nur dann anzusetzen, wenn ein Titulierungsinteresse besteht.²⁰⁸

4. Rechtsmittel

84   In erster Linie kommt es auf die vom Rechtsmittelführer begehrte Änderung an. Entscheidet das Gericht darüber hinaus zu seinen Gunsten, so ist dies mit zu berücksichtigen. Spricht das Gericht weniger zu, so reduziert sich der Wert des Rechtsmittels nicht.²⁰⁹

VIII. Der Streitwert für Ansprüche aus dem ehelichen Güterrecht

85   Ansprüche aus dem ehelichen Güterrecht sind solche, die sich aus den §§ 1363 bis 1561 BGB oder aus einem Ehevertrag ergeben. Ihre klageweise Durchsetzung kann erfolgen als isolierte Familiensache des § 621 Abs. 1 Nr. 8 ZPO oder als Folgesache gem. § 623 Abs. 1 ZPO im Scheidungsverbund. Hinsichtlich des Streitwertes ergeben sich keine Unterschiede.

---

²⁰³ BGHZ 18, 153; *Groß* Rn. 126.
²⁰⁴ Frankfurt JurBüro 1989, 1563; Nürnberg NJW-RR 1998, 420; Schleswig Rpfleger 1962, 425.
²⁰⁵ **1/4:** Düsseldorf JurBüro 1992, 53; Saarbrücken JurBüro 1986, 1557; **ca. 1/3:** Düsseldorf FamRZ 1988, 535; **zwischen 1/3 und 1/2:** Köln FamRZ 1989, 417.
²⁰⁶ KG JurBüro 1969, 1210.
²⁰⁷ OLG Saarbrücken Rpfleger 1980, 201.
²⁰⁸ Saarbrücken Rpfleger 1980, 201 (etwa ¹/₄ des Verkehrswertes); *Lappe* Rn. 499 (in aller Regel Obergrenze 5%).
²⁰⁹ FA-FamR-*Müller-Rabe* Kap. 17, Rn. 95.

VIII. Der Streitwert für Ansprüche aus dem ehelichen Güterrecht

1. Zugewinnausgleich

Der Zugewinnausgleich wird mit einer bezifferten Zahlungsklage geltend gemacht. Streitwert ist der geforderte Betrag. 86

Bei einer **Klage und Widerklage**, wenn also beide Ehegatten wechselseitig einen Ausgleichsanspruch geltend machen, ist umstritten, ob die Werte von Klage und Widerklage zu addieren sind oder lediglich der höhere Anspruch maßgebend ist. Der Ansicht, das Klage und Widerklage zu addieren sind, ist zuzustimmen[210]. Zwar betreffen Klage und Widerklage dann denselben Streitgegenstand, wenn die beiderseitigen Ansprüche einander ausschließen dergestalt, dass die Zuerkennung des einen Anspruchs notwendig die Aberkennung des anderen bedingt (sog. Identitäts-formel)[211]. Die Rechtsprechung macht aber von dem Zusammenrechnungsverbot des § 19 Abs. 1 GKG dann Ausnahmen, wenn bei wirtschaftlicher Betrachtungsweise der Inhalt – das Interesse – des Begehrens von Kläger und Beklagtem verschieden sind. Außerdem entsteht in einem solchen Fall für das Gericht Mehrarbeit. Denn der Streitstoff, der zu überprüfen ist, ist geringer, wenn nur eine Klage vorliegt, als wenn Klage und Widerklage vorliegen; im letzteren Falle möchte der Beklagte nicht nur nichts bezahlen, sondern meldet darüber hinaus eine eigene Gegenforderung an. 87

Dagegen erhöht es den Streitwert nicht, wenn der auf Ausgleichszahlung in Anspruch genommene Ehegatte Widerklage mit dem Antrag erhebt, den Kläger zur Auskunft zu verurteilen. Denn unabhängig von der Parteistellung geht der Zugewinnstreit auf die Bezifferung des Überschusses als Berechnungsgrundlage der Ausgleichszahlung. Auskunftsrechte, die beiden Ehegatten zustehen, dienen nur der Vorbereitung der Bezifferung.[212]

Ein Rechtsstreit über den Zugewinn wird häufig in Form der **Stufenklage** geführt. Insoweit s. oben Rn. 56–64.

Äußerst schwierig ist beim Zugewinn die Bestimmung des Gegenstandswertes, wenn die Prüfung des Ausgleichsanspruchs durch den Rechtsanwalt ergibt, dass ein solcher nicht besteht. 88

Beispiel: Die Ehefrau übergibt dem Anwalt umfangreiche Unterlagen mit der Bitte zu prüfen, ob ihr ein Zugewinnausgleichsanspruch zustehe. Die Prüfung dieser Unterlagen, die Stunden in Anspruch nimmt, ergibt, dass das Anfangsvermögen des Ehemannes infolge Zurechnungen gem. § 1374 Abs. 2 BGB höher ist als dessen Endvermögen, so dass ein Zugewinn nicht erzielt ist.

Der Gegenstandswert der Ratsgebühr des § 20 Abs. 2 S. 1 BRAGO bestimmt sich gem. § 8 Abs. 1 S. 2 BRAGO nach den für die Gerichtsgebühren geltenden Wertvorschriften. Als adäquates gerichtliches Verfahren wird die Stufenklage zur Geltendmachung des Zugewinnausgleichs durch die Ehefrau für den Fall der Scheidung angenommen wer-

---

[210] Bamberg FamRZ 1995, 412; Karlsruhe FamRZ 1998, 574; Köln (21. Senat) FamRZ 1997, 41; AGS 1994, 19; München FamRZ 1997, 41; *Groß* Rn. 158; *Lappe* Rn. 36; Anm. zu KostRsp. GKG § 19 Nr. 98; *Schneider/Herget* Rn. 2645, 2646, 5140; a. A. Düsseldorf FamRZ 1994, 640 (L); Koblenz KostRspr. § 19 GKG Nr. 98 m. abl. Anm. *Lappe*; Köln (14. Senat) FamRZ 1994, 641 = AGS 1994, 19; s. auch Bremen JurBüro 1999, 640 (Wird in einem im Verbundverfahren geschlossenen Vergleich neben dem anhängigen Zugewinnausgleich auch die Übertragung des Miteigentumsanteils eines Ehegatten an einem gemeinsamen Grundstück auf den anderen geregelt, so fällt für die Vereinbarung betreffend den Miteigentumsanteil ein übersteigender Vergleichswert an).
[211] RGZ 145, 166; BGHZ 43, 33.
[212] Zweibrücken JurBüro 1985, 1360 = KostRspr. GKG § 19 Nr. 104 m. zust. Anm. *Schneider* und abl. Anm. *Lappe*; *Schneider/Herget* Rn. 5141; a. A. *Groß* Rn. 158.

B. Streitwerte bzw. Gegenstands- oder Geschäftswerte

den können. Nach § 18 GKG ist nur einer der verbundenen Ansprüche – und zwar der höhere – maßgebend. Das wird in aller Regel der Leistungsanspruch sein. Beim unbezifferten Leistungsanspruch ist grundsätzlich von der Wertangabe des Klägers auszugehen. Dieser Wert wäre auch für die Ratsgebühr maßgebend. Wegen weiterer Einzelheiten s. oben Rn. 57.

Wie ist aber zu bewerten, wenn die Ehefrau auf Nachfragen des Anwalts erklärt, sie habe keinerlei Anhaltspunkte für die Höhe der von ihr erwarteten Ausgleichsforderung? Die Bewertung mit Null DM kann nicht richtig sein, denn das würde bei der vom Gegenstandswert abhängigen Gebühr des § 20 BRAGO bedeuten, dass der Anwalt mehrere Stunden umsonst gearbeitet hat. Den Ausgangswert mit 8000 DM gem. § 8 Abs. 2 S. 3 BRAGO der Rechnung zu Grunde zu legen, ist nicht möglich; denn der Abs. 2 des § 8 BRAGO kommt nur zum Zuge, wenn Abs. 1 nicht gegeben ist. § 8 Abs. 1 S. 2 BRAGO ist aber zutreffend, denn die Ausgleichsforderung und auch die Auskunft hierüber kann Gegenstand eines gerichtlichen Verfahrens sein. Hätte der Anwalt vor Beginn seiner Prüfung die Ehefrau gefragt, ob sie irgendwelche Vorstellungen über die Höhe ihres Anspruchs habe und wäre die Antwort nein gewesen, so hätte es nahegelegen, eine Honorarvereinbarung auf der Basis eines Stundenhonorars zu vereinbaren. Da das nicht geschehen ist, ein Gegenstandswert für die Ratsgebühr nicht zu bestimmen ist, kommt eine Anwendung der Gutachtergebühr des § 21 BRAGO über § 2 BRAGO in Betracht. Nach § 21 BRAGO erhält der Rechtsanwalt eine angemessene Gebühr, wobei § 12 BRAGO sinngemäß gilt, so dass die Gutachtergebühr vom Gegenstandswert unabhängig ist. Zwar liegt die Tatbestandsvoraussetzung „Ausarbeitung eines schriftlichen Gutachtens" nicht vor, deshalb nur sinngemäße Anwendung über § 2 BRAGO.

2. Vorzeitiger Ausgleich des Zugewinns

89 Die Klage auf vorzeitigen Ausgleich des Zugewinns (§§ 1385, 1386 BGB) ist eine Rechtsgestaltungsklage, denn nach § 1388 BGB tritt mit der Rechtskraft des Urteils Gütertrennung ein. Ihr Wert richtet sich gem. § 3 ZPO nach dem Interesse des klagenden Ehegatten an der vorzeitigen Auflösung der Zugewinngemeinschaft, nicht nach der Höhe der Ausgleichsforderung, die sich auf Grund erfolgreicher Klage ergibt. Der Streitwert ist in der Regel auf einen Betrag von einem Viertel des zu erwartenden Zugewinns festzusetzen,[213] er ist geringer anzusetzen, wenn bereits ein Scheidungsverfahrens anhängig und zu erwarten ist, dass die Ehe ohnehin in absehbarer Zeit aufgelöst wird.[214] Klagt der Kläger vorzeitigen Zugewinnausgleich ein und zugleich auf Zahlung der Ausgleichsforderung, so liegen mehrere selbstständige Streitgegenstände vor, deren Wert zusammenzurechnen ist, denn es besteht kein Stufenverhältnis nach § 254 ZPO, § 18 GKG.[215]

Beispiel: Wird geklagt mit den Anträgen 1. den Zugewinn vorzeitig auszugleichen, 2. in Form der Stufenklage, in der der Zugewinn mit 40 000 DM beziffert wird, so beträgt der Wert für den Antrag zu 1. $^{3}/_{4}$ aus 40 000 DM = 10 000 DM und für den Antrag zu 2. 40 000 DM, zusammen 50 000 DM.

---

[213] BGHZ FamRZ 1973, 133.
[214] BGH JurBüro 1973, 213 = MDR 1973, 393 = NJW 1973, 369 = Rpfleger 1973, 89.
[215] Nürnberg JurBüro 1998, 262; *Schneider/Herget* Rn. 2859.

VIII. Der Streitwert für Ansprüche aus dem ehelichen Güterrecht

Der Streitwert einer auf **Sicherstellung des zukünftigen Zugewinnausgleichs** gerichteten Klage (§ 1389 BGB) entspricht in der Regel der Höhe der geforderten Sicherheitsleistung.[216]

3. Stundung der Ausgleichsforderung; Übertragung von Vermögensgegenständen

Nach § 1382 BGB kann das Familiengericht eine Ausgleichsforderung stunden; nach 90
§ 1383 BGB kann es anordnen, dass der Schuldner bestimmte Gegenstände seines Vermögens dem Gläubiger unter Anrechnung auf die Ausgleichsforderung zu übertragen hat. Während eines Rechtsstreits über die Ausgleichsforderung können Anträge aus §§ 1382, 1383 BGB nur in diesem Verfahren gestellt werden. Sie sind dann nicht gesondert zu bewerten.[217] Werden die Ansprüche als selbstständige Familiensachen geltend gemacht gem. § 621 Abs. 1 Nr. 8 ZPO, dann richtet sich der Geschäftswert nach § 97 Abs. 1 S. 1, Abs. 2 i.V.m. § 30 KostO. Der **Wert der Stundung** ergibt sich aus dem Interesse des Antragstellers am Zahlungsaufschub und ist gem. § 3 ZPO zu schätzen. Die Dauer der Stundung und die Höhe der Verzinsung sind die Bewertungskriterien. Das Interesse ist in Höhe eines Bruchteils der Forderung anzusetzen und zwar wie bei einer Ratenzahlungsvereinbarung mit 1/5 bis 1/6.[218] Die Sicherheitsleistung (§ 1382 Abs. 3 BGB) bewertet man üblicherweise zusätzlich mit 10 %.[219] Da ein bestimmter Antrag nicht gestellt zu werden braucht, bestimmt das Ergebnis den Streitwert. Liegt ein weitergehender Antrag vor, so können Anwalts- und Gerichtsgebührenwert verschieden sein.[220]

Wie der Wert des Antrags auf **Übertragung bestimmter Vermögensgegenstände** 91
unter Anrechnung auf den Zugewinnausgleich (§ 1383 BGB) zu bestimmen ist, ist umstritten. Nach § 1383 Abs. 2 BGB muss der Gläubiger die Gegenstände, deren Übertragung er begehrt, in dem Antrag bezeichnen. Daher wird vertreten, dass gem. § 6 ZPO der Verkehrswert der zu übertragenden Sachen als Wert anzunehmen ist.[221] Richtiger ist auf die Erfüllungswirkung abzustellen, d. h. in welcher bezifferten Höhe der Ausgleichsanspruch durch die Übertragung erledigt wird. Denn das Gericht muss gem. § 1383 Abs. 1 BGB in der Entscheidung den Betrag festsetzen, der auf die Ausgleichsforderung angerechnet wird. Dieser Betrag wird sich nur selten mit dem Verkehrswert des zu übertragenden Gegenstandes decken. Dann aber wäre es widersprüchlich, auf den Verkehrswert abzustellen.[222]

So weit im Scheidungsverbundverfahren nicht die Folgesache Zugewinnausgleich anhängig ist, sondern nur die Anträge aus §§ 1382, 1383 BGB in den Scheidungsverbund gelangen, ist ihr Wert dem des Scheidungsverfahrens hinzuzurechnen.

---

[216] München JurBüro 1977, 721, wonach ein niedrigerer Wert in Betracht kommt, wenn die verlangte Sicherheit höher sein sollte als der vermutliche Ausgleichsanspruch.
[217] Frankfurt KostRspr. § 6 ZPO 125; a. A. *Schneider/Herget* Rn. 1872a.
[218] Karlsruhe KostRspr. § 3 ZPO Nr. 55; *Groß* Rn. 100; *Lappe* Rn. 37.
[219] *Lappe* Rn. 37.
[220] *Lappe* Rn. 37.
[221] Frankfurt KostRspr. ZPO § 6 Nr. 125 m. Anm. *Schneider* und *Lappe* = JurBüro 1989, 1735.
[222] *Schneider/Herget* Rn. 1872; *Anders/Gehle* „Folgesachen" Rn. 33.

4. Zustimmungsverfahren; Änderung des Güterstandes

92 **Zustimmung zu Verfügung.** Bei der Zugewinngemeinschaft bedarf es der Zustimmung des anderen Ehegatten, wenn ein Ehegatte über das Vermögen im Ganzen verfügen will (§§ 1365 ff. BGB), ebenso bei der Verfügung über Haushaltsgegenstände (§ 1369 BGB). Da es sich bei diesen Verfahren um solche i. S. v. § 97 Abs. 1 Nr. 1 KostO handelt, beträgt der Geschäftswert regelmäßig 5000 DM, §§ 30 Abs. 2 S. 1, 97 Abs. 2 KostO. Nach § 30 Abs. 2 S. 2 KostO kann er „nach Lage des Falles niedriger oder höher" sein. Wenn z. B. ein Ehegatte die Zustimmung zur Verfügung des Vermögens im Ganzen verweigert, so liegt oft der Grund darin, dass das Vermögen des anderen erhalten bleiben soll, um etwaige eigene Ansprüche realisieren zu können. Dann aber ist es gerechtfertigt, von der Höhe dieser Ansprüche bei der Bestimmung des Geschäftswertes auszugehen.[223]

93 **Änderung des Güterstandes.** Vereinbaren die Parteien in einem Vergleich, dass statt der bisherigen Zugewinngemeinschaft künftig die Gütertrennung gelten soll und verzichten sie zugleich beiderseits auf Zugewinnausgleichsansprüche, so ist zu unterscheiden:

Bestehen tatsächlich Zugewinnausgleichsansprüche, auf die verzichtet wird, gilt der Wert des Ausgleichsanspruchs. Besteht das Interesse der Parteien nur in der Regelung vorhandener oder zukünftig noch entstehender Zugewinnausgleichsansprüche ohne Rücksicht auf deren Höhe, ist von einem Bruchteil des beiderseitigen Vermögens auszugehen.[224]

5. Gütergemeinschaft

94 Der Wert der Klage auf **Aufhebung der Gütergemeinschaft** gem. §§ 1497 ff., 1469 BGB ist nach dem Interesse des Klägers an der Aufhebung des Güterstandes nach § 3 ZPO zu bemessen, da die Klage nur der Vorbereitung der Auseinandersetzung dient.[225]

Der Wert der **Auseinandersetzung gem. §§ 1471 ff. BGB** ergibt sich aus dem auf den Ehegatten bei der Teilung entfallenden Teil des Gesamtguts (§ 3 ZPO).[226]

Für **gerichtliche Zustimmungen** (§§ 1426, 1430, 1452, 1458 BGB) beträgt der Wert im Regelfall 5000 DM gem. § 97 Abs. 1 Nr. 1, Abs. 2, § 30 Abs. 2 KostO.[227]

---

[223] Vgl. Bay. ObOLG Ez FamR aktuell 1994, 359.
[224] München FamRZ 1986, 828 (1/10 des beiderseitigen Vermögens).
[225] BGH JurBüro 1973, 121 = NJW 1973, 50 = Rpfleger 1973, 14; Hälfte des Klägers am Gesamtgut; a. A. Koblenz KostRspr. § 3 ZPO Nr. 327 (1/10 des Aktivvermögens). München KostRspr. § 3 ZPO Nr. 72 (1/10 des Gesamtguts).
[226] BGH NJW 1975, 1415.
[227] Nach § 39 Abs. 1 des Familiengesetzbuches der ehm. DDR ist bei Beendigung der Ehe das gemeinschaftliche Eigentum zu gleichen Anteilen zu teilen. Der Wert richtet sich nach dem Wert des zu verteilenden Vermögens. Brandenburg FamRZ 1999, 798.

IX. Bruchteilsgemeinschaft, gemeinsame Schulden

1. Bruchteilsgemeinschaft

Der Streitwert ist gem. § 3 ZPO zu schätzen. Maßgebend ist das Interesse des Klägers an der Verteilung und damit an dem von ihm begehrten Anteil.[228] Wird z. B. über die Auseinandersetzung von Miteigentum an einem gemeinschaftlichen Grundstück gestritten, so bestimmt sich der Wert nach dem Wert des Anteils, den der Kläger für sich in Anspruch nimmt.[229] 95

Geht es nicht um den begehrten Miteigentumsanteil, sondern nur um die Art der Teilung, ist das Interesse an der Art der Auseinandersetzung gem. § 3 ZPO zu schätzen.[230] Klagt ein Miteigentümer auf Unzulässigkeit der Zwangsvollstreckung im Wege der Teilungsversteigerung gem. § 180 ZVG, ist nur nach dem Interesse des Klägers an der Aufrechterhaltung des Miteigentums zu bewerten, nicht nach dem Wert des Anteils. Dieses Interesse ist mit einem Bruchteil des Grundstückswertes anzusetzen.[231]

2. Gemeinsame Schulden

Oft treffen Eheleute eine Vereinbarung, dass von den gemeinsamen Schulden ein Ehegatte sie übernimmt, den anderen im Innenverhältnis freistellt und außerdem verspricht zu versuchen, die Freistellung auch im Außenverhältnis zu erreichen. Streitig ist die Bewertung. Da die Ehegatten Gesamtschuldner sind und der Gläubiger jeden von ihnen auf die Gesamtforderung in Anspruch nehmen kann, wird die Ansicht vertreten, die gesamte Schuld bestimme den Wert.[232] Richtiger ist wie folgt zu unterscheiden: 96

Haben beide Parteien den Standpunkt vertreten, dass auf Grund irgendwelcher Umstände sich gem. § 426 BGB ergebe, dass jeweils die andere Partei 100% im Innenverhältnis tragen müsse, so ist der Wert 100%. Vertritt dagegen eine Partei den Standpunkt, die andere habe in Abweichung der Regel des § 426 BGB 100% der Schulden zu tragen und verneint dies die andere Partei, weil sie von 50% im Innenverhältnis ausgeht, so ist der Wert mit 50% der Schulden anzunehmen.[233] Wenn dagegen ein Ehegatte die Schulden des anderen übernimmt, für die er nicht Gesamtschuldner ist, ist der Wert der ganzen übernommenen Verbindlichkeit maßgebend.[234]

---

[228] Frankfurt JurBüro 1979, 1195; Zweibrücken Rpfleger 1969, 247.
[229] BGH NJW 1975, 1415; *Groß* Rn. 210.
[230] Zweibrücken Rpfleger 1969, 247; **a. A.** Schleswig SchlHA 1979, 57 (Wert des Anteils für den Fall der Gütergemeinschaft).
[231] BGH KostRsp. § 3 ZPO Nr. 1032 (1/10).
[232] Karlsruhe AnwBl. 1974, 394.
[233] Hamburg JurBüro 1980, 279; Schleswig SchlHA 1983, 143, *Lappe* Rn. 504. Vgl. auch *Groß* Rn. 208, die differenziert: „Zum einen ist auf das Innenverhältnis, ob er nämlich im Fall der Inanspruchnahme einen hälftigen, einen vollen oder gar keinen Freistellungsanspruch gegen die andere Partei hat; auf das Außenverhältnis (wie groß ist die Wahrscheinlichkeit, dass er ganz oder teilweise vom Gläubiger in Anspruch genommen wird), und schließlich kommt es noch darauf an, wie groß im Falle der Inanspruchnahme durch den Gläubiger seine Chance ist, Erstattungsansprüche zu realisieren. Demgemäß ist der Wert zu schätzen (§ 3 ZPO). Die hälftige Bewertung darf nicht schematisch angewandt werden."
[234] *Groß* Rn 208.

X. Ausländisches Recht

1. Trennung und Scheidung nach italienischem Recht

97 Ist in Deutschland eine Ehe gem. Art. 14 EGBGB nach italienischem Recht zu scheiden, so ist das Verfahren in aller Regel zweistufig.[235] Zunächst ist richterlich die Trennung auszusprechen oder eine einverständliche Trennung richterlich zu bestätigen. Dann ist eine dreijährige Trennungszeit abzuwarten, ehe der eigentliche Scheidungsantrag gestellt werden kann. Das erste Verfahren, das die Trennung von Tisch und Bett zum Gegenstand hat, ist gemäß § 12 Abs. 2 S. 2 GKG zu bewerten. Streitig ist, ob der volle für das Scheidungsverfahren maßgebliche Wert anzusetzen ist[236] oder nur die Hälfte.[237]

Geht mit dem Trennungsverfahren nach Italienischem Recht eine Sorgerechtssache einher, so wird verfahrensrechtlich von einem Verbund ausgegangen. Die Sorgerechtssache wird wie eine Folgesache behandelt, nicht wie eine eigenständige FG-Sache.[238]

2. Verfahren auf Anerkennung einer ausländischen Entscheidung in Ehesachen

98 Das Verfahren auf Anerkennung einer ausländischen Entscheidung in Ehesachen nach Art. 7 § 1 FamRÄndG ist eine nicht vermögensrechtliche Angelegenheit. Der Gegenstandswert bestimmt sich nach denselben Grundsätzen wie im Scheidungsverfahren.[239]

3. Verfahren auf Vollstreckbarerklärung eines ausländischen Urteils

99 Der Streitwert ist gem. § 17 Abs. 1 GKG zu berechnen. Rückstände aus der Zeit zwischen dem Erlass des ausländischen Urteils und dem Beginn des Verfahrens auf Vollstreckbarkeiterklärung sind in diesem Wert nicht hinzuzurechnen.[240]

XI. Streitwerte in Eilverfahren – einstweilige und vorläufige Anordnung, Arrest und einstweilige Verfügung

1. Einstweilige Anordnungen in Ehesachen

100 In Ehesachen kann das Gericht gem. § 620 ZPO im Wege der einstweiligen Anordnung auf Antrag regeln: 1. Die elterliche Sorge für ein gemeinschaftliches Kind, 2. den Umgang eines Elternteils mit dem Kinde, 3. die Herausgabe des Kindes an den anderen Elternteil, 4. die Unterhaltspflicht gegenüber einem minderjährigen Kinde, 5. das Getrenntleben der Ehegatten, 6. den Unterhalt eines Ehegatten, 7. die Benutzung der

---

[235] Zusammenfassend *Krause* AGS 1999, 138.
[236] Karlsruhe (16. Senat) FamRZ 1999, 605.
[237] Karlsruhe (2. Senat) AGS 1999, 136.
[238] Karlsruhe AGS 1999, 137.
[239] Bay ObLG FamRZ 1999, 604 = NJW-RR 1999, 1375.
[240] Zweibrücken KostRsp. GKG § 17 Nr. 83 = JurBüro 1986, 1404; KostRsp GKG § 17 Nr. 121; *Schneider/Herget* Rn. 3947.

XI. Streitwerte in Eilverfahren

Ehewohnung und des Hausrats, 8. die Herausgabe oder Benutzung der zum persönlichen Gebrauch eines Ehegatten oder eines Kindes bestimmten Sachen und 9. die Verpflichtung zur Leistung eines Kostenvorschusses für die Ehesache und die Folgesachen.

a) Elterliche Sorge, § 620 Nr. 1 ZPO

Gem. § 8 Abs. 2 S. 3 BRAGO ist von einem Wert von 1000 DM auszugehen. Dieser Ausgangswert kann im Einzelfall höher angesetzt werden, darf aber nicht unterschritten werden. Denn die frühere Herabsetzung des Ausgangswertes von 1000 DM bis auf 300 DM (§ 8 Abs. 2 S. 2 BRAGO a. F.) ist beseitigt. Im Gegenteil ist davon auszugehen, dass der Ausgangswert als Mindestwert nur in finanziell, rechtlich und tatsächlich ungewöhnlich schlichten Fällen in Betracht kommt.[241] Er ist in der Regel höher festzusetzen, wenn der Streitwert der Ehesache über dem Mindeststreitwert von 4000 DM liegt. Schon früher hatte die Rechtsprechung die Regelung der elterlichen Sorge im Anordnungsverfahren mit 1500 DM bewertet.[242] Nach § 19a Abs. 1 S. 2 GKG ist eine Scheidungsfolgesache nach § 623 Abs. 1, 4, § 621 Abs. 1 Nr. 1, 2 oder 3 ZPO auch dann als ein Gegenstand zu bewerten, wenn sie mehrere Kinder betrifft. Streitig ist auch hier, ob wegen der Mehrzahl der Kinder der Wert stets oder nur bei Mehrarbeit zu erhöhen ist, siehe oben Rn. 31.

101

Für das Beschwerdeverfahren gem. § 620c ZPO ist § 8 Abs. 2 S. 3 BRAGO entsprechend anzuwenden.[243] Wird wegen verschiedener Entscheidungen Beschwerde eingelegt, erhält jedes Beschwerdeverfahren einen gesonderten Wert.[244]

b) Regelung des Umgangs eines Elternteils mit dem Kind, § 620 Nr. 2 ZPO

Auch hier gilt § 8 Abs. 2 S. 3 BRAGO, also der Ausgangswert von 1000 DM, sowie § 19a Abs. 1 S. 2 GKG. Ob wegen mehrerer Kinder der Wert stets oder nur bei Mehrarbeit zu erhöhen ist, ist auch hier streitig, s. oben Rn. 31.

102

c) Herausgabe des Kindes an einen Elternteil, § 620 Nr. 3 ZPO

Auch hier gilt wie vorstehend die Regelung nach § 8 Abs. 2 S. 3 BRAGO, § 19a Abs. 1 S. 2 GKG. Nach *Schneider/Herget*[245] sollte der Ausgangswert nicht einmal in ganz einfachen Fällen als Mindestwert angesetzt werden.

103

d) Unterhaltpflicht gegenüber einem minderjährigen Kind, § 620 Nr. 4 ZPO

Gem. § 20 Abs. 2 S. 1 GKG wird der Wert nach dem **sechsmonatigen Bezug** berechnet. § 20 Abs. 2 GKG erwähnt **Rückstände** nicht, weil Unterhaltsansprüche nach § 620 Abs. 1 Nr. 4 ZPO nur für die Zukunft, somit ab dem Zeitpunkt der Antragstellung verlangt werden können. Werden Rückstände gleichwohl geltend gemacht, so müssen sie zusätzlich gem. § 17 Abs. 4 GKG bewertet werden, denn im Streitwertrecht sind immer

104

---

[241] *Groß* Rn. 226; *Schneider/Herget* Rn. 1271.
[242] Celle AnwBl. 1973, 42; Düsseldorf JurBüro 1972, 626; Frankfurt AnwBl. 1974, 49.
[243] *Lappe* Rn. 91; *Schneider/Herget* Rn. 1272–1274.
[244] *Lappe* Rn. 91.
[245] Rn. 1281 „Die Herausgabe eines Kindes ist familiensoziologisch und aus der Sicht der Eltern, auf deren Interesse maßgeblich abgestellt werden muss, so gewichtig und einschneidend, dass auch das Bemühen, die Kosten gering zu halten, angemessene Grenzwerte respektieren muss. Angesichts dessen erscheint im Regelfall eine Bewertung mit 2000 DM für die einstweilige Anordnung auf Herausgabe eines Kindes als die grundsätzlich niedrigste vertretbare Bewertung."

e) Getrenntleben der Ehegatten, § 620 Nr. 5 ZPO

105 Auch hier gilt gem. § 8 Abs. 2 S. 3 BRAGO entsprechend der Ausgangswert von 1000 DM. Umfang, Bedeutung der Sache und die Vermögens- und Einkommensverhältnisse der Parteien können eine Erhöhung des Ausgangswertes rechtfertigen. Dazu wird selten Anlass bestehen, denn die Praxis zeigt, dass diese Anordnung in aller Regel komplikationslos und schnell getroffen werden kann.[247] Wie die Klage auf Getrenntleben spielt auch die entsprechende einstweilige Anordnung in der Praxis kaum noch eine Rolle.

f) Unterhalt eines Ehegatten, § 620 Nr. 6 ZPO

106 Nach § 20 Abs. 2 S. 1 GKG ist der Wert für sechs Monate anzusetzen. Dabei bleibt es auch, wenn der Ehestreit vor Ablauf eines halben Jahres beendet wird, weil nach § 4 ZPO, § 15 GKG auf den Zeitpunkt des Eingangs des Antrags abzustellen ist.[248] Teilleistungen, die der Unterhaltsschuldner freiwillig entrichtet, sind nicht abzuziehen, weil der Berechtigte bei uneingeschränkter Antragstellung auch insoweit einen vollstreckbaren Titel erstrebt.[249] Nur wenn wegen der freiwillig gezahlten Beträge keine Titulierung beantragt wird, ist der geforderte Mehrbetrag wertbestimmend.[250] Wegen der Rückstände s. vorstehend Rn. 104.

g) Benutzung der Ehewohnung und des Hausrats, § 620 Nr. 7 ZPO

107 Gemäß § 20 Abs. 2 S. 2 GKG bestimmt sich der Wert, so weit die Benutzung der Ehewohnung zu regeln ist, nach dem dreimonatigen Mietwert, so weit die Benutzung des Hausrats zu regeln ist, nach § 3 ZPO. Auszugehen ist vom gegenwärtigen Verkehrswert. Für das Anordnungsverfahren ist nur ein Bruchteil des Wertes anzunehmen, der im Hausratsverfahren selbst anzunehmen ist, etwa 1/5 bis 1/4. Bei der Schätzung gem. § 3 ZPO sollte das Gericht von den Wertangaben der Parteien ausgehen, da umständliche Ermittlungen sich schwerlich lohnen.[251]

h) Herausgabe oder Benutzung der zum persönlichen Gebrauch eines Ehegatten oder eines Kindes bestimmten Sachen, § 620 Nr. 8 ZPO

108 Für eine einstweilige Anordnung nach § 620 Abs. 1 Nr. 8 ZPO fehlt eine Wertvorschrift. Der Wert ist daher gem. § 12 Abs. 1 GKG, §§ 3 und 6 ZPO zu bewerten.

Bei Herausgabe ist der Verkehrswert maßgebend. Bei der Benutzung muss das Interesse daran geschätzt werden, etwa auf 25 % des Verkehrswertes.

---

[246] *Schneider/Herget* Rn. 1287; Düsseldorf AnwBl. 1982, 435; Saarbrücken KostRsp. GKG § 20 Nr. 39.
[247] *Schneider/Herget* Rn. 1292.
[248] Hamm JurBüro 1982, 105; Köln JurBüro 1993, 164; *Schneider/Herget* Rn. 1283.
[249] KG Rpfleger 1982, 118; Vgl. auch Köln JurBüro 1972, 264 = MDR 1972, 421.
[250] Vgl. oben Rn. 52.
[251] *Schneider/Herget* Rn. 1300.

XI. Streitwerte in Eilverfahren

i) Prozesskostenvorschuss für die Ehesache und Folgesachen, § 620 Nr. 9 ZPO

Wird der Prozesskostenvorschuss nach § 1360a Abs. 4 BGB mit einer einstweiligen Anordnung gem. § 620 Nr. 9 ZPO geltend gemacht, so ist für den Streitwert maßgebend der geltend gemachte Betrag. Eine solche Anordnung hat in der Regel endgültigen Charakter; ein Hauptsacheverfahren wird meistens nicht durchgeführt. Deshalb wird der Streitwert nicht gemindert unter dem Aspekt, dass nur eine vorläufige Regelung getroffen wird. 109

In aller Regel werden drei volle RA-Gebühren nebst Auslagenpauschale und Umsatzsteuer zugesprochen zuzüglich der zu zahlende Gerichtskostenvorschuss für das beabsichtigte Verfahren. In die Antragstellung sollten gleich aufgenommen werden die Gebühren des Prozesskostenvorschussverfahrens.

2. Einstweilige Anordnungen in isolierten Familiensachen

a) Einstweilige Anordnung in Unterhaltssachen, § 644 ZPO

Ist eine Klage nach § 621 Abs. 1 Nr. 4 (durch Verwandtschaft begründete gesetzliche Unterhaltspflicht), Nr. 5 (durch ehebegründete gesetzliche Unterhaltspflicht) oder Nr. 11 (Ansprüche nach den §§ 1615 l, 1615 m BGB) anhängig oder ist ein Antrag auf Bewilligung von Prozesskostenhilfe für eine solche Klage eingereicht, kann gem. § 644 ZPO das Gericht den Unterhalt auf Antrag durch einstweilige Anordnung regeln. Die §§ 620a bis 620g gelten entsprechend. Auch diese Verfahren gelten gegenüber dem Klageverfahren als besondere Angelegenheit. Ihr Wert richtet sich gem. § 20 Abs. 2 S. 1 GKG nach dem sechsmonatigen Bezug. Im Übrigen gilt alles, was vorstehend unter Rn. 104 und 106 ausgeführt ist. 110

b) Prozesskostenvorschuss in Unterhaltssachen, § 127a ZPO

§ 620 Nr. 9 ZPO regelt die Verpflichtung zur Leistung eines Prozesskostenvorschusses für die Ehesache und die Folgesachen. § 621f ZPO regelt die einstweilige Anordnung über einen Kostenvorschuss in den Familiensachen des § 621 Abs. 1 Nr. 1–3, 6–9 ZPO. Dagegen erfasst § 127a ZPO den Bereich, der in den vorstehend zitierten Sondervorschriften nicht geregelt ist, also den Prozeßkostenvorschuß für die selbstständigen Familiensachen des § 621 Abs. 1 Nr. 4 und 5 ZPO, weil eine einstweilige Anordnung nach § 620 Nr. 9 ZPO wegen Nichtanhängigkeit der Ehesache nicht möglich ist. Streitwert ist der Betrag des begehrten Prozesskostenvorschusses. 111

c) Einstweilige Anordnung über Kostenvorschuss, § 621f ZPO

Gem. § 621f ZPO kann das Gericht in einer selbstständigen Familiensache des § 621 Abs. 1 Nr. 1 (Regelung der elterlichen Sorge), Nr. 2 (Regelung des persönlichen Umgangs), Nr. 3 (Herausgabe des Kindes), Nr. 6 (Versorgungsausgleich), Nr. 7 (Rechtsverhältnisse an der ehelichen Wohnung und am Hausrat), Nr. 8 (Ansprüche aus dem ehelichen Güterrecht) und Nr. 9 (Verfahren nach §§ 1382 und 1383 BGB) auf Antrag durch einstweilige Anordnung die Verpflichtung zur Leistung eines Kostenvorschusses für jedes dieser Verfahren regeln. Die einstweilige Anordnung ist gegenüber dem Verfahren eine eigene Angelegenheit mit eigenem Wert und löst gesonderte Gebühren aus. Der Streitwert ist der geforderte Vorschuss. 112

B. Streitwerte bzw. Gegenstands- oder Geschäftswerte

d) Unterhalt für Mutter und Kind während des Rechtsstreits auf Feststellung des Bestehens der Vaterschaft, § 641d ZPO

113 In einem Rechtsstreit auf Feststellung des Bestehens der Vaterschaft, § 1600d BGB, also bei nichtehelicher Kindschaft, kann der laufende Unterhalt des Kindes und der Unterhalt der Mutter durch einstweilige Anordnung vorläufig gesichert werden. Nach § 641d Abs. 4 ZPO gelten die entstehenden Kosten als Teile der Hauptsache. Das bedeutet aber nicht, dass das Verfahren für die Rechtsanwaltsgebühren keine besondere Angelegenheit sei. Den beteiligten Rechtsanwälten stehen die Gebühren der §§ 31ff. BRAGO vielmehr zusätzlich zu denen des Hauptsacheverfahrens zu. Der Wert wird gem. § 20 Abs. 2 S. 1 GKG nach dem sechsmonatigen Bezug berechnet.

3. Vorläufige Anordnungen in selbstständigen Familiensachen

114 Für selbstständige Familiensachen, deren Verfahren sich nach dem FGG richten, kennt das Gesetz nur die einstweilige Anordnung für das Hausratsverfahren, § 13 Abs. 4 HausratsVO. Für die anderen Verfahren hat die Rechtsprechung das Institut der sog. vorläufigen Anordnung (bewusst nicht als einstweilige Anordnung bezeichnet) entwickelt. Die vorläufigen Anordnungsverfahren sind in § 41 BRAGO nicht genannt. Die Rechtsprechung lehnt eine entsprechende Anwendung ab. Daraus folgt, die vorläufigen Anordnungsverfahren sind gebührenrechtlich keine besonderen Angelegenheiten. Sie haben **keinen eigenen Streitwert**. Die Tätigkeit des Rechtsanwalts wird durch die Gebühren des Hauptsacheverfahrens mitabgegolten.[252] Da im Hauptsacheverfahren die Rahmengebühren des § 118 BRAGO anfallen, kann der Erlass einer vorläufigen Anordnung gem. § 12 Abs. 1 BRAGO (Umfang der anwaltlichen Tätigkeit) durch Bestimmung eines höheren Gebührensatzes innerhalb des Gebührenrahmens Berücksichtigung finden. Wem eine Erhöhung über § 12 Abs. 1 BRAGO nicht genügt, der muss durch eine Honorarvereinbarung, die den Anforderungen des § 3 BRAGO genügt, einen Anspruch auf eine gesonderte Vergütung begründen.

Vorläufige Anordnungen müssen jedoch dann bewertet werden, wenn nicht im Hauptverfahren, sondern nur im Verfahren der vorläufigen Anordnung eine Verhandlung oder Beweisaufnahme bzw. ein Rechtsmittel stattfindet. Der Wert bestimmt sich dann nach § 8 Abs. 2 S. 2 BRAGO, da es für das FG-Verfahren an einer dem § 20 GKG entsprechenden Vorschrift fehlt. Die Wertungen des § 20 Abs. 1 und 2 GKG und des § 8 Abs. 2 S. 3 BRAGO sind jedoch heranzuziehen. Nach diesen Bewertungsregeln ist der Wert mit einem Bruchteil, im Regelfall 1/4 des Wertes der Hauptsache anzunehmen.[253]

4. Arrest und einstweilige Verfügung

115 So weit nicht durch die Sondervorschriften der §§ 127a, 620, 621f, 651d und 644 ZPO Arreste und einstweilige Verfügungen ausgeschlossen sind, sind beide auch in Familiensachen möglich.

In Verfahren über den Antrag auf Anordnung, Abänderung oder Aufhebung eines Arrestes oder einer einstweiligen Verfügung bestimmt sich gem. § 20 Abs. 2 GKG der Wert nach § 3 ZPO. Maßgebend ist das Interesse des Antragstellers im Zeitpunkt der

---

[252] Nachweise s. *Gerold/Schmidt-von Eicken* § 41 Rn. 23.
[253] Bamberg JurBüro 1988, 1008; *Lappe* Rn. 19; FA-FamR-*Müller-Rabe* Rn. 41.

Antragstellung an der einstweiligen Regelung. Der Wert liegt deshalb im Allgemeinen nicht unerheblich unter dem Wert der Hauptsache. Meistens wird 1/3 bis 1/2 des Hauptsachewertes angenommen. Der Streitwert nähert sich dem Wert der Hauptsache oder kommt ihm gleich, wenn
a) die einstweilige Verfügung praktisch die Durchsetzung des Hauptanspruches bedeutet,
b) ohne die einstweilige Verfügung die Durchsetzung des Hauptanspruchs mehr oder minder aussichtslos wird.[254]

5. Rechtsmittel in Eilverfahren

Entscheidungen in einstweiligen Anordnungsverfahren sind nur ausnahmsweise mit der Beschwerde anfechtbar (§§ 620c S. 1, 620f Abs. 1 S. 3, 641d Abs. 3 S. 1 ZPO). Der **Wert des Beschwerdegegenstandes** ist nicht stets der gleiche wie der des Eilverfahrens als Hauptverfahren. Im Allgemeinen richtet er sich nach dem Wert der angefochtenen Entscheidung oder des angefochtenen Teils der Entscheidung. Beschwerden gegen mehrere getrennte einstweilige Anordnungen sind mehrere Beschwerdeverfahren, so dass jeweils gesondert die Beschwerdegebühren des § 61 BRAGO anfallen.

Gegen eine vorläufige Anordnung ist ebenfalls das Rechtsmittel der Beschwerde gegeben. Das Beschwerdeverfahren ist gegenüber dem erstinstanzlichen Verfahren eine besondere Angelegenheit (§ 13 Abs. 2 S. 2 BRAGO), so dass für das Beschwerdeverfahren die Gebühren gem. § 118 Abs. 1 BRAGO erneut anfallen. Für das Beschwerdeverfahren gegen die einstweilige Anordnung gem. § 13 Abs. 4 HausratsVO beträgt gem. § 63 Abs. 2 und 3 i. Verb. m. § 31 BRAGO die Beschwerdegebühr 5/10.

116

---

[254] S. *Madert* Gegenstandswert Rn. 87 für Arrest und Rn. 185 für einstweilige Verfügung.

C. Gebühren Verbund

I. 1. Instanz

1. Leicht übersehene Gebühren

- § 31 Abs. 1 Nr. 1 BRAGO. Ganze Prozessgebühr für Antragsgegnervertreter, auch wenn er sich mit **Scheidung einverstanden** erklärt (s. unten Rn. 5).
- § 33 Abs. 1 S. 2 Nr. 3 BRAGO. Ganze Verhandlungsgebühr in Ehesachen auch bei **nicht streitiger Verhandlung** sowohl für RA des Antragstellers als auch für den des Antragsgegners s. unten Rn. 15.
- § 33 Abs. 1 S. 2 Nr. 3 BRAGO analog. Ganze Verhandlungsgebühr auch bei **einseitiger oder unstreitiger Besprechung** in einer FG-Sache s. unten Rn. 18.
- § 31 Abs. 1 Nr. 3 BRAGO i. V. m. § 613 Abs. 1 S. 1 ZPO. Beweisgebühr bei **Anhörung zur Ehesache** s. unten Rn. 19.
- § 31 BRAGO und nicht § 61 Abs. 3 BRAGO. Volle, nicht nur halbe Gebühren in **Wohnungs- und Hausratssachen** s. unten Rn. 13.
- § 32 Abs. 2 BRAGO. Für den Antrag, eine **Einigung** (muss kein Vergleich sein) über eine **endgültige Regelung**, die einen nicht anhängigen Gegenstand betrifft, gerichtlich zu protokollieren, entsteht eine halbe Prozessgebühr. Eine halbe Gebühr (gemäß § 32 Abs. 1 BRAGO) fällt sogar dann an, wenn es nicht zu einer Einigung oder einem Antrag kommt, wenn der RA nur auftragsgemäß in dieser Richtung tätig geworden ist s. Kap. F (Rn. 31 ff., 36 ff.).
- § 41 Abs. 1 S. 1 BRAGO. Bei **Anträgen** auf **vorläufige Regelung** i. S. v. § 620 ZPO innerhalb des Verbundverfahrens fallen Gebühren neu an (s. Kap. F Rn. 4).
- § 41 Abs. 2 BRAGO. Bei einer **Einigung** (muß kein Vergleich sein) über eine **vorläufige Regelung** entsteht eine halbe Prozeßgebühr, wenn für den Gegenstand der Vereinbarung kein Antrag auf Erlaß einer einstweiligen Anordnung gestellt war. Dasselbe gilt, wenn ein Antrag auf gerichtliche Protokollierung einer solchen Einigung gestellt wird. Eine halbe Gebühr fällt sogar dann an, wenn es nicht zu einer Einigung oder einem Antrag kommt, wenn der RA nur auftragsgemäß in dieser Richtung tätig geworden ist (s. Kap. F Rn. 27 ff.).

2. Berechnungsbeispiel

Antragsteller verlangt Scheidung (Wert 10 000 DM), 300 DM Unterhalt monatlich, 20 000 DM Zugewinn, 300 DM Versorgungsausgleich monatlich, Hausrat im Wert von 500 DM (Gesamtwert des Hausrats 1000 DM), Sorgerecht für zwei Kinder, was zu Mehrarbeit führt. Nach mündlicher Verhandlung zu allen Gegenständen, wobei zur Scheidung, zum Versorgungsausgleich und zum Sorgerecht unstreitig verhandelt wird, nach Anhörung gemäß § 613 Abs. 1 S. 1 und 2 ZPO und Beweisaufnahme zum Unterhalt schließen die Parteien einen Vergleich zum Zugewinnausgleich. Im Übrigen ergeht Urteil mit Gründen. Für den Versorgungsausgleich werden monatlich 200 DM zugesprochen.

C. Gebühren Verbund

Werte
Scheidung 10 000 DM (§ 12 Abs. 2 S. 1 und S. 2 GKG) s. Kap. B Rn. 13 ff.
Unterhalt 12 × 300 DM = 3 600 DM (§ 17 Abs. 1 S. 1 GKG) s. Kap. B Rn. 39 ff.
Zugewinn 20 000 DM (§ 3 ZPO) s. Kap. B Rn. 86 ff.
Versorgungsausgleich 12 × 200 DM = 2400 DM (§ 17a GKG) s. Kap. B Rn. 74 ff.
Hausrat 1000 DM (§ 21 Abs. 3 HausratsVO) s. Kap B Rn. 59
Sorgerecht 2500 DM (§ 12 Abs. 2 S. 3 GKG) s. Kap. B Rn. 29 ff.
Gesamt 39 500 DM

RA-Gebühren
§ 31 Abs. 1 Nr. 1 BRAGO 10/10 aus 39 500 DM
§§ 31 Abs. 1 Nr. 2, 33 Abs. 1 S. 2 Nr. 3[1] BRAGO 10/10 aus 39 500 DM
§ 31 Abs. 1 Nr. 3 BRAGO 10/10 aus 13 600 DM (Scheidung, Unterhalt, nicht Sorgerecht)
§ 23 Abs. 1 S. 3 BRAGO 10/10 aus 20 000 DM (Zugewinn)

Gerichtskosten
1 Verfahrensgebühr KV 1510 aus 39 500 DM
1 Urteilsgebühr KV 1516 aus 19 500 DM (alles ohne Zugewinn)

3. RA-Gebühren

a) Einheitliches ZPO-Verfahren

3   Familiensachen in isolierten Gerichtsverfahren sind bald ZPO-Sachen, bald FG-Sachen. Bei den ZPO-Sachen sind die §§ 31 ff. BRAGO, bei den FG-Sachen § 118 BRAGO einschlägig (s. Kap. D Rn. 3). § 31 Abs. 3 BRAGO bestimmt nun, dass, wenn mehrere Familiensachen im Verbundverfahren geregelt werden sollen, der **3. Abschnitt der BRAGO (§§ 31 ff. BRAGO) für das gesamte Verbundverfahren** (§ 623 ZPO), also auch für die Gegenstände, die an sich FG-Sachen sind, anzuwenden ist. Das gilt auch für Sachen nach der HausratsVO, weshalb bei diesen im Verbundverfahren nicht § 63 Abs. 3 BRAGO, sondern §§ 31 ff. BRAGO direkt gelten.[2] Gemäß § 7 Abs. 3 BRAGO gelten eine Scheidungssache und die Folgesachen insgesamt als eine **Angelegenheit**. Die Scheidung und jede Folgesache sind jeweils ein **Gegenstand**. Gemäß § 7 Abs. 2 BRAGO werden die Gegenstände addiert.

b) Anwendungsbereich

4   Wann ein Verbundverfahren vorliegt, ergibt sich aus § 623 ZPO. Dabei ist zu beachten, dass in den Fällen des § 623 Abs. 2 ZPO (Sorge- und Umgangsrecht, Kindesherausgabe) der Verbund auch dann eintritt, wenn nicht eine Entscheidung für den Fall der Scheidung beantragt wird.[3]

Streitig ist, ob für das Verfahren auf **Trennung nach italienischem Recht** die Vorschriften über den Verbund anzuwenden sind (s. auch Kap. B Rn. 97).[4]

---

[1] § 33 Abs. 1 S. 2 Nr. 3 BRAGO teils direkt (Scheidung), teils analog (FG-Sachen s. unten R. 18).
[2] *Gerold/Schmidt–von Eicken* § 63 Rn. 5.
[3] *Zöller-Philippi* § 623 Rn. 23 b.
[4] **Verneinend** Frankfurt FamRZ 1995, 375; München JurBüro 1993, 221; **bejahend** Karlsruhe FamRZ 1999, 1680 m.w.N.; *Zöller-Philippi* § 623 Rn. 3 m.w.N.

I. 1. Instanz

c) Prozessgebühr

aa) Scheidung

Eine volle Prozessgebühr gemäß § 31 Abs. 1 Nr. 1 BRAGO fällt unter anderem an, wenn der RA schriftlich einen Sachantrag gestellt hat. Erklärt der Prozessbevollmächtigte des Antragsgegners in einem vorbereitenden Schriftsatz, dass **Einverständnis mit der Scheidung** besteht und deshalb kein Antrag gestellt wird, so ist dies wie ein Sachantrag i. S. v. § 32 Abs. 1 BRAGO zu behandeln. Wenn schon die Rücknahme einer Klage die volle Gebühr entstehen lässt, so muss das auch für die Zustimmung zur Scheidung gelten.[5] Die bloße Erklärung, es werde zum Scheidungsantrag kein Gegenantrag gestellt, ohne die Erklärung, dass Einverständnis mit der Scheidung besteht, lässt jedoch keine volle Prozessgebühr entstehen.[6]

5

bb) Anhörung zur elterlichen Sorge gemäß § 613 Abs. 1 S. 2 ZPO

Die Problematik wird bei der Beweisgebühr erörtert (s. unten Rn. 19 ff.).

6

cc) Unterhalt

Vertritt ein RA mehrere Unterhaltsberechtigte, so erhöht sich die Prozessgebühr des § 31 Abs. 1 Nr. 1 BRAGO nicht gemäß § 6 Abs. 1 S. 2 BRAGO, da es sich zwar um eine Angelegenheit, aber nicht um einen Gegenstand handelt. Jeder Unterhaltsanpruch ist ein selbstständiger Gegenstand.[7]

7

dd) Amtsverfahren, insbes. VA

Einleitung des Verfahrens. Grundsätze. Im Amtsverfahren (öffentlich rechtlicher Versorgungsausgleich gemäß §§ 1587 ff. BGB, elterliche Sorge und Umgang bei Gefährdung des Kindeswohls gemäß §§ 1666, 1696 BGB) gibt es keine Anträge im eigentlichen Sinn. „Anträge" sind nur Anregungen an das Gericht. Die volle Prozessgebühr kann der RA daher nur verdienen, wenn das Gericht von Amts wegen ein Verfahren eingeleitet hat.[8] Das ist erst der Fall, wenn das Gericht nach außen zu erkennen gibt, dass es ein Verfahren einleitet. Dabei ist das Gericht von Amts wegen verpflichtet zu prüfen, ob es ein Amtsverfahren einleiten will. Hinsichtlich des Versorgungsausgleichs, bei dem die Abgrenzung Vorprüfung und Einleitung des Verfahrens problematisch ist, ist ganz überwiegende Ansicht, dass die Anfrage an die Parteien, ob Kinder vorhanden und Versorgungsanwartschaften entstanden sind, noch zur Vorprüfung und nicht zum Amtsverfahren selbst gehört.[9] Dem ist zuzustimmen. Wenn, wie dargelegt, das Amtsfolgeverfahren nicht automatisch anhängig wird, sondern von einer Entscheidung des

8

---

[5] H. M. Frankfurt JurBüro 1981, 1527; KG JurBüro 1984, 880; *Lappe* Rn. 214; *Gerold/Schmidt-von Eicken* Rn. 14; *Hansens* Rn. 7 jeweils zu § 32 BRAGO; **a. A.** München Rpfleger 1980, 355; wohl auch JurBüro 1996, 529.

[6] *Hansens* § 32 Rn. 7; nach *von Eicken* AGS 1997, 38 genügt, dass nur zu den Folgesachen Abweisungsanträge gestellt werden, da sich daraus ergebe, dass zur Scheidung Gegenanträge nicht gestellt werden.

[7] *Gerold/Schmidt-von Eicken* § 44 Rn. 4.

[8] *Von Eicken* AGS 1998, 65.

[9] OLG Hamburg FamRZ 1988, 638; KG FamRZ 1987, 727; OLG Köln JurBüro 1978, 1699; OLG München JurBüro 79, 1549; vgl. auch OLG Düsseldorf (6. Senat) JurBüro 1980, 736; **a. A.** OLG Düsseldorf (3. Senat) FamRZ 1991, 1079; *Groß* Rn. 135, die sich gegen eine Unterscheidung in Vorprüfung und eingeleitetes Verfahren wendet.

C. Gebühren Verbund

Gerichts abhängt, ob es ein solches Verfahren einleiten will, so muss das Gericht erst einmal prüfen, ob es ein solches Verfahren einleiten will. U. U. bedarf es dafür noch einiger Informationen. Haben beide Parteien übereinstimmend erklärt, dass keine Kinder vorhanden und keine Versorgungsanwartschaften entstanden sind, fragt das Gericht aber, nachdem es aufgeklärt hat, wodurch Anwartschaften entstehen können, trotzdem noch einmal nach Anwartschaften, so ist es fernliegend anzunehmen, das Gericht habe damit das Verfahren bereits eingeleitet, obgleich jeder Anhaltspunkt fehlt, dass ein Versorgungsausgleich durchzuführen ist.[10] Dass die erste Anfrage an die Parteien nach dem Versorgungsausgleich noch keine Eröffnung ist, zeigt eine Parallele zu Kindessachen nach dem alten Recht. Es stellte angesichts der Möglichkeit, dass keine Kinder vorhanden sind, sicher keine Eröffnung des Amtsverfahrens dar, wenn das Gericht gefragt hat, ob Kinder vorhanden sind.[11] Für den Versorgungsausgleich gilt unbeschadet dessen, dass die Vorprüfung u. U. komplizierter ist, dasselbe. Das Argument, dass das Gericht bereits Zwangsmittel einsetzen kann, um die Parteien zu einer Auskunftserteilung zu bewegen,[12] steht nicht entgegen. Es handelt sich um ein Zwangsmittel im Rahmen der Prüfung, ob ein Verfahren einzuleiten ist.

9 **Beispiele für nicht eingeleitete Verfahren.** Tragen die Parteien übereinstimmend vor, dass keine Kinder vorhanden und keine Versorgungsanwartschaften entstanden sind, und besteht für das Gericht kein Anlass, an den Angaben zu zweifeln, so wird es kein Verfahren einleiten.[13] Das gilt selbst dann, wenn das Gericht in der mündlichen Verhandlung die Frage des VA noch einmal anspricht[14] oder im Scheidungsurteil feststellt, dass ein VA nicht stattfindet.[15]

Dasselbe gilt, wenn das Gericht, das noch keine Anhaltspunkte dafür hat, ob ein VA durchzuführen ist, die Parteien mit **Formblatt V 1** oder ohne dieses auffordert, sich zum VA zu äußern. Erst wenn eine Partei behauptet, ein VA sei durchzuführen, oder wenn sich sonst wie Anhaltspunkte ergeben, dass Versorgungsanwartschaften entstanden sind, wird das Gericht das Verfahren einleiten.

Liegt ein **ehevertraglicher Ausgleichsausschluss** vor und wird über diesen in der mündlichen Verhandlung gesprochen, so ist nicht eingeleitet, wenn keine Anhaltspunkte für Zweifel an der Wirksamkeit der Vereinbarung und am Ablauf der Einjahresfrist bestehen. Eine etwaige Nachfrage des Gerichts und eine Negativfeststellung im Urteil[16] ändern daran nichts.[17] Wird auch für den Versorgungsausgleich PKH gewährt, so ergibt sich allein daraus noch nicht, dass das Verfahren eingeleitet ist.[18]

10 **Beispiele für eingeleitete Verfahren.** Das Gericht versucht unterschiedliche Angaben der Eheleute zum Versorgungsausgleich oder Zweifel an den übereinstimmenden

---

[10] Hamburg FamRZ 1988, 638.
[11] OLG Köln JurBüro 1978, 1699; OLG München JurBüro 79, 1549.
[12] Worauf sich OLG Düsseldorf (3. Senat) FamRZ 1991, 1079 beruft.
[13] OLG München JurBüro 79, 1549; KG FamRZ 1987, 727; OLG Köln JurBüro 1978, 1699.
[14] OLG Hamburg FamRZ 1988, 638.
[15] OLG Hamburg FamRZ 1988, 638; OLG Köln JurBüro 1978, 1699; OLG München JurBüro 79, 1549.
[16] Die nicht in Rechtskraft erwächst BGH FamRZ 1991, 681.
[17] OLG Hamburg FamRZ 1988, 638; Lappe NJW 1993, 1371; **a. A.** OLG Düsseldorf FamRZ 1991, 1080; KG FamRZ 1987, 727.
[18] OLG Düsseldorf JurBüro 1986, 1854ff., 1855.

I. 1. Instanz

Erklärungen zu klären.[19] In diesem Fall ergeht, wenn das Gericht über diesen Streit im Urteil entscheidet, auch eine rechtskraftfähige Entscheidung.

Das Gericht schickt **Auskunftsformulare an die Rententräger.**

Ein Versorgungsausgleich unterbleibt, weil die Parteien **Ausländer** sind und das anzuwendende ausländische Recht keinen VA kennt. Das Gericht wird nach außen hin tätig, z. B. prüft es mit den Parteien die Rechtslage nach dem ausländischen Recht oder trifft im Tenor eine – rechtskraftfähige[20] – Negativfeststellung.

Das Gericht erörtert mit den Parteien, ob ein an sich gegebener VA **wegen § 1587 c BGB ausgeschlossen** ist. Die Entscheidung über den Ausschluss ist eine rechtsmittelfähige Entscheidung.[21]

Die Parteien schließen **im Verbundverfahren eine Vereinbarung,** dass kein Versorgungsausgleich durchgeführt wird, obgleich ein solcher nicht von vornherein ausscheidet. Die gerichtliche Tätigkeit beschränkt sich nicht darauf festzustellen, dass kein Anlass zur Durchführung eines Versorgungsausgleichs vorliegt, sondern beteiligt sich an der Regelung hinsichtlich des Versorgungsausgleichs. Dies geschieht im Rahmen des Versorgungsausgleichsverfahrens. Das gilt unbeschadet dessen, dass nach der Rspr. des BGH die im Anschluss an die gerichtliche Genehmigung der Vereinbarung getroffene Feststellung im Scheidungsurteil, dass kein Versorgungsausgleich stattfindet, keine Rechtskraftwirkung erzeugt.[22]

Gebühren vor Verfahrenseinleitung. Wird der RA tätig, bevor das Gericht das Verfahren zum Versorgungsausgleich eingeleitet hat, so verdient er eine Vergütung. Jede anwaltliche Tätigkeit im Rahmen der eigentlichen Berufstätigkeit eines RA löst eine Vergütung des RA gemäß der BRAGO aus.[23] So weit die Gebührentatbestände der BRAGO nicht unmittelbar eingreifen, ist die BRAGO gemäß **§ 2 BRAGO** sinngemäß anzuwenden.[24]

Beschränkt sich der Auftrag des RA auf eine **Beratung oder Auskunft** und soll der RA nicht nach außen tätig werden, so entsteht eine Ratsgebühr gemäß § 20 BRAGO.

Soll der RA jedoch **gegenüber dem Gericht** tätig werden, soll er etwa in der Scheidungsantragsschrift mitteilen, dass ein Versorgungsausgleich durchzuführen sein wird bzw. dass kein Versorgungsausgleich zu erfolgen hat, so entsteht eine halbe Gebühr gemäß §§ 31 Abs. 1 Nr. 1, 32 Abs. 1 BRAGO. Da es sich um eine Tätigkeit handelt, die im Zusammenhang mit dem Prozessauftrag steht, den Mandanten im Scheidungsverfahren vor Gericht zu vertreten und für dieses §§ 31 ff. BRAGO einschlägig sind, sind §§ 31 ff. BRAGO (und nicht § 118 BRAGO) anzuwenden. Allerdings kann in diesem Vorverfahrensstadium nur eine **5/10 Prozessgebühr** anfallen. Sind §§ 31 ff. BRAGO einschlägig, so ist auch § 32 Abs. 1 BRAGO anzuwenden. § 32 Abs. 1 BRAGO verlangt eine

11

---

[19] KG FamRZ 1987, 727; *Schneider/Herget* Rn. 4819, die darauf abstellen, ob das Gericht keinen Grund hat, an der Richtigkeit der übereinstimmenden Erklärungen der Parteien zu zweifeln; Düsseldorf JurBüro 1986, 1854, das darauf abstellt, ob nach dem Akteninhalt objektiv ein Anlass besteht, ein Amtsermittlungsverfahren einzuleiten; zu weitgehend OLG München JurBüro 1997, 1549, wonach ein Verfahren erst eingeleitet werden kann, wenn feststeht, dass eine Partei eine Anwartschaft hat.
[20] BGH FamRZ 1991, 549.
[21] BGH FamRZ 1981, 681 zu § 1587 c Nr. 1 BGB.
[22] FamRZ 1991, 679 ff. und 681 ff.
[23] *Gerold/Schmidt-Madert* § 2 Rn. 2.
[24] Vgl. auch *Lappe* Rn. 212; *von Eicken* AGS 1998, 65.

C. Gebühren Verbund

rechtsanwaltliche Tätigkeit im Rahmen eines anhängigen Verfahrens. Tätigkeiten in der Phase davor können lediglich eine 5/10 Prozessgebühr auslösen.

12 **Gebühren nach Verfahrenseinleitung.** §§ 31 ff. BRAGO sind, da es sich um einen Teil eines Verbundverfahrens handelt, einschlägig. Ist ein Verfahren eingeleitet, so verdient der RA eine **halbe Prozessgebühr** mit der ersten Tätigkeit z. B. der Entgegennahme der Informationen.[25]

Problematisch ist, ob der RA die **volle** Prozessgebühr bereits dadurch verdient, dass er sich zur Sache äußert. § 32 Abs. 1 BRAGO knüpft an die Stellung von Sachanträgen an, die es im Amtsverfahren nicht gibt. Würde man § 32 Abs. 1 BRAGO wörtlich nehmen, so könnte der RA erst durch eine Terminswahrnehmung die volle Prozessgebühr verdienen. Hier muss § 32 Abs. 1 BRAGO, der nicht für Amtsverfahren geschaffen ist, wenn er im Verbund doch auf diese Verfahren angewendet werden soll, den Besonderheiten des Amtsverfahrens angepasst werden. Die volle Prozessgebühr erst bei einer Terminswahrnehmung entstehen zu lassen und grundsätzlich die vorherige schriftsätzliche Tätigkeit nur mit einer halben Prozessgebühr zu vergüten, wäre nicht angemessen. Dabei ist mit zu berücksichtigen, dass ansonsten der RA im Verbundverfahren erheblich schlechter gestellt wäre als im isolierten Verfahren, in dem er im Regelfall eine 7,5/10 Geschäftsgebühr gemäß §§ 118 Abs. 1 Nr. 1 BRAGO aus dem obendrein noch gesonderten Streitwert des Versorgungsausgleichs verdient. Ausreichend ist daher, dass sich der RA gegenüber dem Gericht zur Sache äußert.[26] Im Übrigen müssen aber die gleichen Voraussetzungen wie in ZPO-Verfahren gegeben sein, damit eine volle Gebühr anfällt. Insbesondere muss sich der RA zur Sache selbst geäußert haben. Nimmt er hingegen lediglich zu **Verfahrensfragen** Stellung, so kann das im Amtsfolgeverfahren ebenso wenig wie in einem gewöhnlichen ZPO-Verfahren[27] zu einer vollen Prozessgebühr führen.

Ist das Verfahren einmal eingeleitet, so entfallen die RA-Gebühren nicht, weil nachher der Scheidungsantrag zurückgenommen wird[28] oder sich herausstellt, dass ein Ausgleichsanspruch nicht besteht.[29]

ee) Wohnung und Hausrat

13 Gemäß § 31 Abs. 3 BRAGO i.V.m. §§ 623 Abs. 1 S. 1, 621 Abs. 1 Nr. 7 ZPO gelten § 31 Abs. 1, Abs. 2 BRAGO, wenn die Wohnungs- oder Hausratssache im Verbund anhängig ist. Es können somit ganze Gebühren anfallen. § 63 Abs. 3 BRAGO (halbe Gebühr) gilt nur für isolierte Hausratsverfahren.[30] Mit der Antragstellung entsteht eine volle Prozessgebühr.

d) Verhandlungsgebühr

aa) ZPO-Sachen

14 In ZPO-Sachen ist die **Stellung von Anträgen** Voraussetzung dafür, dass eine Verhandlungsgebühr gemäß § 31 Abs. 1 Nr. 2 BRAGO entsteht (§ 137 Abs. 1 ZPO).[31] Die

---

[25] *Von Eicken* AGS 1997, 38.
[26] Ebenso *Lappe* Rn. 216; so wohl auch *von Eicken* AGS 1998, 65.
[27] *Gerold/Schmidt-von Eicken* § 32 Rn. 17.
[28] OLG Hamm JurBüro 1981, 404.
[29] OLG Hamburg FamRZ 1991, 202.
[30] Hamm JurBüro 1980, 558; *von Eicken* AGS 1997, 38.
[31] *Gerold/Schmidt-von Eicken* § 31 Rn. 55.

I. 1. Instanz

bloße Teilnahme und Besprechung der Sach- und Rechtslage reicht nicht aus. Liegt jedoch eine Erörterung i. S. v. § 31 Abs. 1 Nr. 4 BRAGO vor, so entsteht eine Erörterungsgebühr (s. unten Rn. 30 ff.).

Eine **ganze** Verhandlungsgebühr entsteht nur, wenn streitige Anträge und zwar Sachanträge gestellt werden. § 33 Abs. 1 S. 2 Nr. 3 BRAGO enthält insoweit eine Ausnahme, als in **Ehe- und Kindschaftssachen** (§§ 606, 640 ZPO) der Kläger-/Antragsteller- und der Beklagten-/Antragsgegnervertreter auch bei nicht streitiger Verhandlung eine volle Verhandlungsgebühr verdient. Damit wird dem Umstand Rechnung getragen, dass es in diesen Verfahren kein Anerkenntnisurteil gibt, der Untersuchungsgrundsatz gilt, unterbliebene und verweigerte Parteierklärungen keine Rechtsfolgen haben und der Erlass eines Versäumnisurteils nur unter beschränkten Voraussetzungen möglich ist (§§ 612, 616, 617, 640 ZPO). Daher ähnelt die streitige der unstreitigen Verhandlung derart, dass eine Unterscheidung nicht mehr angebracht ist.[32] Obgleich § 33 Abs. 1 S. 2 Nr. 3 BRAGO dies nur für den RA des Klägers oder Antragstellers ausspricht, ist allg. M., dass dies auch für den **Beklagten-/Antragsgegnervertreter** (z. B. wenn dieser der Scheidung zustimmt) gilt.[33] § 33 Abs. 1 S. 2 Nr. 3 BRAGO ist auch beim **Ehelichkeitsanfechtungsverfahren** gemäß § 1599 BGB anzuwenden.[34] 15

Voraussetzung für eine ganze Verhandlungsgebühr gemäß § 33 Abs. 1 S. 2 Nr. 3 BRAGO ist aber, dass ein **Sachantrag** zur Hauptsache gestellt wird, der die begehrte Entscheidung des Gerichts herbeiführen soll.[35] Hierfür genügt es, dass dem Scheidungsantrag zugestimmt wird.[36] Ob diese Zustimmung auch in der Erklärung liegen kann, keinen Antrag zu stellen, wenn dadurch zum Ausdruck gebracht wird, dass die von der Gegenpartei zur Begründung ihres Antrags vorgetragenen Tatsachen zugestanden werden sollen, ist streitig.[37] Bloßes Schweigen genügt nicht. Nicht ausreichend sind Anträge zur Prozess- und Sachleitung (§ 33 Abs. 2 BRAGO), die Zurücknahme von Klage oder Antrag sowie nach h. M. übereinstimmende Erledigungserklärungen.[38] 16

Für eine **nichtstreitige Verhandlung** bezüglich einer ZPO-Folgesache entsteht nur eine halbe Verhandlungsgebühr, da § 33 Abs. 1 S. 2 Nr. 3 BRAGO hier nicht eingreift – keine Ehe- oder Kindschaftssache – und somit die allgemeinen Regeln für ZPO Verfahren gelten.[39] 17

bb) FG-Folgesachen

In den FG-Folgesachen (§ 621 Abs. 1 Nr. 1–3, 6, 7 und 9 ZPO), bei denen es, wenn das Verfahren einmal eingeleitet ist, nicht auf die Stellung von Anträgen ankommt, kann nicht auf die Antragstellung abgestellt werden. Hier entsteht bereits durch eine **einfa-** 18

---

[32] Karlsruhe JurBüro 1985, 721; *Riedel/Sußbauer-Keller* § 33 Rn. 14 unter Berufung auf die Gesetzesmotive; *Gerold/Schmidt-von Eicken* § 33 Rn. 20.
[33] Hamm JurBüro 1976, 338; *Gerold/Schmidt-von Eicken* § 33 Rn. 21; *Lappe* Rn. 18.
[34] Karlsruhe JurBüro 1985, 721; *Gerold/Schmidt-von Eicken* § 33 Rn. 20.
[35] Dazu was als Sachantrag anzusehen ist *Hansens* § 31 Rn. 12.
[36] *Lappe* Rn. 218; weitere Einzelfälle *Gerold/Schmidt-von Eicken* Rn. 21 ff.; *Hartmann* KostG Rn. 34 ff. jeweils zu § 33 BRAGO.
[37] **Bejahend** KG AnwBl. 1974, 277; *Gerold/Schmidt-von Eicken* Rn. 21; *Hansens* Rn. 9 jeweils zu § 33 BRAGO; **verneinend** München MDR 1996, 1192.
[38] *Hansens* § 31 Rn. 12.
[39] Hamm JurBüro 1980, 558; *Gerold/Schmidt-von Eicken* § 33 Rn. 24.

che Stellungnahme in der mündlichen Verhandlung, die auch in einer „Antragstellung" bestehen kann, eine Verhandlungsgebühr.

Dabei genügt für eine volle Verhandlungsgebühr bereits eine **einseitige oder unstreitige Besprechung.** § 33 Abs. 1 S. 2 Nr. 3 BRAGO wird hier analog angewendet. Das FG-Verfahren, bei dem der Amtsermittlungsgrundsatz gilt, ohne dass eine Bindung an ein Anerkenntnis oder Geständnis besteht, und bei dem kein VU ergehen kann,[40] ist den Ehe- und Kindschaftssachen insoweit derart ähnlich, dass eine Gleichbehandlung angebracht ist.[41] Beim Versorgungsausgleich ist Voraussetzung, dass bereits die Vorprüfungsphase verlassen und ein Verfahren eingeleitet wurde s. oben Rn. 8 ff.

e) Beweisgebühr

aa) Anhörung zur Ehesache gemäß § 613 Abs. 1 S. 1 ZPO

19 **Anwendungsbereich.** §§ 613 Abs. S. 1 ZPO, 31 Abs. 1 Nr. 3 BRAGO gelten **nur für die Ehesache** (also Scheidung, Aufhebung oder Nichtigerklärung der Ehe usw. s. § 606 ZPO), nicht jedoch für Scheidungsfolgesachen z. B. Unterhalt. § 613 Abs. 1 S. 1 ZPO steht im Abschnitt über Verfahrensvorschriften in Ehesachen und nicht im Abschnitt über allgemeine Verfahrensvorschriften in anderen Familiensachen (ab §§ 621 ff. ZPO), in dem die Folgesachen geregelt sind.[42] Bei einer Parteieinvernahme gemäß §§ 447, 448 ZPO fällt jedoch auch in einer Folgesache eine Beweisgebühr an. Die Anhörung im **PKH-Verfahren** ist keine Anhörung i. S. v. § 613 Abs. 1 S. 1 ZPO.[43]

20 **Objektive Voraussetzungen.** Bei der Anhörung oder Vernehmung eines Ehegatten in einer Ehesache gemäß § 613 Abs. 1 S. 1 ZPO fällt eine Beweisgebühr an (§ 31 Abs. 1 Nr. 3 BRAGO). Ob die Anhörung zu Beweiszwecken erfolgt ist oder nicht oder ob ein förmlicher Anordnungsbeschluss vorliegt, ist unerheblich. Es genügt, dass das Gericht die Parteien etwa zum Getrenntleben, nach der Zerrüttung der Ehe und nach dem Wunsch geschieden zu werden fragt. Die Anhörung oder Vernehmung kann auch schon vor der Antragstellung erfolgen, wenn nur eindeutig ist, dass es sich schon um die Anhörung oder Vernehmung i. S. v. § 613 Abs. 1 S. 1 ZPO handelt. § 358a ZPO zeigt, dass eine Beweisgebühr bereits vor der Antragstellung in der mündlichen Verhandlung entstehen kann und zwar selbst dann, wenn nachher kein Antrag gestellt wird.[44] Unterbleibt die Anhörung, so entsteht unbeschadet dessen, dass sie gesetzlich vorgeschrieben ist, keine Beweisgebühr.[45] Die **Parteien** müssen **selbst angehört** werden. Erklärungen der Prozessbevollmächtigten im Namen der Parteien reichen nicht aus[46] und zwar auch dann nicht, wenn das Gericht seine Entscheidung auf diese Erklärungen stützt.[47]

---

[40] FA-FamR-*von Heintschel-Heinegg* Kap. 1 Rn. 188.
[41] H. M. Düsseldorf JurBüro 1980, 854; Hamm JurBüro 1980, 558; KG AnwBl. 1984, 506; Saarbrücken AnwBl. 1990, 628; *Gerold/Schmidt-von Eicken* Rn. 24; *Hansens* Rn. 9 jeweils zu § 33; Madert AGS 1998, 65; a. A. *Lappe* Rn. 219.
[42] München JurBüro 1980, 1190; Schleswig JurBüro 1980, 1351; *Gerold/Schmidt-von Eicken* § 31 Rn. 111; a. A. Stuttgart AnwBl. 1981, 159.
[43] Hamm Rpfleger 1966, 98 (L); KG Rpfleger 1962, 39 (L).
[44] Frankfurt Rpfleger 1992, 364.
[45] Bamberg JurBüro 1991, 1642.
[46] KG Rpfleger 1962, 39 (L).
[47] *Gerold/Schmidt-von Eicken* § 31 Rn. 111.

I. 1. Instanz

Subjektive Voraussetzungen. Für die Frage, ob ein RA seine Partei bei der Anhörung nach § 613 Abs. 1 S. 1 ZPO vertreten hat, gelten, da das Gesetz die Anhörung einem Beweisaufnahmeverfahren gleichsetzt, die gleichen Grundsätze wie sonst für die Vertretung im Beweisaufnahmeverfahren. Es reicht also die gleiche Tätigkeit aus, die sonst eine Beweisgebühr entstehen lässt. Insbesondere muss der RA **nicht bei der Anhörung zugegen** gewesen sein.[48] Es reicht, dass der RA mit der Partei die Anhörung bespricht, nachdem das Gericht darauf hingewiesen hat, dass es eine Anhörung vornehmen wird.[49] Hingegen reicht eine solche Besprechung nicht, wenn das Gericht lediglich das persönliche Erscheinen der Partei angeordnet hat.[50] Darüber hinaus fällt keine Beweisgebühr an, wenn der RA lediglich das Protokoll der Anhörung erhält und hierzu würdigend Stellung nimmt, da eine **Beweiswürdigung** nie eine Beweisgebühr auslöst.[51]

21

bb) Anhörung zum Sorgerecht gemäß § 613 Abs. 1 S. 2 ZPO

Keine zusätzlichen Gebühren. Die Frage, ob im Falle einer Anhörung gemäß § 613 Abs. 1 S. 2 ZPO zusätzliche Gebühren anfallen, ist höchst umstritten. Teilweise wird vertreten, dass unabhängig davon, ob eine Sorgerechtssache anhängig ist oder nicht, in jedem Fall die Anhörung eine Beweisgebühr auslöst.[52] Dem steht die Ansicht gegenüber, dass, wenn kein Sorgerechtsverfahren anhängig ist, keine Beweisgebühr erwächst, da es ohne ein anhängiges Verfahren keine Beweisgebühr gibt, dass eine Beweisgebühr aber dann anfällt, wenn das Sorgerecht im Verbundverfahren anhängig gemacht worden ist.[53] Das OLG Karlsruhe hat in einem Fall, in dem das Sorgerecht nicht anhängig war, unter Berufung auf die Gesetzesmaterialien entschieden, dass sich der Gegenstandswert durch die Anhörung nicht erhöht,[54] was bedeutet, dass auch keine Beweisgebühr angefallen ist. Nach *Hofrath*[55] entsteht wegen des Inhalts und der Zielsetzung der Anhörung des § 613 Abs. 1 S. 2 ZPO selbst bei Anhängigkeit der Sorgerechtssache keine Beweisgebühr.

22

Es handelt sich bei der Anhörung um einen unselbstständigen Annex zur Scheidungssache, durch die weder eine zusätzliche Prozess- oder Beweisgebühr anfällt, noch sich der Streitwert erhöht und zwar unabhängig davon, ob die elterliche Sorge anhängig ist oder nicht.[56] So weit § 31 Abs. 1 Nr. 3 BRAGO auf § 613 ZPO insgesamt Bezug nimmt und nicht nur auf § 613 Abs. 1 S. 1 ZPO, handelt es sich um ein Redaktionsversehen. Die Anhörung zur elterlichen Sorge i. S. v. § 613 Abs. 1 S. 2 ZPO hat mit einer Beweisaufnahme nichts zu tun. Probleme der Abgrenzung zur Beweisaufnahme gibt es nicht. Gerade Abgrenzungsschwierigkeiten haben aber dazu geführt, dass die Anhö-

---

[48] KG AnwBl. 1989, 680; **a. A.** unter Berufung auf den Gesetzeswortlaut des § 31 Nr. 3 BRAGO „Vertretung bei der Anhörung" *Lappe* Rn. 222.
[49] KG AnwBl. 1989, 680; *Gerold/Schmidt-von Eicken* § 31 Rn. 133.
[50] KG AnwBl. 1989, 680.
[51] Düsseldorf FamRZ 1991, 968; KG AnwBl. 1989, 680.
[52] KG AGS 1999, 181 = JurBüro 1999, 634; Koblenz AGS 1999, 138 = Rpfleger 1999, 463; AG Euskirchen AGS 1999, 139; AG Rendsburg MDR 1999, 445; *Hansens* ZAP 1999 Fach 24 S. 485; *Krause* JurBüro 1999, 118; *Mock* JurBüro 1999, 469.
[53] Stuttgart FamRZ 1999, 1359; *Gerold/Schmidt-von Eicken* BRAGO § 31 Rn 111; *Enders* JurBüro 1998, 618.
[54] Rpfleger 1999, 419; ebenso Schleswig Rpfleger 1999, 508.
[55] JurBüro 1999, 8.
[56] Ausführlich zur gesamten Problematik *Müller-Rabe* FamRZ 2000, 137 ff.

C. Gebühren Verbund

rung zur Ehesache in den § 31 Abs. 1 Nr. 3 BRAGO aufgenommen wurde.[57] In den Gesetzesmaterialien ist aufgeführt, dass die Anhörung nach § 613 Abs. 1 S. 2 ZPO den Streitwert des Verfahrens nicht erhöht.[58] Dann kann aber auch keine zusätzliche Gebühr anfallen, also weder eine Beweis- noch eine sonstige Gebühr. Ist kein Sorgerechtsverfahren anhängig, so scheidet eine Beweisgebühr erst recht aus. Eine Beweisaufnahme, eine auf Wahrheitsfindung ausgerichtete Tätigkeit des Gerichts, kommt nur dann in Betracht, wenn das Gericht auch über das Sorgerecht zu entscheiden hätte, was jedenfalls bei einer nicht anhängigen Sache nicht gegeben ist.[59]

23 **Fälle zusätzlicher Gebühren.**
Unter folgenden Voraussetzungen fallen bei **nicht anhängiger Sorgerechtssache** jedoch zusätzliche Gebühren an:
- Werden vor Gericht Gespräche über eine vom Gericht zu protokollierende Einigung zur elterlichen Sorge geführt, so fällt hinsichtlich dieser eine halbe Prozessgebühr nach § 32 Abs. 1[60] bzw. § 32 Abs. 2 BRAGO an. Wird ein Vergleich geschlossen, so entsteht eine 15/10 Vergleichsgebühr gemäß § 23 Abs. 1 S. 1 BRAGO.
- Bezieht sich eine außergerichtliche Tätigkeit des RA nicht ausschließlich auf die Anhörung nach § 613 Abs. 1 S. 2 ZPO, so fallen zusätzliche Gebühren gemäß § 118 BRAGO (z. B. schriftliche oder mündliche Erörterung mit dem Gegner außerhalb des Termins der Scheidungssache über einvernehmliche Regelung) bzw. gemäß § 20 BRAGO (z. B. Beratung des Mandanten, wie das Sorgerecht geregelt werden soll) an.

Ist die **Sorgerechtssache anhängig**, so fallen eine Prozessgebühr, u. U. eine Verhandlungsgebühr und, wenn durch eine Anhörung streitige Tatsachen geklärt werden sollen, auch eine Beweisgebühr an.[61] S. unten Rn. 27.

cc) ZPO-Folgesachen Allgemeines

24 Es gelten für ZPO-Folgesachen die allgemeinen Regeln zu § 31 Abs. 1 Nr. 3 BRAGO. Insbesondere muss der RA also – anders als nach der bisherigen h. M. im Fall des § 118 Abs. 1 Nr. 3 BRAGO (s. hierzu Kap. D Rn. 12) – nicht bei der eigentlichen Beweisaufnahme mitgewirkt haben. Es genügt, wenn der RA den **Beweisbeschluss** auf seine Richtigkeit und Vollständigkeit **prüft**, was zu unterstellen ist.[62] Erhält der RA ein schriftliches Gutachten und überprüft er dieses, ob es zutreffend ist oder ob er Ergänzungsfragen stellen bzw. ein Obergutachten beantragen soll, so gehört diese Tätigkeit noch zur Beweisaufnahme und nicht zur Beweiswürdigung. Hingegen ist die Erörterung, welche Konsequenzen sich bei richtiger Lesart aus dem Gutachten ergeben, Teil der Beweiswürdigung, die keine Beweisgebühr auslöst.[63]

dd) Unterhaltsanspruch

25 Legt eine Partei eine Urkunde vor, wozu auch eine Verdienstbescheinigung des Arbeitgebers gehört, so greift § 34 Abs. 1 BRAGO ein, wonach keine Beweisgebühr anfällt,

---
[57] BT-Drucks. 2/2545 S. 160 i. V. m. S. 242; *Riedel/Sußbauer-Keller* § 31 Rn. 119.
[58] BT-Drucks. 13/4899 S. 161.
[59] *Gerold/Schmidt-von Eicken* § 31 Rn. 111; *Enders* JurBüro 1998, 618.
[60] Wenn keine Vergleichsprotokollierung beantragt wird BGHZ 48, 338.
[61] *Müller-Rabe* FamRZ 2000, 137 ff.
[62] *Gerold/Schmidt-von Eicken* § 31 Rn. 124.
[63] *Gerold/Schmidt-von Eicken* § 31 Rn. 141.

I. 1. Instanz

wenn eine Partei eine in ihren eigenen oder in den Händen des Gegners befindliche Urkunde vorlegt. Dasselbe gilt, wenn die Vorlage erst erfolgt, nachdem das Gericht die Partei dazu aufgefordert hat.[64] Problematisch ist, ob im Unterhaltsprozess **die Erholung einer Verdienstbescheinigung durch das Gericht** eine Beweisaufnahme darstellt. Dabei ist einhellige Auffassung, dass dies zu bejahen ist, wenn das Gericht ausdrücklich nach § 377 Abs. 3 ZPO (schriftliche Zeugenaussage) verfährt.[65] Fordert das Gericht einen Dritten z. B. den Arbeitgeber jedoch formlos auf, ihm eine Verdienstbescheinigung zuzuschicken, so sieht eine Meinung hierin eine Anordnung einer schriftlichen Zeugenaussage gemäß § 377 Abs. 3 ZPO bzw. eine Beiziehung von Urkunden gemäß § 34 Abs. 2 BRGO mit der Folge, dass eine Beweisgebühr entsteht.[66] Die Gegenansicht nimmt hier einen Fall des § 34 Abs. 1 BRAGO an.[67] Dieser Meinung ist zu folgen. Mit der h. M.[68] ist, wenn das Gericht eine Urkunde unmittelbar von einem Dritten anfordert, die die Partei selbst oder der Gegner vorlegen könnte, § 34 Abs. 1 BRAGO anzuwenden. § 34 Abs. 1 BRAGO versagt eine Beweisgebühr, weil im Regelfall die Vorlage einer Urkunde mit einem so geringen Aufwand verbunden ist, dass der Anfall einer – u. U. sehr hohen – Beweisgebühr nicht gerechtfertigt ist. Nimmt das Gericht der Partei auch noch die Arbeit der Vorlage ab, so ist erst recht der Anfall einer Beweisgebühr nicht gerechtfertigt.[69] Für die Herbeischaffung von Verdienstbescheinigungen im Unterhaltsverfahren hat nichts anderes zu gelten.[70] Zur Vorlagepflicht unter Ehegatten §§ 1605 Abs. 1 S. 2, 1580 S. 2, 1361 Abs. 4 S. 4 BGB.[71] Nach *von Eicken*[72] ist hier jedoch zu differenzieren, ob das Gericht nur zur Beschleunigung des Verfahrens den Arbeitgeber zur Vorlage auffordert oder ob es hierdurch erreichen will, dass der Inhalt der Bescheinigung der Wahrheit entspricht, da der Arbeitgeber dem Gericht gegenüber eher zögern werde, eine Gefälligkeitsbescheinigung vorzulegen. Jedenfalls solange keine konkreten Anhaltspunkte dafür bestehen, dass es dem Gericht mit seiner Vorlageanordnung um eine bessere Wahrheitsfindung geht – in den meisten Fällen werden sie fehlen –, wird es bei dem allgemeinen Grundsatz bleiben, dass § 34 Abs. 1 BRAGO anzuwenden ist und keine Beweisgebühr anfällt.[73] Ist allerdings auf Grund besonderer Umstände des Einzelfalls anzunehmen, dass das Gericht diesen Weg zur Sicherstellung einer richtigen Bescheinigung gewählt hat, dann ist § 377 Abs. 3 ZPO anzuwenden und eine Beweisgebühr angefallen. Ist ausnahmsweise von einer Beweisaufnahme auszugehen, so reicht für die erforderliche Vertretungstätigkeit des RA, dass er die Auskunft auf ihre Richtigkeit und Vollständigkeit hin überprüft hat, was zu unterstellen ist.[74]

---

[64] *Gerold/Schmidt-von Eicken* § 31 Rn. 122.
[65] Düsseldorf JurBüro 1993, 537; *Gerold/Schmidt-von Eicken* § 31 Rn. 122.
[66] § 377 Abs. 3 ZPO: Hamm AnwBl. 1979, 439; *von Eicken* AGS 1997, 39; § 34 Abs. 2 BRAGO: Stuttgart JurBüro 1982, 558.
[67] Celle JurBüro 1985, 1027; Düsseldorf JurBüro 1984, 1530; Koblenz FamRZ 1998, 1035; München JurBüro 1980, 1194.
[68] *Gerold/Schmidt-von Eicken* § 34 BRAGO Rn. 9 m.w.N.
[69] *Gerold/Schmidt-von Eicken* § 34 Rn. 9.
[70] Celle JurBüro 1985, 1027; Düsseldorf JurBüro 1984, 1530; Koblenz JurBüro 1998, 304; *Hansens* § 34 Rn. 6 m.w.N.; *Riedel/Sußbauer-Keller* § 34 Rn. 9 m.w.N.
[71] Vgl. dazu FA-FamR-Gerhardt Kap. 6 Rn. 507 ff.
[72] *Gerold/Schmidt-von Eicken* § 31 Rn. 122.
[73] A. A. *Gerold/Schmidt-von Eicken* § 31 Rn. 122, wonach im Regelfall eine Beweisgebühr entsteht.
[74] *Von Eicken* AGS 1998, 65.

C. Gebühren Verbund

ee) FG-Folgesachen Allgemeines

26 Allgemeines. Grundsätzlich gelten im Verbund auch bezüglich der FG-Folgesachen die allgemeinen Regeln des § 31 Abs. 1 Nr. 3 BRAGO. Das hat zur Folge, dass keine Teilnahme des RA bei der Beweiserhebung selbst erforderlich ist.[75] Eine Besonderheit gilt jedoch insofern, als bei FG-Sachen, auch wenn sie im Verbund anhängig sind, das Amtsermittlungsprinzip gilt. Es muss zwischen **Stoffsammlung** und Beweiserhebung unterschieden werden. Das ist oft schwierig. Hierzu gelten folgende Grundsätze:[76] Das Gericht wird zunächst im Rahmen der Amtsermittlung das entscheidungserhebliche Tatsachenmaterial sammeln. Dazu hat es auf entsprechenden Sachvortrag der Beteiligten hinzuwirken und Anhörungen vorzunehmen. Diese Stoffsammlung ist noch keine Beweisaufnahme. Auf Grund der Stoffsammlung hat das Gericht in einer zweiten Stufe zu klären, **welche Tatsachen beweisbedürftig** sind. Beweisbedürftig können sich widersprechende Behauptungen der Beteiligten sein, aber auch unstreitiger Beteiligtenvortrag, wenn das Gericht aus dem Gesamtzusammenhang oder aus sonstigen Gründen Zweifel hat. Eine Beweisgebühr entsteht in aller Regel,[77] wenn das Gericht die Beweisaufnahme in den Formen der §§ 355ff. ZPO, die über § 15 FGG Anwendung finden, anordnet, in erster Linie also wenn ein förmlicher Beweisbeschluss ergeht. Dabei ist es unerheblich, ob ein förmliches Beweisverfahren notwendig gewesen ist.[78] Eine Beweisaufnahme kann auch im **formlosen Beweisverfahren** erfolgen. Das Gericht hat die Wahl zwischen dem formlosen Freibeweis und der förmlichen Beweisaufnahme nach der ZPO (§§ 12, 15 FGG). In den formlosen Fällen ist anhand der gesamten Umstände zu prüfen, ob eine Beweisaufnahme stattgefunden hat, d.h. ob das Gericht Tatsachen als streitig, widersprüchlich oder sonst zweifelhaft, also als beweisbedürftig angesehen und sodann beweismäßig geklärt hat. Wird ein Dritter, der kein Beteiligter ist und nicht im Rahmen von § 50a oder § 50b FGG anzuhören ist, zu streitigen Tatsachen vernommen (z.B. Sozialarbeiterin aus dem Frauenhaus zu Wahrnehmungen aus dem Frauenhaus), so liegt eine Beweisaufnahme vor, auch wenn das Gericht ihn nicht ausdrücklich als Zeuge vernimmt und nicht belehrt.[79] S. auch das Beispiel unten Rn. 27.

Zweifel, ob eine Beweisaufnahme stattgefunden hat, gehen zulasten des RA. Dies ergibt sich aus dem allgemeinen Beweislastgrundsatz, dass, wer einen Anspruch geltend macht, dessen Voraussetzungen beweisen bzw. glaubhaft machen muss. Aus § 31 Abs. 1 Nr. 3 BRAGO ergibt sich nichts Entgegengesetztes. Aus der Gleichstellung von Anhörung und Vernehmung in Ehesachen lässt sich keine neue Beweislastregel für andere Gegenstände herleiten.[80]

ff) Kindessachen ohne § 613 Abs. 1 S. 2 ZPO

27 Die Anhörung der Eltern und Kinder gemäß §§ 50a, b FGG löst keine Beweisgebühr aus, wenn sich das Gericht nur einen persönlichen Eindruck verschaffen und nicht streitige oder widersprüchliche oder sonst zweifelhafte Tatsachen von Amts wegen klä-

---

[75] *Von Eicken* AGS 1997, 38, dazu ob dies auch bei isolierten FG-Verfahren gilt s. Kap. D Rn. 12.
[76] München JurBüro 1985, 79ff.
[77] Aber nicht immer s. unten Rn. 27.
[78] *Gerold/Schmidt-Madert* § 118 BRAGO Rn. 11.
[79] Hamburg JurBüro 1989, 1112.
[80] **A. A.** *Lappe* Rn. 226.

ren will.⁸¹ Dasselbe gilt für die Anhörung des Jugendamts (§ 49a FGG),⁸² und zwar sogar dann, wenn die nur der gesetzlichen Anhörungspflicht dienende Stellungnahme „gemäß § 49a FGG" in einem förmlichen Beweisbeschluss angeordnet wird.⁸³ Eine Beweisaufnahme findet jedoch statt, wenn der Richter zusätzlich durch weitere gezielte Fragen an das Kind, die Eltern oder das Jugendamt oder durch eine sonstige Tätigkeit zu erkennen gibt, dass über die Anhörung hinaus streitige bzw. zweifelhafte Einzelfragen beweismäßig geklärt werden sollen, oder wenn die Anhörung oder Stellungnahme im weiteren Verfahren beweismäßig verwertet wird.⁸⁴ Behauptet die Mutter, der Vater schlage das Kind, was der Vater bestreitet, so fällt eine Beweisgebühr an, wenn das Gericht diese Frage bei der Anhörung des Kindes oder des Jugendamtes klärt. Beauftragt das Gericht das Jugendamt zu ermitteln, welcher streitige Vortrag der Eltern wahr ist, so stellt dies die Anordnung einer Beweisaufnahme dar.⁸⁵

Zur besonderen Problematik der Anhörung gemäß § 613 Abs. 1 S. 2 ZPO s. vorstehend Rn. 22.

gg) Versorgungsausgleich

Die Erholung von Auskünften gemäß § 53b Abs. 2 S. 2 FGG ist grundsätzlich keine eine **28** Beweisgebühr auslösende Beweisaufnahme (str.).⁸⁶ Wie bereits dargelegt (s. oben Rn. 26), ist in Amtsermittlungsverfahren zwischen Stoffsammlung und Beweiserhebung zu unterscheiden. Nimmt man den Normalfall, dass die Parteien zum Versorgungsausgleich nur ganz wenig aussagen können, weshalb das Gericht nach Eingang der Auskünfte gemäß Formblatt V 1 bei den Versorgungsträgern eine Auskunft einholt, die den ersten konkreten Vortrag zum Versorgungsausgleich enthält, auf dem die spätere Entscheidung aufbaut, so handelt es sich um eine Stoffsammlung. Daran ändert sich auch nichts dadurch, dass die Errechnung der Versorgungsanwartschaften spezielle Kenntnisse voraussetzt, so dass die Auskunft gutachterliche Elemente enthält.⁸⁷ Das besagt nämlich noch nicht, dass das Gericht sich nicht mehr in der Phase der Stoffsammlung befindet. Es liegt hier eine Stoffsammlung mit sachkundiger Unterstützung vor. Gegen eine Beweiserhebung spricht weiter, dass nach ganz allgemeiner Ansicht eine sol-

---

⁸¹ Fast einhellige Meinung, Übersicht bei *Gerold/Schmidt-von Eicken* § 31 Rn. 117ff.; *Lappe* Rn. 227; München JurBüro 1985, 79; **a. A.** Celle AnwBl. 1984, 615.
⁸² Köln JurBüro 1998, 303; 1996, 357; München JurBüro 1985, 79; *Lappe* Rn. 229; *Gerold/Schmidt-von Eicken* § 31 Rn. 120; **a. A.** Hamm FamRZ 1999, 1360 wenn der RA einen Jugendamtsbericht, der gutachterliche Elemente enthält, kritisch zur Kenntnis nimmt; Saarbrücken AnwBl. 1980, 296.
⁸³ München, Beschl. vom 10. 3. 1993–11 WF 575/93.
⁸⁴ *Gerold/Schmidt-von Eicken* § 31 Rn. 118, 119, 120 m. w. N.
⁸⁵ *Gerold/Schmidt-Madert* § 118 Rn. 11.
⁸⁶ H. M. in der Rspr. Vgl. Nachweise in Celle (21. Senat) Rpfleger 1988, 119, 120; ebenso *Lappe* Rn. 228 (früher noch anderer Ansicht vgl. Rpfleger 1980, 241); *Mümmler* JurBüro 1979, 1838; *Göttlich/Mümmler* BRAGO „Familiensachen" 2.223; **a. A.** Bremen KostRsp. Nr. 12 zu 31 Abs. 1 Nr. 3 BRAGO; Celle (10. Senat) AnwBl. 79, 275; Hamm FamRZ 1999, 1360; JurBüro 1979, 1835; *Gerold/Schmidt-von Eicken* Rn. 121; *Hansens* Rn. 44 jeweils zu § 31. So weit der BGH NJW 1984, 439 entschieden hat, dass in der Erholung einer Auskunft nach § 53b Abs. 2 S. 2 FGG eine schriftliche Zeugenaussage zu sehen ist, ist darauf hinzuweisen, dass der BGH nicht zu einer kostenrechtlichen Frage entschieden hat, dass es um eine Abgrenzung zum Urkundenbeweis ging, was für die Wiederaufnahme von Bedeutung war, und dass es sich um eine zusätzliche Auskunft gehandelt hat, bei der es um die Berichtigung der ersten Auskunft ging, in welchem Fall auch nach der h. M. eine Beweisaufnahme in Betracht kommt. Im Einzelnen zur Auseinandersetzung mit dem BGH Celle (21. Senat) Rpfleger 1988, 119, 121.
⁸⁷ Hierauf stützen sich *Gerold/Schmidt-von Eicken* Rn. 121 und *Hansens* Rn. 44 jeweils zu § 31.

C. Gebühren Verbund

che in ZPO- wie in FG-Verfahren eine gerichtliche Tätigkeit voraussetzt, die zum Ziel hat, als beweisbedürftig erachtete, entscheidungserhebliche Umstände mit Beweismitteln zu klären.[88] Das Gericht muss also Umstände für beweisbedürftig halten. Solange das Gericht aber überhaupt noch keinen Stoff hat, an dem es zweifeln könnte, wird es auch nicht von dessen Beweisbedürftigkeit ausgehen. Es kommt noch folgendes Argument hinzu. Die Versicherten haben einen eigenen Anspruch gegen den Verpflichteten (gesetzliche Rentenversicherung, öffentlicher Dienst, Arbeitgeber) auf Auskunft über den Ehezeitanteil der Rente.[89] Das Gericht nimmt den Parteien mit der Erholung der Auskunft also nur eine Arbeit ab, die sonst die Parteien selbst erbringen könnten. Dann gilt aber wieder der gleiche Gedanke wie beim Unterhalt. Nimmt das Gericht der Partei auch noch die Arbeit der Vorlage der Auskunft ab, so ist der Anfall einer Beweisgebühr nicht gerechtfertigt (s. oben Rn. 25). Bei einer Auskunft der gesetzlichen Rentenauskunft oder der öffentlichen Hand scheidet auch der – hinsichtlich der Erholung einer Lohnbescheinigung angeführte (s. oben Rn. 25) – Gedanke, dass der Richter zur Vermeidung von Gefälligkeitsauskünften die Auskünfte selbst erholt, völlig aus.

Nach den vorstehenden Gründen kommt es nicht darauf an, ob der Versorgungsträger Beteiligter i. S. v. § 53b Abs. 2 FGG ist. Der Ansicht, dass jedenfalls die Erholung einer Auskunft bei Trägern der betrieblichen Altersversorgung grundsätzlich eine Beweisgebühr auslöst, da sie nicht Beteiligte i. S. v. § 53b Abs. 2 FGG sind,[90] ist daher nicht zu folgen.

Eine Beweisaufnahme liegt hingegen vor, wenn sich aus einem Vermerk des Gerichts oder aus sonstigen Umständen ergibt, dass die Auskunft zu Beweiszwecken[91] angefordert wurde, um zwischen den Parteien streitige Tatsachen oder unstreitige Tatsachen, an denen das Gericht von sich aus Zweifel hat, zu klären.[92]

Ist von einer Beweisaufnahme auszugehen, so reicht aus, dass der RA die Auskunft auf ihre Richtigkeit überprüft hat, wovon auszugehen ist, wenn ihm die Auskunft zugegangen ist.[93]

hh) Wohnungszuweisung

29 Die Gewährung rechtlichen Gehörs für die bei Wohnungszuweisungen nach § 7 HausratsVO Beteiligten stellt keine Beweisaufnahme dar.[94]

f) Erörterungsgebühr

30 Streitig ist, ob eine Erörterung ein Gespräch mit **entgegengesetzten Standpunkten** voraussetzt.[95] Jedenfalls in den Fällen, in denen auch bei unstreitiger Verhandlung eine ganze Verhandlungsgebühr entsteht (z. B. § 33 Abs. 1 S. 2 Nr. 3 BRAGO), ist dies nicht erforderlich. Außerhalb eines **Gerichtstermins** geführte Gespräche (etwa RA untereinander auf dem Gerichtsflur oder Telefongespräche des Gerichts mit einem RA) genügen nicht.

---

[88] *Gerold/Schmidt-von Eicken* Rn. 83; *Hansens* Rn. 22 jeweils zu § 31.
[89] FA-FamR-*Gutdeutsch* Kap. 7 Rn. 28; *Borth* Versorgungsausgleich Rn. 933.
[90] Düsseldorf JurBüro 1980, 546 und 1186; dagegen *Gerold/Schmidt-von Eicken* § 31 Rn. 121.
[91] Nürnberg JurBüro 1979, 208.
[92] Nürnberg AnwBl. 1980, 162; *Lappe* Rn. 228.
[93] Hamm JurBüro 1979, 1835 ff., 1838a. E.
[94] *Gerold/Schmidt-von Eicken* § 31 Rn. 116.
[95] *Gerold/Schmidt-von Eicken* § 31 Rn. 156.

I. 1. Instanz

Es muss eine **Erörterung zur Sache** stattfinden. Darunter fallen auch Erörterungen zu prozessualen Fragen, die für den prozessualen Anspruch von Bedeutung sind z.B. Zuständigkeit des Gerichts, Zulässigkeitsvoraussetzungen einer Klage, Wiedereinsetzung in den vorigen Stand.[96] Darunter fallen nicht Erörterungen zur Prozess- und Sachleitung sowie zur Abtrennung von Folgesachen, bei denen nur das verfahrensmäßige Vorgehen, nicht aber der Anspruch selbst erörtert wird.[97] Das gilt auch, wenn erörtert wird, wie dem Willen der Parteien, einen Versöhnungsversuch zu unternehmen, verfahrensrechtlich Rechnung getragen werden soll.[98] 31

Der erörterte **Gegenstand** muss zurzeit der Erörterung bei Gericht **anhängig** sein.[99] Werden in einem Gerichtstermin Vergleichsgespräche auch über nicht anhängige Gegenstände geführt z.B. über nicht anhängige Folgesachen, so entsteht hinsichtlich der nicht anhängigen Gegenstände keine Erörterungsgebühr. Bei Amtsfolgesachen (VA, u.U. Kindessachen) kommt es darauf an, ob das Gericht das Verfahren bereits eingeleitet hat (s. oben Rn. 8 ff.). Bei Antragsfolgesachen ist Voraussetzung ein Antrag.[100] Das gilt auch für FG-Sachen, die nur auf Antrag eingeleitet werden wie Wohnungs- und Hausratssachen. 32

Nach ganz h.M. kann im Anwaltsprozess eine Erörterungsgebühr nur anfallen, wenn **auf beiden Seiten ein verhandlungsbereiter RA** vertreten ist. Die Erörterungsgebühr soll die Lücke schließen, die dadurch entsteht, dass viele Gerichte die mündliche Verhandlung nicht mit der Antragstellung, sondern mit der Erörterung der Sach- und Rechtslage beginnen und es danach zu keiner oder wenigstens nicht zu einer streitigen Antragstellung mehr kommt, wodurch der RA eine Verhandlungsgebühr, die er bei Antragstellung am Anfang der Sitzung verdient hätte, nicht oder nicht in voller Höhe verdient. Aus dieser Ersatzfunktion ist zu schließen, dass die Erörterungsgebühr dann nicht anfallen kann, wenn auch eine volle Verhandlungsgebühr nicht entstehen kann, z.B. weil im Anwaltsprozess die eine Partei nicht anwaltlich vertreten ist. Das gilt auch dann, wenn die nicht anwaltlich vertretene Partei im Anwaltsprozess selbst anwesend ist.[101] Hinsichtlich einer **Scheidungssache** gilt aber eine Besonderheit. Da die Partei die Zustimmung zur Scheidung ohne einen RA selbst abgeben kann (§ 630 Abs. 2 S. 2 ZPO), kann eine Erörterungsgebühr hinsichtlich der Scheidung auch entstehen, wenn nur der Antragsteller anwaltlich vertreten und die andere Partei persönlich anwesend ist (s. auch unten Rn. 40). Dies gilt nicht nur, wenn sich eine einvernehmliche Scheidung ankündigt,[102] sondern für alle Fälle, in denen eine einvernehmliche Scheidung in Betracht kommt und hierüber in der mündlichen Verhandlung gesprochen wird. Wird hingegen über den Unterhalt gesprochen, so fehlt es an einer Erörterung zu einer Frage, hinsichtlich deren ohne zwei verhandlungsbereite Anwälte eine Erörterungsgebühr anfallen kann. 33

Dass eine Erörterung stattgefunden hat, muss der RA bzw. die Partei **beweisen** bzw. **glaubhaft** machen, die eine Erörterungsgebühr geltend macht. Das ergibt sich aus allgemeinen Beweislastregeln bzw. aus § 104 Abs. 2 S. 1 ZPO. Ein Protokollvermerk, dass die 34

---

[96] *Gerold/Schmidt-von Eicken* § 31 Rn. 155.
[97] *Gerold/Schmidt-von Eicken* § 31 Rn. 155, 150.
[98] KG JurBüro 1982, 1197.
[99] *Gerold/Schmidt-von Eicken* § 31 Rn. 150.
[100] *Gerold/Schmidt-von Eicken* § 31 Rn. 150.
[101] Dresden NJW-RR 1997, 573; *Gerold/Schmidt-von Eicken* § 31 Rn. 156 m.w.N.
[102] Für diesen Fall haben eine Erörterungsgebühr bejaht Frankfurt Rpfleger 1992, 364; *Gerold/Schmidt-von Eicken* § 31 BRAGO Rn. 156.

C. Gebühren Verbund

Sach- und Rechtslage erörtert wurde, ist nicht bindend, da die Erörterung nicht zu den nach § 165 ZPO zu protokollierenden Formalien gehört, begründet aber die widerlegbare Vermutung, dass eine Erörterung i. S. v. § 31 Abs. 1 Nr. 4 BRAGO stattgefunden hat. Fehlt ein entsprechender Protokollvermerk, so ist zunächst davon auszugehen, dass eine Erörterung nicht stattgefunden hat. Die Partei, die das Gegenteil dessen, was sich aus dem Protokoll ergibt, geltend machen will, muß **substantiiert** vortragen, woraus sich ergibt, dass erörtert bzw. nicht erörtert wurde (wird im Kostenfestsetzungsverfahren immer wieder übersehen). Bestreitet der Gegner diesen Vortrag, so kann sich die Richtigkeit u. a. aus einer anwaltlichen Versicherung, einer dienstlichen Stellungnahme des Gerichts oder aus dem Verfahrensablauf vor Beginn der mündlichen Verhandlung ergeben.

g) Post- und Telekommunikation

35 Da die Scheidungs- und die Scheidungsfolgesachen eine Angelegenheit sind, fällt der **Pauschsatz gemäß § 26 S. 2 BRAGO** nur einmal an. Das gilt auch dann, wenn eine Vorwegentscheidung gemäß § 627 ZPO oder eine unechte Abtrennung gemäß § 628 ZPO erfolgt.[103] Dient der RA, weil seine Mandantin unter einer Deckadresse wohnt, als **Posttransferadresse**, so kann er die Portoauslagen für Schriftstücke, die nicht prozessbezogen sind, neben der Pauschale gegen Einzelnachweis gesondert geltend machen. Die Pauschale gemäß § 26 S. 2 BRAGO erfasst nur die durch die Berufstätigkeit des RA (§ 1 Abs. 1 S. 1 BRAGO) veranlassten Entgelte für Post- und Telekommunikationsdienstleistungen. Die Leistung des nicht prozessbezogenen Posttransfers erfolgt auf Grund eines gesonderten Auftragverhältnisses.[104] Die Abgrenzung prozessbezogen – nicht prozessbezogen wird aber, da der RA die Post nicht öffnen darf, schwierig sein. Hier ist eine Vereinbarung mit der Mandantin angebracht,[105] etwa dahingehend dass die Mandantin darauf hinzuweisen hat, wenn ein Schriftstück prozessbezogen ist, andernfalls es als nicht prozessbezogen behandelt wird. Am einfachsten ist es, wenn als Entgelt eine monatliche Pauschale vereinbart wird. Auf jeden Fall sollte der RA die Mandantin darauf hinweisen, dass für seine Tätigkeit als Posttransferstelle zusätzliche Erstattungsansprüche entstehen.[106]

h) Fälligkeit

36 Gem § 16 S. 1 BRAGO wird der Vergütungsanspruch des RA erst mit der Erledigung des Auftrags bzw. mit der Beendigung der Angelegenheit fällig. In gerichtlichen Verfahren wird die Vergütung auch fällig, wenn eine Kostenentscheidung ergangen oder der Rechtszug beendet ist oder das Verfahren länger als 3 Monate ruht. Im Verbundverfahren müssen wegen § 7 Abs. 3 BRAGO diese Fälligkeitsmerkmale hinsichtlich aller Gegenstände des Verbundverfahrens gegeben sein. Solange noch ein Gegenstand des Verbundverfahrens übrig bleibt, über den z. B. noch keine Entscheidung ergangen ist, so fehlt für alle Gegenstände des Verbundverfahrens die Fälligkeit. Etwas anderes gilt jedoch, wenn eine Vorwegentscheidung gemäß § 628 ZPO mit einer Kostenentscheidung versehen wird.[107] Zur Berechnung in diesem Fall s. Kap. M Rn. 6.

---

[103] *Gerold/Schmidt-von Eicken* § 26 Rn. 6.
[104] *Von Eicken* AGS 1999, 160.
[105] *Von Eicken* AGS 1999, 160.
[106] *Von Eicken* AGS 1999, 160.
[107] *Lappe* Rn. 236.

I. 1. Instanz

i) Nicht postulationsfähiger RA

aa) Berechnungsbeispiel

37

> **Ohne Teilnahme an mündlicher Verhandlung.**
> Nach Berufung gegen erstinstanzliches Urteil, mit dem Scheidungsantrag (Wert 20 000 DM) abgewiesen wurde, erteilt der Berufungsgegner einem nicht postulationsfähigen RA Prozessauftrag und bespricht mit ihm die Verteidigungslinie.
> **RA-Gebühren**
> 13/20 Prozessgebühr §§ 31 Abs. 1 Nr. 1, 32 Abs. 1, 11 Abs. 1 S. 4 BRAGO aus 20 000 DM.
> **Teilnahme an mündlicher Verhandlung.**
> RA nimmt an mündlicher Verhandlung teil und äußert sich zur Scheidung. Die Parteien werden gemäß § 613 Abs. 1 S. 1 ZPO angehört.
> **RA-Gebühren**
> 13/10 Prozessgebühr §§ 31 Abs. 1 Nr. 1, 11 Abs. 1 S. 4 BRAGO (Terminwahrnehmung) aus 20 000 DM.
> 13/10 Erörterungsgebühr (§§ 31 Abs. 1 Nr. 4, 11 Abs. 1 S. 4 BRAGO) aus 20 000 DM
> 13/10 Beweisgebühr (§§ 31 Abs. 1 Nr. 4, 11 Abs. 1 S. 4 BRAGO) aus 20 000 DM

bb) Anwendungsbereich

Die Problematik des nicht postulationsfähigen RA bleibt auch nach der Neufassung des § 78 ZPO, wonach Rechtsanwälte vor allen Land- und Familiengerichten postulationsfähig sind, bestehen. Sie behält ihre Relevanz in der **Rechtsmittelinstanz beim OLG und BGH,** bei der es dabei bleibt, dass postulationsfähig nur ein beim Rechtsmittelgericht zugelassener RA ist.

38

cc) Prozessgebühr

Die Prozessgebühr kann auch ein nicht postulationsfähiger RA verdienen.[108] Berät er z. B. den Berufungsgegner, wie er sich gegenüber einer Berufung gegen ein den Scheidungsantrag abweisendes Ersturteil verhalten soll, so entsteht eine **halbe** Prozessgebühr. Stellt er schriftsätzlich einen Sachantrag, so bleibt es bei einer halben Prozessgebühr, da er nicht wirksam Anträge stellen kann. Der RA kann auch nicht als Rechtsbeistand, der die Gebühren des §§ 31 ff. BRAGO verdient, behandelt werden, da es den Rechtsbeistand nur im Parteiprozess (§ 90 ZPO) bzw. im Falle der Beiordnung gemäß § 625 ZPO gibt.[109] Erklärt der nicht postulationsfähige RA aber schriftsätzlich die Zustimmung zur **Scheidung** oder den Widerruf der Zustimmung, so verdient er wegen §§ 630 Abs. 2, 78 Abs. 3 ZPO eine volle Prozeßgebühr (s. unten Rn. 40).

39

Nimmt er an der mündlichen Verhandlung teil, so verdient er eine **volle** Prozessgebühr (§ 32 Abs. 1 BRAGO Terminwahrnehmung);[110] nach OLG München auch dann, wenn er in der mündlichen Verhandlung nichts sagt, weil eine die Partei unterstützende Präsenz ausreicht.[111] Die Teilnahme an der mündlichen Verhandlung ist auch unbescha-

---

[108] Düsseldorf JurBüro 1991, 683; Hamm (23. Senat) AnwBl. 1986, 208; KG NJW-RR 1996, 53; München AnwBl. 1993, 576; Zweibrücken Rpfleger 1982, 157; *von Eicken* AGS 1992, 22; *Hansens* § 31 Rn. 2; **a. A.** Hamm (8. Senat) JurBüro 1986, 270.
[109] *Groß* Rn. 249; a. A. *von Eicken* AGS 1992, 23.
[110] Düsseldorf JurBüro 1991, 683; Hamm JurBüro 1981, 859 beide für Fälle, in denen sich der RA zur Sache geäußert hat; *von Eicken* AGS 1992, 23.
[111] München AnwBl. 1993, 576.

det dessen, dass der RA keine wirksamen Anträge stellen kann, nicht sinnlos, da die Partei auch im Anwaltsprozess in der mündlichen Verhandlungen zahlreiche Beiträge bringen kann, die das Gericht berücksichtigen muss.[112]

dd) Verhandlungsgebühr.

40 Eine Verhandlungsgebühr kann der RA in ZPO-Verfahren im Regelfall nicht verdienen, da er nicht wirksam Anträge stellen kann.[113] Etwas anderes gilt jedoch, so weit die Partei in der mündlichen Verhandlung selbst Handlungen vornehmen kann, die, von einem RA vorgenommen, eine Verhandlungsgebühr auslösen würden. Das ist in **Scheidungssachen** z. B. der Fall, wenn die Partei der Scheidung zustimmt, da dies zu Protokoll der Geschäftsstelle erklärt werden kann (§ 630 Abs. 2 S. 2 ZPO), was gemäß § 78 Abs. 3 ZPO zur Befreiung vom Anwaltszwang führt.[114] Eine Verhandlungsgebühr fällt in **FG-Sachen**, auch wenn sie im Verbund anhängig sind, an, wenn der RA sich an der mündlichen Verhandlung beteiligt. Dass er keine Anträge stellen kann, ist unerheblich, da im FG-Verfahren wegen des Amtsermittlungsprinzips das Gericht auch den Vortrag des nicht postulationsfähigen RA zur Kenntnis nehmen und bei seiner Entscheidung berücksichtigen muss.[115] Die Verhandlungsgebühr fällt aber nur an, wenn der RA tatsächlich eine Prozesshandlung vornimmt,[116] die vom Anwaltszwang befreit ist,[117] und auch nur hinsichtlich des Gegenstandswerts, auf den sich diese Handlung bezieht. Stimmt er der Scheidung zu und äußert er sich zum Unterhalt, so verdient er eine Verhandlungsgebühr nur hinsichtlich der Scheidung, nicht aber hinsichtlich des Unterhalts.

ee) Beweisgebühr

41 Der RA kann auch eine Beweisgebühr verdienen.[118] Er kann genauso wie die Partei Fragen an den Zeugen oder Sachverständigen stellen.

ff) Erörterungsgebühr

42 Nach h. M. kann sich an einer Erörterung i. S. v. § 31 Abs. 1 Nr. 4 BRAGO nicht beteiligen, wer im Anwaltsprozess nicht verhandeln i. S. v. § 31 Abs. 1 Nr. 2 BRAGO kann (s. oben Rn. 33). Demzufolge kann der nicht postulationsfähige RA eine Erörterung nur dann und nur so weit verdienen, als er zu einer Prozesshandlung in der Lage wäre, die eine Verhandlungsgebühr auslösen kann (s. oben Rn. 40). Der RA der Beklagten kann hinsichtlich der **Scheidungssache** eine Erörterungsgebühr verdienen, da er eine Zustimmung zur Scheidung erklären könnte. Erörtert er die Scheidungssache, ohne der Scheidung zuzustimmen, so verdient er eine Erörterungsgebühr. Stimmt er zu, verdient er eine Verhandlungsgebühr.

---

[112] *Zöller-Vollkommer* § 78 Rn. 1a.
[113] Frankfurt JurBüro 1987, 859; Hamm JurBüro 1986, 270; *Hansens* § 31 Rn. 2; **a. A.** München AnwBl. 1993, 576.
[114] FA-FamR-*von Heintschel-Heinegg* Kap. 1 Rn. 139; *von Eicken* AGS 1992, 23.
[115] Frankfurt JurBüro 1983, 277; Zweibrücken Rpfleger 1982, 157; *von Eicken* AGS 1992, 23.
[116] *Von Eicken* AGS 1992, 23.
[117] München 1993, 576.
[118] München 1993, 576; *von Eicken* AGS 1992, 23.

I. 1. Instanz

4. Gerichtskosten

a) GKG

Im Verbund ist einheitlich für das ganze Verfahren, also auch für die Folgesachen der freiwilligen Gerichtsbarkeit das GKG anzuwenden. **43**

b) Verfahrensgebühr

Eine **einfache Verfahrensgebühr** fällt in Scheidungs- und Folgesachen an (KV 1510). Die Verfahrensgebühr entsteht mit dem Eingang des Antrags bei Gericht (§ 61 GKG). Ein PKH-Antrag reicht nicht.[119] Bei Amtsverfahren kommt es nicht auf den Antrag an, sondern auf die erste auf Durchführung des Verfahrens gerichtete, nach außen wirkende Maßnahme des Gerichts (s. oben Rn. 8ff.).[120] Eine **Vorauszahlungspflicht** (§ 65 GKG) besteht für den Scheidungsantrag (§ 622 ZPO), nicht aber für die Scheidungsfolgesachen (§ 65 Abs. 2 GKG). **44**

Die rechtzeitige **Rücknahme** (KV 1510) des Scheidungsantrags lässt die Verfahrensgebühr entfallen. Die Rücknahme muss entweder vor Ablauf des Tages, an dem ein Beweisbeschluss erlassen wurde, oder eine Woche vor dem Termin, der für die mündliche Verhandlung vorgesehen wurde, erfolgen. Wird ein zunächst anberaumter Termin vor der Rücknahme wieder abgesetzt, so ist er nicht mehr ein für die mündliche Verhandlung vorgesehener i. S. v. KV 1510.[121] Ein **Prozessvergleich** steht einer Rücknahme nicht gleich. Das ergibt sich zum einen daraus, dass KV 1202 unter c) den Prozessvergleich ausdrücklich gesondert behandelt, KV 1510 hingegen den Vergleich nicht erwähnt. Zum anderen verlangt KV 1510 für die Rücknahmewirkungen in Scheidungs- und Folgesachen eine Rücknahme eine Woche vor der vorgesehenen mündlichen Verhandlung. Ein Prozessvergleich in der mündlichen Verhandlung kann dann nicht mehr zu einem Wegfall der Verfahrensgebühr führen. Bei einer **teilweisen Rücknahme** einer Klage oder eines Antrags in einer Folgesache wird die Verfahrensgebühr nur noch aus dem verbleibenden Streitwert berechnet. **45**

Für die **Genehmigung einer Vereinbarung über den Versorgungsausgleich** (§ 1587 o Abs. 2 S. 3 BGB) im Verbundverfahren (anders im isolierten Verfahren s. Kap. D Rn. 73) fällt eine Verfahrensgebühr gemäß KV 1510 an.[122] KV 1510 gilt für Verfahren in Scheidungs- und Folgesachen. Folgesachen können unter anderem die Familiensachen des § 621 Abs. 1 Nr. 6 ZPO, also auch „Familiensachen, die den Versorgungsausgleich betreffen" sein. Das Genehmigungsverfahren betrifft den VA. Das Verbundverfahren kann ohne die Genehmigung nicht abgeschlossen werden. Ohne sie müsste das Gericht über den Ausgleich entscheiden. Aus dieser Bindung ergibt sich, dass das Genehmigungsverfahren eine Scheidungsfolgesache i. S. v. KV 1510 ist. **46**

c) Urteils- und Beschlussgebühr

Es gelten KV 1513 ff. Eine Gebühr fällt für ein Urteil mit Begründung bzw. für einen Beschluss an (KV 1516). Bei einem Urteil ohne Begründung ermäßigt sich die Gebühr auf 0,5 (KV 1517). Die Ermäßigung greift nach dem eindeutigen Wortlaut des KV 1517 **47**

---

[119] *Lappe* Rn. 115.
[120] *Lappe* Rn. 114.
[121] München JurBüro 1992, 331; *Lappe* Rn. 117.
[122] Stuttgart FamRZ 1997, 692; nach Hamburg FamRZ 1991, 203 (3) fällt keine Gebühr an.

C. Gebühren Verbund

nicht bei einem Beschluss ohne Begründung ein.[123] Für die Genehmigung einer Vereinbarung über den Versorgungsausgleich (§ 1587 o BGB) entsteht eine Urteils- bzw. eine Beschlussgebühr nach KV 1516ff.[124]

d) Auslagen

48 Unbeschadet dessen, dass bei Scheidungsfolgesachen kein Vorschuss für Gebühren erhoben werden kann (s. oben Rn. 44), kann, so weit es sich um ein Antragsverfahren handelt, für Zeugen und Sachverständigen gemäß §§ 379, 402 ZPO ein **Vorschuss für Auslagen** verlangt und die Erholung des Beweises von dessen Zahlung abhängig gemacht werden.[125] Dies gilt jedoch nicht für **Wohnungs-, Hausrats- und Kindessachen**, auch wenn die Verfahrenseinleitung von einem Antrag abhängt. Auch im Verbundverfahren sind die Grundsätze des FG-Verfahrens mit heranzuziehen. Ein isoliertes FG-(Antrags)Verfahren darf zwar insgesamt vom Vorschuss abhängig gemacht werden (anders wenn die FG-Sache als Folgesache geltend gemacht wird s. oben Rn. 44), nicht jedoch nur hinsichtlich einzelner Verfahrensteile, z. B. hinsichtlich der Beweisaufnahme, für die das Amtsermittlungsprinzip gilt.[126]

II. Rechtsmittel

1. Berechnungsbeispiel

a) Berufung

49
Beispiel:

Rechtsmittelführer begehrt Änderung: 300 DM mehr Unterhalt monatlich, 20 000 DM mehr Zugewinn, 100 DM mehr Versorgungsausgleich monatlich, Sitzgarnitur im Wert von 1 000 DM (Gesamtwert des Hausrats 3 000 DM), Sorgerecht für ein Kind. Nach Antragstellung Vergleich über Zugewinn. Beweisaufnahme nur für Unterhalt. Im Urteil (mit Begründung) bekommt er 100 DM mehr VA.

Werte
Unterhalt 12 x 300 DM = 3 600 DM (§ 17 Abs. 1 GKG) s. Kap. B Rn. 40
Zugewinn 20 000 DM (§ 3 ZPO) s. Kap. B Rn. 86
Versorgungsausgleich 12 x 100 DM = 1200 DM (analog §§ 131 Abs. 2, 30 KostO i.V.m. § 17a GKG)
Hausrat 1 000 DM (analog §§ 131 Abs. 2, 30 KostO) s. Kap. B Rn. 61
Sorgerecht 1 500 DM (§ 12 Abs. 2 S. 3 GKG) s. Kap. B 29ff.
Gesamt 27 300 DM

RA-Gebühren
§§ 31 Abs. 1 Nr. 1, 11 Abs. 1 S. 4 BRAGO 13/10 aus 27 300 DM
§§ 31 Abs. 1 Nr. 2, 33 Abs. 1 S. 2 Nr. 3 (analog[127]) 11 Abs. 1 S. 4 BRAGO 13/10 aus 27 300 DM
§§ 31 Abs. 1 Nr. 3, 11 Abs. 1 S. 4 BRAGO 13/10 aus 3600 DM (Unterhalt)
§§ 23 Abs. 1 S. 3, 11 Abs. 1 S. 4 BRAGO 13/10 aus 20 000 DM (Zugewinn)

---

[123] Stuttgart JurBüro 1996, 318.
[124] Stuttgart JurBüro 1996, 318.
[125] Vgl. auch *Hartmann* KostG § 68 GKG Rn. 2.
[126] *Rohs/Wedewer-Waldner* § 8 Rn. 16; *Korintenberg-Lappe* § 8 Rn. 12.
[127] Für FG-Sachen s. oben Rn. 18.

II. Rechtsmittel

Gerichtsgebühren
1,5 Verfahrensgebühr KV 1520 aus 27 300 DM.
2 Urteilsgebühren KV 1526 aus 7 300 DM (ohne Zugewinn)

b) Befristete Beschwerde

Beispiel: 50
Antragsteller wendet sich nur gegen die Regelung des Sorgerechts im Scheidungsurteil. Nach mündlicher Verhandlung erlässt OLG Beschluss mit Gründen..

Werte
Sorgerecht 1500 DM (§ 12 Abs. 2 S. 3 GKG)

RA-Gebühren
§§ 61a S. 1, S. 2, 31 Abs. 1 Nr. 1, 11 Abs. 1 S. 4 BRAGO 13/10 aus 1500 DM
§§ 61a S. 1, S. 2, 31 Abs. 1 Nr. 2, 33 Abs. 1 S. 2 Nr. 3[128], 11 Abs. 1 S. 4 BRAGO 13/10 aus 1500 DM

Gerichtsgebühren
1,5 Verfahrensgebühr KV 1520 aus 1500 DM.
2 Urteilsgebühren KV 1526 aus 1500 DM

2. RA-Gebühren

a) Berufung und befristete Beschwerde

Der Verbund bleibt bestehen, auch wenn das Rechtsmittel sich nur auf Folgesachen bezieht (§ 629a Abs. 2 S. 3 i. V. m. § 623 Abs. 1 und § 629 ZPO).[129] Die Gebühren fallen neu an (§ 13 Abs. 2 S. 2 BRAGO). Sowohl bei Berufung als auch bei Beschwerden in Folgesachen entstehen die **vollen** Gebühren, die um 3/10 erhöht werden (§ 11 Abs. 1 S. 4 BRAGO). Wird lediglich hinsichtlich einer FG-Folgesache Rechtsmittel eingelegt, so handelt es sich zwar lediglich um eine (befristete) Beschwerde gemäß §§ 629a Abs. 2, 621e Abs. 1 ZPO. Gebührenmäßig wird sie jedoch nicht wie die anderen Beschwerden behandelt, bei denen gemäß § 61 ZPO nur halbe Gebühren anfallen und eine Erhöhung nicht stattfindet. Gemäß § 61a S. 1 BRAGO entstehen ganze (!) Gebühren, die gemäß § 61a S. 2 i. V. m. § 11 Abs. 1 S. 4 BRAGO um 3/10 erhöht werden. Dass über § 61a S. 1 BRAGO die in § 31 BRAGO aufgeführten Gebühren anfallen, hat zur Folge, dass (abweichend von den sonstigen Beschwerden vgl. § 61 Abs. 3 BRAGO) § 32 Abs. 1 BRAGO auch anzuwenden ist, also unter Umständen nur eine 13/20 Prozessgebühr anfällt.[130]

Wird ein Urteil, mit dem ein Scheidungsantrag abgewiesen wurde, aufgehoben und das Verfahren an das Erstgericht, bei dem noch Folgesachen anhängig sind, gemäß § 629b ZPO **zurückverwiesen**, so bildet das weitere Verfahren mit dem früheren einen Rechtszug. Es fallen also keinen neuen RA-Gebühren an (§ 15 Abs. 2 BRAGO).

b) Revision und weitere Beschwerde

Es gelten die gleichen Grundsätze wie bei der Berufung und befristeten Beschwerde. 52
Für den beim BGH zugelassenen RA erhöht sich die Prozessgebühr (nur diese!) gemäß

---

[128] Für elterliche Sorge s. oben Rn. 18.
[129] *Thomas/Putzo* Rn. 11; *Zöller-Philippi* Rn. 6 jeweils zu § 629a ZPO.
[130] BGH JurBüro 1982, 537.

§§ 11 Abs. 1 S. 5, 61a S. 2 BRAGO jedoch um 10/10 auf 20/10. Der Verkehrsanwalt bzw. der RA, der seinen Mandanten vor dem BGH vertritt, ohne dort zugelassen zu sein, verdient lediglich eine 13/10 Prozessgebühr.[131]

3. Gerichtskosten
a) Berufung und befristete Beschwerde

53 Der Verbund bleibt bestehen. Es bleibt damit ein ZPO-Verfahren. Das gilt auch dann, wenn nur wegen Folgesachen, die im isolierten Verfahren eine FG-Sache wären, Rechtsmittel eingelegt wird. Es fallen Verfahrens- und Urteils- bzw. Beschlussgebühren an (KV 1520ff.). Nach OLG Brandenburg fallen, wenn nur wegen der elterlichen Sorge Beschwerde gegen ein Verbundurteil erhoben und diese ohne mündliche Verhandlung durch Beschluss als unzulässig verworfen wird, nur eine 1,5 fache Verfahrensgebühr gemäß KV Nr. 1520 an, nicht aber zwei weitere Entscheidungsgebühren gemäß KV Nr. 1526.[132]

b) Revision und weitere Beschwerde

54 Auch hier bleibt das Verfahren ein ZPO-Verfahren, selbst wenn sich das Rechtsmittel nur auf eine Folgesache bezieht, die im isolierten Verfahren eine FG-Sache wäre. Die Gerichtsgebühren richten sich nach KV Nr. 1530ff.

---

[131] *Gerold/Schmidt-Madert* § 11 Rn. 10. Das Problem wird in der Rspr. beim Patentanwalt erörtert und ist dort str. vgl. *Gerold/Schmidt-Madert* § 11 Rn. 10 m.w.N.
[132] FamRZ 1999, 1292.

D. Gebühren Isolierte Familiensachen

I. Leicht übersehene Gebühren

1. ZPO-Verfahren

- § 32 Abs. 2 BRAGO. Für den Antrag, eine **Einigung** (muss kein Vergleich sein) über 1
  eine **endgültige Regelung** gerichtlich zu protokollieren, die einen nicht anhängigen
  Gegenstand betrifft, entsteht eine halbe Prozessgebühr. Eine halbe Gebühr (gemäß
  § 32 Abs. 1 BRAGO) fällt sogar dann an, wenn es nicht zu einem Antrag kommt,
  wenn der RA nur auftragsgemäß in dieser Richtung tätig geworden ist (s. Kap. F
  Rn. 31 ff., 36 ff.).
- § 33 Abs. 1 S. 2 Nr. 3 BRAGO. In **Kindschaftsachen** (Vaterschaftsanfechtung usw.)
  entsteht auch bei unstreitiger Verhandlung eine volle Verhandlungsgebühr.

2. FG-Verfahren

- § 118 Abs. Nr. 2 BRAGO. Die Besprechungsgebühr fällt in einem anhängigen Ver- 2
  fahren auch für Gespräche mit dem Gegner außerhalb eines gerichtlichen Termins
  sowie für unstreitige Verhandlungen bei Gericht an. Der Gegner muss in der mündlichen Verhandlung vor Gericht weder zugegen noch anwaltlich vertreten sein.
- Mehrere Angelegenheiten. Ist ein Sorge- oder Umgangsrechtsverfahren durch Vergleich oder Beschluss abgeschlossen und beantragt eine Partei einige Monate später
  die „Wiederaufnahme" des Verfahrens mit dem Ziel einer Änderung, so handelt es
  sich um eine neue Angelegenheit. Die RA-Gebühren entstehen neu.

II. Allgemeines

1. Übersicht Anzuwendende Vorschriften

Es gelten für die **RA-Gebühren** in ZPO-Verfahren §§ 31 ff. BRAGO, in FG-Verfahren 3
§§ 118, 12 BRAGO, in HausratsVO-Verfahren § 63 Abs. 3 BRAGO.

Die **Gerichtskosten** richten sich in Zivilsachen nach dem GKG, in FG-Sachen nach
der KostO, in Hausrats- und Wohnungssachen nach § 21 HausratsVO.

Zu den **ZPO-Verfahren gehören** Ehesachen, Kindschaftsachen (§ 640 ZPO) außer
Verfahren nach § 1600e Abs. 2 BGB, Unterhalt und überwiegend Güterrecht (Abgrenzung s. unten Rn. 96). Zu den **FG-Sachen** gehören teilweise Güterrecht, Kindessachen,
Versorgungsausgleich und Hausratssachen.

2. Eine oder mehrere Angelegenheiten

4 Auch in der freiwilligen Gerichtsbarkeit können **unterschiedliche Gegenstände in einem Verfahren** geltend gemacht werden (z. B. Sorge- und Umgangsrecht)[1] bzw. kann eine **Verbindung** von Verfahren analog § 147 ZPO erfolgen. Dann liegt nur eine Angelegenheit vor. Gebühren fallen nur einmal an, wobei die Geschäftswerte zu addieren sind.[2] Für die RA-Gebühren ergibt sich das unmittelbar aus §§ 13 Abs. 2 S. 1 und S. 2, 7 Abs. 2 BRAGO.[3] Jeder Rechtszug ist eine Angelegenheit. Für die Gerichtsgebühren ist § 5 ZPO analog anzuwenden. Es ist nicht angebracht, in dieser Frage eine unterschiedliche Behandlung von RA- und Gerichtsgebühren vorzunehmen. Zu beachten ist aber, dass die gemeinsame Verhandlung von getrennten Verfahren als bloße Maßnahme der Vereinfachung noch nicht zu einer Verbindung führt und die Gebühren weiterhin getrennt anfallen.[4]

5 Bei **mehreren Beschwerden** gegen unterschiedliche Entscheidungen fallen gesonderte Gebühren und damit gesonderte Werte an,[5] und zwar auch dann, wenn mehrere Beschwerden, die verschiedene Angelegenheiten betreffen, vom Beschwerdegericht in einem Beschluss entschieden werden.[6]

3. Hinweispflicht bei willkürlich isolierten Verfahren

6 Der RA, der eine Folgesache, die auch im Verbund anhängig gemacht werden könnte, als isolierte geltend machen will, muss im Regelfall den Mandanten darauf hinweisen, dass das Verfahren als Folgesache billiger wäre.[7] Andernfalls kann er sich wegen Verletzung seiner insoweit bestehenden Auskunftspflicht (Nebenpflicht) hinsichtlich der Mehrkosten aus positiver Forderungsverletzung schadensersatzpflichtig machen. Zu den Folgen für einen Erstattungsanspruch und für die Gewährung von PKH s. Kap. M Rn. 12; Kap. O Rn. 41.

III. Ehesachen

7 In Ehesachen kommen die §§ 31 ff. BRAGO und KV 1510 ff. zur Anwendung.[8]

---

[1] Köln JurBüro 1981, 1564; Oldenburg FamRZ 1997, 383 für Vergleich.
[2] BayObLGZ 67, 29; Köln JurBüro 1981, 1564; Oldenburg FamRZ 1997, 383; *von Eicken* AGS 1997, 61; a. A. *Lappe* KostRsp. Anm. zu § 94 KostO Nr. 34, weil das FGG keine Gegenstandshäufung kenne; *Rohs/Wedewer-Waldner* § 94 Rn. 12; dem Leitsatz nach auch Zweibrücken JurBüro 1998, 365, das sich in den Gründen aber nur damit befasst, dass das Umgangsrecht einen eigenen Geschäftswert hat und nicht vom Geschäftswert des elterlichen Sorgerechts erfasst wird. Es liegt im Leitsatz lediglich eine Verwechslung der Begriffe Angelegenheit und Gegenstand vor.
[3] *Mümmler* JurBüro 1981, 1565.
[4] BayObLGZ 67, 29.
[5] *Lappe* Rn. 70.
[6] BayObLG Rpfleger 1975, 109.
[7] *Von Eicken* AGS 1998, 97.
[8] *Oestereich/Winter/Hellstab* KV 1510 Rn. 1.

IV. Kindessachen (elterl. Sorge usw.)

1. 1. Instanz

a) Berechnungsbeispiel

> Antragsteller begehrt Sorgerecht für zwei Kinder, wodurch sich das Verfahren erschwert. Nach einer Beweisaufnahme ergeht ein Beschluss zu seinen Gunsten.
>
> **Wert**
> 7500 DM (§§ 94 Abs. 1 Nr. 4, Abs. 2, 30 Abs. 2 KostO) s. Kap B Rn. 31
>
> **RA-Gebühren**
> § 118 Abs. 1 Nr. 1 BRAGO 5/10 bis 10/10 aus 7500 DM
> § 118 Abs. 1 Nr. 2 BRAGO 5/10 bis 10/10 aus 7500 DM
> § 118 Abs. 1 Nr. 3 BRAGO 5/10 bis 10/10 aus 7500 DM
>
> **Gerichtsgebühren**
> 1 Vornahmegebühr § 94 Abs. 1 Nr. 4 KostO aus 7500 DM

8

b) RA – Gebühren

aa) Geschäftsgebühr

Die Geschäftsgebühr (§ 118 Abs. 1 Nr. 1 BRAGO) entsteht mit der ersten Tätigkeit des RA nach Erhalt des Auftrags, also regelmäßig mit der Entgegennahme der Information.[9] Dazu, dass nur eine Angelegenheit vorliegt und Gebühren nur einmal – allerdings aus den addierten Werten – anfallen, wenn Gegenstand eines Verfahrens sowohl das elterliche Sorge- als auch das Umgangsrecht sind, s. oben Rn. 4. Zur „Wiederaufnahme" des Verfahrens s. oben Rn. 2.

9

bb) Besprechungsgebühr

Erforderlich und ausreichend sind für § 118 Abs. 1 Nr. 2 BRAGO Verhandlungen und Besprechungen, die der Erörterung des Sachverhalts in rechtlicher oder tatsächlicher Hinsicht dienen und die vom Gericht oder einer Behörde angeordnet sind oder im Einvernehmen mit dem Auftraggeber vor einem Gericht oder einer Behörde oder mit dem Gegner oder einem Dritten geführt werden.[10] Die Verhandlung vor dem Gericht muss nicht streitig sein. Der RA muss anwesend sein, muss sich aber nicht äußern und muss auch keine Anträge stellen.[11] Anders als bei § 31 Abs. 1 Nr. 2 BRAGO ist bei § 118 Abs. 1 Nr. 2 BRAGO nicht erforderlich, dass bei der Verhandlung vor Gericht der gegnerische RA anwesend ist.[12] Bei einem isolierten Verfahren fällt die Besprechungsgebühr auch an, wenn im Einvernehmen mit dem Mandanten außergerichtliche Gespräche mit einem Dritten z. B. dem Gegner oder Telefongespäche mit dem Gericht geführt werden.[13] S. im übrigen Kap. I Rn. 33 ff.

10

---

[9] *Gerold/Schmidt-Madert* § 118 Rn. 5.
[10] *Mümmler* JurBüro 1996, 295.
[11] *Von Eicken* AGS 1997, 62.
[12] *Gerold/Schmidt-Madert* § 118 Rn. 8 S. 1257 unten.
[13] Frankfurt FamRZ 1997, 950; *von Eicken* AGS 1997, 62.

D. Gebühren Isolierte Familiensachen

cc) Beweisaufnahmegebühr

11 Zur **Abgrenzung** Beweisaufnahme – Stoffsammlung s. Kap. C Rn. 26 ff.

12 § 118 Abs. 1 Nr. 3 BRAGO verlangt eine „**Mitwirkung bei Beweisaufnahmen**". Bislang wurde einhellig angenommen, dass damit engere Voraussetzungen für den Anfall einer Beweisaufnahmegebühr als für eine Beweisgebühr bei der „Vertretung im Beweisaufnahmeverfahren" gemäß § 31 Abs. 1 S. 3 BRAGO erforderlich sind. Es wurde angenommen, dass für ein solches Mitwirken eine Tätigkeit außerhalb der eigentlichen Beweisaufnahme nicht ausreicht, insbesondere nicht eine Tätigkeit vor Beginn der Beweisaufnahme,[14] also z. B. nicht die Prüfung des Beweisbeschlusses auf seine Richtig- und Vollständigkeit. In jüngster Zeit mehren sich in Literatur und Rspr. Stimmen, dass eine unterschiedliche Auslegung der Beweisgebühr und der Beweisaufnahmegebühr nicht angebracht sei, weshalb z. B. die Prüfung eines Beweisbeschlusses auf seine Richtigkeit auch bei FG-Sachen die Beweisaufnahmegebühr entstehen lasse. Im Wesentlichen beruft sich diese Ansicht auf die Gesetzesmaterialien, wonach die Gebühren des § 118 Abs. 1 BRAGO den Gebühren des § 31 Abs. 1 BRAGO entsprechen.[15] In den Gesetzesmaterialien steht aber auch, dass die Gebühren gemäß § 118 Abs. 1 BRAGO den Besonderheiten der im 12. Abschnitt geregelten Angelegenheiten angepasst wurden,[16] also nicht ohne weiteres identisch sind.[17] Eine Abweichung bezüglich der Beweisaufnahmegebühr lässt sich damit rechtfertigen, dass z. B. in FG-Verfahren das Gericht von sich aus tätig werden muss, insbesondere nicht an die Beweisanträge der Parteien gebunden ist, weshalb nach der Vorstellung des Gesetzgebers möglicherweise eine Mitwirkung am Zustandekommen des Beweisbeschlusses nicht ausreichen soll. Damit ließe sich die begriffliche Differenzierung zwischen einer „Vertretung im Beweisaufnahmeverfahren" und einer Tätigkeit „bei Beweisaufnahmen" erklären. Der neuen Meinung ist allerdings zuzugeben, dass besonders in Familiensachen es wünschenswert wäre, dass nicht, je nachdem ob eine Kindessache oder ein Versorgungsausgleich im Verbund oder isoliert geltend gemacht wird, unterschiedliche Voraussetzungen für den Anfall einer Gebühr im Rahmen des Beweisaufnahmeverfahrens bestehen.

13 Auch auf der Basis der bisherigen h. M. dürfen die Anforderungen nicht zu hoch gesetzt werden. Es genügt die Anwesenheit bei der Beweisaufnahme, ohne dass der RA sonst wie (etwa durch Fragen) nach außen aktiv werden müsste.[18] Eine Beweisaufnahmegebühr fällt jedenfalls auch dann an, wenn der RA innerhalb einer vom Gericht gesetzten oder angemessenen Frist ein vom Gericht erholtes Gutachten überprüft und Antrag auf schriftliche Ergänzung bzw. mündliche Erläuterung bzw. Erholung eines Obergutachtens stellt.[19] Jedenfalls zu diesem Zeitpunkt ist die Beweisaufnahme noch

---

[14] BVerwG JurBüro 1997, 253; Düsseldorf FamRZ 1998, 1037; *Hansens* § 118 Rn. 40.

[15] Bamberg (2. Senat) FamRZ 1999, 389; (7. Senat) FamRZ 1999, 1361; KG AGS 2000, 65; *Hansens* ZAP Fach 24, 518; *Göttlich/Mümmler* BRAGO „Sonstige Angelegenheiten" 2.32; *Gerold/Schmidt-Madert* § 118 Rn. 10; *Madert* AGS 1999, 33.

[16] BT-Drucks. 2/2545 S. 270.

[17] So wird auch von niemandem bezweifelt, dass die Verhandlungs- bzw. Erörterungs- und die Besprechungsgebühr an ganz unterschiedliche Voraussetzungen anknüpfen.

[18] *Hansens* § 118 Rn. 40.

[19] Düsseldorf JurBüro 1993, 288; München Beschluss vom 24. 4. 1991 – 11 WF 654/91; unklar BVerwG JurBüro 1997, 253 und Bamberg JurBüro 1985, 1507, da dort offen ist, wann eine Beweisaufnahme abgeschlossen ist und was bei einer vorher erfolgten Stellungnahme des RA zu gelten hat; a. A. *Mümmler* JurBüro 1993, 288.

IV. Kindessachen (elterl. Sorge usw.)

nicht beendet. Begrifflich ist es ohne weiteres als ein Mitwirken zu bezeichnen, wenn der RA versucht, eine Fortsetzung der noch nicht abgeschlossenen Beweisaufnahme herbeizuführen. Es ist unerheblich, ob die Befragung des Sachverständigen schriftlich oder mündlich erfolgt. Es genügt sogar allein die Prüfung, ob ein Antrag auf schriftliche Ergänzung oder Anhörung des Sachverständigen oder Erholung eines Obergutachtens zu stellen ist,[20] wobei in gleicher Weise wie beim Beweisbeschluss, der dem RA vollständig zugegangen ist, zu unterstellen ist, dass der RA die Prüfung durchgeführt hat, wenn ihm das vollständige Gutachten vorlag. Weiter ist ausreichend, dass der RA zugegen ist, wenn das Gutachten zum Gegenstand der mündlichen Verhandlung gemacht wird.[21] Die Beweisaufnahme ist wegen des Mündlichkeitsprinzips nicht beendet, bevor das Gutachten zum Gegenstand der mündlichen Verhandlung gemacht wird.[22] Die gleichen Grundsätze haben zu gelten, wenn ein Zeuge in Abwesenheit des RA vom ersuchten Richter vernommen wird. Auch hier genügt, dass der RA das Protokoll überprüft, ob alle wesentlichen Fragen gestellt sind und etwaige Widersprüche zu klären versucht wurde[23] bzw. dass der RA zugegen ist, wenn die Zeugenanhörung zum Gegenstand der mündlichen Verhandlung gemacht wird. Ist die Beweisaufnahme bereits abgeschlossen, so stellt ein späterer Versuch, nun doch noch einmal eine Anhörung des Sachverständigen zu erwirken, keine Mitwirkung einer laufenden Beweisaufnahme mehr dar, sondern den Versuch, erneut in die Beweisaufnahme einzutreten. Ebenso gehört eine bloße Würdigung, was sich aus dem Gutachten für Schlussfolgerungen ergeben, nicht mehr zur Beweisaufnahme.[24]

dd) Gebührenhöhe

S. auch Kap. I Rn. 40. **14**

Wird der vom Gericht gemäß § 12 Abs. 1 BRAGO als angemessen erachtete Gebührensatz vom RA nicht um mehr als **20 % überschritten**, so ist die Bestimmung nicht zu korrigieren.[25] Bei einer Überhöhung von mehr als 20% korrigiert das Gericht die Gebühr auf die von dem Gericht für angemessen gehaltene Gebühr. Stellt der RA eine 10/10 Gebühr in Rechnung, hält das Gericht aber nur eine 7,5/10 Gebühr für angemessen, so liegt eine Überschreitung von 25 % vor. Das Gericht wird die Gebühr mit 7,5/10 ansetzen.

Beispiel für 5/10 Gebühr. Beschränkt sich im Sorgerechtsverfahren die Antragsbegründung auf vier Sätze, die Antragserwiderung auf einen Satz und fällt auch die Stellungnahme des Jugendamts, das eine Teilnahme am Anhörungstermin als entbehrlich angesehen hat, denkbar kurz aus und sind sich die Parteien darüber einig, welcher Elternteil das Sorgerecht erhalten soll, so ist der Ansatz der Mindestgebühr angemessen.[26]

---

[20] Bamberg JurBüro (3. Senat) 1982, 1355 (allerdings nur bis das Gutachten zum Gegenstand der mündlichen Verhandlung gemacht wurde); Stuttgart JurBüro 1996, 588; *von Eicken* AGS 1997, 62.
[21] München Beschluss vom 6. 8. 1997 11 WF 909/97.
[22] Str. ebenso Bamberg JurBüro 1992, 741 m.w.N. auch zur Gegenmeinung.
[23] Karlsruhe AnwBl 1984, 325; a. A. *Gerold/Schmidt-Madert* § 118 Rn. 10.
[24] Bamberg JurBüro (3. Senat) 1982, 1355.
[25] H. M. Düsseldorf AnwBl. 1998, 538; Übersicht zur Rspr. *Hansens* § 12 Rn. 15.
[26] Köln FamRZ 1998, 1380 (L).

D. Gebühren Isolierte Familiensachen

c) Gerichtskosten

aa) Übersicht der einschlägigen Vorschriften

15 Im folgenden wird für einige Kindessachen dargestellt, welche Vorschrift der KostO einschlägig ist:

§ 1612 Abs. 2 S. 2 BGB	§ 94 Abs. 1 Nr. 1 KostO
§ 1617 Abs. 2, Abs. 3 BGB	§ 94 Abs. 1 Nr. 5 KostO[27]
§ 1628 BGB	§ 94 Abs. 1 Nr. 5 KostO[28]
§§ 1629 Abs. 2 S. 3, 1796 BGB	§ 95 Abs. 1 Nr. 2 KostO
§ 1630 Abs. 3 BGB	§ 94 Abs. 1 Nr. 4 KostO[29]
§ 1631 Abs. 3 BGB	§ 95 Abs. 1 Nr. 2 KostO
§§ 1631b BGB, 70 Abs. 1 S. 2 Nr. 1a FGG	§ 128b KostO (gebührenfrei)
§ 1632 Abs. 3 BGB (Kindesherausgabe)	§ 94 Abs. 1 Nr. 6 KostO
§ 1632 Abs. 4 BGB	§ 94 Abs. 1 Nr. 3 KostO
§ 1640 Abs. 3 BGB	§ 94 Abs. 1 Nr. 3 KostO[30]
§ 1643 Abs. 1 BGB	§ 95 Abs. 1 Nr. 1 KostO
§ 1645 BGB	§ 95 Abs. 1 Nr. 2 KostO
§§ 1666, 1667 BGB (elterliche Sorge)	§ 94 Abs. 1 Nr. 3 KostO
§ 1671 ff. BGB (elterliche Sorge)	§ 94 Abs. 1 Nr. 4 KostO
§ 1674 BGB	§ 95 Abs. 1 Nr. 2 KostO
§ 1678 Abs. 2 BGB	§ 94 Abs. 1 Nr. 4 KostO
§§ 1680 Abs. 2, Abs. 3, 1681 BGB	§ 94 Abs. 1 S. 4 KostO[31]
§ 1683 BGB	§ 94 Abs. 1 Nr. 2 KostO[32]
§§ 1684 bis 1686 BGB (Umgangsrecht)	§ 94 Abs. 1 Nr. 4 KostO
§ 1693 BGB	§ 95 Abs. 1 Nr. 2 KostO
§ 50a FGG	gebührenfrei
§ 52a FGG	gebührenfrei[33]

Hinsichtlich weiterer Einzelfälle vgl. Übersicht in *Korintenberg-Lappe* vor § 91 Rn. 14.

bb) Gerichtsgebühren

16 Die meisten der in §§ 94, 95 KostO vorgesehenen Gebühren sind sog. **Vornahmegebühren**. Sie fallen nur an, wenn eine Vornahmeanordnung oder eine Änderung einer solchen erfolgt, nicht aber wenn der Antrag zurückgenommen oder zurückgewiesen oder das Amtsverfahren eingestellt wird (§ 91 KostO). § 130 KostO greift nicht ein, da in §§ 94, 95 KostO etwas „anderes bestimmt ist" i. S. v. § 130 Abs. 1.[34] Sind **mehrere**

---

[27] *Korintenberg-Lappe* vor § 94 Rn. 14.
[28] *Korintenberg-Lappe* vor § 94 Rn. 14.
[29] *Korintenberg-Lappe* § 94 Rn. 70.
[30] Die Gebühr wird bereits durch die Anordnung ausgelöst *Korintenberg-Lappe* § 94 Rn. 59.
[31] Es wird ein nicht bestehendes Sorgerecht übertragen; ebenso *Korintenberg-Lappe* § 94 Rn. 66.
[32] Nürnberg NJW-RR 2000, 214; *Korintenberg-Lappe* § 94 Rn. 48.
[33] BT-Drucks. 13/4899 S. 135.
[34] *Hartmann* KostG § 130 KostO Rn. 1.

IV. Kindessachen (elterl. Sorge usw.)

Kinder betroffen, so fällt dennoch die Gebühr nur einmal an (§ 94 Abs. 2 S. 2, 95 Abs. 3 KostO). Wer **Gebührenschuldner** ist, ergibt sich für die Fälle des § 94 Abs. 1 Nr. 2–6, 8 KostO aus § 94 Abs. 3 KostO. In den Fällen des § 95 Abs. 1 KostO ist das Kind der Gebührenschuldner.[35] In Kindes- und Umgangsrechtssachen sowie sonstigen Sachen nach § 94 Abs. 1 Nr. 3–6 KostO kann kein **Vorschuss** verlangt werden, da der Gebührenschuldner gemäß § 94 Abs. 3 S. 2 KostO erst später vom Gericht bestimmt wird.[36]

cc) Auslagen des Gerichts

§§ 136 ff. KostO sind einschlägig. **Sachverständigenkosten:** § 137 Nr. 6 KostO. Der **Verfahrenspfleger** erhält von der Staatskasse entsprechend §§ 1835 ff. BGB (gelten auch für RA – § 1 Abs. 2 BRAGO) Aufwendungsersatz und Vergütung (§ 50 Abs. 5 FGG). Die an den Verfahrenspfleger gezahlten Beträge werden als Auslagen dem Kostenschuldner in Rechnung gestellt (§ 137 Nr. 16 KostO).

17

Da bei FG-Antragsverfahren, wenn überhaupt, nur das ganze Verfahren, nicht aber nur die Erholung eines Beweises vom Vorschuss abhängig gemacht werden darf, scheidet eine Abhängigmachung einer Beweiserhebung von der Zahlung von Auslagenvorschuss aus[37]. Ein Auslagenvorschuss ohne Abhängigmachung kann jedoch verlangt werden (§ 8 Abs. 1 KostO). Das gilt aber nur, wenn man der Ansicht folgt, dass § 94 Abs. 3 S. 2 KostO nicht auch für die Auslagen eingreift, s. unten Rn. 30. Wendet man diese Vorschrift auch auf die Auslagen an, so kann kein Vorschuss verlangt werden, da sich erst aus der Kostenentscheidung ergibt, wer Anlagenschuldner ist (s. oben Rn. 16).

18

dd) Auslagenschuldner

Veranlassungsschuldner im Antragsverfahren. Geschäfte, die sowohl auf Antrag als auch von Amts wegen vorgenommen werden, fallen nach einhelliger Ansicht unter § 2 Nr. 2 KostO. Das ergibt sich aus dem Wortlaut von § 2 Nr. 1 KostO, wonach diese Bestimmung nur zur Anwendung gelangt bei Geschäften, die „nur" auf Antrag vorzunehmen sind.[38] Für das Verfahren über die elterliche Sorge und das Umgangsrecht wurde zum alten Recht von vielen angenommen, dass § 2 Nr. 2 KostO einschlägig ist, da es sowohl von Amts wegen als auch auf Antrag durchgeführt werden konnte. Diese Entscheidungen ergingen überwiegend zu § 1672 BGB a. F., der vorsah, dass die elterliche Sorge sowohl auf Antrag, als auch – bei Gefährdung des Kindeswohls – von Amts wegen vom Gericht geregelt werden kann. Dabei kam es nach dieser Ansicht nicht darauf an, ob das Gericht im Rahmen des 1672 BGB a. F. im Einzelfall von Amts wegen oder auf Antrag tätig war. Die schwierige Frage, ob die Voraussetzungen, unter denen das Gericht nur auf Antrag tätig wird, vorlagen, sollten nicht dem Kostenbeamten aufgebürdet werden. Außerdem diene ein Verfahren, das auf Antrag eingeleitet worden sei, auch der Frage, ob das Gericht von Amts wegen einzuschreiten habe.[39]

19

Durch das Kindschaftsreformgesetz, in Kraft seit dem 1. 7. 1998, hat sich die Rechtslage grundlegend geändert. Die Regelung des **Sorgerechts** von Amts wegen und auf Antrag ist nicht mehr in einer gemeinsamen Vorschrift geregelt, sondern in verschiedene

---

[35] *Hartmann* KostG § 95 KostO Rn. 23.
[36] *Lappe* Rn. 145 dazu, dass in Kindessachen § 2 KostO für die Gerichtsgebühren nicht eingreift.
[37] *Rohs/Wedewer-Waldner* Rn. 16; *Korintenberg-Lappe* Rn. 12 jeweils zu § 8 KostO
[38] Koblenz Rpfleger 1988, 106; *Korintenberg-Lappe* § 2 Rn. 17.
[39] KG Rpfleger 1985, 256; Koblenz Rpfleger 1988, 106; München Rpfleger 1986, 179; *Göttlich/Mümmler* KostO „Kostenschuldner" 2.

D. Gebühren Isolierte Familiensachen

Vorschriften aufgeteilt. Die Regelung auf Antrag befindet sich in §§ 1671 ff. BGB, die von Amts wegen in § 1666 ff. BGB. Allein das spricht schon dafür, dass es sich bei der Sorgerechtsregelung nach §§ 1671 ff. BGB und der nach § 1666 ff. BGB um zwei unterschiedliche Geschäfte i. S. v. § 2 KostO handelt, so dass im Fall von §§ 1671 ff. BGB eine Anwendung von § 2 Nr. 2 KostO ausscheidet, da dieses Geschäft ausschließlich auf Antrag vorzunehmen ist. Hierfür spricht auch, dass § 94 Abs. 1 KostO für die Entscheidungen über die elterliche Sorge zwei selbstständige Ziffern (Nr. 3 und Nr. 4) vorsieht, wobei die Regelung nach §§ 1666 ff. BGB unter Nr. 3 und die nach §§ 1671 ff. BGB unter Nr. 4 fällt. Ein Geschäft, das sowohl von Amts wegen als auch auf Antrag erfolgen kann, liegt danach nur noch dann vor, wenn im Rahmen einer Vorschrift eine Regelung sowohl auf Antrag als auch von Amts wegen vorgesehen ist (z. B. §§ 1632 Abs. 4, 1682 BGB).

Diese Auslegung entspricht der neuen Grundwertung der Gesetzesreform. Das elterliche Sorgerecht ist primär Sache der Eltern. Diese sollen sich untereinander möglichst ohne gerichtliche Hilfe einigen, weshalb das Sorgerecht nicht mehr automatisch Teil des Scheidungsverfahrens wird. Von Ausnahmefällen abgesehen wird das Gericht nur auf Antrag tätig. Nur in besonderen Fällen der Gefährdung ganz bestimmter Belange des Kindes (§§ 1666 ff. BGB) kann das Familiengericht noch von Amts wegen eingreifen. Die Tatsache, dass in Ausnahmefällen das Gericht von sich aus ein Verfahren einleiten kann, rechtfertigt es nicht, auch in den anderen Fällen grundsätzlich von der Anwendbarkeit von § 2 S. 2 KostO auszugehen. Insbesondere ist es nicht gerechtfertigt, in Fällen, in denen ein Einschreiten des Gerichts von Amts wegen nicht in Betracht kommt, das Verfahren also ohne den Antrag mit Sicherheit nicht durchgeführt worden wäre, eine Interessenschuldnerschaft anzunehmen mit weit reichenden Kostenfolgen für den Gegner, der sich nicht dagegen wehren kann, in den Prozess hineingezogen zu werden. Angesichts der näheren Umschreibung der Voraussetzungen eines Eingreifens von Amts wegen scheinen die Abgrenzungsprobleme auch nicht gravierend. Liegt ein Antrag vor, so ist zumindest im Regelfall von einem Antragsverfahren auszugehen.

20 Die selben Grundsätze haben für das **Umgangsrecht** zu gelten, für das nach der Gesetzesreform ebenfalls angenommen wird, dass das Gericht grundsätzlich nur auf Antrag tätig wird, es sei denn das Kindeswohl erfordert ein Einschreiten von Amts wegen.[40]

21 **Interessenschuldner im Amtsverfahren.** Geht man von der hier vertretenen Ansicht aus, so verliert das Problem, ob **Eltern** Interessenschuldner i. S. v. § 2 Nr. 2 KostO sind, erheblich an Bedeutung. Es stellt sich aber weiterhin u. a. in Verfahren auf Grund der §§ 1666 ff. BGB.

Nach einer Meinung haften gemäß § 2 Nr. 2 KostO neben den Kindern[41] jedenfalls dann auch **beide Eltern**, wenn sie entgegengesetzte Interessen vertreten. Die Regelung des Sorge- und Umgangsrechts liege auch im Interesse der Eltern.[42]

Nach einer Gegenmeinung, der jedenfalls im Verhältnis zur ersten Meinung der Vorzug zu geben ist, kann der **Inhaber des Sorge- bzw. des Umgangsrechts**, wenn es um eine Änderung des Rechts zu seinen Lasten geht, mangels eines Interesses an einer solchen Änderung nicht Interessenschuldner sein. Es ist nur schwer zu begründen, weshalb eine Tätigkeit des Gerichts, die prüft, ob einem Elternteil oder den Eltern das Sorge- oder Umgangsrecht genommen oder beschränkt werden soll, im Interesse des

---

[40] *Johannsen/Henrich-Jaeger* § 1684 BGB Rn. 10.
[41] München, Beschl. vom 18. 11. 1994 – 11 WF 1118/94.
[42] BayObLG Rpfleger 1994, 386 m.w.N.; Celle (10. Senat) JurBüro 1990, 370; Düsseldorf JurBüro 1981, 1551; Koblenz JurBüro 1998, 368; München JurBüro 1992, 479; Saarbrücken JurBüro 1988, 207.

IV. Kindessachen (elterl. Sorge usw.)

Inhabers dieses Rechts sein soll.[43] Im Ergebnis führt diese Ansicht dazu, dass in den meisten Fällen ein Elternteil nicht Interessenschuldner ist. Sie greift nämlich, wenn man sie folgerichtig anwendet, nicht nur ein, wenn eine bereits existierende Sorgerechtsentscheidung eines Gerichts geändert werden soll, sondern auch dann, wenn erstmals eine von der gesetzlichen Sorgerechtsregel abweichende Entscheidung erreicht werden soll. Auch hier geht es darum, dass einem Sorgerechtsberechtigten etwas von seinem gesetzlichen Sorgerecht genommen werden soll. Geschieht das gegen den Willen des Ehegatten, der eingeschränkt werden soll, so ist erneut nicht einzusehen, wieso diese Regelung dem Interesse dieses Elternteils entsprechen soll. Das BayObLG ist zwischenzeitlich der Gegenmeinung ein Stück entgegengekommen. Danach sind Eltern dann nicht Interessenschuldner, wenn in einem wegen Gefährdung des Kindeswohls eingeleiteten Verfahren gemäß § 1666 BGB die Erholung eines Sachverständigengutachtens durch unrichtige Angaben eines Dritten, im dortigen Fall des Jugendamts, ausgelöst wurde.[44] Dann ist es aber kein weiter Schritt mehr dazu, diesen Gedanken zumindest auch dann heranzuziehen, wenn die Auslagen, insbesondere das Gutachten durch falsche Angaben eines Elternteils ausgelöst werden. Auch hier liegt die Durchführung des Verfahrens nicht im Interesse des anderen Elternteils.

Nach einer dritten Auffassung geht es im Fall des § 1666 BGB nur um die **Interessen des Kindes**.[45] Nach einer vierten Ansicht geht es immer beim Sorge- und Umgangsrecht nur um die Interessen des Kindes, da sich die Entscheidung ausschließlich an dessen Wohl zu orientieren habe.[46]

Sollte man der Ansicht sein, dass auch Sorgerechtsverfahren nach §§ 1671 ff. BGB n. F. unter § 2 Nr. 2 KostO fallen (etwa weil es sowohl bei §§ 1671 ff. BGB, als auch bei §§ 1666 ff. BGB um das elterliche Sorgerecht und damit um ein Geschäft i. S. v. § 2 KostO, nämlich das Geschäft Regelung der elterlichen Sorge gehe), so wäre erst recht nicht der ersten Auffassung zu folgen. Wird auf Antrag eines Elternteils eine Einschränkung des Sorgerechts des anderen Elternteils geprüft, so ist schwer einzusehen, dass dieses Verfahren auch dessen Interesse dienen soll.

2. Rechtsmittel

a) Berechnungsbeispiel

> Antragsteller wendet sich mit seiner befristeten Beschwerde dagegen, dass ihm erstinstanzlich das Sorgerecht für sein Kind genommen wurde. Das OLG weist nach mündlicher Verhandlung die Beschwerde zurück.
>
> **Wert**
> 5000 DM (§§ 131 Abs. 2, 30 Abs. 2 KostO) s. Kap. B Rn. 33
>
> **RA-Gebühren**
> § 118 Abs. 1 Nr. 1 BRAGO 5/10 bis 10/10 aus 5000 DM
> § 118 Abs. 1 Nr. 2 BRAGO 5/10 bis 10/10 aus 5000 DM

22

---

[43] Celle (21. Senat) FamRZ 1996, 1559; Frankfurt Rpfleger 1988, 106 m. w. N; Köln FamRZ 1998, 1455 mit dem Hinweis, dass dies erst recht zu gelten hat, wenn das Änderungsverfahren erfolglos geblieben ist; Stuttgart FamRZ 1998, 40; Zweibrücken JurBüro 1985, 263; *Korintenberg-Lappe* § 2 Rn. 21.
[44] FamRZ 1999, 728.
[45] Hamm FamRZ 1996, 1558.
[46] Braunschweig KostRspr. § 94 KostO Nr. 23; *Rohs/Wedewer-Waldner* § 2 Rn. 15.

D. Gebühren Isolierte Familiensachen

Gerichtsgebühren
0,5 Gebühr § 131 Abs. 1 S. 1 Nr. 1 KostO

b) RA – Gebühren

23 § 118 BRAGO findet Anwendung und nicht § 61 BRAGO oder § 61 a BRAGO, da die letzten beiden Bestimmungen im Abschnitt über Gebühren in bürgerlichen Rechtsstreitigkeiten und in ähnlichen Verfahren stehen.[47] Im FG-Verfahren fallen ebenso wie in ZPO-Verfahren die Gebühren in jedem Rechtszug neu an (§ 13 Abs. 2 S. 2 BRAGO). Da in § 11 Abs. 1 S. 4 BRAGO Beschwerden nicht genannt sind, greift die 3/10 Erhöhung nicht ein. Es bleibt bei einer Gebühr zwischen 5/10 und 10/10 gemäß § 118 BRAGO.[48]

24 Bei einer **Zurückverweisung** gilt § 15 Abs. 1 S. 1 BRAGO. Streitig ist, ob § 15 Abs. 1 S. 2 BRAGO, wonach die Prozessgebühr nicht erneut anfällt, analog auf die Geschäftsgebühr angewendet werden kann.[49] Entsteht keine neue Prozessgebühr, so wird in aller Regel viel dafür sprechen, die Rahmengebühr höher auszuschöpfen.[50]

25 Die vorstehenden Ausführungen gelten auch für die **weitere befristete Beschwerde** gemäß 621 e Abs. 2 ZPO.

c) Gerichtskosten

26 Wird die befristete Beschwerde verworfen oder zurückgewiesen, wird eine halbe **Gebühr**, wird sie zurückgenommen, eine viertel Gerichtsgebühr erhoben (§ 131 Abs. 1 S. 1 KostO). Befristete Beschwerden eines Kindes oder in dessen Interesse sind gebührenfrei (§ 131 Abs. 3 KostO). Überwiegend wird angenommen, dass die mit dem Ziel der Rückübertragung der elterlichen Sorge oder des Umgangsrechts erhobene Beschwerde nicht im Interesse des Kindes eingelegt ist,[51] so dass der Beschwerdeführer die Gebühren tragen muss, sofern sein Rechtsmittel nicht erfolgreich ist.

Trifft das Beschwerdegericht erstmals eine gebührenpflichtige Maßnahme, so entsteht die erstinstanzliche Gerichtsgebühr s. oben Rn. 16. Hebt es eine gebührenpflichtige Maßnahme auf, so entfällt die zunächst entstandene Gebühr.

27 Die **Auslagen** des Gerichts im Beschwerdeverfahren werden nicht erhoben, wenn die Beschwerde begründet ist (§ 131 Abs. 5 KostO). Ansonsten werden sie beim Beschwerdeführer (§ 2 Nr. 1 KostO) erhoben.[52]

28 § 131 KostO und die vorstehenden Ausführungen gelten auch für die **weitere befristete Beschwerde** gemäß § 621 e Abs. 2 ZPO.[53]

---

[47] *Gerold/Schmidt-Madert* § 118 Rn. 15.
[48] *Hartmann* KostG § 11 BRAGO Rn. 12; *Gerold/Schmidt-Madert* § 11 Rn. 23; zweifelnd *Lappe* Rn. 273.
[49] **Gegen eine analoge Anwendung**, da anders als in § 6 BRAGO die Geschäftsgebühr in § 15 Abs. 1 S. 2 BRAGO nicht ausdrücklich erwähnt wird *Gerold/Schmidt-Madert* § 15 Rn. 12; LG Aachen JurBüro 1988, 1001; **für eine analoge Anwendung** wegen der Wesensgleichheit von Prozess- und Geschäftsgebühr Düsseldorf JurBüro 1983, 697; Stuttgart JurBüro 1996, 588; *Hansens* § 15 Rn. 6 m.w.N., *Lappe* Rn. 275.
[50] Düsseldorf JurBüro 1983, 697; Stuttgart JurBüro 1996, 588.
[51] Celle 1974, 631; LG Koblenz FamRZ 1999, 730; *Korintenberg-Lappe* § 131 Rn. 35; **a. A.** BayObLG Rpfleger 1960, 95.
[52] BayObLGZ 1959, 71, 76; *Hartmann* KostG Rn. 26; *Korintenberg-Lappe* Rn. 44, 33 jeweils zu § 131 KostO.
[53] *Hartmann* KostG § 131 KostO Rn. 3.

IV. Kindessachen (elterl. Sorge usw.)

3. Kostenentscheidung

a) Unterschied § 94 Abs. 3 S. 2 KostO – § 13a Abs. 1 FGG

Das Gericht kann in Kindessachen eine Kostenentscheidung entweder gemäß 94 Abs. 3 S. 2 KostO oder gemäß § 13a Abs. 1 FGG treffen. Die Wirkungen sind unterschiedlich. Die Kostentscheidung nach § 94 Abs. 3 S. 2 KostO betrifft das Verhältnis der Beteiligten zur Staatskasse (wer schuldet was der Staatskasse). Die Kostenentscheidung nach § 13a Abs. 1 FGG betrifft das Verhältnis der Beteiligten untereinander und regelt die Kostenerstattung unter diesen.[54] Wurde nur eine Kostenentscheidung nach § 94 Abs. 3 S. 2 KostO getroffen, so kann auf diese Entscheidung kein Erstattungsanspruch eines Betroffenen gegen den anderen gestützt werden, da es an einem gemäß §§ 13a Abs. 3 FGG, 103 Abs. 1 ZPO erforderlchen Titel, der die Kostenerstattung regelt, fehlt.[55] Jedenfalls hinsichtlich der Gerichtsgebühren bedarf es auch keines Kostenerstattungsanspruchs, da es keinen Antragsschuldner gibt und jeder Beteiligte der Staatskasse ohnehin nur die Gebühren schuldet, die ihm gemäß § 94 Abs. 3 S. 2 KostO auferlegt wurden (s. oben Rn. 16). Dasselbe gilt für Auslagen, wenn man der Auffassung ist, dass § 94 Abs. 3 S. 2 KostO auch die Auslagen erfasst (s. oben Rn. 18, 30). Hält man § 94 Abs. 3 S. 2 KostO bei Auslagen nicht für anwendbar, so kommt gemäß 426 BGB ein materiellrechtlicher Ausgleichsanspruch desjenigen in Betracht, der als Antrags- oder Interessenschuldner die Auslagenkosten des Gerichts gezahlt hat, wenn die andere Partei Gesamtschuldner ist.[56] Dieser Anspruch ist jedoch außerhalb des Kostenfestsetzungsverfahrens geltend zu machen.

29

b) Kostenentscheidung gemäß § 94 Abs. 3 S. 2 KostO.

Streitig ist, ob das Gericht in einer Kostenentscheidung gemäß § 94 Abs. 3 S. 2 KostO auch über die **Auslagen**, insbesondere über die Kosten des Sachverständigen mit entscheiden darf oder ob diese Vorschrift nur eine Entscheidung über die Gerichtsgebühren vorsieht.[57]

30

Unabhängig von diesem Streit ist, wenn das Gericht in einer Entscheidung gemäß § 94 Abs. 3 S. 2 KostO ausgesprochen hat, dass eine Partei die Auslagen zu tragen hat, diese – nicht isoliert angreifbare (§ 20a Abs. 1 FGG)[58] – **Entscheidung für den Kostenbeamten verbindlich**. Im Kostenansatzverfahren ist die Kostengrundentscheidung vom Urkundsbeamten ungeprüft hinzunehmen. Er ist an die Kostengrundentscheidung gebunden, selbst wenn sie grob falsch ist.[59] Hier sind die allgemeinen Grundsätze mit heranzuziehen, wonach Urteile (dasselbe hat für Beschlüsse zu gelten) nur ganz ausnahmsweise nichtig sind.[60] Ein solcher Ausnahmefall wäre nicht einmal gegeben, wenn es eine ganz überwiegende Meinung gäbe, dass die Entscheidung gemäß § 94 Abs. 3 S. 2 KostO die Auslagen nicht mitregeln darf. Erst recht ist er nicht gegeben, wenn man mit berücksich-

---

[54] *Keidel-Zimmermann* § 13a Rn. 2; *Bumiller/Winkler* § 13a Rn. 1.
[55] München Beschluss vom 4. 8. 1998 – 11 WF 1004/98, vom 6. 11. 1997 – 11 WF 1151/97.
[56] Koblenz OLGR 1998, 192.
[57] Vgl. die Rechtsprechungsübersicht bei *Korintenberg-Lappe* § 94 Rn. 85, 86 **verneinend** BayObLG FamRZ 1998, 37; Celle (10. Senat) JurBüro 1994, 236; Hamm FamRZ 1996, 1557; München JurBüro 1992, 479 m.w.N.; **bejahend** Celle (21. Senat) FamRZ 1996, 1559; Nürnberg FamRZ 1995, 105 m.w.N.; Stuttgart FamRZ 1998, 40.
[58] *Keidel-Zimmermann* § 20a Rn. 3.
[59] Karlsruhe JurBüro 1996, 645 m.w.N.
[60] *Thomas/Putzo* Vorbem. § 300 Rn. 15 ff.

D. Gebühren Isolierte Familiensachen

tigt, dass zahlreiche OLG-Senate sich für eine Erfassung der Auslagen ausgesprochen haben.[61] Unzutreffend ist die weit verbreitete Ansicht,[62] dass eine Kostenentscheidung, die auch die Auslagen erfasst, unverbindlich sei.

c) Kostenentscheidung gemäß § 13a Abs. 1 S. 1 FGG.

31 Das Gericht kann in isolierten FG-Familiensachen, also auch in den isolierten Kindessachen eine Kostenentscheidung gemäß § 13a Abs. 1 FGG für das Verhältnis der Beteiligten untereinander treffen.[63] Diese Entscheidung betrifft auch den Erstattungsanspruch des Berechtigten hinsichtlich der von ihm gezahlten Gerichtskosten und Gerichtsauslagen.[64]

d) Auslegung der Kostenentscheidung.

32 Schwierigkeiten bereitet die Auslegung von Kostenentscheidungen in Kindessachen, da in ihnen häufig nicht ausdrücklich klar gestellt wird, ob sie sich nur auf das Verhältnis zur Staatskasse oder auch auf die Kostenerstattung beziehen und ob bei den Gerichtskosten auch die Auslagen des Gerichts miterfasst sind. Der Richter sollte im Tenor, spätestens aber in den Gründen deutlich machen, über welches Verhältnis er eine Kostentscheidung treffen will, wozu eine bloße Zitierung von Paragrafen nicht ausreicht. Das geschieht häufig nicht.

Wird tenoriert, dass ein Beteiligter „die Kosten des Verfahrens zu tragen hat", so wird dies überwiegend dahingehend ausgelegt, dass damit zumindest die Kostenerstattungspflicht unter den Beteiligten geregelt ist.[65] Darüber hinaus erfasst diese Tenorierung auch die Pflicht der Kostentragung gegenüber dem Gericht.[66] Unter den Kosten des Verfahrens verstehen das Gesetz[67] und Juristen die Gerichtskosten und die außergerichtlichen Kosten der Beteiligten. Der objektive Erklärungswert ist, da eine Entscheidung über die außergerichtlichen Kosten nur einen Sinn macht, wenn die Kostenerstattung mitgeregelt werden soll, dass auch die Kostenerstattung miterfasst ist. An diesem objektiven Erklärungswert ändert sich auch nichts dadurch, dass die Kostenerstattung unter den Beteiligten im FG-Verfahren anders als im Zivilprozess nicht grundsätzlich erfolgt, sondern nur vorzunehmen ist, wenn die Billigkeit dies erfordert.[68] Im Übrigen wird die Tenorierung meistens vom Richter auch entsprechend dem zuvor dargelegten objektiven Erklärungswert gemeint sein. Ist er sich der Problematik der § 94 Abs. 3 S. 2 KostO und des § 13a FGG bewusst, so wird er i. a. R. ohnehin eine unmissverständliche Kostentenorierung vornehmen. Ist er sich der Differenzierung aber nicht bewusst, so liegt es nahe, dass er unter Kosten des Verfahrens das versteht, was man üblicherweise darunter versteht. Es mag dann sein, dass er eine falsche Kostenentscheidung gefällt hat, weil Billigkeitsgründe nicht geprüft wurden oder nicht vorlagen.

---

[61] Daher ist auch die Ansicht von *Korintenberg-Lappe* § 3 Rn. 3, dass eine gesetzeswidrige Kostentscheidung keine Bindungswirkung entfalte, unzutreffend.
[62] BayObLG Rpfleger 1997, 322; KG Rpfleger 1985, 256; Koblenz Rpfleger 1988, 106; Saarbrücken Rpfleger 1988, 146.
[63] *Keidel-Zimmermann* § 13a Rn. 2a, 76; *Bumiller-Winkler* § 13a Rn. 6.
[64] *Keidel-Zimmermann* § 13a Rn. 2.
[65] BayObLGZ 1952, 149; 1959, 143; Rpfleger 1960, 95; *Keidel-Zimmermann* Rn. 50; *Bumiller-Winkler* Rn. 31 jeweils zu § 13a; a. A. KG OLGZ 1969, 275.
[66] BayObLGZ 1952, 149; 1959, 143; Rpfleger 1960, 95.
[67] BayObLGZ 1952, 149.
[68] A. A. KG OLGZ 1969, 275, Rpfleger 1968, 152.

Der objektiv eindeutige und vermutlich auch dem Willen des Richters entsprechende Inhalt eines Tenors kann jedoch nicht deswegen geändert werden, weil er fehlerhaft ist. Selbst wenn in den Gründen auf § 94 Abs. 3 S. 2 KostO Bezug genommen wird, ändert sich aus den zuvor genannten Erwägungen nichts daran, dass eine Kostenentscheidung über die „Kosten des Verfahrens" auch die Kostenerstattung erfasst.[69] Der objektive Erklärungswert der Tenorierung bleibt eindeutig. Die Wahrscheinlichkeit, dass der Richter sich hinsichtlich der Vorschriften, die als Grundlage seiner Entscheidung in Betracht kommen, geirrt hat, ist weit größer als eine Fehlvorstellung über den Begriff „Kosten des Verfahrens".

Die vorstehenden Ausführungen gelten in gleicher Weise für die Tenorierung „**kostenfällig abgewiesen**".[70] Unter kostenfälliger Abweisung wird allgemein verstanden, dass damit zum einen alle Kosten des Verfahrens gemeint sind, dass darüber hinaus sich aus dieser Tenorierung auch ein Erstattungsanspruch unter den Parteien bzw. den Beteiligten ergibt.

Bei der Tenorierung „**die Gerichtskosten trägt**" sind die gerichtlichen Auslagen miterfasst. Nach § 1 KostO gehören die gerichtlichen Auslagen zu den Gerichtskosten.

V. Vermittlungsverfahren gemäß § 52a FGG

1. Berechnungsbeispiele

a) Erfolgreiches Vermittlungsverfahren

33

Es findet ein Vermittlungsverfahren statt, in dessen Rahmen die Eltern und das Gericht über das Umgangsrecht sprechen. Die Parteien schließen einen Vergleich.

Wert
5000 DM (§§ 8 Abs. 2 S. 2 Hs. 1 BRAGO) s. Kap. B Rn. 35

RA-Gebühren
§ 118 Abs. 1 Nr. 1 BRAGO 5/10 bis 10/10 aus 5000 DM
§ 118 Abs. 1 Nr. 2 BRAGO 5/10 bis 10/10 aus 5000 DM
§ 23 Abs. 1 S. 3 BRAGO 10/10 aus 5000 DM

Gerichtsgebühren
Keine

b) Erfolglose Vermittlung und Nachverfahren

34

Das mündliche Vermittlungsgespräch war erfolglos. Das Gericht leitet von Amts wegen ein Verfahren ein, das nach einer mündlichen Verhandlung zu einer Neuregelung des Umgangsrechts führt.

aa) Vermittlungsverfahren

Wert
5000 DM (§§ 8 Abs. 2 S. 2 Hs. 1 BRAGO) s. Kap. B Rn. 35

---

[69] BayObLG Rpfleger 1960, 95.
[70] A. A. KG Rpfleger 1968, 152.

> **RA-Gebühren**
> § 118 Abs. 1 Nr. 1 BRAGO 5/10 bis 10/10 aus 5000 DM
> § 118 Abs. 1 Nr. 2 BRAGO 5/10 bis 10/10 aus 5000 DM
>
> **Gerichtsgebühren**
> Keine
>
> **bb) Nachverfahren**
>
> **Wert**
> 5000 DM (§§ 8 Abs. 2 S. 2 Hs. 1 BRAGO) s. Kap. B Rn. 35
>
> **RA-Gebühren**
> § 118 Abs. 1 Nr. 1 BRAGO 5/10 bis 10/10 aus 5000 DM
> § 118 Abs. 1 Nr. 2 BRAGO 5/10 bis 10/10 aus 5000 DM
> Die Geschäftsgebühr fällt aber nicht doppelt an (§ 118 Abs. 2 S. 2 BRAGO).
>
> **Gerichtskosten**
> 1 Vornahmegebühr § 94 Abs. 1 Nr. 4 KostO

2. RA-Gebühren

35 Für die Vertretung bei einem Vermittlungsgespräch gemäß § 52a FGG (Vermittlung des Gerichts bei Vereitelung oder Erschwerung einer gerichtlichen Verfügung bezüglich des Umgangsrechts) fällt eine **Geschäftsgebühr** an. Sie ist auf die entsprechende Gebühr eines sich anschließenden gerichtlichen Umgangsrechtsverfahrens anzurechnen (§ 118 Abs. 2 S. 2 BRAGO). S. im Übrigen zur Geschäftsgebühr oben Rn. 9.

36 Auch im Vermittlungsverfahren gemäß § 52a FGG kann eine **Besprechungsgebühr** entstehen. Diese ist auf ein sich anschließendes Verfahren nicht anzurechnen, da § 118 Abs. 2 S. 2 BRAGO nur die Geschäftsgebühr betrifft. S. im Übrigen zur Besprechungsgebühr oben Rn. 10.

37 Das Verfahren gemäß § 52a FGG stellt ein gerichtliches Verfahren i. S. v. § 23 Abs. 1 S. 3 BRAGO dar, weshalb bei einem Vergleichsabschluss nur eine 10/10 **Vergleichsgebühr** anfällt. Zweifel könnten insoweit bestehen, als das Gericht nicht mit dem Ziel angerufen wird zu entscheiden. Die Situation entspricht dennoch nicht derjenigen, die bei Vergleichsgesprächen vor Gericht über nicht anhängige Ansprüche entstehen – dann 15/10 Vergleichsgebühr (s. Kap. I Rn. 3). Im Falle des § 52a FGG findet ein förmliches Verfahren statt, in dem das Gericht auch Schriftsätze berücksichtigen und an dessen Ende es u. U. eine Entscheidung gemäß § 52a Abs. 5 FGG treffen muss.

3. Gerichtskosten

38 Im Vermittlungsverfahren fallen, auch wenn das Gericht einen Beschluss erlässt, keine Gerichtsgebühren an (§ 91 KostO).[71] Schließt sich ein normales Sorgerechts- oder Umgangsrechtsverfahren an, so entsteht nur eine Gebühr, wenn eine das Sorge- oder Umgangsrecht regelnde Entscheidung getroffen wird (s. oben Rn. 16).

---

[71] BT-Drucks. 13/4899 S. 135; *Korintenberg-Lappe* vor § 91 Rn. 14.

VI. Kindschaftssachen (Vaterschaftsanfechtung usw.)

1. Berechnungsbeispiele

a) 1. Instanz

39

In einem Vaterschaftsanfechtungsverfahren ergeht nach mündlicher Verhandlung ein Urteil.

Wert
4000 DM (§ 12 Abs. 2 S. 3 GKG) s. Kap. B Rn. 38

RA-Gebühren
§ 31 Abs. 1 Nr. 1 BRAGO 10/10 Gebühr aus 4000 DM
§§ 31 Abs. 1 Nr. 2, 33 Abs. 1 S. 2 Nr. 3 BRAGO 10/10 Gebühr aus 4000 DM

Gerichtskosten
3 Verfahrensgebühren gemäß KV 1201 aus 4000 DM

b) Rechtsmittel

40

Gegen das Urteil im Vaterschaftsprozess wird Berufung eingelegt. Nach mündlicher Verhandlung ergeht Urteil mit Gründen.

Wert
4000 DM (§ 12 Abs. 2 S. 3 GKG) s. Kap. B Rn. 38

RA-Gebühren
§§ 31 Abs. 1 Nr. 1, 11 Abs. 1 S. 4 BRAGO 13/10 Gebühr aus 4000 DM
§§ 31 Abs. 1 Nr. 2, 33 Abs. 1 S. 2 Nr. 3, 11 Abs. 1 S. 4 BRAGO 13/10 Gebühr aus 4000 DM

Gerichtskosten
1,5 Verfahrensgebühr gemäß KV 1220 aus 4000 DM
3 Urteilsgebühren gemäß KV 1226 aus 4000 DM

2. RA- Gebühren

a) ZPO-Verfahren

41 Da es sich bei den Kindschaftssachen gemäß § 640 ZPO um ein besonderes ZPO-Verfahren handelt,[72] sind hinsichtlich der RA-Gebühren §§ 31 ff. BRAGO anzuwenden. Eine Besonderheit besteht insoweit, als – was leicht übersehen wird – eine **volle Verhandlungsgebühr** auch anfällt, wenn keine streitigen Anträge gestellt werden (§ 33 Abs. 1 S. 2 Nr. 3 BRAGO). Das gilt auch für das **Berufungs- und Revisionsverfahren.**

b) FG-Verfahren

42 Beim Verfahren gemäß § 1600e Abs. 2 BGB handelt es sich gemäß § 621a Abs. 1 S. 1 ZPO um eine FG-Sache. Daher ist § 118 BRAGO für die RA-Gebühren einschlägig. Das gilt auch für das Beschwerdeverfahren. Es gelten die Ausführungen zu oben Rn. 9 ff. und Rn. 23 ff.

---

[72] *Thomas/Putzo* § 640 ZPO Rn. 5.

D. Gebühren Isolierte Familiensachen

3. Gerichtskosten

a) ZPO-Verfahren

43 Bei ZPO-Sachen greifen in erster Instanz KV 1201 ff., im Berufungsverfahren KV 1220 ff. ein.

b) FG-Verfahren

44 Bei FG-Sachen sind für die 1. Instanz § 94 Abs. 1 Nr. 7 KostO, für das Beschwerdeverfahren § 131 KostO einschlägig.

VII. Unterhalt

1. Instanz

a) Berechnungsbeispiele

aa) Leistungsklage

45
> Kläger verlangt mit am 15.7.2000 eingereichter Klage für die Zukunft sowie für die Zeit ab 1.3.2000 Unterhalt von 300 DM monatlich. Nach einer Zeugenanhörung ergeht ein Endurteil.
>
> **Werte**
> Zukünftiger Unterhalt 12 × 300 DM = 3600 DM (§ 17 Abs. 1 S. 1 GKG) s. Kap. B Rn. 40
> Rückstände 5 × 300 DM = 1500 (§ 17 Abs. 4 S. 1 GKG) s. Kap. B Rn. 49
> Gesamt 5100 DM
>
> **RA-Gebühren**
> § 31 Abs. 1 Nr. 1 BRAGO 10/10 aus 5100 DM
> § 31 Abs. 1 Nr. 2 BRAGO 10/10 aus 5100 DM
> § 31 Abs. 1 Nr. 3 BRAGO 10/10 aus 5100 DM
>
> **Gerichtsgebühren**
> 3 Verfahrensgebühren KV 1201 aus 5100 DM.

bb) Stufenklage

46
> Kläger, der in der Größenordnung von 500 DM monatlich Unterhaltszahlungen beanspruchen zu können glaubt, verlangt Auskunft und stellt unbestimmten Leistungsantrag. Nach der Auskunftserteilung auf Grund eines streitigen Urteils, dem eine Beweisaufnahme zum Auskunftsantrag vorausging, klagt er nunmehr monatlich 300 DM ein. Nach streitiger Verhandlung ergeht ein Urteil.
>
> **Werte**
> Unbestimmter Leistungsantrag 12 × 500 DM = 6000 DM oder 12 × 300 DM = 3600 DM (§ 17 Abs. 1 S. 1 GKG) str. s. Kap. B Rn. 57
> Auskunft 1/4 aus 6000 DM = 1500 DM (§ 3 ZPO) s. Kap. B Rn. 58, 54
> Bestimmter Leistungsantrag 12 × 300 DM = 3600 DM s. Kap. B Rn. 40
>
> **RA-Gebühren**
> 1. Stufe
> § 31 Abs. 1 Nr. 1 BRAGO 10/10 aus 6000 DM oder aus 3600 DM
> § 31 Abs. 1 Nr. 2 BRAGO 10/10 aus 1500 DM (Auskunft)
> § 31 Abs. 1 Nr. 3 BRAGO 10/10 aus 1500 DM (Auskunft)

VII. Unterhalt

> **2. Stufe**
> § 31 Abs. 1 Nr. 1 BRAGO 10/10 aus 6000 DM oder aus 3600 DM
> § 31 Abs. 1 Nr. 2 BRAGO 10/10 aus 3600 DM
>
> Insgesamt erhält der RA, da nur eine Angelegenheit
> § 31 Abs. 1 Nr. 1 BRAGO 10/10 aus 6000 DM oder aus 3600 DM
> § 31 Abs. 1 Nr. 2 BRAGO 10/10 aus 3600 DM
> § 31 Abs. 1 Nr. 3 BRAGO 10/10 aus 1500 DM (Auskunft)
>
> **Gerichtsgebühren**
> 1. Stufe
> 3 Verfahrensgebühren KV 1201 aus 6000 DM oder aus 3600 DM
> 2. Stufe
> Es ändert sich nichts.

b) RA-Gebühren

Es gelten, da es sich um eine Zivilsache handelt, §§ 31 ff. BRAGO. Es wird auf die Ausführungen zum Verbund Bezug genommen. Hinsichtlich der Beweisgebühr s. insbesondere Kap. C Rn. 25. 47

Werden Auskunfts- und Leistungsklage in einer **Stufenklage** geltend gemacht, so handelt es sich um eine Angelegenheit. Da in der ersten Stufe der Leistungsantrag bereits schriftsätzlich angekündigt ist, entsteht eine Prozessgebühr bereits aus dem Wert der Leistungsklage. In der mündlichen Verhandlung wird i. a. R. nur Antrag zur Auskunft gestellt. Die Verhandlungsgebühr erwächst dann nur aus dem Wert der Auskunftsklage. Für die Leistungsklage fällt die Verhandlungsgebühr erst in der zweiten Stufe an. Bezieht sich eine Beweisaufnahme ausschließlich auf die Auskunftsstufe, so fällt die Beweisgebühr nur aus dem Streitwert der Auskunft an. Da es sich bei der Stufenklage nur um eine Angelegenheit handelt, kann jede der Gebühren des § 31 BRAGO insgesamt nur einmal anfallen. Eine Streitwertaddition findet nicht statt (s. Kap. B 57).

c) Gerichtskosten

Es gilt, da es sich um eine Zivilsache handelt, das GKG. Es greifen KV 1201 ff. und nicht mehr wie beim Verbund KV 1510 ff. ein. Folge: dreifache Verfahrensgebühr, u. U. Ermäßigung auf eine Gebühr. Zu beachten ist, dass nach dem Wortlaut von KV 1202 „das gesamte Verfahren" beendet sein muss, damit sich die Gebühr reduziert; eine Teilrücknahme genügt nicht.[73] 48

2. Rechtsmittel

a) Berechnungsbeispiel

> Kläger wendet sich mit der Berufung dagegen, dass ihm für den zukünftigen Unterhalt sowie für 5 Monate Rückstände in der 1. Instanz monatlich 150 DM zu wenig zugesprochen worden seien. Nach einer Beweisaufnahme ergeht Endurteil mit Begründung.

49

---

[73] *Hartmann* KostG KV 1202 Rn. 3; München NJW-RR 1997, 1159.

> **Werte**
> Zukünftiger Unterhalt 12 × 150 DM = 1800 DM (§ 17 Abs. 1 S. 1 GKG) s. Kap. B Rn. 63
> Rückstände 5 × 150 DM = 750 DM (§ 17 Abs. 4 S. 1 GKG)
> Gesamt 2550 DM.
>
> **RA-Gebühren**
> §§ 31 Abs. 1 Nr. 1, 11 Abs. 1 S. 4 BRAGO 13/10 aus 2550 DM
> §§ 31 Abs. 1 Nr. 2, 11 Abs. 1 S. 4 BRAGO 13/10 aus 2550 DM
> §§ 31 Abs. 1 Nr. 3, 11 Abs. 1 S. 4 BRAGO 13/10 aus 2550 DM
>
> **Gerichtsgebühren**
> 1,5 Verfahrensgebühr KV 1220 aus 2550 DM
> 3 Urteilsgebühren KV 1226 aus 2550 DM

b) RA – Gebühren

50 Bei der **Berufung** fallen um 3/10 erhöhte Gebühren gemäß §§ 31 ff., 11 Abs. 1 S. 4 BRAGO an.

Bei der **Revision** erhöht sich die Prozessgebühr für den beim BGH zugelassenen RA (nur für diesen) gemäß § 11 Abs. 1 S. 5 BRAGO um 10/10. Im Übrigen erhöhen sich die Gebühren wie bei der Berufung gemäß § 11 Abs. 1 S. 4 BRAGO um 3/10.

c) Gerichtskosten

51 Es fallen in der **Berufung** eine 1,5fache Verfahrensgebühr sowie unterschiedlich hohe (maximal 3 fache) Urteils- bzw Beschlussgebühren an (KV 1220ff.). Zur **Revision** s. KV 1230ff.

VIII. Vereinfachtes Unterhaltsverfahren

1. 1. Instanz

a) Berechnungsbeispiel

52
> RA verlangt und erhält im Verfahren gemäß § 645 ZPO für ein 3 jähriges Kind 150 % des Regelbetrags.
>
> **Wert**
> 12 × (349 DM + 50 %) = 6282 DM (§ 17 Abs. 1 S. 2 GKG) s. Kap. B Rn. 43
>
> **RA-Gebühren**
> §§ 44 Abs. 1 S. 1 Nr. 1 BRAGO 10/10 aus 6282 DM
>
> **Gerichtsgebühren**
> 0,5 Entscheidungsgebühr KV 1800 aus 6282 DM

b) RA-Gebühren

aa) Vereinfachtes Verfahren

53 Die §§ 43 a, 43 b BRAGO a. F. wurden aufgehoben, da die Verfahren, auf die sie sich bezogen, mit dem KindUG vom 6. 4. 1998 (BGBl. I 666) abgeschafft wurden und an ihre Stelle das vereinfachte Verfahren über den Minderjährigenunterhalt gemäß § 645 Abs. 1

VIII. Vereinfachtes Unterhaltsverfahren

ZPO trat, das für eheliche und nichteheliche Kinder in gleicher Weise gilt. Hierfür ist § 44 BRAGO einschlägig.

Der RA erhält eine volle **Tätigkeitsgebühr** (§ 44 Abs. 1 S. 1 Nr. 1 BRAGO). Endet der Auftrag vorzeitig, so ist § 32 Abs. 1 BRAGO (1/2 Gebühr) anzuwenden. Der RA verdient jedoch mindestens eine 3/10 Gebühr (§ 44 Abs. 1 S. 2 BRAGO). Der Vertreter des Antragstellers verdient die volle Gebühr, wenn er den Antrag stellt, der Antragsgegnervertreter, wenn er bei Gericht einen Schriftsatz zur Sache einreicht, sei es dass er Einwendungen erhebt,[74] sei es dass er erklärt, keine Einwendungen zu haben.[75] Bei der Tätigkeitsgebühr hat es auch dann sein Bewenden, wenn es ausnahmsweise zu einer mündlichen Verhandlung oder einer Beweisaufnahme kommt.[76] Wird ein Vergleich geschlossen, so entsteht eine 10/10 Vergleichsgebühr. Das vereinfachte Verfahren ist ein gerichtliches Verfahren i. S. v. § 23 Abs. 1 S. 3 BRAGO.

bb) Überleitung ins streitige Verfahren

Wird auf Antrag einer Partei ein **streitiges Verfahren** durchgeführt (§ 651 ZPO), so handelt es sich um ein normales ZPO Verfahren. Es entstehen in diesem die Gebühren des § 31 BRAGO. Die Tätigkeitsgebühr des § 44 Abs. 1 S. 1 Nr. 1 BRAGO wird jedoch auf die Prozessgebühr **angerechnet** (§ 44 Abs. 2 S. 1 BRAGO). Diese Anrechnung entfällt jedoch in analoger[77] Anwendung des § 13 Abs. 5 S. 2 BRAGO, wenn das vereinfachte Verfahren erledigt ist und über 2 Jahre kein Auftrag zur Vertretung im streitigen Verfahren erteilt wird.[78] So weit die Meinung vertreten wird, dass eine Anrechnung nur zu erfolgen habe, wenn innerhalb einer „kürzeren Zeit" ein Auftrag hinsichtlich eines streitigen Verfahrens erteilt wird,[79] ist dem nicht zu folgen. Das Gesetz verlangt nur einen „nachfolgenden" Rechtsstreit. Über die Länge des zeitlichen Abstands ist damit nichts gesagt.[80]

54

cc) Teils vereinfachtes, teils streitiges Verfahren

Wird Unterhalt teilweise im vereinfachten Verfahren und teilweise mit einer streitigen Unterhaltsklage (etwa die Beträge, die über 150% des Regelbetrags hinausgehen) geltend gemacht, so handelt es sich um 2 selbstständige Verfahren, in denen gesonderte Gebühren anfallen, die nicht aufeinander anzurechnen sind. Es liegen unterschiedliche Angelegenheiten und unterschiedliche Gegenstände vor.[81]

55

dd) Abänderungsverfahren

Im Anschluss an eine Festsetzung im vereinfachten Verfahren kommen drei Änderungsverfahren in Betracht:
– die normale Abänderungsklage gemäß § 654 ZPO (Entscheidung durch Urteil),

56

---

[74] Vgl. *Enders* JurBüro 1998, 451.
[75] Vgl. dazu dass im streitigen Verfahren ein Anerkenntnis eine volle Prozessgebühr auslöst *Hansens* § 32 Rn. 10.
[76] *Gerold/Schmidt-von Eicken* § 44 Rn. 4.
[77] Eine direkte Anwendung scheidet aus, da das vereinfachte Verfahren und der Rechtsstreit zwei Angelegenheiten sind, wie gerade die Anrechnungsbestimmung des § 44 Abs. 2 S. 1 BRAGO zeigt. *Gerold/Schmidt-von Eicken* § 43 Rn. 10 zur gleichen Problematik bei § 43 Abs. 2 BRAGO.
[78] *Gerold/Schmidt-von Eicken* § 43 Rn. 10.
[79] *Hansens* § 43 Rn. 12; *Hartmann* KostG § 43 BRAGO Rn. 35.
[80] München AnwBl. 1991, 275.
[81] *Enders* JurBüro 1998, 451.

D. Gebühren Isolierte Familiensachen

– die Abänderung der anrechenbaren Leistungen z. B. Kindergeld im vereinfachten Verfahren gemäß § 655 ZPO (Entscheidung durch Beschluss),
– die Anpassungsklage gemäß § 656 ZPO im Gefolge einer Änderung nach § 655 ZPO (Entscheidung durch Urteil[82]).

57 Wird eine Änderungsklage gemäß **§ 654 ZPO** durchgeführt, so handelt es sich wie auch sonst bei Änderungsklagen um ein normales ZPO-Verfahren, das zu Gebühren nach §§ 31 ff. BRAGO führt. Es ist eine neue Angelegenheit. Eine Gebührenanrechnung findet nicht statt.

58 Bei einer Änderung lediglich hinsichtlich anrechenbarer Leistungen gemäß **§ 655 ZPO** fällt eine neue 5/10 Gebühr an (§ 44 Abs. 1 S. 1 Nr. 2 BRAGO), die sich gemäß §§ 44 Abs. 1 S. 2, 32 Abs. 1 BRAGO reduzieren kann, jedoch höchstens auf 3/10. Es handelt sich um eine neue Angelegenheit. Eine Gebührenanrechnung zum vorausgegangenen Verfahren findet nicht statt.

59 So weit das Verfahren nach § 655 ZPO zu einer Änderungsklage gemäß **§ 656 ZPO** führt, fallen wieder die bei einer normalen Änderungsklage üblichen Gebühren gemäß §§ 31 ff. BRAGO an. Die Gebühr gemäß § 44 Abs. 1 S. 1 Nr. 2 BRAGO wird jedoch angerechnet (§ 44 Abs. 2 S. 2 BRAGO). Die Kostenentscheidung ergeht einheitlich für das vereinfachte Verfahren nach § 655 ZPO und das streitige Abänderungsverfahren (§ 656 Abs. 3 ZPO).[83]

ee) Übergangsrecht

60 Gemäß Art. 5 § 3 KindUG vom 6. 4. 1998 (BGBl. I 666) können Unterhaltstitel, die nach altem Recht ergangen sind, im vereinfachten Verfahren abgeändert werden. Gemäß Art. 5 § 4 Abs. 2 KindUG erhält der RA hierfür eine 5/10 Tätigkeitsgebühr, mit der alles abgegolten ist, selbst wenn es ausnahmsweise zu einer mündlichen Verhandlung kommt. Es hat dasselbe zu gelten, wie im gewöhnlichen vereinfachten Verfahren.[84]

c) Gerichtskosten

aa) Vereinfachtes Verfahren

61 Im vereinfachten Verfahren über den Unterhalt Minderjähriger gemäß § 645 Abs. 1 ZPO fällt eine 0,5 Entscheidungsgebühr an (KV 1800). Da es sich um eine Entscheidungsgebühr handelt, wird diese erst mit der Entscheidung fällig (§ 61 Hs. 2 GKG) und besteht keine Vorauszahlungspflicht.[85] Keine Gerichtsgebühr entsteht, so weit nur eine Entscheidung nach § 650 S. 2 ZPO ergeht (Festsetzung, so weit sich der Antragsgegner zur Zahlung von Unterhalt verpflichtet – KV 1800).

bb) Überleitung ins streitige Verfahren

62 Folgt ein streitiges Verfahren nach, so entstehen Gerichtsgebühren gemäß KV 1201 ff. Die Kosten des vereinfachten Verfahrens werden als Teil des streitigen Verfahrens behandelt (§ 651 Abs. 5 ZPO). Die Gebühr nach KV 1800 wird auf die Gebühren nach KV 1201 ff. angerechnet.[86]

---

[82] *Musielak-Borth* § 656 Rn. 3.
[83] *Musielak-Borth* § 656 Rn. 3.
[84] Zu kostenrechtlichen Folgen in den Fällen des Art. 5 § 2 KindUG *Knittel*, Forum-Zeitschrift für Familien- und Erbrecht 1998, 42.
[85] *Zöller-Herget* § 649 Rn. 9.
[86] *Musielak-Borth* § 645 Rn. 9.

VIII. Vereinfachtes Unterhaltsverfahren

cc) Teils vereinfachtes, teils streitiges Verfahren

Wird Unterhalt teilweise im vereinfachten Verfahren und teilweise mit einer streitigen Unterhaltsklage (etwa die Beträge, die über 150% des Regelbetrags hinausgehen) geltend gemacht, so handelt es sich um zwei selbstständige Verfahren, in denen gesonderte Gebühren anfallen, die nicht aufeinander anzurechnen sind. Es liegen unterschiedliche Angelegenheiten und unterschiedliche Gegenstände vor.[87]

63

dd) Abänderungsverfahren

Bei einer Abänderungsklage nach § 654 ZPO handelt es sich um ein normales Klageverfahren und um eine neue Angelegenheit, so dass KV 1201 ff. eingreifen und keine Anrechnung erfolgt. Für eine Entscheidung gemäß § 655 ZPO wird eine Entscheidungsgebühr von 20 DM erhoben (KV 1801). Führt diese Änderung wiederum zu einer Änderungsklage gemäß § 656 ZPO, so ist diese wieder eine eigene Angelegenheit im Verhältnis zum ursprünglichen Unterhaltsfestsetzungsbeschluss. Sie löst die Gerichtsgebühren gemäß KV 1201 ff. aus. Die Gebühr nach KV 1801 für die Abänderung nach § 655 ZPO wird bei einer Klage nach § 656 ZPO jedoch angerechnet (§ 656 Abs. 3 ZPO, KV 1201 S. 2).

64

ee) Übergangsrecht

Gemäß Art. 5 § 3 KindUG können Unterhaltstitel, die nach altem Recht ergangen sind, im vereinfachten Verfahren abgeändert werden. Gemäß Art. 5 § 4 Abs. 1 KindUG wird hierfür eine Gerichtsgebühr von 20 DM erhoben.

65

2. Rechtsmittel

a) Berechnungsbeispiel

66

RA legt für den Verpflichteten, der gemäß einem im Verfahren nach § 645 ZPO ergangenen Beschluss für ein 3 jähriges Kind 150% des Regelbetrags zahlen muss, gemäß § 652 ZPO sofortige Beschwerde ein.

Wert
12 × (349 DM + 50%) = 6282 DM (§ 17 Abs. 1 S. 2 GKG) s. Kap. B Rn. 43

RA-Gebühren
§ 61 Abs. 1 Nr. 1 BRAGO 5/10 aus 6282 DM

Gerichtsgebühren
0,5 Verfahrensgebühr KV 1931 aus 6282 DM

---

b) RA- Gebühren

Die **sofortigen Beschwerden** im vereinfachten Unterhaltsverfahren gemäß § 652 Abs. 1 bzw. § 655 Abs. 5 ZPO fallen unter § 61 Abs. 1 Nr. 1 BRAGO. Es entstehen die in § 31 BRAGO genannten Gebühren in Höhe von 5/10. Anders als in der ersten Instanz fallen u. U. auch Verhandlungs- und Beweisgebühren an.[88] Das gilt auch für eine sofortige Beschwerde gegen einen Abänderungsbeschluss gemäß Art. 5 § 3 KindUG. Eine Erhö-

67

---

[87] *Enders* JurBüro 1998, 451.
[88] *Gerold/Schmidt-von Eicken* § 44 Rn. 4; *Enders* JurBüro 1998, 451.

D. Gebühren Isolierte Familiensachen

hung um 3/10 gibt es nicht, da in § 11 Abs. 1 S. 4 BRAGO Beschwerden nicht genannt sind.

Wird eine (gemäß § 568 Abs. 2 S. 1 ZPO unzulässige) **weitere sofortige Beschwerde** eingelegt, so fallen erneut die gleichen Gebühren wie bei der sofortigen Beschwerde an.[89]

c) Gerichtskosten

68 Im Verfahren über die sofortige Beschwerde nach § 652 ZPO fällt eine 0,5 Verfahrensgebühr an (KV 1931). Im Verfahren über die sofortige Beschwerde nach § 655 **Abs. 5 ZPO** wird eine Verfahrensgebühr von 50 DM erhoben (KV 1932). Gemäß **Art. 5 § 3 KindUG** können Unterhaltstitel, die nach altem Recht ergangen sind, im vereinfachten Verfahren abgeändert werden. Wird in diesem Verfahren sofortige Beschwerde eingelegt, so entsteht gemäß Art. 5 § 4 Abs. 1 KindUG eine gerichtliche Verfahrensgebühr von 50 DM.

IX. Versorgungsausgleich

1. 1. Instanz

a) Berechnungsbeispiel

69

Nach mündlicher Verhandlung werden 200 DM monatlich Versorgungsausgleich gemäß § 1587b BGB zugesprochen.

Wert
12 × 200 DM = 2400 DM (§ 99 Abs. 3 S. 1 Nr. 1 KostO) s. Kap. B Rn. 78

RA-Gebühren
§ 118 Abs. 1 Nr. 1 BRAGO 5/10 bis 10/10 aus 2400 DM
§ 118 Abs. 1 Nr. 2 BRAGO 5/10 bis 10/10 aus 2400 DM

Gerichtsgebühren
1 Verfahrensgebühr § 99 Abs. 1 S. 1 KostO aus 2400 DM
2 Vornahmegebühren § 99 Abs. 1 S. 2 KostO aus 2400 DM

b) RA-Gebühren

70 Da es sich um ein FG-Verfahren handelt, ist § 118 BRAGO anzuwenden. Es gelten die Ausführungen zu den Kindessachen entsprechend (s. oben Rn. 9 ff.).

Im Versorgungsausgleichsverfahren besteht ein Auskunftsanspruch gegen den anderen Ehegatten gemäß §§ 1587e, 1580, 1605 BGB. Dieser kann im Verbund oder aber auch in einem isolierten Verfahren geltend gemacht werden.[90] Im ersten Fall ist das Auskunftsverfahren keine gesonderte Angelegenheit.[91]

---

[89] *Gerold/Schmidt-von Eicken* § 61 Rn. 2.
[90] *Enders* JurBüro 1996, 505.
[91] *Enders* JurBüro 1996, 507; s. Kap. B Rn. 54, 79.

IX. Versorgungsausgleich

c) Gerichtskosten

In den Fällen des § 99 Abs. 1 KostO wird eine Verfahrensgebühr erhoben (§ 99 Abs. 1 S. 1 KostO). Im Antragsverfahren entsteht sie mit dem Eingang des Antrags bei Gericht.[92] Kommt es zum Versorgungsausgleich durch richterliche Entscheidung, so erhöht sich die Gebühr auf das dreifache (§ 99 Abs. 1 S. 2 KostO). Die Verfahrensgebühr gemäß § 99 Abs. 1 S. 1 KostO reduziert sich auf eine $^1/_2$ Gebühr, wenn der Antrag im Fall des § 1587g Abs. 1 BGB zurückgenommen wird (§ 99 Abs. 1 S. 3 KostO). 71

In den Fällen des § 99 Abs. 2 KostO ist zu beachten, dass hier nicht auf das Verfahren, sondern auf die dort angesprochenen Maßnahmen abgestellt wird (Vornahmegebühr), so dass eine die begehrte Maßnahme ablehnende Entscheidung wegen § 91 KostO gebührenfrei ist. Gebühren werden nur erhoben, wenn dies ausdrücklich im Gesetz bestimmt ist. § 130 KostO greift nicht ein.[93] 72

Streitig ist, ob die **Genehmigung einer Vereinbarung** im isolierten Verfahren eine Gebühr nach § 97 Abs. 1 Nr. 1 KostO auslöst[94] oder ob sie, da sie in § 99 KostO nicht genannt und § 97 Abs. 1 Nr. 1 KostO nicht anwendbar ist, gebührenfrei ist.[95] Der zweiten Meinung ist zu folgen (anders im Verbund s. Kap. C Rn. 46). Der Versorgungsausgleich fällt nicht unter § 97 Abs. 1 Nr. 1 KostO, insbesondere gehört er nicht zu den persönlichen Beziehungen der Ehegatten im Sinne dieser Vorschrift. Dies zeigt auch ein Vergleich mit § 45 FGG, in dem neben den persönlichen Beziehungen der Versorgungsausgleich (anders als in § 97 Abs. 1 Nr. 1 KostO) gesondert aufgeführt ist. Die Versagung der Genehmigung ist auch nach der Gegenmeinung gebührenfrei.[96] 73

Über § 11 VAHRG, wonach für Verfahren nach dem VAHRG die verfahrensrechtlichen Vorschriften – wozu auch die Kostenvorschriften gehören[97] – für den Versorgungsausgleich subsidiär zur Anwendung kommen, gilt § 99 KostO auch für das Verfahren nach dem VAHRG und zwar auch für das Verfahren nach § 10a VAHRG (Abänderungsentscheidungen des Gerichts).[98] 74

Auslagen: §§ 136ff. KostO. 75

Wer **Kostenschuldner** ist, hängt im Einzelfall davon ab, ob es sich ausschließlich um ein Antrags- (dann § 2 Nr. 1 KostO) oder um ein (auch) Amtsverfahren handelt (dann § 2 Nr. 2 KostO).[99] 76

2. Rechtsmittel

a) Berechnungsbeispiel

Antragsteller verlangt mit seiner befristeten Beschwerde über die bislang zugesprochenen 200 DM hinaus erfolgreich zusätzliche 100 DM Versorgungsausgleich gemäß § 1587b BGB.

77

---

[92] *Lappe* Rn. 157.
[93] *Lappe* Rn. 163.
[94] *Lappe* Rn. 517.
[95] Hamburg FamRZ 1991, 203, *Göttlich/Mümmler* KostO „Versorgungsausgleich" 4.2.
[96] *Lappe* Rn. 517.
[97] Nürnberg JurBüro 1991, 1365 i. V. m. JurBüro 1992, 43.
[98] Bamberg FamRZ 1991, 470; Nürnberg JurBüro 1991, 1365 i.V.m. JurBüro 1992, 43; Schleswig FamRZ 1992, 1463; a. A. – ohne Auseinandersetzung mit § 11 VAHRG – München FamRZ 1991, 576; *Lappe* Rn. 164.
[99] Dazu, wann Versorgungsausgleichsverfahren auf Antrag eingeleitet werden FA-FamR – *Gutdeutsch* Kap. 7 Rn. 22ff.

D. Gebühren Isolierte Familiensachen

> **Wert**
> 12 × 100 DM = 1200 DM (§§ 131 Abs. 2, 30 KostO)
>
> **RA-Gebühren**
> § 118 Abs. 1 Nr. 1 BRAGO 5/10 bis 10/10 aus 1200 DM
> § 118 Abs. 1 Nr. 2 BRAGO 5/10 bis 10/10 aus 1200 DM
>
> **Gerichtsgebühren**
> 1 Verfahrensgebühr §§ 131a, 99 Abs. 1 S. 1 KostO aus 1200 DM
> 2 Vornahmegebühren §§ 131a, 99 Abs. 1 S. 2 KostO aus 1200 DM

b) RA-Gebühren

78 § 118 BRAGO ist anzuwenden. Es gelten die gleichen Grundsätze wie bei Kindessachen (s. oben Rn. 23 ff.).

c) Gerichtskosten

79 Es werden die gleichen Gebühren erhoben wie im ersten Rechtszug (§ 131a KostO), also im Fall des § 99 Abs. 1 KostO eine Verfahrensgebühr (plus zwei Vornahmegebühren, falls und so weit das Zweitgericht erstmals einen Ausgleichsanspruch zuerkennt[100]), im Fall des § 99 Abs. 2 KostO eine Entscheidungsgebühr, falls eine der dort genannten Entscheidungen ergeht. Legt ein Versorgungsträger das Rechtsmittel ein, so ist er Antragsschuldner (§ 2 Nr. 1 KostO) und wenn ihm die Kosten auferlegt werden, auch Entscheidungsschuldner (§ 3 Nr. 1 KostO).[101]

Für die **weitere Beschwerde** gilt dasselbe.[102]

X. Wohnung und Hausrat

1. Instanz

a) Berechnungsbeispiel

80
> Antragsteller verlangt Aufteilung des Hausrats (Gesamtwert des Hausrats 1000 DM, davon 500 DM im Alleineigentum des Antragsgegners) und Wohnungszuweisung (Mietwert 2000 DM monatlich). Nach mündlicher Verhandlung wird der Antrag zur Wohnungszuweisung zurückgenommen. Mit Beschluss wird der Hausrat aufgeteilt.
>
> **Werte**
> Hausrat 1000 DM (§ 21 Abs. 3 HausratsVO) s. Kap. B Rn. 81
> Wohnung 12 × 2000 DM = 24 000 DM (§ 21 Abs. 3 HausratsVO) s. Kap. B Rn. 80
> Gesamt 25 000 DM
>
> **RA-Gebühren**
> §§ 63 Abs. 3, 31 Abs. 1 Nr. 1 BRAGO 5/10 aus 25 000 DM
> §§ 63 Abs. 3, 31 Abs. 1 Nr. 2 BRAGO 5/10 aus 25 000 DM

---

[100] *Korintenberg-Lappe* Rn. 3; *Rohs-Belchaus* Rn. 4 jeweils zu § 131a.
[101] München Beschluss vom 17. 4. 1997 – 26 UF 762/97.
[102] *Hartmann* KostG § 131a KostO Rn. 3.

X. *Wohnung und Hausrat*

Gerichtsgebühren
1 Verfahrensgebühr (§ 23 Abs. 1 S. 1 HausratsVO) aus 1000 DM
0,5 Verfahrensgebühr (§ 21 Abs. 1 S. 3 HausratsVO) aus 24 000 DM
2 Vornahmegebühren (§ 23 Abs. 1 S. 2 HausratsVO) aus 1000 DM

b) RA-Gebühren

Halbe (!) Gebühren des § 31 BRAGO fallen an (§ 63 Abs. 1 Nr. 1, Abs. 3 BRAGO),[103] 81
anders als beim Verbund, bei dem ganze Gebühren entstehen. Das gilt auch bei der Verteilung des Hausrats bzw. der Regelung der Benutzung der Ehewohnung unter Getrenntlebenden (§§ 1361a, 1361b BGB, 18a HausratsVO).[104] Die Halbierung gilt auch für die Verkehrsanwaltsgebühr, da der Verkehrsanwalt nach dem Gesetz lediglich „eine Gebühr in Höhe der dem Prozessbevollmächtigten zustehenden Prozessgebühr verdient".[105] Volle Verhandlungs-, Erörterungs- oder Beweisgebühren des Unterbevollmächtigten i. S. v. § 53 BRAGO sind zu halbieren, da er nicht mehr verdienen kann als der Hauptbevollmächtigte.[106] Soweit der Unterbevollmächtigte gemäß §§ 53, 54 BRAGO nur halbe Gebühren verdient, werden diese nicht noch einmal gekürzt, da sie in § 63 Abs. 3 BRAGO nicht genannt sind. Aus dem gleichen Grund werden Vergleichs- und Zwangsvollstreckungsgebühren nicht halbiert.[107]

Bei **vorzeitiger Beendigung** des Auftrags (z. B. es kommt nicht mehr zur Antragstellung) beträgt die Prozessgebühr gemäß §§ 32 Abs. 1 BRAGO nur noch 2,5/10. Anders als §§ 51 Abs. 1 S. 3, 57 Abs. 1 S. 2 BRAGO, die für das PKH-Antragsverfahren und für die Zwangsvollstreckung § 32 und § 33 Abs. 1 und Abs. 2 BRAGO ausdrücklich ausschließen, kennt § 63 BRAGO eine solche Regelung nicht.[108] Bei einer **nichtstreitigen Verhandlung** wird die halbe Verhandlungsgebühr nicht noch einmal gemäß § 33 Abs. 1 S. 1 BRAGO halbiert, da es in FG-Sachen nicht auf die Stellung von Anträgen ankommt s. Kap. C Rn. 18.[109]

Die **Änderung** einer Entscheidung gemäß § 17 HausratsVO stellt eine neue Angele- 82
genheit dar.

Wird die Herausgabe einer zum Hausrat gehörenden Sache zunächst mit einer **ge-** 83
wöhnlichen Herausgabeklage geltend gemacht, also nicht unter Berufung auf die
HausratsVO, so entstehen zunächst die Gebühren gemäß § 31 BRAGO. Die einmal entstandenen Gebühren reduzieren sich nicht gemäß § 63 Abs. 3 BRAGO, wenn die Sache ins Hausratsverfahren übergeleitet wird. Das ergibt sich aus dem Grundsatz, dass einmal verdiente Gebühren bestehen bleiben (§ 13 Abs. 4 BRAGO). Wird hingegen eine Hausratssache als Hausratssache, also z. B. unter Berufung auf die HausratsVO zum **falschen Gericht**, etwa zum Landgericht anhängig gemacht, so ist es ein Hausratsverfahren und

---

[103] Nürnberg FamRZ 1998, 116.
[104] *Lappe* Rn. 270.
[105] *Gerold/Schmidt-von Eicken* § 63 Rn. 7.
[106] Vgl. auch *Göttlich/Mümmler* Hausratsregelung 1.1, a. A. wohl *Gerold/Schmidt-von Eicken* § 63 Rn. 7; *von Eicken* AGS 1998, 97.
[107] *Gerold/Schmidt-von Eicken* § 63 Rn. 8, 9.
[108] *Lappe* Rn. 271.
[109] *Hartmann* KostG § 63 BRAGO Rn. 9.

es fallen nur die halben Gebühren gemäß § 63 Abs. 3 BRAGO an.[110] In beiden Fällen handelt es sich gemäß § 14 Abs. 1 S. 1 BRAGO um eine Angelegenheit.

c) Gerichtskosten

84 Es wird eine Verfahrensgebühr erhoben (§ 21 Abs. 1 S. 1 HausratsVO). Für eine Entscheidung, die eine Regelung i. S. v. § 1 Abs. 1 HausratsVO trifft (also nicht bei einer Zurückweisung des Antrags),[111] fallen zwei weitere Gebühren an (§ 21 Abs. 1 S. 2 HausratsVO). Die Gebühren werden aus der Gebührentabelle für die KostO errechnet. So weit in der HausratsVO nichts Abweichendes geregelt ist, gilt die KostO subsidiär (§ 1 KostO). Das trifft unter anderem zu für Fälligkeit (§ 7 KostO), Vorschuss (§ 8 KostO) und Auslagen (§ 136 ff. KostO).[112] Kostenschuldner sind der Antragsteller (§ 2 Nr. 1 KostO), da es sich um ein Antragsverfahren handelt (§ 1 Abs. 1 HausratsVO), und der Entscheidungsschuldner (§ 20 Abs. 1 S. 1 HausratsVO).

2. Rechtsmittel

a) Berechnungsbeispiel

85

> Antragsteller wendet sich dagegen, dass ihm erstinstanzlich Hausrat im Wert von 3000 DM (Gesamtwert des Hausrats 10 000 DM) und die Wohnung (Mietwert 2000 DM monatlich) nicht zugesprochen wurde. Antragsteller gewinnt hinsichtlich Wohnung, verliert bei Hausrat.
>
> **Werte**
> Hausrat 3000 DM (§§ 130 Abs. 2, 30 KostO) s. Kap. B Rn. 84
> Wohnung 12 × 2000 DM = 24 000 DM (§§ 130 Abs. 2, 30 KostO) s. Kap. B Rn. 84
> Gesamt 27 000 DM
>
> **RA-Gebühren**
> §§ 63 Abs. 2, Abs. 3, 31 Abs. 1 Nr. 1 BRAGO 5/10 aus 27 000 DM
> §§ 63 Abs. 2, Abs. 3, 31 Abs. 1 Nr. 2 BRAGO 5/10 aus 27 000 DM
>
> **Gerichtsgebühren**
> 1 Verfahrensgebühr § 21 Abs. 4, Abs. 1 S. 1 HausratsVO aus 27 000 DM
> 2 Entscheidungsgebühren § 21 Abs. 4, Abs. 1 S. 2 HausratsVO aus 24 000 DM (Wohnung)

b) RA-Gebühren

86 Der RA erhält die gleichen Gebühren wie im ersten Rechtszug (§ 63 Abs. 2 BRAGO), also die halben Gebühren des § 31 BRAGO (§ 63 Abs. 1 Nr. 1, Abs. 3 BRAGO), ohne die Erhöhung des § 11 Abs. 1 S. 4 BRAGO, da Beschwerden in § 11 Abs. 1 S. BRAGO nicht aufgeführt sind.

c) Gerichtskosten

87 Es werden die gleichen Gebühren wie in erster Instanz erhoben (§ 21 Abs. 4 HausratsVO). Es fällt eine Verfahrensgebühr an. Da erstinstanzlich Entscheidungsgebühren nur bei einer positiven Entscheidung, nicht bei einer Antragszurückweisung anfallen

---

[110] Vgl. zu diesem Problem auch KG FamRZ 1999, 1358; *Gerold/Schmidt-von Eicken* § 63 Rn. 11; *Schneider* MDR 1999, 1309, bei denen nicht klar ist, welchen der beiden Fälle sie meinen.
[111] *Lappe* Rn. 166; Fehmel § 21 HausratsVO Rn. 3.
[112] *Lappe* Rn. 167.

(s. oben Rn. 84), entstehen Entscheidungsgebühren nur, wenn das Zweitgericht erstmals eine positive Entscheidung trifft.

XI. Güterrecht

1. Zugewinnausgleich

a) 1. Instanz

aa) Berechnungsbeispiel

> Kläger verlangt 20 000 DM Zugewinn. Es ergeht Urteil.
>
> **Werte**
> Zugewinn 20 000 DM (§ 3 ZPO) s. Kap. B Rn. 86
>
> **RA-Gebühren**
> § 31 Abs. 1 Nr. 1 BRAGO 10/10 aus 20 000 DM
> § 31 Abs. 1 Nr. 2 BRAGO 10/10 aus 20 000 DM
>
> **Gerichtsgebühren**
> 3 Verfahrensgebühren KV 1201 aus 20 000 DM
> Keine zusätzliche Urteilsgebühr.

88

bb) RA-Gebühren

Für das güterrechtliche Verfahren gelten grundsätzlich die Regeln der ZPO (§§ 621a Abs. 1, 621 Abs. 1 Nr. 8 ZPO). Etwas anderes gilt nur für die Stundung und Übertragung gemäß §§ 1382, 1383 BGB (s. unten Rn. 95ff.).

So weit eine Stufenklage erhoben wird, gilt das zum Unterhalt Gesagte entsprechend (s. oben Rn. 46ff.).

89

cc) Gerichtskosten

Für das güterrechtliche Verfahren gelten grundsätzlich die Regeln der ZPO (§§ 621a Abs. 1, 621 Abs. 1 Nr. 8 ZPO). Somit greifen das GKG und KV 1201ff. ein.

90

b) Rechtsmittel

aa) Berechnungsbeispiel

> Kläger wendet sich mit der Berufung dagegen, dass ihm in der 1. Instanz 10 000 DM Zugewinn zu wenig zugesprochen worden seien. Es ergeht ein Urteil mit Gründen.
>
> **Werte**
> Zugewinn 10 000 DM (§ 3 ZPO)
>
> **RA-Gebühren**
> §§ 31 Abs. 1 Nr. 1, 11 Abs. 1 S. 4 BRAGO 13/10 aus 10 000 DM
> §§ 31 Abs. 1 Nr. 2, 11 Abs. 1 S. 4 BRAGO 13/10 aus 10 000 DM
>
> **Gerichtsgebühren**
> 1,5 Verfahrensgebühr KV 1220 aus 10 000 DM
> 3 Urteilsgebühren KV 1226 aus 10 000 DM

91

D. Gebühren Isolierte Familiensachen

bb) RA – Gebühren und Gerichtskosten

92 Es wird auf die Ausführungen zum Unterhalt Bezug genommen (s. oben Rn. 50).

2. Vorzeitiger Ausgleich des Zugewinns

a) Berechnungsbeispiel

93

> Kläger klagt auf vorzeitigen Ausgleich des Zugewinns und gleichzeitig auf Zahlung von 20 000 DM Zugewinn. Beide Anträge werden in der mündlichen Verhandlung gestellt.
>
> **Werte**
> Vorzeitiger Ausgleich 5000 DM (¹/₄ von 20 000 DM § 3 ZPO) s. Kap. B Rn. 89
> Zugewinn 20 000 DM (§ 3 ZPO) s. Kap. B Rn. 86
> Gesamt 25 000 DM s. Kap. B Rn. 89
>
> **RA-Gebühren**
> § 31 Abs. 1 Nr. 1 BRAGO 10/10 aus 25 000 DM
> § 31 Abs. 1 Nr. 2 BRAGO 10/10 aus 25 000 DM
>
> **Gerichtsgebühren**
> 3 Verfahrensgebühren KV 1201 aus 25 000 DM
> Keine zusätzliche Urteilsgebühr.

b) RA-Gebühren und Gerichtskosten

94 Es liegen zwei Gegenstände und eine Angelegenheit vor, weshalb sich der Streitwert erhöht (s. Kap. B Rn. 89).

Es handelt sich um eine ZPO-Sache. §§ 31 ff. BRAGO und KV 1201 sind anzuwenden.

3. Stundung oder Übertragung gemäß §§ 1382 ff. BGB

a) 1. Instanz

aa) Berechnungsbeispiel

95

> In einem gesonderten Verfahren, also nicht gleichzeitig mit dem Zugewinnausgleich, wird hinsichtlich der Ausgleichsforderung von 20 000 DM Stundung sowie hinsichtlich eines Klaviers Übertragung begehrt. Nach mündlicher Verhandlung ergeht ein stattgebender Beschluss, in dem eine Sicherheitsleistung für die Stundung von 20 000 DM und der Anrechnungsbetrag für die Übertragung auf 5000 DM festgesetzt wird.
>
> **Werte**
> Stundung 4000 DM (1/5 bis 1/6 aus 20 000 DM) s. Kap. B Rn. 90
> + Sicherheitsleistung 2000 DM (1/10 aus 20 000 DM) s. Kap. B Rn. 90
> Übertragung 5000 DM s. Kap. B Rn. 91
> Gesamtwert 11 000 DM
>
> **RA-Gebühren**
> § 118 Abs. 1 Nr. 1 BRAGO 5/10 bis 10/10 aus 11 000 DM
> § 118 Abs. 1 Nr. 2 BRAGO 5/10 bis 10/10 aus 11 000 DM
>
> **Gerichtskosten**
> 1 Vornahmegebühr § 97 Abs. 1 Nr. 1 KostO aus 11 000 DM aus der KostO Tabelle

XI. Güterrecht

bb) RA-Gebühren

Werden die Stundung oder Übertragung (§§ 1382, 1383 BGB) **isoliert** geltend gemacht, so handelt es sich um FG-Verfahren (§§ 621a Abs. 1, 621 Abs. 1 Nr. 9 ZPO). Es greift daher § 118 BRAGO ein. Dasselbe gilt für einen Antrag auf Änderung der Stundungsentscheidung nach § 1382 Abs. 4 BGB. 96

Jedoch sind §§ 31ff. BRAGO einschlägig, wenn sie **innerhalb eines Zugewinnausgleichsverfahrens** geltend gemacht werden (§ 1 Abs. 2 S. 2 GKG, § 31 Abs. 3 BRAGO analog).

cc) Gerichtskosten

Im **isolierten** Verfahren (s. oben Rn. 96) greift § 97 Abs. 1 Nr. 1 KostO ein. Nur bei positiven Entscheidungen fällt eine Gebühr an (Vornahmegebühr), die sich anhand der KostO-Tabelle errechnet.[113] 97

Kostenschuldner ist, da es sich um ein Antragsverfahren handelt (§§ 1382, 1383 BGB), der Antragsteller (§ 2 Nr. 1 KostO). Eine Kostenentscheidung sieht das Gesetz nicht vor, so dass es einen Entscheidungsschuldner nicht gibt.

Werden **innerhalb eines Zugewinnausgleichsverfahrens** Stundungs- oder Übertragungsanträge nach § 621a Abs. 2 ZPO, § 1382 Abs. 5 oder § 1383 Abs. 3 BGB gestellt, so ist das GKG einschlägig (§ 1 Abs. 2 S. 2 GKG). Es findet eine Zusammenrechnung der Werte statt (§ 19a Abs. 2 GKG).

b) Rechtsmittel

aa) Berechnungsbeispiel

> Beschwerdeführer wendet sich mit seiner befristeten Beschwerde gemäß § 621e Abs. 1 ZPO gegen die Übertragung eines Bildes unter Anrechnung von 4000 DM. Das Gericht weist die Beschwerde zurück.
>
> **Wert**
> Übertragung 4000 DM (§§ 131 Abs. 2, 30 KostO) s. Kap. B Rn. 91
>
> **RA-Gebühren**
> § 118 Abs. 1 Nr. 1 BRAGO 5/10 bis 10/10 aus 4000 DM
> § 118 Abs. 1 Nr. 2 BRAGO 5/10 bis 10/10 aus 4000 DM
>
> **Gerichtskosten**
> § 131 Abs. 1 S. 1 Nr. 1 KostO 1/2 Gebühr aus 4000 DM.

98

bb) RA-Gebühren

Es greift bei der befristeten Beschwerde im FG-Verfahren im Anschluss an ein isoliertes FG-Verfahren § 118 BRAGO ein. 99

Im Übrigen gilt das zu Kindessachen Dargelegte entsprechend s. oben Rn. 9ff.

Wurde aber die Stundung bzw. Übertragung im Rahmen eines Verbundverfahrens oder zusammen mit dem Zugewinnausgleich im isolierten Zugewinnausgleichsverfahren in erster Instanz geltend gemacht und richtet sich das Rechtsmittel nur gegen die Stundung bzw. Übertragung, so gelten §§ 31ff., 11 Abs. 1 S. 4 BRAGO (im ersten Fall über § 61a BRAGO).

---

[113] *Lappe* Rn. 170.

cc) Gerichtskosten

100 § 131 Abs. 1 KostO findet Anwendung, so weit es sich um Rechtsmittel gegen im **isolierten** Stundungs- bzw. Übertragungsverfahren (s. oben Rn. 96) ergangene Beschlüsse handelt. Bei Zurückweisung oder Verwerfung fällt eine 1/2 Gebühr, bei Rücknahme eine 1/4 Gebühr an (§ 131 Abs. 1 S. 1 Nr. 1 und Nr. 2 KostO). Die erfolgreiche Beschwerde ist gebührenfrei (§ 131 Abs. 1 S. 2 KostO). Führt der Erfolg aber dazu, dass das Beschwerdegericht eine gebührenpflichtige Maßnahme trifft, so fällt die hierfür vorgesehene Gebühr (§ 97 Abs. 1 Nr. 1 KostO) an. Umgekehrt entfällt bei Aufhebung einer gebührenpflichtigen Entscheidung die zunächst angefallene Gebühr.[114]

Wurde die Stundung bzw. Übertragung im Rahmen eines **Verbundverfahrens** oder **zusammen mit dem Zugewinnausgleich** im isolierten Zugewinnausgleichsverfahren in erster Instanz geltend gemacht, richtet sich aber das Rechtsmittel nur gegen die Stundung und Übertragung, so gelten KV 1520ff. bzw. KV 1220ff.

4. Gütergemeinschaft

101 Es handelt sich um ein ZPO-Verfahren. §§ 31ff. BRAGO sind anzuwenden. Wird die Klage auf Aufhebung der Gütergemeinschaft mit der Auseinandersetzungsklage verbunden, so liegt eine Angelegenheit mit zwei Gegenständen vor. Zum Streitwert s. Kap. B Rn. 94.

5. Gerichtliche Zustimmungen

102 In den Fällen der §§ 1365, 1366, 1369, 1426, 1430, 1452, 1458 BGB greifen für **RA-Gebühren** § 118 BRAGO, für die **Gerichtskosten** § 97 Abs. 1 S. 1 KostO ein.[115] Zum Streitwert s. Kap. B Rn. 94.

XII. Bruchteilsgemeinschaften und gemeinsame Schulden

103 Es handelt sich um ZPO-Verfahren (z. B. Auseinandersetzung von Miteigentum an einem gemeinsamen Grundstück). §§ 31ff BRAGO sind anzuwenden. Zum Streitwert s. Kap. B Rn. 95, 96.

XIII. Anerkennung ausländischer Entscheidungen in Ehesachen

1. Berechnungsbeispiel

a) Verfahren vor der Landesjustizverwaltung

104
RA vertritt Antragsteller im Anerkenntnisverfahren vor der Landesjustizverwaltung. Wert 5000 DM. Es ergeht eine ablehnende Entscheidung.

---

[114] *Lappe* Rn. 178.
[115] *Groß* Rn. 130.

XIII. Anerkennung ausländischer Entscheidungen in Ehesachen

Wert
5000 DM s. Kap. B Rn. 98
RA-Gebühren
§ 118 Abs. 1 Nr. 1 BRAGO 5 bis 10/10 aus 5000 DM
Gerichtskosten
Entscheidungsgebühr Art. 7 § 2 Abs. 1 FamRÄndG 20 bis 600 DM.

b) Entscheidung durch OLG

Antragsteller beantragt, nachdem sein Antrag abgelehnt worden ist, Entscheidung durch das OLG. Dort findet mündliche Verhandlung statt. Das OLG weist den Antrag ab. **105**

Wert
5000 DM (§§ 131 Abs. 2, 30 Abs. 2 KostO)
RA-Gebühren
§§ 66a, 31 Abs. 1 Nr. 1 BRAGO 10/10 aus 5000 DM
§§ 66a, 31 Abs. 1 Nr. 2 BRAGO 10/10 aus 5000 DM
Gerichtskosten
Art. 7 § 2 Abs. 2 S. 2 FamRÄndG Entscheidungsgebühr von 20 bis 600 DM.

2. RA-Gebühren

Die RA-Gebühren richten sich im Verfahren bei der Landesjustizverwaltung nach § 118 BRAGO.[116] Wird ein Rechtsmittel eingelegt, so handelt es sich um eine neue Angelegenheit.[117] Die RA-Gebühren richten sich im Verfahren vor dem OLG nach § 66a BRAGO, der auf §§ 31 ff., 11 Abs. 1 S. 1 und 2 BRAGO verweist.[118] **106**

3. Gerichtskosten.

Für die Feststellung der Landesjustizverwaltung, dass die Voraussetzungen für eine Anerkennung vorliegen bzw. nicht vorliegen, wird eine Gebühr von 20 bis 600 DM erhoben (Art. 7 § 2 Abs. 1 FamRÄndG). Es handelt sich um eine Rahmengebühr gemäß § 34 KostO.[119] Die Höhe ist im Einzelfall unter Berücksichtigung aller Umstände, insbesondere des Umfangs und der Bedeutung der Sache, nach billigem Ermessen zu bestimmen. **107**

---

[116] *Gerold/Schmidt-Madert* vor § 118 Rn. 13; vgl. auch § 1 Abs. 6 S. 1 FamRÄndG.
[117] *Groß* Rn. 128.
[118] *Hartmann* KostG § 98 KostG Anhang I Rn. 6.
[119] *Hartmann* KostG § 98 KostO Anhang I Rn. 4.

E. Abtrennung und Verbindung

I. Echte und unechte Abtrennung

Im Verbundverfahren gibt es Teilentscheidungen, die nichts daran ändern, dass alle Gegenstände weiterhin im Verbund bleiben, obgleich sich in Verwirrung stiftender Weise eingebürgert hat, auch hier von Abtrennungen zu sprechen. Es handelt sich um unechte Abtrennungen.[1] Diesen stehen die echten Abtrennungen gegenüber. Die Rechtsfolgen sind unterschiedlich. 1

Übersicht

Unechte Abtrennungen
- Vorwegentscheidung zur elterlichen Sorge (§ 627 ZPO)
- Scheidungsurteil vor Folgesachenentscheidung (§ 628 ZPO)

Echte Abtrennungen
- Abtrennung von Kindessachen (§ 623 Abs. 2 S. 2 und 4 ZPO n. F.)
- Fortführung des Sorgerechtsverfahrens bei Rücknahme des Scheidungsantrags (§ 626 Abs. 1 S. 1 ZPO)
- Fortführung von Folgesachen bei Rücknahme des Scheidungsantrags (§ 626 Abs. 2 ZPO)
- Fortführung des Sorgerechtsverfahrens bei Abweisung des Scheidungsantrags (§ 629 Abs. 3 S. 1 ZPO)
- Fortführung von Folgesachen bei Abweisung des Scheidungsantrags (§ 629 Abs. 3 S. 2 ZPO)
- Sonstige Abtrennungen nach § 145 ZPO

II. Scheidungsurteil vor Folgesachenentscheidung (§ 628 ZPO)

1. Leicht übersehen

Für die mit der Vorabentscheidung über die Scheidung fälligen Ansprüche beginnt die zweijährige **Verjährungsfrist** mit dem Ablauf des Jahres, in dem die Vorabentscheidung ergangen ist, zu laufen s. nachfolgend Rn. 5. 2

---

[1] München AnwBl. 1984, 204; *Mümmler* JurBüro 1983, 1621.

E. Abtrennung und Verbindung

2. 1. Instanz
a) Berechnungsbeispiel

3

> Im Verbundverfahren (Gebührenwerte: Scheidung 10 000 DM, Versorgungsausgleich 2000 DM, Unterhalt 8000 DM, Gesamtwert 20 000 DM) wird nach mündlicher Verhandlung und nach Anhörung der Parteien (§ 613 Abs. 1 S. 1 und 2 ZPO) zum Unterhalt Beweis erhoben. Sodann wird, da der Antragsgegner der Scheidung zugestimmt hat, gemäß § 628 ZPO über die Scheidung vorweg entschieden. Im weiteren Verfahren über den allein noch nicht verbeschiedenen Unterhalt und Versorgungsausgleich wird erneut mündlich verhandelt und mit begründetem Urteil entschieden.
>
> **Entstandene RA-Gebühren**
> § 31 Abs. 1 Nr. 1 BRAGO 10/10 aus 20 000 DM
> §§ 31 Abs. 1 Nr. 2, 33 Abs. 1 S. 2 Nr. 3[2] BRAGO 10/10 aus 20 000 DM
> § 31 Abs. 1 Nr. 3 BRAGO 10/10 aus 18 000 DM (Scheidung, Unterhalt)
>
> **Fällige RA-Gebühren nach dem 1. Urteil**
> § 31 Abs. 1 Nr. 1 BRAGO 10/10 aus 10 000 DM
> §§ 31 Abs. 1 Nr. 2, 33 Abs. 1 S. 2 Nr. 3 BRAGO 10/10 aus 10 000 DM
> § 31 Abs. 1 Nr. 3 BRAGO 10/10 aus 10 000 DM
>
> **Gerichtskosten**
> 1 Verfahrensgebühr KV 1510 aus 20 000 DM
> 1 Urteilsgebühr KV 1516 aus 20 000 DM

b) RA-Gebühren

4 Scheidungs- und Folgesachen bleiben bei einem Scheidungsurteil vor der Entscheidung über die Folgesachen (§ 628 ZPO) **Teil des Verbundverfahrens**. Das hat zur Folge, dass auch hinsichtlich der FG-Sachen weiterhin §§ 31 ff. BRAGO und nicht § 118 BRAGO Anwendung finden, dass es weiterhin eine einheitliche Gebührenangelegenheit bleibt und somit die Gebühren nur einmal anfallen und die Streitwerte zusammenzurechnen sind.[3] Es liegt nur eine unechte Abtrennung vor.

5 Bei einer Vorabentscheidung über die Scheidung gemäß § 628 ZPO, die mit einer **Kostenentscheidung** zu versehen ist,[4] werden die RA-Gebühren, die auf die bereits entschiedenen Gegenstände entfallen sind, gemäß § 16 S. 2 BRAGO mit der Entscheidung und nicht erst mit deren Rechtskraft **fällig**. Hinsichtlich der verbleibenden Gegenstände können die Gebühren zwar schon entstanden sein. Fällig sind sie jedoch noch nicht. Die Kostenentscheidung bezieht sich nur auf den Teil der Gegenstände, über den in der Hauptsacheentscheidung entschieden wurde. Der Rechtszug ist auch nur insoweit beendet.

Fällig werden die Gebühren, die angefallen wären, wenn nur die Gegenstände anhängig gewesen wären, über die vorab entschieden wurde (sog. **Differenzmethode**).[5] Zur

---

[2] § 33 Abs. 1 S. 2 Nr. 3 teils direkt (Scheidung), teils analog (FG-Sachen s. Kap. C Rn. 18).
[3] München AnwBl. 1984, 203; *Zöller-Philippi* § 628 Rn. 22.
[4] *Zöller-Philippi* § 628 Rn. 18.
[5] München NJW-RR 1999, 146; a. A. früher München AnwBl. 1984, 203 sog. Quotenmethode. Die Differenzmethode gilt nach München NJW-RR 1999, 366 = FamRZ 1999, 1153 in gleicher Weise, wenn in einer einheitlichen Kostenentscheidung die Kosten unterschiedlich verteilt werden.

II. Scheidungsurteil vor Folgesachenentscheidung (§ 628 ZPO)

Begründung sowie zur Berechnung der Kostenerstattungsansprüche bei unterschiedlichen Kostengrundentscheidungen s. Kap. M Rn. 6.

Achtung: Am Ende des Jahres, in dem die Vorabentscheidung ergangen ist und die Gebührenansprüche fällig geworden sind, beginnt gemäß §§ 201, 198 BGB auch die zweijährige **Verjährungsfrist** für RA-Gebühren (§ 196 Abs. 1 Nr. 15 BGB).[6] Unterlässt der RA die sofortige Geltendmachung seiner Gebühren hinsichtlich der Scheidung, so riskiert er gerade bei den langwierigen Verbundverfahren, seinen Anspruch später nicht mehr durchsetzen zu können.[7]

c) Gerichtskosten

Da der Verbund trotz der Vorabentscheidung nicht aufgelöst wird (s. vorstehend Rn. 4), fallen die Gerichtsgebühren nur einmal an, wobei die Gegenstandswerte zu addieren sind.

6

3. Rechtsmittel

a) Berechnungsbeispiel

7

Im Vorausgehenden Beispiel legt eine Partei hinsichtlich des Versorgungsausgleichs (Beschwerdewert 2000 DM) befristete Beschwerde ein. Das Gericht entscheidet nach mündlicher Verhandlung durch Beschluss. **RA-Gebühren** §§ 61a, 31 Abs. 1 Nr. 1, 11 Abs. 1 S. 4 BRAGO 13/10 aus 2000 DM §§ 61a, 31 Abs. 1 Nr. 2, 33 Abs. 1 S. 2 Nr. 3 (analog[8]), 11 Abs. 1 S. 4 BRAGO 13/10 aus 2000 DM **Gerichtskosten** 1,5 Verfahrensgebühr gemäß KV 1520 2 Entscheidungsgebühren gemäß KV 1526

b) RA-Gebühren

Wird nach einer Vorabentscheidung und einer nachfolgenden Entscheidung über die Folgesachen ein Rechtsmittel hinsichtlich einer Folgesache eingelegt, so bleibt auch für die Rechtsmittelinstanz der Verbund erhalten. Auch in FG-Sachen greifen daher weiter §§ 31 ff. BRAGO ein (im Falle einer befristeten Beschwerde über § 61a BRAGO[9]). Die im Rechtsmittelverfahren entstandenen Gebühren sind nicht auf die Gebühren der ersten Instanz anzurechnen.[10]

8

c) Gerichtskosten

Da der Verbund erhalten bleibt, kommen die Vorschriften des GKG zur Anwendung.

9

---

[6] *Gerold/Schmidt-Madert* § 16 Rn. 21; *von Eicken* AGS 1998, 82.
[7] *Von Eicken* AGS 1998, 82; vgl. München NJW-RR 1999, 146.
[8] S. Kap. C Rn. 18.
[9] *Von Eicken* AGS 1998, 82.
[10] *Von Eicken* AGS 1998, 82.

E. *Abtrennung und Verbindung*

III. Vorwegentscheidung zur elterlichen Sorge (§ 627 ZPO)

1. Leicht übersehen

10 Für die mit der Vorwegentscheidung fälligen Ansprüche beginnt die zweijährige **Verjährungsfrist** mit dem Ablauf des Jahres, in dem die Vorwegentscheidung ergangen ist, zu laufen (s. unten Rn. 13).

2. 1. Instanz

a) Berechnungsbeispiel

11

> Im Verfahren über Scheidung (Wert 20 000 DM), elterliche Sorge (Wert 1500 DM) und sonstige Folgesachen (Wert 10 000 DM) (Gesamtwert 31 500 DM) wird zu allen Gegenständen mündlich verhandelt, findet eine Anhörung zur Scheidung und zur elterlichen Sorge statt und ergeht eine Vorwegentscheidung zum Sorgerecht.
>
> **Entstandene RA-Gebühren**
> § 31 Abs. 1 Nr. 1 BRAGO 10/10 aus 31 500 DM
> §§ 31 Abs. 1 Nr. 2, 33 Abs. 1 S. 2 Nr. 3[11] BRAGO 10/10 aus 31 500 DM
> § 31 Abs. 1 Nr. 3 BRAGO 10/10 aus 20 000 DM (Scheidung)
>
> **Fällige RA-Gebühren nach dem 1. Urteil**
> § 31 Abs. 1 Nr. 1 BRAGO 10/10 aus 1500 DM
> §§ 31 Abs. 1 Nr. 2, 33 Abs. 1 S. 2 Nr. 3 (analog[12]) BRAGO analog 10/10 aus 1500 DM
>
> **Gerichtskosten**
> 1 Verfahrensgebühr KV 1510 aus 31 500 DM
> 1 Urteilsgebühr KV 1516 aus 1500 DM

b) RA-Gebühren

12 Der Verbund besteht fort. Es gilt das zum Scheidungsurteil vor der Folgensache Dargelegte s. oben Rn. 4.

13 Die RA-Gebühren entstehen mit der ersten den Gebührentatbestand auslösenden Tätigkeit des RA.[13] Die **Fälligkeit** hingegen setzt voraus, dass einer der in § 16 BRAGO aufgeführten Fälligkeitsvoraussetzungen erfüllt ist. Eine Kostenentscheidung ist bei einer Vorwegentscheidung zum Sorgerecht nicht zu treffen.[14] Die Fälligkeit hinsichtlich der Gebühren aus dem Streitwert des Sorgerechts ergibt sich daraus, dass insoweit der Rechtszug beendet ist (§ 16 Abs. S. 2 BRAGO). Daran ändert nichts, dass die Wirksamkeit der Entscheidung gemäß § 629d ZPO von der Rechtskraft des Scheidungsausspruchs abhängt. § 16 Abs. 1 S. 2 BRAGO stellt auf die Beendigung des Rechtszugs und nicht auf die Wirksamkeit der Entscheidung ab.[15]

---

[11] § 33 Abs. 1 S. 2 Nr. 3 BRAGO teils direkt (Scheidung), teils analog (FG-Sachen s. Kap. C Rn. 18).
[12] S. Kap. C Rn. 18.
[13] *Gerold/Schmidt-Madert* § 16 Rn. 1.
[14] *Zöller-Herget* § 627 Rn. 5.
[15] *Von Eicken* AGS 1998, 82.

III. Vorwegentscheidung zur elterlichen Sorge (§ 627 ZPO)

Die Gebühr errechnet sich nach der **Differenzmethode**[16] und nicht nach der Quotenmethode. Auch wenn hier keine Kostenentscheidung ergeht, ist hinsichtlich der Berechnungsweise eine Gleichstellung mit einer Entscheidung nach § 628 ZPO (s. oben Rn. 5) angebracht. Fällig werden also im Berechnungsbeispiel eine Prozess- und eine Verhandlungsgebühr aus einem Wert von 1500 DM.

Achtung: Am Ende des Jahres, in dem die Vorwegentscheidung ergangen ist und die Gebührenansprüche fällig geworden sind, beginnt gemäß §§ 201, 198 BGB auch die zweijährige **Verjährungsfrist** für RA-Gebühren (§ 196 Abs. 1 Nr. 15 BGB).[17] Unterlässt der RA die sofortige Geltendmachung seiner Gebühren hinsichtlich des Sorgerechts, so riskiert er gerade bei den langwierigen Verbundverfahren, seinen Anspruch später nicht mehr durchsetzen zu können.[18]

3. Befristete Beschwerde

a) Berechnungsbeispiel

14

> Findet nach einer befristeten Beschwerde nach § 621e Abs. 1 ZPO gegen die Vorwegentscheidung zum Sorgerecht (Wert 1500 DM) eine mündliche Verhandlung statt und entscheidet das Gericht, so entstehen folgende Gebühren, die auch fällig sind.
>
> **RA-Gebühren**
> §§ 61a, 31 Abs. 1 Nr. 1, 11 Abs. 1 S. 4 BRAGO 13/10 aus 1500 DM
> §§ 61a, 31 Abs. 1 Nr. 2, 33 Abs. 1 S. 2 Nr. 3 (analog[19]), 11 Abs. 1 S. 4 BRAGO 13/10 aus 1500 DM
>
> **Gerichtskosten**
> 1,5 Verfahrensgebühr gemäß KV 1520
> 2 Entscheidungsgebühren gemäß KV 1526

b) RA-Gebühren

Da die Vorwegentscheidung den Verbund nicht aufhebt, greift § 61a BRAGO ein. Da der Beschluss den Rechtszug beendet (obendrein ergeht auch noch eine Kostenentscheidung[20]), sind die Gebühren auch mit der Entscheidung fällig. Das Beschwerdeverfahren ist eine selbstständige Angelegenheit. Die dort entstandenen Gebühren werden weder auf die Gebühren der ersten Instanz, noch auf die etwaiger weiterer Rechtsmittelverfahren für andere Verbundsachen angerechnet.[21]

15

Bei einer **weiteren Beschwerde** gemäß § 621e Abs. 2 ZPO gelten die vorausgehenden Ausführungen entsprechend.[22] Allerdings entsteht anstelle einer 13/10 Prozessgebühr für den beim BGH zugelassenen RA (nur für diesen) gemäß § 11 Abs. 1 S. 5 BRAGO eine 20/10 Prozessgebühr.

16

---

[16] Von Eicken AGS 1998, 82.
[17] Gerold/Schmidt-Madert § 16 Rn. 21; von Eicken AGS 1998, 82.
[18] Von Eicken AGS 1998, 82; vgl. München NJW-RR 1999, 146 zu § 628 ZPO.
[19] S. Kap. C Rn. 18.
[20] Zöller-Philippi § 621e Rn. 50.
[21] Von Eicken AGS 1998, 82.
[22] Von Eicken AGS 1998, 82.

IV. Echte Abtrennung und Fortführung

1. Berechnungsbeispiel

17 Vom Verbund (Gesamtwert 71 000 DM) werden nach streitiger mündlicher Verhandlung und Anfall einer Beweisaufnahme zu allen Gegenständen gemäß § 623 Abs. 2 S. 2 und 3 ZPO die elterliche Sorge (1500 DM im Verbund, 5000 DM im abgetrennten selbstständigen Verfahren) abgetrennt. In beiden Verfahren ergehen nach erneuten streitigen Verhandlungen Endentscheidungen. Nach der Trennung findet nur noch in dem Verfahren über die elterliche Sorge eine erneute Beweisaufnahme statt.

RA-Gebühren

Vor der Trennung:
§ 31 Abs. 1 Nr. 1 BRAGO 10/10 aus 71 000 DM
§§ 31 Abs. 1 Nr. 2, 33 Abs. 1 S. 2 Nr. 3[23] BRAGO 10/10 aus 71 000 DM
§ 31 Abs. 1 Nr. 3 BRAGO 10/10 aus 71 000 DM

Nach der Trennung:
Verfahren ohne elterliche Sorge
§ 31 Abs. 1 Nr. 1 BRAGO 10/10 aus 69 500 DM
§ 31 Abs. 1 Nr. 2, 33 Abs. 1 S. 2 Nr. 3[24] BRAGO 10/10 aus 69 500 DM

Verfahren über elterliche Sorge
§ 118 Abs. 1 Nr. 1 BRAGO 5/10 bis 10/10 aus 5000 DM
§ 118 Abs. 1 Nr. 2 BRAGO 5/10 bis 10/10 aus 5000 DM
§ 118 Abs. 1 Nr. 3 BRAGO 5/10 bis 10/10 aus 5000 DM
RA kann wählen, ob er entweder die Gebühren aus dem einheitlichen Verfahren oder aus den getrennten Verfahren geltend macht
also z. B.
10/10 Prozessgebühr aus 71 000 DM = 1845 DM
oder 10/10 Prozessgebühr aus
(71 000 DM–1500 DM) 69 500 DM = 1705 DM
+ z. B. 7,5/10 Geschäftsgebühr aus 5000 DM = 240 DM
Zusammen 1945 DM
Er wird Letzteres als das Günstigere wählen. Dasselbe gilt für die Verhandlungsgebühr.

Hinsichtlich der Beweisgebühr gilt:
Von der Beweisgebühr vor der Trennung gemäß § 31 Abs. 1 Nr. 3 BRAGO entfallen 1,5/71 auf die elterliche Sorge = (1845 DM : 71 × 1,5) 38,97 DM. Dieser Betrag ist, da die Beweisgebühr nicht zweimal in Rechnung gestellt werden kann, bei der Beweisgebühr vor der Abtrennung abzuziehen. Es verbleibt dann eine Beweisgebühr von 1. 806.03 DM + z. B. 7,5/10 Gebühr gemäß § 118 Abs. 1 Nr. 3 BRAGO aus 5000 DM = 240 DM[25], also insgesamt 2046,03 DM.
Das ist günstiger als eine 10/10 Beweisgebühr gemäß § 31 Abs. 1 Nr. 3 BRAGO aus 71 000 DM = 1845 DM

Gerichtskosten

Vor der Trennung:
1 Verfahrensgebühr KV 1510 aus 71 000 DM = 835 DM

---

[23] § 33 Abs. 1 S. 2 Nr. 3 BRAGO teils direkt (Scheidung), teils analog (FG-Sachen s. Kap. C Rn. 18).
[24] S. vorhergehende Fn.
[25] *Gerold/Schmidt-von Eicken* § 31 Rn. 52.

IV. Echte Abtrennung und Fortführung

> **Nach der Trennung:**
> **Verfahren ohne elterliche Sorge**
> 1 Verfahrensgebühr KV 1510 aus 69 500 DM = 775 DM
> 1 Urteilsgebühr KV 1516 aus 69 500 DM = 775 DM
>
> **Verfahren über elterliche Sorge:**
> 1 Vornahmegebühr § 94 Abs. 1 Nr. 4 KostO aus 5000 DM = 50 DM
>
> Das Gericht kann alle Gebühren, die vor und nach der Trennung entstanden sind, verlangen, muss jedoch die Gebühren, die sich entsprechen, aufeinander anrechnen.

2. RA-Gebühren

Bei einer echten **Verfahrenstrennung** (s. oben Rn. 1) werden die Verfahren als selbstständige Familiensachen fortgeführt. Wird ein Sorge- oder Umgangsrechtsverfahren gemäß § 623 Abs. 2 S. 2 ZPO abgetrennt, so liegt eine echte Verfahrenstrennung vor.[26]   **18**
Werden mehrere Folgesachen abgetrennt, so wird nach *Borth* jede Sache getrennt weitergeführt.[27] Von der Trennung an entstehen die Gebühren noch einmal und zwar aus den Werten der getrennten Verfahren.[28] In FG-Sachen richten sich die Gebühren jetzt nach § 118 BRAGO bzw. nach § 63 Abs. 3 BRAGO. Hinsichtlich des Gebührenwerts können neue Bestimmungen einschlägig sein. Der Ausgangswert bezüglich der elterlichen Sorge bzw. des Umgangsrechts erhöht sich auf 5000 DM (§§ 94 Abs. 2, 30 Abs. 2 KostO).[29] Der RA kann alle Gebühren, die vor und nach der Trennung entstanden sind, verlangen, muss jedoch die Gebühren, die sich entsprechen, aufeinander anrechnen.[30] Nebeneinander kann er sie nicht verlangen.[31] Die Prozess- und Geschäftsgebühr, die Verhandlungs-/Erörterungs- und Besprechungsgebühr, die Beweis- und Beweisaufnahmegebühr der §§ 31 bzw. 118 BRAGO entsprechen jeweils einander. Vor der Trennung erfolgte Zahlungen sind auf die Gebühren nach der Trennung anzurechnen.[32]

Die obigen Grundsätze gelten auch bei einer **Fortführung** einer Folgesache als   **19**
selbstständige Familiensache nach Rücknahme bzw. Abweisung des Scheidungsantrags (§§ 626 Abs. 1 S. 1, Abs. 2, 629 Abs. 3 S. 1 und S. 2 ZPO).[33]

3. Gerichtskosten

Die vor der Verfahrenstrennung entstandenen Gebühren bleiben bestehen. Nach der   **20**
Trennung fallen die Gebühren aus den geteilten Gegenstandswerten erneut an.[34] Das Gericht kann alle Gebühren, die vor und nach der Trennung entstanden sind, verlangen, muss jedoch die Gebühren, die sich entsprechen, aufeinander anrechnen.[35] Es gilt

---

[26] Düsseldorf Rpfleger 2000, 84.
[27] *Musielak-Borth* § 626 Rn 8.
[28] München, Beschl. vom 20. 9. 1994–11 W 2314/94.
[29] Karlsruhe JurBüro 1999, 420.
[30] *Gerold/Schmidt-von Eicken* § 31 Rn. 52.
[31] *Gerold/Schmidt-von Eicken* § 31 Rn. 52; *Hansens* § 13 Rn. 13 „Trennung".
[32] *Zöller-Herget* § 145 Rn. 28; *Markl/Meyer* § 19 Rn. 11.
[33] *Von Eicken* AGS 1997, 37.
[34] *Zöller-Herget* § 145 Rn. 28.
[35] *Zöller-Herget* § 145 ZPO Rn. 28.

E. Abtrennung und Verbindung

dasselbe wie hinsichtlich der RA-Gebühren (s. oben Rn. 18). Die Vornahmegebühren gemäß § 94 Abs. 1 KostO (z. B. Nr. 4) entsprechen nicht der Verfahrensgebühr des KV 1510. Eine Anrechnung findet daher zwischen diesen nicht statt.

V. Verbindung

1. Abgrenzung

21 Von der Verfahrensverbindung sind zu unterscheiden
- **Abgabe oder Überleitung ohne Verbindung.** Eine Sache wird an das Gericht der Scheidungssache abgegeben, ohne jedoch Teil des Verbundverfahrens zu werden. Wird ein Verfahren gemäß § 621 Abs. 3 ZPO an das Gericht der Scheidungssache durch Verweisung oder Abgabe übergeleitet, so kann das zur Einbeziehung in den Verbund führen, muss aber nicht. Gemäß § 623 Abs. 5 werden die in § 623 Abs. 2 und 3 ZPO genannten Verfahren (Kindessachen), wenn sie an das Gericht der Ehesache übergeleitet werden, automatisch Teil des Verbundverfahrens. Hingegen werden die in § 623 Abs. 1 ZPO genannten Verfahren nur dann in den Verbund einbezogen, wenn eine Entscheidung für den Fall der Scheidung zu treffen ist (z. B. nachehelicher Unterhalt). Ist dies – wie meistens – nicht der Fall, so bleiben es zwei selbstständige Verfahren, in denen gesonderte Gebühren entstehen. Es gibt keine besonderen kostenrechtlichen Probleme.
- **Bloße Verhandlung in gemeinsamem Termin.** Ebenfalls keine Verfahrensverbindung liegt vor, wenn hinsichtlich mehrerer selbstständiger Verfahren lediglich in einem gemeinsamen Termin verhandelt oder Beweis erhoben wird, ohne dass sie zu einem Verfahren verbunden werden. Es bleiben selbstständige Verfahren, in denen jeweils gesonderte Gebühren entstehen.[36] Eine Verfahrensverbindung liegt nur vor, wenn eine einheitliche Entscheidung erfolgen soll.[37]
- **Kindes- und Scheidungssache.** Eine Einbeziehung im Sinne einer Antragserweiterung, nicht aber im Sinn einer Verbindung selbstständiger Verfahren liegt vor, wenn zunächst eine Scheidungssache anhängig ist und sodann zum gleichen Gericht eine der in § 623 Abs. 2, 3 ZPO aufgeführten Gegenstände (z. B. Sorgerecht) anhängig gemacht wird. Dann wird diese Sache, selbst wenn die Entscheidung nicht nur für den Fall der Scheidung zu treffen ist,[38] kraft Gesetzes zur Folgesache und damit Teil des Verbundes. Das gilt auch, wenn in der Antragsschrift nicht auf das Scheidungsverfahren Bezug genommen wird und deshalb zunächst ein eigenes Aktenzeichen eingetragen wird. Nicht einmal durch einen entgegengesetzten Antrag kann verhindert werden, dass die Sache in den Verbund einbezogen wird.[39] Hier tauchen nicht die Probleme einer Verfahrensverbindung auf, sondern nur die einer Klage- (Antrags-) erweiterung. Wird der Sorgerechtsantrag allerdings bei einem **anderen Gericht** als dem der Scheidungssache eingereicht, so liegen zunächst zwei Angelegenheiten vor. Erst nach der Abgabe an das Scheidungsgericht wird die Sache Teil des Verbundes. Es gilt dann kostenrechtlich das Gleiche wie sonst bei einer Verbindung mehrerer Verfahren.

---

[36] München JurBüro 1990, 393; *Gerold/Schmidt-von Eicken* § 31 Rn. 52.
[37] Zur Abgrenzung München JurBüro 1990, 393.
[38] *Zöller-Philippi* § 623 Rn. 23b.
[39] *Musielak-Borth* § 623 ZPO Rn. 21.

V. Verbindung

2. Gleiche Gebühren in beiden Verfahren vor Verbindung
a) Berechnungsbeispiel

> Zunächst wird in getrennten Verfahren über Ehegattenunterhalt (Streitwert 8000 DM) und Kindesunterhalt (Streitwert 5000 DM) mündlich verhandelt. Nach der Verbindung der Verfahren findet erneut eine mündliche Verhandlung statt.
>
> **RA-Gebühren vor der Verbindung**
> **Ehegattenunterhalt**
> 31 Abs. 1 Nr. 1 BRAGO aus 8000 DM   485 DM
> 31 Abs. 1 Nr. 2 BRAGO aus 8000 DM   485 DM
>
> **Kindesunterhalt**
> 31 Abs. 1 Nr. 1 BRAGO aus 5000 DM   320 DM
> 31 Abs. 1 Nr. 2 BRAGO aus 5000 DM   320 DM
>
> **RA-Gebühren nach der Verbindung**
> 31 Abs. 1 Nr. 1 BRAGO aus 13 000 DM   735 DM
> 31 Abs. 1 Nr. 2 BRAGO aus 13 000 DM   735 DM
>
> RA wird die für ihn günstigeren Gebühren vor der Verbindung geltend machen.
>
> **Gerichtsgebühren vor Verbindung**
> **Ehegattenunterhalt**
> 3 Verfahrensgebühren KV 1201 aus 8000 DM   615 DM
>
> **Kindesunterhalt**
> 3 Verfahrensgebühren KV 1201 aus 5000 DM   480 DM
>
> **Gerichtsgebühren nach Verbindung**
> 3 Verfahrensgebühren KV 1201 aus 13 000 DM   885 DM
>
> Das Gericht kann die Gebühren aus den unverbundenen Verfahren in Rechnung stellen.

22

b) RA-Gebühren

Wird ein Verfahren, das zunächst selbstständig war, in den Verbund einbezogen, so gelten, da die Einbeziehung in den Verbund gebührenrechtlich der Verbindung im Zivilprozess gemäß § 147 ZPO entspricht, die gleichen Grundsätze wie bei einer Verbindung nach § 147 ZPO.[40] Darüber hinaus richten sich die RA-Gebühren, wenn eine Verbindung mit einem Verbundverfahren erfolgt, jetzt für alle Gegenstände, auch für FG-Sachen nach § 31 ff. BRAGO. Zur Anrechnung der Gebühren nach 118 BRAGO auf die Gebühren nach §§ 31 ff. BRAGO und zur Anpassung der Gebühren nach GKG und KostO s. *Lappe* 4. Aufl. Rn. 675 ff.; s. auch oben Rn. 17.

23

Einmal entstandene Gebühren aus den getrennten Verfahren bleiben bestehen (§ 13 Abs. 4 ZPO). Der RA kann wählen, ob er die Gebühren aus den getrennten Verfahren oder aus dem verbundenen Verfahren verlangt.[41] Der RA kann nicht zusätzlich zu den Gebühren aus den getrennten Verfahren vor der Trennung noch die Gebühren aus dem Verfahren nach der Verbindung verlangen. Das ergibt sich daraus, dass das verbundene

---

[40] München JurBüro 1986, 556; zu den Folgen *Gerold/Schmidt-von Eicken* § 31 Rn. 52; *Zöller-Herget* § 147 Rn. 10.
[41] *Gerold/Schmidt-von Eicken* § 31 Rn. 52.

E. Abtrennung und Verbindung

Verfahren mit den vorher geführten Einzelverfahren dieselbe Angelegenheit i. S. v. § 13 Abs. 2 BRAGO bildet.

Auch FG-Verfahren können miteinander verbunden werden s. Kap. D Rn. 4. Die Folgen sind die gleichen wie bei der Verbindung von ZPO-Verfahren.

c) Gerichtskosten

24 Es gelten die gleichen Grundsätze wie bei RA-Gebühren. Das Gericht kann die Gebühren aus den getrennten Verfahren in Rechnung stellen.

3. Ungleiche Gebühren in den Verfahren vor Verbindung

a) Berechnungsbeispiel

25

> Vor der Verbindung der Verfahren hatte im Verfahren über den Ehegattenunterhalt (8000 DM) eine mündliche Verhandlung stattgefunden, im Verfahren über Kindesunterhalt (5000 DM) aber noch nicht. Nach der Verbindung findet eine mündliche Verhandlung zu beiden Gegenständen statt.
>
> **RA-Gebühren vor der Verbindung**
> **Ehegattenunterhalt**
> 31 Abs. 1 Nr. 1 BRAGO aus 8000 DM   485 DM
> 31 Abs. 1 Nr. 2 BRAGO aus 8000 DM   485 DM
>
> **Kindesunterhalt**
> 31 Abs. 1 Nr. 1 BRAGO aus 5000 DM   320 DM
>
> **RA-Gebühren nach der Verbindung**
> 31 Abs. 1 Nr. 1 BRAGO aus 13 000 DM   735 DM
> 31 Abs. 1 Nr. 2 BRAGO aus 13 000 DM   735 DM
> – Bereits im Ehegattenunterhaltsverfahren verdiente   485 DM
> Verhandlungsgebühr bleibt also insgesamt   735 DM
>
> **Gerichtsgebühren**
> Es gilt dasselbe wie im vorherigen Fall s. oben Rn. 22. Da für die Verhandlung keine besonderen Gebühren erhoben werden, ändert sich nichts.

b) RA-Gebühren

26 Der RA kann beide Prozessgebühren aus den getrennten Verfahren nebeneinander berechnen. Er kann auch die Verhandlungsgebühr im Verfahren über den Ehegattenunterhalt weiter geltend machen. Er kann daneben die Verhandlungsgebühr aus dem verbundenen Verfahren verlangen, muss sich aber anrechnen lassen, dass er im Verfahren über den Ehegattenunterhalt bereits eine Verhandlungsgebühr verdient hat. Dabei sind von der Verhandlungsgebühr aus dem Gesamtwert von 13 000 DM = 735 DM die DM 485 DM, die der RA bereits im Verfahren über den Ehegattenunterhalt verdient hat, abzuziehen, so dass im verbundenen Verfahren nur noch eine Verhandlungsgebühr von 250 DM entsteht, der RA also insgesamt nur 735 DM erhält.[42] Nach einer Gegenmeinung ist zu rechnen: Bei der Verhandlungsgebühr von 735 DM entfallen auf den

---

[42] KG JurBüro 1973, 1162; Köln JurBüro 1987, 380; München JurBüro 1986, 556; Stuttgart JurBüro 1982, 1670; Zweibrücken JurBüro 1981, 699; *Göttlich/Mümmler* BRAGO „Verbindung" 2.2; *Riedel/Sußbauer-Keller* § 31 Rn. 33.

V. Verbindung

Ehegattenunterhalt 61.5% (8000 DM von 13 000 DM). Von der Verhandlungsgebühr des verbundenen Verfahrens sind 61.5% abzuziehen. Der RA erhält für die Verhandlungsgebühr 485 DM (für Verfahren vor Verbindung) + 282, 97 DM (735 DM – 61,5% für Verfahren nach Verbindung) = 767, 97 DM.[43]

Der ersten Berechnungsweise ist der Vorzug zu geben. § 13 Abs. 4 BRAGO und der aus ihm hergeleitete Grundsatz, dass der RA die einmal verdienten Gebühren nicht wieder verlieren kann, besagt nur, dass eine Streichung bzw. Ermäßigung eines dem RA schon zustehenden Betrages nicht erfolgen darf. Die Gegenmeinung läuft jedoch auf einen Grundsatz hinaus, dass der RA bei einer Verbindung hinsichtlich der Gebührendegression besser gestellt werden soll. Hierfür findet sich in § 13 Abs. 4 BRAGO, der die einzige Vorschrift beinhaltet, auf die es im vorliegenden Zusammenhang ankommt, keinen Anhaltspunkt. Es ist insbesondere kein Grund ersichtlich, warum insoweit bei einer Verbindung etwas anderes gelten soll als bei der Klageerweiterung.[44] Auch bei dieser hat der RA erst einmal aus dem ursprünglichen Wert eine Prozessgebühr verdient. Wird die Klage nun erweitert, so ist allgemein anerkannt, dass die bereits verdiente Prozessgebühr in vollem Umfang auf die Prozessgebühr aus dem Gesamtstreitwert angerechnet werden muss.[45]

4. Erhöhung des Streitwerts nach Verbindung

a) Berechnungsbeispiel

27

Nach der Verbindung der Verfahren über Ehegatten- (Streitwert 8000 DM) und Kindesunterhalt (Streitwert 5000 DM) – in beiden Verfahren war vorher die Prozessgebühr bereits angefallen – wird die Klage dahingehend erweitert, dass auch noch die Regelung gemeinsamer Schulden (Streitwert 10 000) DM anhängig wird.

RA-Gebühren vor der Verbindung
31 Abs. 1 Nr. 1 BRAGO 10/10 aus 8000 DM	485 DM
31 Abs. 1 Nr. 1 BRAGO 10/10 aus 5000 DM	320 DM
Summe	805 DM

RA-Gebühren nach der Verbindung und Erweiterung
31 Abs. 1 Nr. 1 BRAGO 10/10 aus 23 000 DM	1025 DM
Davon sind die vor der Verbindung entstandenen Gebühr Abzuziehen. Es bleibt bei	1025 DM.

Gerichtsgebühren vor Verbindung
3 Verfahrensgebühren KV 1201 aus 8000 DM	615 DM
3 Verfahrensgebühren KV 1201 aus 5000 DM	480 DM
Summe	1095 DM

Gerichtsgebühren nach Verbindung und Erweiterung
3 Verfahrensgebühren KV 1201 aus 20 000 DM	1155 DM

Das Gericht kann die Gebühren aus dem Verfahren nach der Verbindung und Erweiterung, da sie höher als die Gebühren vor der Verbindung sind, in Rechnung stellen.

---

[43] Frankfurt Rpfleger 1958, 197.
[44] KG JurBüro 1973, 1162; München JurBüro 1986, 556; Stuttgart JurBüro 1982, 1670.
[45] *Riedel/Sußbauer-Keller* § 31 Rn. 31; *Riedel/Sußbauer-Fraunholz* § 7 Rn. 12.

E. Abtrennung und Verbindung

b) RA-Gebühren

28 Eine andere Berechnungsweise wird von *von Eicken*[46] vertreten.
Gegen diese sprechen wieder die vorstehend unter Rn. 26 dargelegten Gründe.

---

[46] *Gerold/Schmidt-von Eicken* § 31 Rn. 52

F. Gebühren Vorläufiger Rechtsschutz

I. Leicht übersehene Gebühren

- § 41 Abs. 1 S. 1 BRAGO. Bei **Anträgen** auf **vorläufige Regelung** i. S. v. § 620 ZPO fallen neben den Gebühren des Hauptsacheverfahrens neue, nicht anzurechnende Gebühren an s. unten Rn. 4ff.
- § 41 Abs. 2 BRAGO. Bei einer **Einigung** (muß kein Vergleich sein) über eine **vorläufige Regelung** entsteht eine halbe Prozeßgebühr, wenn für den Gegenstand der Vereinbarung kein Antrag auf Erlaß einer einstweiligen Anordnung gestellt war. Dasselbe gilt, wenn ein Antrag auf gerichtliche Protokollierung einer solchen Einigung gestellt wird. Eine halbe Gebühr fällt sogar dann an, wenn es nicht zu einer Einigung oder einem Antrag kommt, wenn der RA nur auftragsgemäß in dieser Richtung tätig geworden ist s. unten Rn. 27ff.

1

II. Einstweilige Anordnung gemäß § 620 Nr. 1–9

1. 1. Instanz

a) Berechnungsbeispiel

2

Kläger beantragt im Rahmen eines Verbundverfahrens im Wege der einstweiligen Anordnung 300 DM Unterhalt monatlich, Regelung über Hausrat (Gesamtwert 1000 DM), Zuweisung der Wohnung (monatliche Miete 2000 DM), Sorgerecht für ein Kind. Nach mündlicher Verhandlung erlässt das Gericht die beantragten einstweiligen Anordnungen.

Werte
Unterhalt 6 × 300 DM = 1800 DM (§ 20 Abs. 2 S. 1 GKG) s. Kap. B Rn. 104, 106
Hausrat 250 DM (§ 20 Abs. 2 S. 2 GKG) s. Kap. B Rn. 107
Wohnung 6000 DM (§ 20 Abs. 2 S. 2 GKG) s. Kap. B Rn. 107
Sorgerecht 1500 DM (§ 8 Abs. 2 S. 3 BRAGO) s. Kap. B Rn. 101
Gesamt 9550,– DM (§ 41 Abs. 1 S. 1b und S. 2 BRAGO)

RA-Gebühren (gesondert neben Hauptsachegebühren § 41 Abs. 1 S. 1b BRAGO)
§ 31 Abs. 1 Nr. 1 BRAGO 10/10 aus 9550 DM
§§ 31 Abs. 1 Nr. 2, 33 Abs. 1 S. 2 Nr. 3 (analog[1]) BRAGO 10/10 aus 9550 DM

Gerichtsgebühren
Keine Verfahrensgebühr
0,5 Entscheidungsgebühr KV 1701 aus 8050 DM (ohne Sorgerecht).

---

[1] § 33 Abs. 1 S. 2 Nr. 3 BRAGO analog für FG-Sachen s. Kap. C Rn. 18.

Müller-Rabe

F. Gebühren Vorläufiger Rechtsschutz

b) RA-Gebühren

aa) Anwendung der §§ 31 ff.

3 Ein Antrag auf Erlass einer einstweiligen Anordnung nach § 620 Nr. 1–9 ZPO ist erst zulässig, wenn die Ehesache anhängig ist bzw. ein PKH-Antrag für eine Ehesache eingereicht ist (§ 620a Abs. 2 ZPO). Die einstweilige Anordnung nach § 620 Nr. 1–9 ZPO ist prozessual Teil der Ehesache.[2] §§ 31 ff., 41 BRAGO finden Anwendung. Das gilt, da auch sie Teil des Verbundverfahrens sind, auch für Sachen nach der HausratsVO s. Kap. C Rn. 3.

bb) Besondere Angelegenheit

4 Das Gesetz bestimmt, dass die einstweilige Anordnung, obwohl sie prozessual Bestandteil des Hauptsacheverfahrens ist (s. oben Rn. 3), als besondere Angelegenheit gilt (§ 41 Abs. 1 S. 1b BRAGO) und zwar auch dann, wenn der Antrag auf einstweilige Anordnung mit dem Scheidungsantrag verbunden wird. RA-Gebühren sowie die Auslagenpauschale[3] fallen erneut an.

cc) Mehrere Anträge

5 **Mehrere Anträge hinsichtlich einstweiliger Anordnungen**, die unter einen Buchstaben von § 41 Abs. 1 S. 1 BRAGO fallen, führen nur einmal zu RA-Gebühren in einem Rechtszug (§ 41 Abs. 1 S. 2 BRAGO). Betreffen die einstweiligen Anordnungen mehrere Gegenstände, so werden die Werte gemäß § 7 Abs. 2 BRAGO zusammengerechnet.[4] Dies gilt unabhängig davon, ob die einstweiligen Anordnungen gleichzeitig oder nacheinander beantragt und verbeschieden werden.

6 Werden **wiederholt neue Anträge** zu unter einen Buchstaben des § 41 Abs. 1 S. 1 BRAGO fallenden Gegenständen gestellt, z. B. ein abgewiesener Antrag auf einstweilige Anordnung wird nach einiger Zeit wieder gestellt, so sind gemäß § 41 Abs. 1 S. 2 BRAGO nur eine Angelegenheit und ein Gegenstand gegeben. Ergeht zunächst eine einstweilige Anordnung zum Unterhalt und wird später die **Aufhebung oder Änderung** der einstweiligen Anordnung gemäß § 620b ZPO oder die **Aussetzung** der Vollziehung gemäß § 620e ZPO bzw. die Feststellung des **Außerkrafttretens** einer einstweiligen Anordnung gemäß § 620f Abs. 1 S. 2 ZPO beantragt, so liegen ebenfalls nur eine Angelegenheit und ein Gegenstand vor.[5] Der RA verdient die Gebühren nur einmal. Die Gebühren werden auch nicht höher, da sich der Streitwert nicht erhöht.[6] Ein Regelstreitwert kann sich jedoch wegen der Erhöhung des Verfahrensumfangs erhöhen. So hat das OLG Koblenz[7] für eine einstweilige Anordnung zur elterlichen Sorge und den Antrag auf Aufhebung bzw. Änderung der einstweiligen Anordnung den Wert von 1000 DM gemäß § 8 Abs. 2 S. 3 BRAGO auf 2000 DM hochgesetzt.

7 Die Einschränkung des § 41 Abs. 1 S. 2 BRAGO gilt jedoch nur **innerhalb eines Rechtszugs**. Wird, während die Hauptsache in der ersten Instanz anhängig ist, eine

---

[2] *Gerold/Schmidt-von Eicken* § 41 Rn. 3.
[3] KG NJW 1968, 165.
[4] Stuttgart FamRZ 1998, 1383.
[5] Hamm MDR 1983, 847; Koblenz FamRZ 1999, 386; *Riedel/Sußbauer-Keller* § 41 Rn. 12, 13.
[6] Heute einhellige Meinung in Rspr. und Lit. So weit das KG früher den Streitwert erhöht hat, hat es diese Meinung zwischenzeitlich aufgegeben KG Rpfleger 1985, 508 m.w.N. zur Rspr.
[7] FamRZ 1999, 386.

II. Einstweilige Anordnung gemäß § 620 Nr. 1–9

einstweilige Anordnung über die elterliche Sorge (1500 DM) und, nachdem die Hauptsache in zweiter Instanz anhängig ist, eine einstweilige Anordnung zum Hausrat (3000 DM) beantragt, so verdient der RA einmal Gebühren aus einem Gebührenwert von 1500 DM und einmal aus einem von 3000 DM.

dd) Mehrere Rechtsanwälte

Werden im selben Rechtszug **mehrere Rechtsanwälte** tätig z. B. der eine wegen einer einstweilige Anordnung zum Sorgerecht (Wert 1500 DM), der andere wegen einer zur Benutzung der ehelichen Wohnung (Wert 5000 DM), so verdient jeder aus dem von ihm betroffenen Streitwert RA-Gebühren, der eine also aus 1500 DM, der andere aus 5000 DM. Ein Erstattungsanspruch gegenüber dem Gegner wird jedoch i. a. R. an § 91 Abs. 2 S. 3 ZPO scheitern. 8

ee) Prozessgebühr

Sie entsteht (zunächst nur **5/10**), wenn der RA im Hinblick auf einen Auftrag, eine einstweilige Anordnung zu beantragen, tätig wird, z. B. Informationen des Mandanten entgegennimmt. Mit der Einreichung des Antrags entsteht die volle Prozessgebühr. Da es eine einstweilige Anordnung von Amts wegen (im Gegensatz zum alten Recht § 620 S. 2 ZPO a. F.) nach neuem Recht nicht mehr gibt und ein Antrag erforderlich ist, kann der **Antragstellervertreter** die volle Prozessgebühr nur verdienen, wenn er einen Antrag stellt.[8] Dabei genügt auch in den Fällen, in denen ein beziffferter Antrag erforderlich wäre, der bloße Antrag, eine in das Ermessen des Gerichts gestellte einstweilige Anordnung zu erlassen. Auf die Zulässigkeit des Antrags kommt es nicht an. 9

Für den **Antragsgegnervertreter** entsteht, wenn er, was häufig der Fall sein wird, von vornherein schon einen Auftrag hinsichtlich eines etwaigen Anordnungsantrags hat, die halbe Prozessgebühr, wenn er von dem Anordnungsantrag Kenntnis bekommt.[9] Fehlt ein entsprechender Auftrag, so entsteht eine Prozessgebühr erst, wenn er einen solchen Auftrag erhält und danach noch irgendeine Tätigkeit im Hinblick auf die beantragte Anordnung vornimmt. In ZPO-Sachen verdient der Antragsgegnervertreter eine **volle** Prozessgebühr erst, wenn er eine der in § 32 Abs. 1 BRAGO aufgeführten Handlungen vornimmt, z. B. einen Abweisungsantrag oder einen Antrag auf Aufhebung oder Änderung (§ 620b ZPO) bei Gericht einreicht.[10] In FG-Sachen muss er keinen Antrag stellen. Es genügt, wenn er sich dem Gericht gegenüber zur Sache äußert. Einstweilige Anordnungen, die FG-Sachen betreffen, sind ihrem Gegenstand nach Angelegenheiten der freiwilligen Gerichtsbarkeit und verfahrensrechtlich wie solche zu behandeln.[11] Das Gericht ist auch nicht an die Sachanträge der beteiligten Ehegatten gebunden.[12] Es haben dann auch kostenrechtlich die für FG-Sachen geltenden Grundsätze zu gelten, so dass eine Äußerung zur Sache genügt s. Kap. C Rn. 12.

Ist das **Berufungsgericht** für den Erlass der einstweiligen Anordnung **zuständig**, so greift die **Erhöhung um 3/10** nach § 11 Abs. 1 S. 4 BRAGO ein.[13] Hierzu führt der 10

---

[8] *Gerold/Schmidt-von Eicken* § 41 Rn. 4.
[9] *Gerold/Schmidt-von Eicken* § 41 Rn. 5.
[10] *Gerold/Schmidt-von Eicken* Rn. 5; *Riedel/Sußbauer-Keller* Rn 4 jeweils zu § 41.
[11] *Zöller-Philippi* § 620a Rn. 29.
[12] *Zöller-Philippi* § 620a Rn. 30a.
[13] H. M. BGH NJW 1968, 52ff., 53 Nr. 3; *Gerold/Schmidt-von Eicken* § 41 Rn. 8 m.w.N.; a. A. *Lappe* Rn. 291.

BGH[14] überzeugend aus, dass das Anordnungsverfahren Teil des Scheidungsverfahrens ist. Schwebt dieses in der Berufungsinstanz, so gilt das auch für das Anordnungsverfahren. Daran ändert auch der Umstand nichts, dass es gebührenrechtlich gesondert behandelt wird. Denn verfahrensrechtlich bleibt es untrennbar mit dem Scheidungsrechtsstreit verbunden. § 40 Abs. 3 BRAGO kann nicht analog angewendet werden. Dem Gesetzgeber kann der Unterschied zwischen § 40 Abs. 3 BRAGO und dem nachfolgenden § 41 BRAGO nicht entgangen sein. Die abweichende Regelung ist daher als bewusst und gewollt anzusehen. Hinzukommt noch, dass das Arrest- und Verfügungsverfahren nicht in gleicher Weise an das Hauptsacheverfahren gebunden ist wie das Anordnungsverfahren. Ein Arrest oder eine einstweilige Verfügung kann unabhängig davon, ob ein Hauptsacheverfahren anhängig ist, beantragt werden.

ff) Verhandlungs- bzw. Erörterungsgebühr

11 Sie fällt nur an, wenn das Gericht **mündliche Verhandlung** hinsichtlich der einstweiligen Anordnung anberaumt hat, was es nicht muss, da es ohne mündliche Verhandlung entscheiden kann (§ 620a Abs. 1 ZPO). Sie entsteht nicht schon dadurch, dass eine Partei in der mündlichen Verhandlung zur Hauptsache einen Antrag nach § 620 ZPO stellt. Die Partei kann also eine mündliche Verhandlung im Anordnungsverfahren nicht durch eine Antragstellung zur einstweiligen Anordnung erzwingen.[15] Es reicht auch nicht, wenn ein schriftsätzlicher Antrag zu Protokoll geändert wird oder überflüssigerweise der schriftsätzliche Antrag noch einmal zu Protokoll gestellt wird. Auch aus der Protokollierung durch das Gericht lässt sich noch nicht schließen, dass das Gericht über die einstweilige Anordnung mündlich verhandeln und nicht von der Möglichkeit Gebrauch machen will, im schriftlichen Verfahren zu entscheiden. Hingegen entsteht die Verhandlungs- bzw. Erörterungsgebühr, wenn das Gericht zu erkennen gibt, dass es auch zu diesem Antrag verhandeln will,[16] also z. B. in derselben Sitzung den Gegner zu einer Stellungnahme zu diesem Antrag auffordert oder mit den Parteien die Aussichten dieses Antrags erörtert.

12 In den **ZPO-Folgesachen** fällt eine **volle** Verhandlungsgebühr nur an, wenn streitig (entgegengesetzte Anträge) verhandelt wird. Es kann auch eine Erörterungsgebühr entstehen (zu den Voraussetzungen s. Kap. C Rn. 30 ff.). In den **FG-Sachen** reicht für eine volle Verhandlungsgebühr eine Besprechung des Gerichts mit den Parteien[17]. Daran ändert nichts, dass eine einstweilige Anordnung gemäß § 620 ZPO nur noch auf Antrag ergeht (s. Kap. C Rn. 18).

gg) Beweisgebühr

13 Die Vorlage von Urkunden (z. B. von Lohnauskünften) lässt gemäß § 34 Abs. 1 BRAGO keine Beweisgebühr entstehen und zwar auch dann nicht, wenn sie vom Gericht angeordnet ist (s. Kap. C Rn. 25).[18] Deshalb löst auch die Vorlage schriftlicher eidesstattlicher Versicherungen keine Beweisgebühr aus. Eine solche entsteht aber, wenn die eidesstattliche Versicherung in der mündlichen Verhandlung mündlich abgegeben und zu Protokoll genommen wird. Dann liegt keine Vorlage einer Urkunde i. Sinne von § 34 Abs. 1

---

[14] NJW 1968, 52 ff., 53 Nr. 3.
[15] *Gerold/Schmidt-von Eicken* § 41 Rn. 6.
[16] Hamburg MDR 1972, 701; Hamm JurBüro 1967, 236; *Mümmler* JurBüro 1978, 320.
[17] *Gerold/Schmidt-von Eicken* § 33 Rn. 24.
[18] Frankfurt JurBüro 1985, 1029; *Gerold/Schmidt-von Eicken* § 31 Rn. 107.

II. Einstweilige Anordnung gemäß § 620 Nr. 1–9

BRAGO vor. In der Protokollierung ist im Regelfall eine stillschweigende Beweisanordnung zu sehen.[19] Der eidesstattlichen Versicherung steht es gleich, wenn der Prozessbevollmächtigte im Termin die in sein Wissen gestellten Tatsachen anwaltlich versichert und das Gericht dies zu Protokoll nimmt.[20]

hh) Einigung und Vergleich
S. nachfolgend Rn. 27ff.

14

c) Gerichtskosten

Sie richten sich nach KV 1701. Es entsteht jeweils eine halbe Entscheidungsgebühr und zwar unabhängig davon, ob dem Antrag stattgegeben wird oder nicht. KV 1701 enthält eine abschließende Regelung. So weit dort Sachen und Vorgänge nicht erwähnt sind, sind sie gebührenfrei; so die einstweilige Anordnung über nichtvermögensrechtliche Gegenstände wie elterliche Sorge und Getrenntleben.[21]

15

2. Rechtsmittel

a) Berechnungsbeispiel

16

> Antragsteller erhält im Verbundverfahren im Wege einer einstweiligen Anordnung das Sorgerecht für ein Kind. Der Antragsgegner legt gemäß § 620c ZPO sofortige Beschwerde ein. Es wird mündlich verhandelt. Der Antragsgegner nimmt sein Rechtsmittel zurück.
>
> **Werte**
> Sorgerecht 1500 DM (§ 8 Abs. 2 S. 3 BRAGO) s. Kap. B Rn. 101
> **RA-Gebühren** (gesondert neben Hauptsachegebühren § 41 Abs. 1 S. 1b BRAGO)
> §§ 61 Abs. 1 Nr. 1, 31 Abs. 1 Nr. 1 BRAGO 5/10 aus 1500 DM
> §§ 61 Abs. 1 Nr. 1, 31 Abs. 1 Nr. 2, 33 Abs. 1 S. 2 Nr. 3 (analog[22]) BRAGO 5/10 aus 1500 DM
>
> **Gerichtsgebühren**
> 1 Verfahrensgebühr KV 1951 aus 1500 DM

b) RA-Gebühren

aa) Anzuwendende Vorschriften
Das Beschwerdeverfahren fällt nicht unter §§ 41, 61a oder 63 Abs. 1 Nr. 1 BRAGO, sondern unter § 61 Abs. 1 Nr. 1 BRAGO. Der RA erhält gemäß § 61 Abs. 1 Nr. 1 BRAGO eine **5/10** Prozessgebühr, u. U. auch noch weitere 5/10 der in § 31 BRAGO genannten Gebühren.[23] Eine Erhöhung um 3/10 gibt es nicht, da Beschwerden in § 11 Abs. 1 S. 4 BRAGO nicht genannt sind. Darüber hinaus fällt bei einem Vergleich eine volle Vergleichsgebühr gemäß § 23 BRAGO an,[24] die sich ebenfalls nicht erhöht.

17

---

[19] München JurBüro 1992, 324; *Gerold/Schmidt-von Eicken* § 31 Rn. 107.
[20] *Gerold/Schmidt-von Eicken* § 31 Rn. 107.
[21] *Lappe* Rn. 194, 201.
[22] S. Kap. C Rn. 18.
[23] *Zöller-Philippi* § 620c Rn. 23.
[24] *Hartmann* KostG § 61 BRAGO Rn. 13.

bb) Mehrere Beschwerden

18 Mehrere Beschwerden führen nach h. M., da nicht § 41 BRAGO, sondern § 61 BRAGO eingreift, nicht nur zu einer Angelegenheit, sondern zu mehreren.[25] Ist jedoch erstinstanzlich über mehrere Gegenstände ein **einheitlicher Beschluss** ergangen, so handelt es sich um nur eine Angelegenheit und zwar auch dann, wenn mehrere Rechtsmittel eingelegt werden. Das ergibt sich aus dem allgemeinen Grundsatz, dass, wenn sich mehrere Rechtsmittel gegen nur eine Entscheidung richten, immer nur ein einheitliches Rechtsmittelverfahren vorliegt.[26]

c) Gerichtskosten

19 Bei einer sofortigen Beschwerde gemäß § 620c ZPO, also betreffend elterliche Sorge, Kindesherausgabe und Ehewohnung entsteht eine ganze Verfahrensgebühr gemäß KV 1951.[27] Eine Rücknahme hat keine Auswirkung auf die Gebühr.[28] Bei einer (unzulässigen) Beschwerde gegen andere Gegenstände erwächst bei Verwerfung eine Entscheidungsgebühr gemäß KV 1953. Die Feststellung des **Außerkrafttretens** einer Anordnung gemäß § 620f Abs. 1 S. 2 ZPO ist gebührenfrei. Bei einer Beschwerde hingegen fällt, wenn sie verworfen oder zurückgewiesen wird, eine Gebühr gemäß KV 1953 an.[29]

III. Einstweilige Anordnung gemäß § 644 ZPO

1. 1. Instanz

a) Berechnungsbeispiel

20

> Kläger verlangt in einem Hauptsacheprozess über Unterhalt im Wege der einstweiligen Anordnung 300,– DM Unterhalt monatlich. Der Antrag wird nach mündlicher Verhandlung zurückgewiesen.
>
> **Werte**
> 1800 DM (6 × 300 DM) § 20 Abs. 2 S. 1 GKG s. Kap. B Rn. 104, 106
>
> **RA-Gebühren**
> §§ 31 Abs. 1 Nr. 1, 41 Abs. 1 S. 1e 10/10 BRAGO aus 1800 DM
> §§ 31 Abs. 1 Nr. 2, 41 Abs. 1 S. 1e 10/10 BRAGO aus 1800 DM
>
> **Gerichtsgebühren**
> 0,5 Entscheidungsgebühr KV 1704 aus 1800 DM

b) RA-Gebühren

21 Für die RA-Gebühren greifen §§ 31 ff. BRAGO ein. Gemäß § 41 Abs. 1 S. 1e BRAGO gilt das einstweilige Anordnungsverfahren im Verhältnis zur Hauptsache als eine besondere Angelegenheit. Werden **mehrere einstweilige Anordnungsanträge** gemäß § 644 ZPO gestellt, so erhält der RA die Gebühren in jedem Rechtszug nur einmal (§ 41

---

[25] *Gerold/Schmidt-von Eicken* Rn. 15; *Hansens* Rn. 10 jeweils zu § 41.
[26] *Gerold/Schmidt-von Eicken* Rn. 12; *Riedel/Sußbauer-Keller* Rn. 14 jeweils zu § 61.
[27] *Zöller-Philippi* § 620c Rn. 23.
[28] *Hartmann* KostG KV 1951 Rn. 17.
[29] *Lappe* Rn. 200; *Zöller-Philippi* § 620f Rn. 32.

VII. *Einigung und Vergleich*

Abs. 1 S. 1e, S. 2 BRAGO). Es gilt das zu § 620 ZPO Dargelegte (s. oben Rn. 3ff.) entsprechend.

c) Gerichtsgebühr

Es entsteht eine halbe Entscheidungsgebühr gemäß KV 1704. Es gilt das zu § 620 Dargelegte (s. oben Rn. 15) entsprechend. 22

2. Rechtsmittel

Die Entscheidungen über einstweilige Anordnungsanträge gemäß § 644 ZPO sind gemäß §§ 644 S. 2, 620c S. 2 ZPO unanfechtbar. Wird aber dennoch sofortige Beschwerde eingelegt, so fallen 5/10 RA-Gebühren gemäß §§ 61 Abs. 1 Nr. 1, 31 ff. BRAGO und, wenn eine Entscheidung ergeht, eine gerichtliche Entscheidungsgebühr gemäß KV 1953 an. 23

IV. Einstweilige Anordnung gemäß §§ 127a, 621f ZPO

Der RA verdient gemäß § 41 Abs. 1 S. 1a, c BRAGO gesonderte Gebühren nach §§ 31 ff. BRAGO. Eine halbe Entscheidungsgebühr fällt gemäß KV 1700 bzw. 1702 an. Bei einer (unzulässigen) Beschwerde greifen § 61 Abs. 1 Nr. 1 BRAGO und KV 1953 ein. Im Übrigen wird auf die Ausführungen zu § 620 ZPO verwiesen (s. oben Rn. 3 ff.). 24

V. Einstweilige Anordnung gemäß § 641d ZPO

Der RA verdient gemäß § 41 Abs. 1 S. 1d BRAGO gesonderte Gebühren nach §§ 31 ff. BRAGO. Es fällt eine halbe Entscheidungsgebühr an (KV 1703). Im Übrigen wird auf die Ausführungen zu § 620 ZPO verwiesen (s. oben Rn. 3 ff.). 25

VI. Einstweilige Anordnung gemäß § 53a Abs. 3 FGG

Es entstehen zusätzlich zur Hauptsache keine gesonderten Gerichtskosten oder RA-Gebühren.[30] 26

VII. Einigung und Vergleich

1. Berechnungsbeispiele

a) Vorläufige Regelung über anhängige Sachen.

27

In einem Hauptsacheverfahren zum Unterhalt (Streitwert 6000 DM) wird eine einstweilige Anordnung zum Unterhalt (Streitwert 3000 DM) beantragt. In der gemeinsamen mündlichen Verhandlung über beide Verfahren werde beide Gegenstände kontrovers erörtert. Sodann ergeht Vergleich über vorläufigen Unterhalt.

---

[30] *Johannsen/Henrich-Thalmann* § 621 ZPO Rn. 117 S. 1660.

F. Gebühren Vorläufiger Rechtsschutz

Hauptsache
RA-Gebühren
§ 31 Abs. 1 Nr. 1 BRAGO 10/10 aus 6000 DM
§ 31 Abs. 1 Nr. 4 BRAGO 10/10 aus 6000 DM

Einstweilige Anordnung
RA-Gebühren
§ 31 Abs. 1 Nr. 1 BRAGO, 41 Abs. 1 S. 1e 10/10 aus 3000 DM
§ 31 Abs. 1 Nr. 4 BRAGO, 41 Abs. 1 S. 1e 10/10 aus 3000 DM
§ 23 Abs. 1 S. 3 BRAGO 10/10 aus 3000 DM

Die Gebühren für Hauptsache und einstweilige Anordnung fallen nebeneinander ohne Anrechnung an (§ 41 Abs. 1 S. 1e BRAGO).

Gerichtsgebühren
Hauptsache
3 Verfahrensgebühren KV 1201 aus 6000 DM

Einstweilige Anordnung
Keine Gerichtsgebühr

b) Vorläufige Regelung über nicht anhängige Sache.

28

Im Termin zur Hauptsache über Unterhalt (Streitwert 6000 DM) schließen Parteien nach streitiger Erörterung über eine endgültige und vorläufige Regelung einen Vergleich über Unterhalt, der bis zur Entscheidung in der Hauptsache zu zahlen ist. Ein Antrag auf einstweilige Anordnung war nicht gestellt.

RA-Gebühren
Hauptsache
§ 31 Abs. 1 Nr. 1 BRAGO 10/10 aus 6000 DM
§ 31 Abs. 1 Nr. 4 BRAGO 10/10 aus 6000 DM

Einstweilige Anordnung
§ 41 Abs. 1 S. 1e, Abs. 2 BRAGO 5/10 aus 3000 DM
§ 23 Abs. 1 S. 1 BRAGO 15/10 aus 3000 DM

Die Gebühren für Hauptsache und einstweilige Anordnung fallen nebeneinander ohne Anrechnung an (§ 41 Abs. 1 S. 1e BRAGO).

Gerichtsgebühren
Hauptsache
3 Verfahrensgebühren KV 1201 aus 6000 DM

Einstweilige Anordnung
Keine Gerichtsgebühr

c) Vorläufige Regelung in außergerichtlichem Vergleich zu nicht anhängiger Sache.

aa) Gerichtliche Protokollierung ist von Anfang an vorgesehen.

29

Unterhaltsverfahren (Streitwert 6000 DM) ist in der Hauptsache anhängig. Außergerichtlich vergleichen sich die Parteien auf vorläufige Unterhaltsregelung (Streitwert 3000 DM). Von Anfang an war vorgesehen, dass der Vergleich im Hauptsacheverfahren protokolliert werden soll, was auch geschieht.

VII. Einigung und Vergleich

RA-Gebühren
Hauptsache
§ 31 Abs. 1 Nr. 1 BRAGO 10/10 aus 6000 DM

Einstweilige Anordnung
§ 41 Abs. 1 S. 1e, Abs. 2 BRAGO 5/10 aus 3000 DM
§ 23 Abs. 1 S. 1 BRAGO 15/10 aus 3000 DM

Die Gebühren für Hauptsache und einstweilige Anordnung fallen nebeneinander ohne Anrechnung an (§ 41 Abs. 1 S. 1e BRAGO).

Gerichtsgebühren
Hauptsache
3 Verfahrensgebühren KV 1201 aus 6000 DM

Einstweilige Anordnung
Keine Gerichtsgebühr

bb) Gerichtliche Protokollierung ist nicht vorgesehen.

30 Unterhaltsverfahren (Streitwert 6000 DM) ist in der Hauptsache anhängig. Außergerichtlich vergleichen sich die Parteien in einem Gespräch unter Mitwirkung der RA'e auf eine vorläufige Unterhaltsregelung (Streitwert 3000 DM). Wie von Anfang an vorgesehen, erfolgt keine gerichtliche Protokollierung.

RA-Gebühren
Hauptsache
§ 31 Abs. 1 Nr. 1 BRAGO 10/10 aus 6000 DM

Einstweilige Anordnung
§ 118 Abs. 1 Nr. 1 5/10 bis 10/10 aus 3000 DM
§ 118 Abs. 1 Nr. 2 5/10 bis 10/10 aus 3000 DM
§ 23 Abs. 1 S. 1 BRAGO 15/10 aus 3000 DM

Die Gebühren für Hauptsache und einstweilige Anordnung fallen nebeneinander ohne Anrechnung an (§ 41 Abs. 1 S. 1e BRAGO).

Gerichtsgebühren
Hauptsache
3 Verfahrensgebühren KV 1201 aus 6000 DM

d) Endgültige Regelung

31 Hauptsache Ehegattenunterhalt (Streitwert 6000 DM) und einstweilige Anordnung (Streitwert 3000 DM) sind in einem Verfahren anhängig. In dem für beide Verfahren anberaumten Termin werden alle Gegenstände kontrovers erörtert. Sodann wird ein Vergleich über eine endgültige Regelung zum (nicht anhängigen) Zugewinnausgleich (Streitwert 30 000 DM) geschlossen. Im Übrigen geht das Verfahren weiter.

RA-Gebühren
Hauptsache

§ 31 Abs. 1 Nr. 1 BRAGO 10/10 aus 6000 DM	375 DM
§ 32 Abs. 2 BRAGO 5/10 aus 30 000 DM	552,50 DM
Zusammen	927,50 DM
Kontrolle § 13 Abs. 3 BRAGO 10/10 aus 36 000 DM	1265 DM
Es bleibt bei	927,50 DM

F. Gebühren Vorläufiger Rechtsschutz

§ 31 Abs. 1 Nr. 4 10/10 aus 6000 DM
§ 23 Abs. 1 S. 1 BRAGO 15/10 aus 30 000 DM

Einstweilige Anordnung
§ 31 Abs. 1 Nr. 1, 41 Abs. 1 S. 1e BRAGO 10/10 aus 3000 DM
§ 31 Abs. 1 Nr. 4, 41 Abs. 1 S. 1e BRAGO 10/10 aus 3000 DM

Die Gebühren für Hauptsache und einstweilige Anordnung fallen nebeneinander ohne Anrechnung an (§ 41 Abs. 1 S. 1e BRAGO).

Gerichtsgebühren
Hauptsache
3 Verfahrensgebühren 1201 KV aus 6000 DM
0,25 Vergleichsgebühr 1653 KV aus 30 000 DM

Einstweilige Anordnung
Keine Gerichtsgebühr, da bislang keine Entscheidung ergangen ist (KV 1704)

e) Vorübergehende und endgültige Regelung zu nicht anhängigen Gegenständen in einem Vergleich

32 Anhängig sind in einem Verbundverfahren Scheidung (Streitwert 15 000 DM) und Versorgungsausgleich (Streitwert 5000 DM). In der mündlichen Verhandlung schließen die Parteien nach mündlicher Verhandlung und Anhörung gemäß § 613 Abs. 1 S. 1 ZPO einen Vergleich über endgültige Regelung zur ehelichen Wohnung (Streitwert 24 000 DM) und zum Unterhalt bis zur rechtskräftigen Scheidung (Streitwert 3000 DM).

RA-Gebühren
Hauptsache
§ 31 Abs. 1 Nr. 1 BRAGO 10/10 aus 20 000 DM	945 DM
§ 32 Abs. 2 BRAGO 5/10 aus 27 000 DM	
(Wohnung und Unterhalt)	552,50 DM
Zusammen	1497,50 DM
Kontrolle § 13 Abs. 3 BRAGO 10/10 aus 47 000 DM	1425 DM
RA verdient Prozessgebühr i. H. v.	1425 DM
§§ 31 Abs. 1 Nr. 2, 33 Abs. 1 S. 2 Nr. 3[31] 10/10 aus 20 000 DM	945 DM
§ 31 Abs. 1 Nr. 3 10/10 aus 15 000 DM	805 DM
§ 23 Abs. 1 S. 1 BRAGO 15/10 aus 27 000 DM	1657,50 DM

Einstweilige Anordnung
Keine

Gerichtsgebühren
1 Verfahrensgebühr 1510 KV aus 20 000 DM
0,25 Vergleichsgebühr 1653 KV aus 27 000 DM

2. RA-Gebühren

a) Prozessgebühr

aa) Anhängiger Antrag

33 War bereits ein Antrag auf einstweilige Anordnung gestellt, hatte der Antragsgegnervertreter sich aber zu diesem noch nicht geäußert, so entsteht für letzteren eine volle

---

[31] § 33 Abs. 1 S. 2 Nr. 3 BRAGO teils direkt (Scheidung), teils analog (FG-Sache s. Kap. C Rn. 18).

VII. Einigung und Vergleich

Prozessgebühr gemäß §§ 41 Abs. 1 S. 1, 31 Abs. 1 Nr. 1 BRAGO (Terminswahrnehmung i. S. v. § 32 Abs. 1 BRAGO), selbst wenn die Einigung fertig zum Termin mitgebracht und nur noch protokolliert wird.[32]

bb) Nicht anhängiger Gegenstand

Erfolgt eine Einigung über eine **vorläufige Regelung** (z. B. für die Dauer des Hauptsacheverfahrens[33]) hinsichtlich einer Sache, die im Wege einer der von § 41 Abs. 1 S. 1 BRAGO erfassten einstweiligen Anordnungen geregelt werden kann, so entsteht eine halbe Prozessgebühr gemäß § 41 Abs. 2 BRAGO, wenn zu dieser Sache kein Antrag auf Erlass einer einstweiligen Anordnung gestellt war. Die halbe Einigungsgebühr entsteht zusätzlich neben einer Prozessgebühr im Hauptsacheverfahren,[34] da beide Gebühren zwei selbstständige Verfahren betreffen (§ 41 Abs. 1 S. 1 BRAGO). Weder findet eine Anrechnung noch eine Kontollrechnung nach § 13 Abs. 3 BRAGO statt. 34

Für § 41 Abs. 2 BRAGO genügt eine **Einigung**. Nicht ist erforderlich, dass ein Vergleich, der ein gegenseitiges Nachgeben voraussetzt, vorliegt. Es muss auch nicht zur Protokollierung der Einigung kommen. Der Antrag zur gerichtlichen Protokollierung reicht bereits (§ 41 Abs. 2 S. 2 BRAGO). Der RA, der den Auftrag hat, eine gerichtliche Protokollierung zu beantragen, verdient sogar dann eine halbe Prozessgebühr, wenn es zur Beantragung nicht kommt, vorausgesetzt dass er in diesem Zusammenhang überhaupt etwas getan hat,[35] z. B. Informationen entgegengenommen hat. Es gelten die gleichen Grundsätze wie bei einem Auftrag, eine Protokollierung einer Einigung hinsichtlich einer endgültigen Regelung zu beantragen. Unterbleibt eine Protokollierung, so gibt es keine Kostenerstattung auf Grund eines gerichtlichen Titels oder Vergleichs.[36] § 41 Abs. 2 BRAGO ist auch einschlägig, wenn die Parteien die Einigung erst im Termin herbeiführen.[37] 35

Wird eine **endgültige Regelung** getroffen, so greift § 41 Abs. 2 BRAGO nicht ein. Wird eine dauernde Regelung hinsichtlich einer Folgesache, die nicht im Hauptsacheverfahren anhängig ist, in einer Ehesache einvernehmlich geregelt, so entsteht im Hauptsacheverfahren neben der vollen Prozessgebühr aus dem anhängigen Wert eine halbe Prozessgebühr gemäß § 32 Abs. 2 BRAGO aus dem Wert der nicht anhängigen Sache. § 13 Abs. 3 BRAGO ist anzuwenden. 36

Wird in einer Einigung **zugleich eine endgültige und eine vorläufige Regelung** getroffen, so ist alles als endgültige Regelung zu behandeln.[38] Werden eine vorläufige und eine dauerhafte Regelung in einer Einigung zusammen geregelt, so fallen die durch die Einigung ausgelösten Gebühren (aber auch nur diese) nur einmal an. Für die Vergleichsgebühr ist anerkannt, dass sie nur einmal anfällt, wenn in einem Rechtsstreit mehrere in unterschiedlichen Verfahren anhängige Gegenstände ohne vorherige Prozessverbindung in einem Vergleich geregelt werden. Der Abschluss eines einheitlichen Vergleichs bringt den Willen der Beteiligten zum Ausdruck, die Sachen für den Ver- 37

---

[32] *Gerold/Schmidt-von Eicken* § 32 Rn. 19
[33] *Gerold/Schmidt-von Eicken* § 41 Rn. 19.
[34] *Riedel/Sußbauer-Keller* § 41 Rn. 22.
[35] BGHZ 48, 338.
[36] *Gerold/Schmidt-von Eicken* § 23 Rn. 62.
[37] *Gerold/Schmidt-von Eicken* § 41 Rn. 18.
[38] *Gerold/Schmidt-von Eicken* § 41 Rn. 20.

F. Gebühren Vorläufiger Rechtsschutz

gleichsabschluss als miteinander verbunden zu behandeln.³⁹ Dasselbe gilt für die Differenzgebühr,⁴⁰ da sie nur in der Phase entsteht, in der die Sachen als miteinander verbunden zu behandeln sind. Diese Grundsätze haben auch zu gelten, wenn in einem Vergleich oder in einer Einigung zugleich eine endgültige und eine einstweilige Regelung über nicht anhängige Ansprüche getroffen wird.

Die Einigung ist dem Hauptsacheverfahren zuzuordnen.⁴¹ Die Einzelstreitwerte sind zusammenzurechnen. Hinsichtlich der Gegenstände, für die nur eine vorläufige Regelung getroffen wird, ist von den niedrigeren Streitwerten für einstweilige Anordnungen auszugehen.⁴² So weit unabhängig von der Einigung in beiden Verfahren Gebühren entstanden sind, bleiben sie selbstständig nebeneinander bestehen.

38 Werden **außergerichtliche Einigungsgespräche** über eine vorläufige Regelung zu nicht anhängigen Ansprüche geführt, so gelten die Ausführungen zur Abgrenzung §§ 31ff. BRAGO und § 118 BRAGO hinsichtlich einer endgültigen Regelung entsprechend s. Kap. J Rn. 1 ff. Ist von vornherein eine gerichtliche Protokollierung vorgesehen, so greifen §§ 31ff. BRAGO ein. Ist eine gerichtliche Protokollierung nicht vorgesehen, so ist § 118 BRAGO einschlägig.

b) Verhandlungs- bzw. Erörterungsgebühr

39 Hinsichtlich des nicht anhängigen Gegenstandes fällt keine Gebühr gemäß § 31 Abs. 1 Nr. 2 oder Nr. 4 BRAGO an, auch wenn lange über diesen vor Gericht gestritten wurde s. Kap. C Rn. 32.

c) Vergleichsgebühr

40 Eine Einigung wird meistens, muss aber nicht immer (es fehlt ein gegenseitiges Nachgeben) einen Vergleich beinhalten. Liegt ein Vergleich vor, so fällt auch noch eine Vergleichsgebühr an und zwar, so weit sich der Vergleich auf eine bereits anhängige Sache bezieht, eine 10/10, so weit er eine nicht anhängige betrifft, eine 15/10 Vergleichsgebühr (§ 23 Abs. 1 S. 1, S. 3 BRAGO).

3. Gerichtskosten

41 Wird in einem Vergleich eine Regelung über eine nicht anhängige Sache getroffen, so entsteht eine 0,25 Vergleichsgebühr gemäß KV 1653.⁴³ Das gilt auch für eine Einigung zum Sorgerecht. So weit dies früher umstritten war,⁴⁴ weil das Gericht an einen solchen Vergleich nicht gebunden war, hat sich die Rechtslage dadurch geändert, dass die Regelung des Sorgerechts nunmehr grundsätzlich von den Eltern in eigener Verantwortung zu regeln ist und ein Vergleich damit grundsätzlich eine verbindliche Regelung schafft. Die 0,25 Gerichtsgebühr des UV 1653 wird aber gemäß ausdrücklicher gesetzlicher Bestimmung dann nicht erhoben, wenn der Vergleich Ansprüche regelt, die in Verfahren nach § 620 oder § 641d ZPO geltend gemacht werden könnten, wenn er also **vorläufige Regelungen** i. S. dieser Bestimmungen trifft.

---

³⁹ *Gerold/Schmidt-von Eicken* § 23 Rn. 52
⁴⁰ *Gerold/Schmidt-von Eicken* § 41 Rn. 20.
⁴¹ *Gerold/Schmidt-von Eicken* § 41 Rn. 20.
⁴² *Gerold/Schmidt-von Eicken* § 41 Rn. 20.
⁴³ *Markl/Meyer* KV 1660 Rn. 51.
⁴⁴ Vgl. *Markl/Meyer* KV 1660 Rn. 51.

VIII. Vorläufige Anordnung in isolierten FG-Sachen

1. 1. Instanz

a) RA-Gebühren

Die vorläufige Anordnung kann nur im Rahmen eines FG-Hauptsacheverfahrens beantragt werden. Es gilt daher § 118 BRAGO. Ist der RA auch Bevollmächtigter der Hauptsache, so fällt nach fast einhelliger Meinung keine gesonderte Gebühr an. § 41 BRAGO ist danach nicht analog anwendbar.[45] Das wird auch für die einstweilige Anordnung gemäß § 13 Abs. 4 HausratsVO angenommen.[46]

Folgt man der h. M., so kommt für die Hauptsache eine Erhöhung des Gebührenrahmens bei der nach § 12 Abs. 1 BRAGO vorzunehmenden Bestimmung in Betracht.[47] Das gilt auch für die einstweilige Anordnung gemäß § 13 Abs. 4 HausratsVO im isolierten Hausratsverfahren.[48] Voraussetzung hierfür ist allerdings, dass durch die einstweilige Anordnung sich das Verfahren erschwert und die Mühe des RA nicht unerheblich erhöht. Bleibt z. B. ein Sorgerechtsverfahren trotz des Antrags auf einstweilige Anordnung ein durchschnittliches Sorgerechtsverfahren, so verbleibt es bei einer 7,5/10 Gebühr.[49] Zulässig ist nach h. M., durch eine Honorarvereinbarung, die den Anforderungen des § 3 BRAGO genügt, einen Anspruch auf eine gesonderte Vergütung zu begründen.[50]

Findet nur hinsichtlich der vorläufigen Anordnungssache eine Verhandlung oder Beweisaufnahme statt, so entsteht nur für sie eine Verhandlungs- oder Beweisgebühr. Zum Gebührenwert in diesem Fall s. Kap. B Rn. 114, 101

b) Gerichtsgebühren

Mangels einer ausdrücklichen Gerichtsgebühren begründenden Bestimmung fallen keine Gerichtsgebühren an.

2. Rechtsmittel

a) Berechnungsbeispiel

| Antragsteller, dessen Antrag auf eine vorläufige Anordnung zum Sorgerecht abgewiesen wurde, legt Beschwerde gemäß § 19 FGG ein. Nach mündlicher Verhandlung wird die Beschwerde zurückgewiesen. |

---

[45] OLG Köln FamRZ 1995, 562; OLG München AnwBl. 1995, 197; OLG Nürnberg FamRZ 1998, 116 = AnwBl. 1997, 570 unter Hinweis darauf, dass der einzige gesetzlich geregelte Fall der vorläufigen Anordnung im isolierten FG-Verfahren, § 13 IV HausratsVO in § 41 BRAGO nicht genannt ist; OLG Zweibrücken Rpfleger 1996, 42; *Gerold/Schmidt-von Eicken* § 41 Rn. 23 mit zahlreichen OLG-Zitaten; von Eicken AGS 2000, 121; a. A. *Lappe* Rn 295.
[46] OLG Nürnberg FamRZ 1998, 116 = AnwBl. 1997, 570.
[47] Bamberg JurBüro 1988, 1008; *Hansens* § 41 Rn. 2.
[48] Zweibrücken Rpfleger 1996, 42.
[49] München Beschluss vom 5. 7. 1999–11 WF 973/99.
[50] *Enders* JurBüro 1995, 451.

> **Werte**
> 1500 DM (§ 8 Abs. 2 S. 3 BRAGO analog) s. Kap. B Rn. 114, 101
>
> **RA-Gebühren**
> § 118 Abs. 1 Nr. 1 BRAGO 5/10 bis 10/10 aus 1500 DM
> § 118 Abs. 1 Nr. 2 BRAGO 5/10 bis 10/10 aus 1500 DM
>
> **Gerichtskosten**
> 0,5 Zurückweisungsgebühr § 131 Abs. 1 S. 1 Nr. 1 KostO aus 1500 DM

b) RA-Gebühren

45 Gegen vorläufige Anordnungen, ihre Abänderungen oder Ablehnungen findet die Beschwerde nach § 19 FGG statt. Die RA-Gebühren richten sich nach § 118 BRAGO,[51] in Wohnungs- und Hausratssachen nach § 61 Abs. 1 Nr. 1 BRAGO.[52]

c) Gerichtskosten

46 Für die Gerichtskosten gilt § 131 KostO.[53]

IX. Arrest und einstweilige Verfügung

1. 1. Instanz

a) Berechnungsbeispiel

47
> Kläger beantragt außerhalb eines Verbundverfahrens mit zwei getrennten Antragsschriften eine einstweilige Verfügung über 300 DM Unterhalt monatlich und einen Arrest wegen eines Zugewinnausgleichsanspruchs über 21 000 DM. Nur im Unterhaltsverfahren findet eine mündliche Verhandlung statt.
>
> **Werte**
> Unterhalt 6 × 300 = 1800 DM (§ 20 Abs. 2 S. 1 GKG) s. Kap. B Rn. 115, 104, 106
> Zugewinnausgleich 7000 DM (1/3 aus 21 000 DM) s. Kap. B Rn. 115
> Keine Addition, es sei denn Gericht verbindet die Verfahren.
>
> **Einstweilige Verfügung Unterhalt**
>
> **RA-Gebühren**
> §§ 40 Abs. 1, 31 Abs. 1 Nr. 1 BRAGO 10/10 aus 1800 DM
> §§ 40 Abs. 1, 31 Abs. 1 Nr. 2 BRAGO 10/10 aus 1800 DM
>
> **Gerichtsgebühren**
> 3 Verfahrensgebühren KV 1310, 1311 aus 1800 DM
>
> **Arrest Zugewinnausgleich**
>
> **RA-Gebühren**
> §§ 40 Abs. 1, 31 Abs. 1 Nr. 1 BRAGO 10/10 aus 7000 DM

---

[51] Saarbrücken JurBüro 1980, 1686.
[52] *Von Eicken* AGS 1998, 98, nicht § 63 Abs. 1 S. 1 BRAGO, da es sich nicht um eine Beschwerde gegen eine den Rechtszug beendende Entscheidung i. S. v. § 63 Abs. 1 S. 1 BRAGO handelt.
[53] *Hartmann* KostG § 131 KostO Rn. 2.

IX. Arrest und einstweilige Verfügung

Gerichtsgebühr
1 Verfahrensgebühr KV 1310 aus 7000 DM

b) RA-Gebühren

Sie fallen, gesondert vom Hauptsacheverfahren an (§ 40 Abs. 1 BRAGO) und richten sich nach §§ 31 ff. BRAGO. Entscheidet das Berufungsgericht über den Arrest bzw. die einstweilige Verfügung als erste Instanz, weil es mit der Hauptsache befasst ist, so erhält der RA gemäß § 40 Abs. 3 BRAGO keine 3/10 Erhöhung.[54] Zur Beweisgebühr s. oben Rn. 13.

48

c) Gerichtskosten

Es fallen eine Verfahrensgebühr, bei mündlicher Verhandlung zwei weitere Verfahrensgebühren an (KV 1310, 1311), u. U. Ermäßigung auf eine Gebühr (KV 1312). Entscheidet das Berufungsgericht über den Arrest bzw. die einstweilige Verfügung als erste Instanz, weil es mit der Hauptsache befasst ist, so finden KV 1310 ff. und nicht KV 1320 ff. Anwendung.[55]

49

2. Widerspruchs- und Anordnungsverfahren

a) Berechnungsbeispiel für Widerspruch

Gericht hat Antrag auf Arrest hinsichtlich Zugewinnausgleichsanspruch von 21 000 DM stattgegeben. Antragsgegner legt Widerspruch ein. Nach mündlicher Verhandlung ergeht streitiges Urteil.

Werte
7000 DM (1/3 aus 21 000 DM) s. Kap. B Rn. 115

RA-Gebühren
§§ 40 Abs. 1, 31 Abs. 1 Nr. 1 BRAGO 10/10 aus 7000 DM
§§ 40 Abs. 1, 31 Abs. 1 Nr. 2 BRAGO 10/10 aus 7000 DM
Die Prozessgebühr fällt nur einmal an, wenn der RA nicht gewechselt wurde (§ 40 Abs. 2 BRAGO).

Gerichtskosten
Erhöhung auf 3 Verfahrensgebühren KV 1310, 1311 aus 7000 DM.

50

b) RA-Gebühren

Das Widerspruchs- und Anordnungsverfahren gemäß §§ 925, 926 ZPO stellt eine Einheit mit dem Arrest- bzw. einstweiligen Verfügungsverfahren dar. Es löst keine neuen RA-Gebühren aus,[56] führt aber häufig zu einer mündlichen Verhandlung und damit zu weiteren RA-Gebühren gemäß § 31 ff. BRAGO. Selbst wenn die Aufhebung eines vom Erstgericht erlassenen Arrests bzw. einer einstweiligen Verfügung erst beim Berufungsgericht der Hauptsache beantragt wird, handelt es sich bei dem Verfahren über den Arrest bzw. die einstweilige Verfügung und deren Aufhebung um eine Angele-

51

---

[54] *Gerold/Schmidt-von Eicken* § 40 Rn. 20.
[55] München Rpfleger 1956, 30; a. A. *Hartmann* KostG KV 1320 ff. Rn. 2.
[56] *Hartmann* KostG § 40 BRAGO Rn. 5 ff.

F. Gebühren Vorläufiger Rechtsschutz

genheit.[57] Eine Erhöhung der Gebühren gemäß § 11 Abs. 1 S. 4 BRAGO findet dann nicht statt.

c) Gerichtskosten

52 Das Widerspruchs- und Anordnungsverfahren gemäß §§ 925, 926 ZPO stellt eine Einheit mit dem Arrest- bzw. einstweiligen Verfügungsverfahren dar, weshalb keine neuen Gerichtsgebühren anfallen. Wird aber mündlich verhandelt, so findet einer Erhöhung auf drei Verfahrensgebühren gemäß KV 1311 statt.[58]

3. Berufung

a) Berechnungsbeispiel

53
> Beklagter, dessen Widerspruch gegen Arrest hinsichtlich Zugewinnausgleichsanspruch von 21 000 DM vom Erstgericht zurückgewiesen wurde, legt Berufung ein. Nach mündlicher Verhandlung ergeht ein Urteil mit schriftlicher Begründung.
>
> **Werte**
> Zugewinnausgleich 7000 DM (1/3 aus 21 000 DM) s. Kap. B Rn. 116, 115
>
> **RA-Gebühren**
> §§ 40 Abs. 1, 31 Abs. 1 Nr. 1, 11 Abs. 1 S. 4 BRAGO 13/10 aus 7000 DM
> §§ 40 Abs. 1, 31 Abs. 1 Nr. 2, 11 Abs. 1 S. 4 BRAGO 13/10 aus 7000 DM
>
> **Gerichtsgebühren**
> 0,75 Verfahrensgebühr KV 1320 aus 7000 DM
> 1,5 Urteilsgebühr KV 1321 aus 7000 DM

b) RA-Gebühren

54 Es fallen neue RA-Gebühren an. Der RA verdient gemäß § 11 Abs. 1 S. 4 BRAGO um 3/10 erhöhte Gebühren nach § 31 Abs. 1 BRAGO.[59]

c) Gerichtskosten

55 Es fallen neue Gerichtsgebühren an und zwar zunächst eine 0,75 Verfahrensgebühr gemäß KV 1320. Ergeht ein Beschluss oder ein Urteil, so kommen Entscheidungsgebühren zwischen 0,75 und 1,5 hinzu, je nachdem ob es sich um einen Beschluss oder Urteil handelt und je nachdem ob die Entscheidung begründet wird.

---

[57] *Gerold/Schmidt-von Eicken* § 40 Rn. 8.
[58] *Lappe* Rn. 191.
[59] *Hartmann* KostG § 40 BRAGO Rn. 15.

G. Aussöhnung

I. Berechnungsbeispiel

Nachdem RA in der mündlichen Verhandlung Scheidungsantrag (Wert 30 000 DM) gestellt hat, kommt es unter seiner Mitwirkung zu einer Aussöhnung.

Wert
30 000 DM s. Kap. B Rn. 28

RA-Gebühren
§ 31 Abs. 1 Nr. 1 BRAGO 10/10 aus 30 000 DM
§§ 31 Abs. 1 Nr. 2, 33 Abs. 1 S. 2 Nr. 3 BRAGO 10/10 aus 30 000 DM
§ 36 Abs. 2 BRAGO 10/10 aus 30 000 DM

Gerichtskosten
1 Verfahrensgebühr KV 1510 aus 30 000 DM

1

II. Voraussetzungen gemäß § 36 II BRAGO

1. Ehegefährdung

a) 1. Alternative: Anhängiges Verfahren

Eine Scheidungssache oder eine Klage auf Aufhebung der Ehe ist anhängig. Eine Klage auf Nichtbestehen der Ehe oder eine Nichtigkeitsklage oder eine Klage auf Berechtigung zum Getrenntleben reichen nicht aus.[1] Rechtshängigkeit ist nicht erforderlich. Es genügt also, dass der Scheidungsantrag bei Gericht eingegangen ist.[2]

2

b) 2. Alternative: Absicht eines Verfahrens

Der ernstliche Wille eines (!) Ehegatten, eines der in der 1. Alternative genannten Verfahren anhängig zu machen, ist hervorgetreten. Anhaltspunkte sind:[3]
– Androhung eines Scheidungsantrags oder einer Aufhebungsklage.
– PKH-Antrag hinsichtlich solcher Verfahren.
– Anwaltsauftrag für solche Verfahren, selbst wenn der RA noch Material sammeln soll.
– Die Erholung anwaltlichen Rats über die Voraussetzungen einer Ehescheidung, wenn bereits die Absicht besteht, den Rat zu nutzen, um dann ein Verfahren einzuleiten. Hier wird aber aus der bloßen Ratserholung allein i. d. R. noch nicht auf einen ernsthaften Willen geschlossen werden können.[4]

3

---

[1] *Hansens* § 36 Rn. 6.
[2] *Hansens* § 36 Rn. 6.
[3] *Hansens* § 36 Rn. 6.
[4] *Gerold/ Schmidt-von Eicken* § 36 Rn. 11.

– Beauftragung eines Detektivs zur Materialbeschaffung für die beabsichtigte Scheidung.
– Trennung der Eheleute als Vorstufe der Scheidung.

Für ein **Hervortreten** ist nicht erforderlich, dass der Wille dem anderen Ehegatten bekannt wird. Es genügt, wenn der eigene RA hiervon erfährt.[5]

2. Aussöhnung

4 Es handelt sich um einen tatsächlichen Vorgang. Erforderlich ist der Wille beider Ehegatten, die eheliche Lebensgemeinschaft fortzusetzen oder wieder aufzunehmen. Dieser Wille muss mit einer gewissen Nachhaltigkeit erkennbar in die Tat umgesetzt werden, so dass insgesamt wieder das Bild einer normalen, nicht mehr akut gefährdeten ehelichen Gemeinschaft entsteht.[6]

Anhaltspunkte sind:[7]
– Rücknahme des Scheidungsantrags, es sei denn dies geschieht nur aus steuerlichen, finanziellen oder gesellschaftlichen Gründen.[8]
– Widerruf des dem RA erteilten Scheidungsauftrages.
– Wiederherstellung der häuslichen Gemeinschaft. Ausnahmen sind denkbar, z. B. Trennung aus beruflichen Gründen oder wegen Betreuung naher Angehöriger im Einverständnis mit dem anderen Ehegatten.
– Wiederaufnahme der geschlechtlichen Beziehungen.

Die Aussöhnung muss nicht von Dauer oder endgültig in dem Sinn sein, dass die Gründe, die zur Zerrüttung geführt haben, endgültig beseitigt sind.[9] Andererseits muss der Aussöhnungswille länger als nur ganz kurze Zeit angehalten haben und über ein bloßes Versuchsstadium hinaus gediehen sein.[10] Eine versuchsweise Aussöhnung reicht nicht aus, wenn der Versuch scheitert.[11] Zweifelhaft ist, ob eine Aussöhnung während einer längeren gemeinsamen Urlaubsreise ausreichen kann.[12] Hier dürfte es sich eher um einen Versuch einer Aussöhnung handeln. Erfolgt die Versöhnung unter Bedingungen oder Vorbehalten, so fällt die Gebühr nicht an, so lange die Bedingungen nicht erfüllt und die Vorbehalte nicht ausgeräumt sind.[13]

3. Mitwirkung des RA

5 Die Tätigkeit des RA muss irgendwie ursächlich gewesen sein. Eine Mitwirkung bei der Aussöhnung selbst ist nicht erforderlich. Es reicht, wenn der RA die Bereitschaft zur Aussöhnung geweckt oder die vorhandene Bereitschaft hierzu gefördert hat. Ein Mitverursachen genügt.[14] Nicht ausreichend ist ein allgemeiner Ratschlag wie z. B.: „Wollen

---

[5] *Hansens* § 36 Rn. 6.
[6] *Gerold/ Schmidt-von Eicken* § 36 Rn. 12.
[7] *Gerold/ Schmidt-von Eicken* § 36 Rn. 12.
[8] Ebenso Düsseldorf Rpfleger 1965, 380.
[9] *Gerold/ Schmidt-von Eicken* § 36 Rn. 12 m.w.N.
[10] *Gerold/ Schmidt-von Eicken* § 36 Rn. 12.
[11] KG NJW 1960, 1306; *Hansens* § 36 Rn. 7.
[12] **Bejahend** die h. M. Hamburg AnwBl. 1962, 151; *Gerold/ Schmidt-von Eicken* Rn. 12; *Hansens* Rn. 7 jeweils zu § 36; **verneinend** Hartmann KostG § 36 BRAGO Rn. 21.
[13] *Gerold/ Schmidt-von Eicken* § 36 Rn. 12 m.w.N.
[14] Zweibrücken JurBüro 2000, 199; *Hansens* § 36 Rn. 8 m.w.N.

III. RA-Gebühren

Sie sich nicht lieber versöhnen?" Der RA muss durch konkrete Argumente die Bereitschaft zur Aussöhnung fördern.[15] Geht das Aussöhnungsgespräch vom Gericht aus, so muss der RA irgendwie unterstützend tätig geworden sein, sei es während der mündlichen Verhandlung, sei es nachher. Bloße passive Anwesenheit genügt nicht.[16] Unzureichend ist es, wenn der RA nach einer ohne sein Zutun zu Stande gekommenen Aussöhnung nur verfahrensrechtliche Erklärungen abgibt, z. B. den Scheidungsantrag zurücknimmt.[17]

Der **Nachweis** der Mitwirkung obliegt grundsätzlich dem RA. Ein Vollbeweis ist jedoch nicht erforderlich. An den Beweis dürfen keine zu hohen Anforderungen gestellt werden. Es genügt, wenn sich die Mitwirkung aus den gesamten Umständen ergibt. Eine konkrete Tätigkeit, die die Aussöhnung bewirkt hat, muss der RA dann nicht nachweisen.[18] In aller Regel wird der RA jedoch zumindest nachweisen müssen, dass er eine Tätigkeit in Richtung Aussöhnung entfaltet hat.[19] Die Mitwirkung kann sich aus dem chronologischen Verfahrensablauf und den glaubhaften Ausführungen des RA ergeben.[20] Wenn es einige Zeit nach einer gerichtlichen (!) Aussöhnungsinitiative zur Aussöhnung kommt, ist nach *von Eicken*[21] zu vermuten ist, dass der RA die Bemühungen des Gerichts unterstützt hat. Der Rechtsgedanke des § 23 Abs. 1 S. 2 BRAGO kann entsprechend herangezogen werden. Es genügt, dass der RA nachweist, dass er bei Aussöhnungsverhandlungen mitgewirkt hat. Der Mandant muss dann nachweisen, dass diese Mitwirkung nicht ursächlich für die Aussöhnung war.[22]

6

III. RA-Gebühren

1. Aussöhnungsgebühr

Sie ist erfolgsabhängig, entsteht also erst mit der Aussöhnung.[23] In der 1. Instanz fällt eine 10/10, im Berufungs- und Revisionsverfahren eine 13/10 Aussöhnungsgebühr an.[24] Hat der RA bereits einen Auftrag, gegen ein Scheidungsurteil Berufung einzulegen und kommt es zur Aussöhnung, bevor der RA Berufung einlegt, so verdient der RA eine 13/10 Aussöhnungsgebühr neben einer 13/20 Prozessgebühr. Hat der RA aber noch keinen Auftrag zur Berufungseinlegung, so gehört seine Tätigkeit noch zur ersten Instanz. Neben den in dieser Instanz bereits verdienten Gebühren nach § 31 BRAGO steht dem RA eine 10/10 Aussöhnungsgebühr zu.[25] Das gilt nicht mehr, wenn die Scheidung vorher rechtskräftig geworden war, da dann die Voraussetzungen des § 36 Abs. 2 BRAGO (Gefährdung der bestehenden Ehe) nicht mehr vorliegen.

7

---

[15] *Gerold/ Schmidt-von Eicken* § 36 Rn. 13; vgl. auch Zweibrücken JurBüro 2000, 199.
[16] *Gerold/ Schmidt-von Eicken* § 36 Rn. 13.
[17] *Gerold/Schmidt-von Eicken* § 36 Rn. 13.
[18] Bamberg JurBüro 1985, 233; *Gerold/Schmidt-von Eicken* Rn. 14; *Hansens* Rn. 8 jeweils zu § 36 jeweils m.w.N.
[19] So war es in den meisten der bei *Gerold/ Schmidt-von Eicken* und *Hansens* zitierten OLG Entscheidungen (s. vorstehende Fn).
[20] Bamberg JurBüro 1985, 233.
[21] *Gerold/Schmidt-von Eicken* § 36 Rn. 13.
[22] *Gerold/Schmidt-von Eicken* § 36 Rn. 14.
[23] *Gerold/Schmidt-von Eicken* § 36 Rn. 16.
[24] *Gerold/Schmidt-von Eicken* § 36 Rn. 15.
[25] *Hansens* § 36 Rn. 9.

2. Weitere Gebühren

8   Die Aussöhnungsgebühr entsteht ebenso wie die Vergleichsgebühr nie isoliert. Es muss noch eine **Tätigkeitsgebühr** dazukommen.

Hat der RA **Prozessauftrag** für ein anhängiges Verfahren, so entstehen neben der Aussöhnungsgebühr eine Prozess-, u. U. auch noch weitere Gebühren gemäß § 31 Abs. 1 Nr. 1 bis 4 BRAGO. Für außergerichtliche Verhandlungen greift § 37 Nr. 2 BRAGO ein. Liegen die Voraussetzungen des § 32 Abs. 1 BRAGO vor (RA hat Prozessauftrag, vor Antragseinreichung bei Gericht kommt es unter Mitwirkung des RA zu einer Aussöhnung), so fällt nur eine 1/2 Prozessgebühr an.

Hat der RA **keinen Prozessauftrag** (z. B. die Ehefrau hat PKH-Antrag gestellt, der Ehemann beauftragt einen RA, bei einer Aussprache mit dem Ziel einer Aussöhnung mitzuwirken), so liegt für den RA des Ehemanns nur ein Auftrag nach § 118 BRAGO vor. Der RA verdient eine Geschäfts- und Besprechungsgebühr gemäß § 118 Abs. 1 Nr. 1 und 2 BRAGO und im Falle eines Erfolgs eine Aussöhnungsgebühr.

9   Wenn eine Aussöhnung **mit zusätzlichen Vereinbarungen verbunden** wird (z. B. dass Schulden gemeinsam abgetragen werden sollen), so fällt nach einer Meinung neben der Aussöhnungsgebühr keine **Vergleichsgebühr** an; die Aussöhnungsgebühr wird nach einem entsprechend höheren Gebührenwert berechnet.[26] Die besseren Gründe sprechen hingegen dafür, dass hinsichtlich der Aussöhnung die Aussöhnungsgebühr, hinsichtlich der sonstigen Vereinbarungen eine Vergleichsgebühr anfällt.[27] Die Aussöhnung ist kein rechtlicher, sondern ein tatsächlicher Vorgang, ihrem Wesen nach also etwas anderes als ein Vergleich. Diese Ansicht ist wegen der Gebührendegression und wegen der u. U. höheren Vergleichsgebühr (15/10 gemäß § 23 Abs. 1 S. 1 BRAGO) günstiger für den RA.

---

[26] Frankfurt AnwBl. 1970, 136; *Hansens* § 36 Rn. 10.
[27] *Gerold/ Schmidt-von Eicken* § 36 Rn. 17.

H. Gebühren Zwangsvollstreckung

1. RA-Gebühren

Der Verbund entfällt.[1] Es entstehen neue Gebühren.

In **ZPO-Sachen** richten sich die RA-Gebühren nach §§ 57, 58 BRAGO.

In **FG-Sachen** erfolgt die Vollstreckung teilweise nach der ZPO, z. B. Zugewinnausgleich (§ 53a Abs. 4 FGG), Versorgungsausgleich (§ 53g Abs. 3 FGG),[2] Hausratssachen (§ 16 Abs. 3 HausratsVO), teilweise nach § 33 FGG. So weit sich die Zwangsvollstreckung nach der ZPO richtet, finden wieder §§ 57, 58 BRAGO Anwendung.[3] Bei der Zwangsvollstreckung nach § 33 FGG greift § 118 BRAGO ein,[4] wobei unter Berücksichtigung von § 57 BRAGO (3/10 Gebühr) in der Regel der Mindestgebührensatz anfällt, also 5/10.[5] Im Übrigen ist § 58 BRAGO zu der Frage, wann gesonderte Angelegenheiten mit neuen Gebühren vorliegen, entsprechend anzuwenden ist.[6] Bei Wohnungs- und Hausratssachen werden die Gebühren der § 57ff. BRAGO nicht gemäß § 63 Abs. 3 BRAGO, der nur auf § 31 BRAGO verweist, halbiert.[7]

2. Gerichtskosten

In **ZPO-Sachen** richten sich die Gerichtskosten nach KV 1640ff.

Bei **FG-Sachen** kommt es wieder darauf an, ob sie nach der ZPO oder nach § 33 FGG vollstreckt werden. Bei der ersten Gruppe gilt dann wieder das zuvor zu ZPO-Sachen Gesagte.[8] Bei der **Vollstreckung nach § 33 FGG** verweist § 134 KostO für die Gerichtsgebühren auf das GKG, so weit keine Sonderregelungen bestehen. Für das Zwangsgeld und die Zwangshaft gelten § 119 Abs. 5 und Abs. 6 KostO. Für die Herausgabe von Sachen und Personen fallen keine Gebühren an, da weder die KostO noch das GKG hierfür eine Gebühr vorsehen.[9]

---

[1] *Lappe* Rn. 134.
[2] Zur Vollstreckung des Auskunftsanspruch beim Versorgungsausgleich vgl. *Enders* JurBüro 1996, 507.
[3] *Lappe* Rn. 280.
[4] *Gerold/Schmidt-von Eicken* § 57 Rn. 1.
[5] *Lappe* Rn. 281.
[6] *Lappe* Rn. 281.
[7] *Von Eicken* AGS 1998, 97.
[8] *Lappe* Rn. 185.
[9] *Lappe* Rn. 186.

I. Gebühren bei außergerichtlicher Tätigkeit

Vorbemerkung: Die Tätigkeit eines RA in Ehe- und Familiensachen beginnt in vielen 1
Fällen mit einer Rats- oder Auskunftserteilung. Manchmal bleibt es bei dieser Tätigkeit, häufig schließt sich entweder unmittelbar oder später der Auftrag zu außergerichtlicher oder gerichtlicher Tätigkeit an.

> **Beispiel:** Eine Ehefrau sucht den Anwalt auf, weil sie glaubt, ihr Ehemann werde sie verlassen. Sie wünscht Auskunft über ihre Rechte für den Fall der Trennung und eventueller späterer Scheidung. Wunschgemäß beantwortet der RA folgende Fragen:
> Die Voraussetzungen für eine Trennung und eine Scheidung, die elterliche Sorge für zwei minderjährige Kinder, die Durchführung des Versorgungsausgleiches, Unterhalt für Ehefrau und Kinder für die Zeit der Trennung und nach der Scheidung (sie glaubt einen Unterhaltsanspruch für sich von 1000 DM und für jedes Kind von 500 DM monatlich zu haben), die Frage der Hausratsteilung, des Zugewinnausgleichsanspruchs. Ferner gibt sie an, dass die Eheleute zu je $^1/_2$ Miteigentümer eines Hausgrundstückes seien, Wert 500 000 DM, Belastungen 100 000 DM.
> Gegenstandswerte:
> | | |
> |---|---:|
> | Scheidung | 6000 DM, |
> | elterliche Sorge 2 × 5000 DM | 10 000 DM, |
> | Versorgungsausgleich vorläufig | 1000 DM, |
> | Trennungs- und nachehelicher Unterhalt Ehefrau 24 × 1000 DM | 24 000 DM, |
> | Kindesunterhalt 2 × 500 × 12 | 12 000 DM, |
> | Hausrat | 5000 DM, |
> | Zugewinnausgleich | 50 000 DM, |
> | Miteigentum | **200 000 DM,** |
> | zusammen: | 308 000 DM. |
>
> Eine 3/10-Gebühr ergibt 973,50 DM.
> Diese Gebühr zuzüglich Mehrwertsteuer kann der RA unter der Voraussetzung berechnen, dass es sich um keine Erstberatungsgebühr handelt.

I. Die Ratsgebühr

1. Rats- oder Auskunftsgebühr, § 20 Abs. 1 BRAGO

a) Allgemeines

Rat ist die Empfehlung des RA, wie sich der Auftraggeber in einer bestimmten Lage 2
verhalten soll. Die **Auskunft** unterscheidet sich vom Rat dadurch, dass es sich nicht um die Empfehlung des RA über das Verhalten des Auftraggebers in einer bestimmten Lage handelt, sondern um die Beantwortung bestimmter Fragen allgemeiner Art, z. B. darüber welche Rechtsvorschriften auf einen bestimmten Gebiete bestehen oder welche Rechtslage bei einem bestimmten Sachverhalt gegeben ist. Ob etwas als Rat oder als Auskunft anzusehen ist, wirkt sich gebührenrechtlich nicht aus.

Wünscht ein Mandant lediglich einen Rat oder eine Auskunft, was bei einer bevorstehenden Trennung oder Scheidung alles zu beachten ist bzw. welche Rechte er hat, ohne dass der RA nach außen tätig werden soll, so fällt eine Ratsgebühr an, keine Gebühr nach § 118 BRAGO.

3   Die **Abgrenzung zwischen § 20 und § 118 BRAGO** ist manchmal schwierig. Die nach § 118 BRAGO zu vergütende Tätigkeit erfordert ein Mehr gegenüber der Ratserteilung. Zwar ist nicht erforderlich, dass der RA nach außen hervortritt (das Entwerfen einer Scheidungsvereinbarung ist eine Tätigkeit nach § 118 BRAGO, ohne dass der RA nach außen hervortritt). Berät er über den Entwurf einer notariellen Scheidungsvereinbarung, so liegt Ratstätigkeit vor. Tritt der RA aber nach außen hervor, so ist das ein sicheres Zeichen für eine Tätigkeit nach § 118 BRAGO. Gelegentlich kann unentschieden bleiben, ob § 20 BRAGO oder § 118 BRAGO vorliegt. Es ist möglich, dass für § 118 BRAGO die Mittelgebühr (7,5/10) ausgelöst wird, während man bei § 20 BRAGO wegen des Umfangs der Tätigkeit über die Mittelgebühr hinausgehen kann und somit ebenfalls eine 7,5/10-Gebühr gerechtfertigt ist. Die Unterscheidung ist aber gerade in Ehe- und Familiensachen wichtig, wenn für die Ratsgebühr eine Rechtsschutzversicherung eintreten soll. Denn nach § 25 (1) e) S. 3 (gleich lautend: § 26 (3) g) und § 27 (3) g)) der ARB 75 dürfen (ähnlich in ARB 94) Rat und Auskunft in Familiensachen nicht mit einer anderen gebührenpflichtigen Tätigkeit des Anwalts zusammenhängen.

4   Für die Erteilung eines Rates oder einer Auskunft können **mehrere Besprechungen** nötig sein. Wenn z. B. bei der ersten Besprechung die Information entgegengenommen wird, bei der zweiten der Rat erteilt und dann eine dritte Besprechung stattfindet, weil der Auftraggeber Zusatzfragen hat, dann besteht in einem solchem Fall nur ein Anspruch auf eine einzige Gebühr. Auch bei der Ratsgebühr sind die Begriffe Angelegenheit und Gegenstand auseinanderzuhalten.[1] Erteilt der Anwalt in einer Angelegenheit über mehrere Gegenstände einen Rat, entsteht nur eine Ratsgebühr aus den zusammengerechneten Werten aller Gegenstände. Liegen jedoch mehrere Angelegenheiten vor, z. B. wenn die Gegenstände einer Klage nicht verbunden werden können, dann entstehen mehrere Ratsgebühren.

Beispiel: Der Auftraggeber lässt sich beraten, wegen Scheidung seiner Ehe und der weiteren Frage, ob er im Falle einer Scheidung ein von den Schwiegereltern gewährtes Darlehn zurückzahlen muss.

5   Nach § 20 Abs. 1 S. 1 BRAGO darf der Rat oder die Auskunft nicht mit einer anderen gebührenpflichtigen Tätigkeit zusammenhängen. Um jeden Irrtum auszuschließen, wiederholt § 118 Abs. 1 Nr. 1 BRAGO, dass die Geschäftsgebühr nicht für Rat oder Auskunft im Sinne von § 20 BRAGO anfällt. Hängen also Rat oder Auskunft mit einer anderen gebührenpflichtigen Tätigkeit zusammen, kann die Gebühr des § 20 BRAGO nicht berechnet werden. Vielmehr wird der Rat oder die Auskunft durch die für die Angelegenheit vorgesehene Gebühr abgegolten, § 20 Abs. 1 S. 4 BRAGO.

b) Höhe der Gebühr

6   Sie beträgt gem. § 20 Abs. 1 S. 1 BRAGO ein bis zehn Zehntel der vollen Gebühr.

Bei der Erteilung eines einfachen Rats dürften 1/10 bis 3/10, ist die Angelegenheit mittelschwer oder etwas umfangreicher 4/10 bis 9/10, ist sie sehr umfangreich oder sehr schwierig, 10/10 angemessen sein.[2] Ein schriftlicher Rat ist über das Bemessenskrite-

---

[1] Einzelheiten s. *Gerold/Schmidt-Madert* § 13 Rn. 5 ff.
[2] Weitere Einzelheiten s. *Gerold/Schmidt-Madert* § 20 Rn. 11.

I. Die Ratsgebühr

rium Umfang der anwaltlichen Tätigkeit in § 12 Abs. 1 BRAGO höher zu bewerten als ein mündlicher.

Ob die Ratsgebühr bei **Beratung Mehrerer** gem. § 6 Abs. 1 S. 2 BRAGO zu erhöhen ist, ist streitig.[3] Meistens braucht die Frage nicht entschieden zu werden, denn die Beratung Mehrerer ist ein Umstand, der gem. § 12 Abs. 1 S. 1 BRAGO (Umfang der anwaltlichen Tätigkeit) bei der Bemessung der Gebühr erhöhend zu berücksichtigen ist. 7

Bei der Ratsgebühr entsteht ein Anspruch auf die **Auslagenpauschale** des § 26 BRAGO nur, wenn der Anwalt überhaupt Kommunikationskosten hatte. Jeder RA macht sich während der Beratung in irgendeiner Form Notizen. Fertigt er auf Wunsch des Mandanten eine Zusammenfassung, die er ihm im Anschluss an die Besprechung mit seiner Kostenrechnung schickt, dann kann er die Auslagenpauschale geltend machen, Denn es reicht das Porto für einen Brief, um die Pauschale von 15 % der gesetzlichen Gebühren verlangen zu können. Sind lediglich nur Portokosten für die Übersendung der Kostenrechnung des Anwalts entstanden, besteht kein Anspruch auf die Auslagenpauschale, denn die Portokosten sind nicht bei der Ausführung des Auftrags – das war die Ratserteilung – entstanden. 8

2. Erstberatung

Nach § 20 Abs. 1 S. 2 BRAGO kann der RA keine höhere Gebühr als 350 DM fordern, wenn die Tätigkeit nach S. 1 Gegenstand einer ersten Beratung ist. **Erste Beratung bedeutet**, der Ratsuchende wendet sich wegen des Gegenstandes, auf den sich seine Bitte um Rat oder um Auskunft bezieht, zum ersten Male an den RA und es bleibt bei dieser ersten Beratung. Ist das der Fall, ist der Anspruch des Anwalts auf Vergütung für seine Beratung der Höhe nach auf 350 DM zuzüglich Mehrwertsteuer begrenzt. Das bedeutet aber nicht, dass der RA willkürlich eine Gebühr bis zur Höhe von 350 DM fordern kann. Auch für die Erstberatungsgebühr gilt § 20 Abs. 1 S. 1 BRAGO, d. h. bei einer Angelegenheit, in der sich die Gebühren nach dem Gegenstandswert berechnen, kann er nur eine Gebühr von 1/10 bis 10/10 gemäß den Bemessenskriterien des § 12 BRAGO fordern. 9

Beispiel: Beträgt der Gegenstandswert der ersten Beratung 10 000 DM und ist eine 3/10-Gebühr gem. § 12 BRAGO angemessen, so kann der RA nicht mehr als 178,50 DM fordern. Ist aber der Gegenstandswert einer ersten Beratung 80 000 DM und wiederum eine 3/10 Gebühr angemessen, so kann er nicht 553,50 DM fordern, sondern höchstens 350 DM. In dem Beispiel oben (Vorbemerkung) beträgt, wenn es bei der ersten Beratung geblieben ist, die Gebühr 350 DM zuzüglich 16 % Mehrwertsteuer.[4]

Die wirtschaftliche Bedeutung der Unterscheidung Erstberatung und weitere Beratung zeigt sich an dem vom AG Brühl (JurBüro 1998, 136) entschiedenem Fall. Die Beratung bezog sich auf Scheidung mit dem Wert 26 700 DM, Sorge- und Besuchsrecht Wert 1000 DM, Zugewinnausgleich Wert 10 000 DM, Versorgungsausgleich Wert 1000 DM, Ehegattenunterhalt Wert 28 800 DM, Kindesunterhalt Wert 5220 DM, Hausrat Wert 30 000 DM, Schuldenhaftung Wert 200 000 DM, Auseinandersetzung des gemeinschaftlichen Hauses Wert 100 000 DM, Gegenstandswert zusammen 402 720 DM. Die Erstberatungsgebühr hätte gem. § 20 Abs. 1 S. 2 BRAGO 350 DM zuzüglich Mehrwertsteuer

---

[3] Vgl. *Gerold/Schmidt-von Eicken* § 6 Rn. 32; *Mümmler* JurBüro 1987, 33 (bejahend für § 20 Abs. 1 S. 3, zweifelnd für S. 1).

[4] Viele Einzelheiten der Erstberatung sind noch ungeklärt, vgl. *Gerold/Schmidt-Madert* § 20 Rn. 11.

56 DM, zusammen 406 DM ergeben. Das AG Brühl kam aber zu folgendem Ergebnis: Wird der Mandant an zwei Terminen anwaltlich in derselben Angelegenheit beraten, so handelt es sich bei der zweiten Beratung nicht mehr um eine Erstberatung i. S. v. § 20 Abs. 1 S. 2 BRAGO, so dass die Gebührenbeschränkung auf 350 DM für die Beratungsgebühr des zweiten Termins nicht mehr gilt. Dies aber nur dann, wenn das zweite Beratungsgespräch auf Bitten des Mandanten zu Stande gekommen ist und es sich nicht um eine Vertagung des ersten – aus Zeitgründen des Anwalts – abgebrochenen Gesprächs gehandelt hat. Unschädlich ist, dass die zweite Beratung auf die erste Beratung aufbaut und diese damit – auch – fortgeführt hat. Ausgehend von einem Gegenstandswert in Höhe von 402 720 DM beläuft sich eine 5/10-Ratsgebühr auf 1987,50 DM, so dass sich ein Vergütungsanspruch einschließlich der Auslagenpauschale nach § 26 und der Mehrwertsteuer von 2351,90 DM ergibt. Die Differenz zwischen 2351,90 DM und 406 DM beträgt 1945,90 DM. Das Beispiel zeigt, dass jeder RA gut daran tut, sorgfältig zu ermitteln, ob es sich bei mehreren Beratungen in derselben Angelegenheit noch um eine erste Beratung handelt. Näheres s. unten Rn. 15.

Bei einer Ratsgebühr von 3/10 ist die Kappungsgrenze bereits bei einem Wert ab 30 000 DM, bei einer 5,5/10-Gebühr bei einem Wert ab 10 000 DM, bei einer 7,5/10-Gebühr bei einem Wert ab 7000 DM und bei einer 10/10-Gebühr schon bei einem Wert ab 5000 DM erreicht.

10 **Erstberatungsgebühr und Gebührenermäßigung nach dem Einigungsvertrag.** Die Erstberatungsgebühr ist keine eigenständige Gebühr, sondern eine Kappungsgrenze für die Tätigkeit des RA nach § 20 Abs. 1 S. 1 BRAGO. Gilt die 10%-ige Ermäßigung gem. Einigungsvertrag, so ist die Gebühr zunächst nach § 20 Abs. 1 S. 1 BRAGO gem. § 12 BRAGO zu bilden und dann erst ist die Gebühr um 10% zu ermäßigen. Liegt die um 10% ermäßigte Gebühr über 350 DM, ermäßigt sie sich auf 350 DM gem. § 20 Abs. 1 S. 2 BRAGO. Die Höchstgebühr von 350 DM wird nicht etwa gem. Einigungsvertrag um 10%, also um 35 DM auf 315 DM gekürzt.[5]

11 **Abbedingen der Erstberatungsgebühr.** Ein RA ist nicht verpflichtet, den erstmaligen Rat mit der Begrenzung der Gebühr des § 20 Abs. 1 S. 2 BRAGO zu erteilen. Dann aber ist er verpflichtet, dem Ratsuchenden vor der Erteilung des Rates zu sagen, dass er nicht bereit ist, eine erste Beratung mit einer maximalen Gebühr bis zu 350 DM zu erteilen. Ist der Ratsuchende dann bereit, sich von dem RA beraten zu lassen und hier eine über 350 DM hinausgehende Gebühr zu zahlen, so muss der Anwalt sich das Zahlungsversprechen des Ratsuchenden schriftlich gem. § 3 Abs. 1 S. 1 BRAGO geben lassen.

12 **Anrechnung.** Die Ratsgebühr ist gem. § 20 Abs. 1 S. 4 BRAGO auf eine Gebühr, die der Anwalt für eine sonstige Tätigkeit erhält, die mit der Erteilung des Rats oder der Auskunft zusammenhängt, anzurechnen. Das kommt besonders dann in Frage, wenn dem RA später die außergerichtliche oder gerichtliche Vertretung in der Angelegenheit übertragen wird, für die der Rat oder die Auskunft erteilt worden ist.

3. Eine oder mehrere Angelegenheiten

a) Allgemeines

13 **Der Begriff derselben Angelegenheit.** Nach § 13 Abs. 1 S. 1 BRAGO kann der RA in derselben Angelegenheit die Gebühren nur einmal fordern. Den Begriff „Angelegen-

---

[5] AG Jena AnwBl. 1998, 539; *Gerold/Schmidt-Madert* § 20 Rn. 11.

I. Die Ratsgebühr

heit" definiert die BRAGO nicht, obwohl sie ihn häufig verwendet (z. B. in §§ 6, 7, 12–16, 38–41 u. a. m.). Für die Frage, wann dieselbe Angelegenheit und wann verschiedene Angelegenheiten vorliegen, kann keine allgemeine Antwort gegeben werden, weil die in Betracht kommenden Lebensverhältnisse vielseitig sind. Der Gesetzgeber hat es dem Schrifttum und der Rechtsprechung überlassen, die Abgrenzung im Einzelfall zu finden. Die Angelegenheit ist nicht identisch mit dem **Gegenstand der anwaltlichen Tätigkeit**. Gegenstand ist das Recht oder Rechtsverhältnis, auf das sich die Tätigkeit auf Grund des Auftrags bezieht. In einer Angelegenheit können mehrere Gegenstände behandelt werden.

Beispiel: In einem Rechtsstreit werden eingeklagt 1. Ehegattenunterhalt, 2. Kindesunterhalt. Der einheitliche Rechtsstreit ist die Angelegenheit, in der zwei Gegenstände behandelt werden, nämlich der Ehegatten- und der Kindesunterhalt.

Den Begriff der Angelegenheit hat der BGH wie folgt formuliert: „Die Angelegenheit bedeutet den Rahmen, innerhalb dessen sich die anwaltliche Tätigkeit abspielt, wobei im Allgemeinen der dem Anwalt erteilte Auftrag entscheidet. Als Gegenstand wird das Recht oder Rechtsverhältnis angesehen, auf das sich auftragsgemäß die jeweilige anwaltliche Tätigkeit bezieht."[6] Klarer muss man wohl sagen, dass eine Angelegenheit vorliegt, wenn drei Voraussetzungen erfüllt sind: ein Auftrag, ein Rahmen für die Tätigkeit, innerer Zusammenhang.

Erste Voraussetzung ist somit, dass **ein einheitlicher Auftrag** vorliegt. Zwei Angelegenheiten liegen vor, wenn ein neuer Auftrag nach vollständiger Erledigung des ersten Auftrags erteilt wird. Ein einheitlicher Auftrag liegt auch dann vor, wenn der RA zu verschiedenen Zeiten beauftragt worden ist, wenn Einigkeit besteht, dass die Ansprüche gemeinsam behandelt werden sollen. Ebenso wenig spielt es gebührenrechtlich eine Rolle, ob zur Erledigung der Angelegenheit dem RA hintereinander mehrere Einzelaufträge erteilt wurden, denn § 13 Abs. 4 BRAGO bestimmt, dass, wenn der RA, nachdem er in einer Angelegenheit tätig geworden ist, beauftragt wird, in derselben Angelegenheit weiter tätig zu werden, er nicht mehr an Gebühren erhält, als er erhalten würde, wenn er von vorne herein hiermit beauftragt wäre, und § 13 Abs. 6 BRAGO ordnet an, dass der RA, wenn er nur mit einzelnen Handlungen beauftragt ist, nicht mehr an Gebühren als der mit der gesamten Angelegenheit beauftragte RA für die gleiche Tätigkeit erhalten würde. Jeder Auftrag ist bis zu seiner Erledigung dieselbe Angelegenheit.

Zweite Voraussetzung ist, dass **der Rahmen**, in dem der RA tätig wird, gewahrt wird. Der Rahmen z. B. ist gewahrt, wenn der RA verschiedene Ansprüche in einem Brief an den Gegner behandelt oder in einer Klage geltend macht. Macht er aber die Ansprüche in getrennten Briefen geltend, liegen zwei Angelegenheiten vor.

Es kommt darauf an, ob sich der RA einen einheitlichen Auftrag oder zwei getrennte Aufträge hat erteilen lassen. Zu beachten ist aber, dass die Mandanten frei entscheiden können, ob die Ansprüche für jeden von ihnen getrennt oder gemeinschaftlich geltend gemacht werden. Der RA kann nicht ohne entsprechenden Auftrag durch die Art seiner Bearbeitung eine Vermehrung der Angelegenheiten und damit seiner Gebühren erreichen. Geschieht dies aus besonderen Gründen dennoch, so muss der RA auf die gebührenrechtlichen und möglichen erstattungsrechtlichen Folgen hinweisen.

---

[6] JurBüro 1972, 684 = MDR 1972, 766; vgl. auch BGH AnwBl. 1976, 337.

I. Gebühren bei außergerichtlicher Tätigkeit

Gerade bei der Ratserteilung und auch bei außergerichtlichen Tätigkeiten ist die Frage nach dem Rahmen oft ganz schwer zu beantworten, wenn der Auftrag sich auf einen einheitlichen Lebensvorgang wie z. B. die Ehe bezieht. Oft hilft hier die Kontrollfrage weiter, ob die Rechte in demselben gerichtlichen Verfahren geltend gemacht werden können oder nicht.

Schließlich ist **dritte Voraussetzung** für das Vorliegen einer Angelegenheit, dass die verschiedenen Gegenstände inhaltlich zusammen gehören (**innerer Zusammenhang**). Diese Voraussetzung ist im Familienrecht fast immer gegeben durch die Rechtswirkungen der Ehe oder der Verwandtschaft.

b) Angelegenheit und Beratungsgegenstände

14 In dem Beispiel oben in Rn. 1 liegen die Voraussetzungen einheitlicher Auftrag und innerer Zusammenhang vor. Dagegen könnte die zweite Voraussetzung „einheitlicher Rahmen" zweifelhaft sein, wenn man die Kontrollfrage stellt, ob die Rechte in demselben gerichtlichen Verfahren geltend gemacht werden können oder nicht. Bei Beratungsmandanten kann es auf dieses Merkmal aber nicht ankommen. Wenn der Mandant beraten werden will, ein Gerichtsverfahren in keiner Weise zur Diskussion steht, kann die Identität des Rechtsweges nicht als Kriterium herangezogen werden. Bei der Beratung ist im allgemeinen (von Ausnahmefällen abgesehen) nach dem „einheitlichen Auftrag" und dem „inneren Zusammenhang" zu fragen. Wenn diese beiden Merkmale vorliegen, ist von einer Beratung auszugehen und folglich abzurechnen.[7] In dem Beispiel Rn. 1 sind die einzelnen Gegenstände, auf die sich die Beratung bezieht, gem. § 7 Abs. 2 BRAGO zusammenzurechnen und dann aus dem Gesamtgegenstandswert die Beratungsgebühr zu bilden.

Anders ist es aber, wenn die Ehefrau zusätzlich beraten werden will über folgende Frage: Ihre Schwiegereltern hätten für die Errichtung ihres Eigenheims (Miteigentum der Eheleute zu je $^1/_2$) 500 000 DM zugeschossen. Mündlich sei nichts vereinbart. Ob das ein Darlehn sei, ob im Falle einer Scheidung sie oder ihr Ehemann, oder beide, die 500 000 DM zurückzahlen müssten, wenn es aber eine Schenkung sei, ob die Schwiegereltern den Betrag dennoch zurückfordern können. Hier mag der einheitliche Auftrag und der innere Zusammenhang noch gegeben sein, aber es fehlt der einheitliche Rahmen. Denn für eine Zahlungsklage der Schwiegereltern oder umgekehrt für eine negative Feststellungsklage der Ehefrau wäre nicht das Familiengericht, sondern das Landgericht zuständig. Hier sind mithin zwei Beratungen abzurechnen, die erste wie vorstehend dargestellt, eine zweite aus dem Gegenstandswert 500 000 DM.

15 **Mehrere Beratungen über denselben Gegenstand.** Häufig kommt derselbe Mandant (mehrfach) wieder, will erneut über denselben Gegenstand beraten werden. Er hat Zusatzfragen oder infolge Änderung der Tatsachen ergibt sich eine neue Rechtslage.

Beispiel: Im Januar hat er sich beraten lassen über die Unterhaltsansprüche seiner nicht berufstätigen Ehefrau. Im September kommt er wieder und will wissen, ob er weiter Unterhalt zahlen müsse, nachdem seine Ehefrau mit einem anderen Mann in einem eheähnlichen Verhältnis lebe und/oder sie jetzt ganztätig berufstätig sei.

---

[7] Vgl. auch *Riedel/Sußbauer-Fraunholz* § 13 Rn. 6 („außergerichtlich können... mehrere Gegenstände, die in einem inneren Zusammenhang stehen, eine einzige Angelegenheit bilden. Dies gilt auch dann, wenn die Gegenstände bei gerichtlicher Geltendmachung zu mehreren Angelegenheiten werden, was insbesondere bei der Beratungshilfe bedeutsam sein kann."); *Groß* Rn. 16–18.

II. Beratungshilfe

In solchen oder ähnlichen Fällen ist zu prüfen, ob das zunächst erteilte Beratungsmandat beendet war und ob neue Besprechungen eine neue gebührenrechtliche Angelegenheit sind. Ist der Gegenstand der weiteren Beratungen derselbe, etwa weil der Mandant den gegebenen Rat oder die gegebene Auskunft genauer erläutert haben will oder hat er lediglich Zusatzfragen zum selben Gegenstand, dann kommt es auf die Zahl der Besprechungen nicht an und auch nicht auf die Zeit, wenn die nachfolgenden Besprechungen rasch hintereinander stattfinden. Problematisch wird es aber, wenn die Besprechungen so weit auseinanderliegen, dass der Rechtsanwalt sich wieder erneut in die Fragestellung einarbeiten muss, ihm die ganze Arbeit also noch mal erwächst. Hier wird man verschiedene Angelegenheiten annehmen können, so dass mehrmals die Ratsgebühr beansprucht werden kann.[8] Liegen zwischen der ersten und der zweiten Besprechung mehr als zwei Kalenderjahre, ist § 13 Abs. 5 S. 2 BRAGO entsprechend anzuwenden, die zweite Besprechung gilt dann als neue Angelegenheit.

Hat sich die tatsächliche Lage und damit auch die Rechtslage geändert, ist eine neue weitere Angelegenheit anzunehmen. In dem Beispiel mit der nicht berufstätigen Ehefrau im Januar und derselben Ehefrau mit ganztägiger Berufstätigkeit im September liegen mithin zwei Angelegenheiten vor. Weiter sind zwei Angelegenheiten anzunehmen, wenn Gegenstand der ersten Beratung z. B. nur der Unterhalt und die Hausratsteilung für die Zeit der Trennung waren, Gegenstand der zweiten Beratung nun die Scheidungsvoraussetzungen einschließlich Zugewinn und Vermögensaus-einandersetzung. Die Tatsache, dass beide Ansprüche aus derselben Wurzel Ehe stammen, ändern an diesem Ergebnis nichts.

In all den Fällen, in denen trotz mehrerer Beratungen eine Angelegenheit vorliegt, muss die Mehrarbeit des RA über das Bemessungskriterium Umfang der anwaltlichen Tätigkeit in § 12 Abs. 1 S. 1 BRAGO über die Höhe der Gebühr berücksichtigt werden.

II. Beratungshilfe

1. Gebühr für Rat oder Auskunft

Gewährt der RA, dem ein Berechtigungsschein vorgelegt worden ist, Beratungshilfe durch Beratung oder Vertretung, richten sich seine Vergütungsansprüche gegen die Landeskasse nach den §§ 132, 133 BRAGO. Für einen mündlichen oder schriftlichen Rat und für eine Auskunft erhält gem. § 132 Abs. 1 S. 1 BRAGO der RA eine Gebühr von 45 DM. Nach dem Wortlaut der Bestimmung erhält der Anwalt die Gebühr für einen Rat oder eine Auskunft. Das ist nicht zahlenmäßig zu verstehen. Auch für mehrere Besprechungen, in denen Rat oder Auskunft erteilt werden, erhält der RA die Gebühr nur einmal, wenn mehrere Besprechungen in einer Angelegenheit erfolgen[9]. Bei der Beratung mehrerer Personen in einer Angelegenheit ist, wenn der Gegenstand der anwaltlichen Tätigkeit derselbe ist, die Gebühr gem. § 6 Abs. 1 S. 2 BRAGO zu erhöhen.

16

Anrechnung nach § 132 Abs. 1 S. 2 BRAGO. Nach dieser Vorschrift ist § 20 Abs. 1 S. 4 BRAGO anzuwenden. Die Gebühr des § 132 Abs. 1 S. 1 BRAGO ist somit auf eine

17

---

[8] Riedel/Sußbauer-Fraunholz § 20 Rn. 6; Schumann/Geißinger § 20 Rn. 22.
[9] Gerold/Schmidt-Madert § 132 Rn. 2.

I. Gebühren bei außergerichtlicher Tätigkeit

Gebühr anzurechnen, die der RA für eine sonstige Tätigkeit erhält, die mit der Ratserteilung oder der Auskunft zusammenhängt. Die Ratsgebühr wird mithin auf die Vertretungsgebühr des § 132 Abs. 2 BRAGO angerechnet. Verkürzt ausgedrückt: Es kann nur die Gebühr des Abs. 1 oder die des Abs. 2 entstehen, niemals beide nebeneinander. Diese spätere Tätigkeit kann auch eine gerichtliche sein. Kommt es z. B. zu einem Rechtsstreit und wird der RA im Wege der PKH als Prozessbevollmächtigter oder Verkehrsanwalt beigeordnet, so ist die Ratsgebühr auf die Prozess- bzw. Verkehrsanwaltsgebühr anzurechnen.

2. Vergütung für die in § 118 BRAGO bezeichneten Tätigkeiten

18   Entwickelt der RA eine – außergerichtliche – Tätigkeit, die gesetzlich nach § 118 Abs. 1 oder § 116 BRAGO zu vergüten ist, so erhält der RA gem. § 132 Abs. 2 S. 1 BRAGO eine Einheitsgebühr von 110 DM.

Es bleibt bei dieser Einheitsgebühr auch dann, wenn nach § 118 BRAGO mehrere Gebühren – z. B. die Geschäftsgebühr und die Besprechungsgebühr – entstanden wären. Es entsteht immer nur eine Gebühr in Höhe von 110 DM. Das gilt auch für den Fall, dass die Regelgebühren nach § 118 BRAGO niedriger gewesen wären. Der RA erhält auch dann die Gebühr des Abs. 2, wenn an sich die Voraussetzungen des § 120 BRAGO erfüllt sind. Es bleibt bei der Festgebühr von 110 DM also auch dann, wenn die 2/10-Wertgebühr des § 120 Abs. 1 BRAGO im Einzelfall niedriger wäre oder wenn er nur die Festgebühr des § 120 Abs. 2 BRAGO von 20 DM erhielte. § 6 Abs. 1 S. 2 BRAGO ist auf die Geschäftsgebühr des § 132 Abs. 2 S. 1 BRAGO anzuwenden. Da es sich um eine Festgebühr handelt, beträgt der **Mehrvertretungszuschlag** für jeden weiteren Auftraggeber 33 DM bis zum in § 6 Abs. 1 S. 2 BRAGO letzter Absatz festgesetzten Höchstsatz von zwei vollen Gebühren, hier mit 220 DM.

Kommt es in Anschluss an die Vertretung zu einem gerichtlichen oder behördlichen Verfahren und übernimmt der RA in diesem sich anschließenden Verfahren die Vertretung des Rechtssuchenden, so ist die Gebühr (110 DM) gem. § 132 Abs. 2 S. 1 BRAGO zur Hälfte (also in Höhe von 55 DM) auf die im anschließenden Verfahren entstehenden Gebühren anzurechnen.

3. Vergleich oder Erledigung der Rechtssache

19   Führt die in § 118 BRAGO bezeichnete Tätigkeit des RA zu einem Vergleich oder einer Erledigung der Rechtssache (§§ 23, 24 BRAGO), so erhält der RA zu der Gebühr in Höhe von 110 DM eine weitere Gebühr von 220 DM für den Vergleich oder von 135 DM für die Erledigung, § 132 Abs. 3 BRAGO.

4. Auslagen

20   Gem. § 133 BRAGO i. Verb. m. § 126 BRAGO hat der Beratungshilfe gewährende RA den gleichen Anspruch auf Ersatz seiner Auslagen wie ein im Wege der PKH beigeordneter RA. Der Pauschsatz beträgt bei schriftlicher Erteilung eines Rates oder einer Auskunft 6,75 DM, bei der Tätigkeit des § 132 Abs. 2 BRAGO 16,50 DM und, wird auch ein Vergleich geschlossen 40 DM, wird die Erledigung der Rechtssache erreicht, 36,80 DM (16,50 + 20,25, aufgerundet gem. § 11 Abs. 2 BRAGO). Voraussetzung ist

II. Beratungshilfe

aber immer, dass Postgebühren entstanden sind. Bei einer nur mündlichen Beratung wird das nicht der Fall sein. Außerdem hat der RA Anspruch auf Erstattung der Mehrwertsteuer.

5. Gegenstandswert

An und für sich bestimmt sich auch in Beratungshilfesachen der Gegenstandswert nach § 8 Abs. 1 BRAGO. Da es sich aber bei den Gebühren des § 132 BRAGO um Festgebühren handelt, nämlich 45 DM für Abs. 1, 110 DM für Abs. 2 und 200 DM bzw. 135 DM im Falle des Abs. 3, braucht kein Gegenstandswert ermittelt werden.

21

6. Schutzgebühr, Vergütungsvereinbarung

(1) Nach § 8 Abs. 1 BerHG steht dem RA gegen den Rechtssuchenden, dem er Beratungshilfe gewährt, eine Gebühr von 20 DM zu, die er nach dessen Verhältnissen erlassen kann. Die Schutzgebühr ist in keiner Weise anrechenbar auf den Vergütungsanspruch gegen die Staatskasse. Zu der Schutzgebühr kann weder Auslagenersatz noch Umsatzsteuer verlangt werden.

22

Die Schutzgebühr wird merkwürdigerweise meistens nicht erhoben. Die Vergütung bei Beratungshilfe ist im Allgemeinen nicht einmal kostendeckend, geschweige denn gewinnbringend. Warum ausgerechnet hier auf ein Honorar in Form der Schutzgebühr verzichtet wird, ist nicht zu verstehen.

Vereinbarungen über eine Vergütung sind nichtig, § 8 Abs. 2 BerHG.

23

7. Anspruch gegen den Gegner

§ 9 BerHG lautet: *„Ist der Gegner verpflichtet, dem Rechtsuchenden die Kosten der Wahrnehmung seiner Rechte zu ersetzen, hat er die gesetzliche Vergütung für die Tätigkeit des Rechtsanwalts zu zahlen. Der Anspruch geht auf den Rechtsanwalt über. Der Übergang kann nicht zum Nachteil des Rechtsuchenden geltend gemacht werden. Zahlungen, die der Rechtsanwalt nach Satz 2 erhält, werden auf die Vergütung aus der Landeskasse (§ 131 BRAGO) angerechnet."*

24

Der Kostenersatzanspruch des Rechtsuchenden besteht in Höhe der gesetzlichen Vergütung, also nach den Gebühren und Auslagen eines Wahlanwalts. Der RA muss bedenken, dass, wenn er den übergegangenen Kostenersatzanspruch klageweise durchsetzen muss, er einen eigenen Anspruch einklagt, er selbst also das volle Prozesskostenrisiko trägt. Er ist für die Voraussetzungen des materiell-rechtlichen Kostenersatzanspruchs darlegungs- und beweispflichtig. Als Beweismittel kommen in Betracht sein Mandant als Zeuge sowie für den Anfall der Anwaltsvergütung die Handakten. Der RA sollte das Prozesskostenrisiko nur eingehen, wenn der Unterschied zwischen der Vergütung nach § 132 BRAGO und den Wahlanwaltskosten groß ist.

8. Eine oder mehrere Angelegenheiten

Bei den Gebühren für die Beratungshilfe in Form von Beratung gem. § 132 Abs. 1 BRAGO oder in Form von Vertretung gem. § 132 Abs. 2 BRAGO stellt sich erneut die Frage, ob eine oder mehrere Angelegenheiten vorliegen, also ob einmal eine Beratungs-

25

I. Gebühren bei außergerichtlicher Tätigkeit

gebühr oder eine Geschäftsgebühr oder diese mehrfach anfallen. Vgl. zunächst die Ausführungen oben zu Rn. 5 und 6.

Hier ist sehr umstritten, ob eine oder mehrere Angelegenheiten vorliegen, wenn ein Ehegatte sich über Trennungsunterhalt und über die Voraussetzung der Ehescheidung zusammen mit Fragen des Unterhalts, der Hausratsauseinandersetzung, des Versorgungsausgleiches und dergleichen mehr beraten lässt.[10]

Die Annahme nur einer Angelegenheit mag unter Bezugnahme auf die gesetzliche Regelung in § 7 Abs. 3 BRAGO und § 19 a GKG noch angehen, wenn sich die Beratungshilfe auf die Gegenstände erstreckt, die den künftigen Scheidungsverbund bilden. Nicht möglich ist es aber, auch noch den durch das Getrenntleben der Ehegatten gegebenen Zusammenhang mit dem Scheidungsverbund zu vergleichen; dabei bliebe unbeachtet, dass sich die Scheidungsfolgen an durchaus anderen Kriterien ausrichten, als dies bei ehelichem Zusammen- oder Getrenntleben der Fall ist. Ist der RA beauftragt, neben den Unterhaltsansprüchen die Zahlung von Sozialhilfe durchzusetzen, dann fehlt es an der Gleichartigkeit des Verfahrens und der gleichgerichteten Vorgehensweise, so dass zwei Angelegenheiten vorliegen.[11] Umstritten ist auch, ob der Rechtspfleger bereits im Bewilligungsverfahren die Zahl der Angelegenheiten bindend für das Vergütungsverfahren im Berechtigungsschein festlegt bzw. bei mehreren Angelegenheiten auch mehrere Berechtigungsscheine ausstellen muss.[12] Die Frage kann ungeklärt bleiben. Denn weder aus dem Wortlaut noch aus der Entstehungsgeschichte des Gesetzes ergibt sich, dass der Kostenbeamte (genauer: der Urkundsbeamte der Geschäftsstelle) an die Auffassung des Rechtspflegers, der den Berechtigungsschein erteilt hat, gebunden ist. Vielmehr hat der Kostenbeamte bei der Vergütungsfestsetzung in eigener Kompetenz zu prüfen, ob es sich um eine oder mehrere Angelegenheiten handelt, zumal dies oftmals im Bewilligungsverfahren noch gar nicht feststeht, sondern sich manchmal erst aus der Tätigkeit des RA ergibt.[13]

III. Gutachten nach §§ 21 oder 21a BRAGO

26 § 21 BRAGO sieht eine angemessene Gebühr für die Ausarbeitung **eines schriftlichen Gutachtens mit juristischer Begründung** vor; § 21a BRAGO eine volle Gebühr nach

---

[10] **Für eine Angelegenheit:** *Hansens* JurBüro 1987, 23; *Göttlich/Mümmler* BRAGO „Beratungshilfe" 6.2; München MDR 1988, 330; AGS 1998, 91; LG Aurich JurBüro 1986, 239; LG Berlin JurBüro 84, 240; LG Dortmund JurBüro 1985, 1034; LG Göttingen JurBüro 1986, 1843; LG Kleve JurBüro 1986, 734; LG Stuttgart JurBüro 1986, 1519; LG Wuppertal JurBüro 1985, 1426; LG Bayreuth JurBüro 1990, 1274 (Gewährt ein RA mehreren Kindern Beratungshilfe zum Zwecke der Geltendmachung ihrer Unterhaltsansprüche gegen den gemeinsamen Vater, so handelt es sich um dieselbe Angelegenheit).
Für mehrere Angelegenheiten: Braunschweig AnwBl. 1984, 514; Düsseldorf AnwBl. 1986, 162; LG Tübingen Rpfleger 1986, 239; AG Köln AnwBl. 1986, 414; AG Osnabrück JurBüro 1996, 377; *Riedel/Sußbauer* A 17; s. auch *Gerold/Schmidt-Madert* § 13 Rn. 5 ff. sowie Rn. 10 vor § 131; s. auch die praxisnahen Ratschläge von *Greißinger* in AnwBl. 1993, 11.
[11] *Greißinger* AnwBl. 1989, 573; Braunschweig AnwBl. 1984, 514; LH Hannover JurBüro 1987, 250.
[12] So LG Köln MDR 1985, 944; LG Münster JurBüro 1983, 1893 m. abl. Anm. v. *Mümmler* = KostRsp. BRAGO § 132 Nr. 22; *Nagel* Rpfleger 1982, 212.
[13] Braunschweig AnwBl. 1984, 514; LG Bayreuth JurBüro 1984, 047; LG Berlin JurBüro 1985, 1667; LG Bonn AnwBl. 1985, 109; LG Dortmund AnwBl. 1985, 334 = Rpfleger 1985, 78; LG Tübingen Rpfleger 1986, 239; LG Hannover JurBüro 1988, 194; LG Wuppertal JurBüro 1985, 1426; *Mümmler* JurBüro 1984, 1134; *Greißinger* NJW 1985, 1676; *Herget* MDR 1985, 945; *Hansens* JurBüro 1987, 23.

§ 11 Abs. 1 S. 4 BRAGO für ein **Gutachten über die Aussichten einer Berufung oder einer Revision**. Da diese Tätigkeiten in Ehe- und Familiensachen nicht allzu häufig sind, wird auf die Erläuterungen in den Gebührenrechtskommentaren verwiesen.

IV. Gebühren nach § 118 BRAGO

Vorbemerkung: Dargestellt werden nur typische Besonderheiten in Ehe- und Familiensachen. Ansonsten wird auf die Erläuterungen in den BRAGO-Kommentaren zu § 118 BRAGO verwiesen.

1. Die Geschäftsgebühr, § 118 Abs. 1 Nr. 1 BRAGO

Die **Geschäftsgebühr** ist eine Grundgebühr, die in allen Angelegenheiten anfallen muss, deren Erledigung durch die Gebühren des § 118 BRAGO abgegolten wird (Betriebsgebühr). Sie entsteht mit der ersten Tätigkeit des RA nach Erhalt des Auftrags, also regelmäßig mit der Entgegennahme der Information. Sie gilt alle Besprechungen mit dem Auftraggeber sowie den gesamten Schriftverkehr – sei es mit dem Auftraggeber, dem Gericht oder der Behörde, sei es mit der Gegenpartei – ab. Lautet der Auftrag z. B. auf den Entwurf einer Urkunde (z. B. Scheidungsvereinbarung), ist die Geschäftsgebühr die einzige Gebühr, die in der Angelegenheit erwächst.

27

Andererseits können die beiden anderen Gebühren des § 118 BRAGO, die Besprechungs- und die Beweisaufnahmegebühr, nie allein entstehen. Es muss immer die Geschäftsgebühr als allgemeine Betriebsgebühr außerdem anfallen. Die Abgrenzung zur **Ratsgebühr** kann im Einzelfall schwierig sein.[14]

Darauf, ob der RA nach außen hervortritt, kommt es nicht an. Das ergibt sich mit Sicherheit aus dem Auftrag, eine Urkunde zu entwerfen. Hier spielt sich die Tätigkeit des RA intern ab. Trotzdem ist nicht zu leugnen, dass eine Angelegenheit des § 118 BRAGO vorliegt. Der Auftrag geht z. B. aber nicht über einen Beratungsauftrag hinaus, wenn dem RA ein von fremder Hand gefertigter Vertrag mit der Bitte um Prüfung und Stellungnahme vorgelegt wird. Selbst wenn der RA sich schriftlich äußert, liegt noch ein – schriftlicher – Rat vor. Dagegen liegt eine Angelegenheit des § 118 BRAGO, ein über die Beratung hinausgehender Auftrag vor, wenn der RA zu ungünstigen Vertrags-bedingungen einen Gegenentwurf fertigen soll. Hier wird eine über die Beratung hinausgehende Tätigkeit gefordert.

Im Allgemeinen wird es aber auf die Unterscheidung Rat/Geschäftsbesorgung nicht ankommen. Die Tätigkeit wird manchmal nach beiden Gebührenbestimmungen – § 20 und § 118 BRAGO – gleich bewertet werden können. Allerdings ist der Gebührenrahmen verschieden groß; bei § 20 BRAGO schwankt er zwischen 1/10 und 10/10, bei § 118 BRAGO nur zwischen 5/10 und 10/10. Was bei § 20 BRAGO eine weit über das Mittelmaß hinausgehende Tätigkeit ist, kann bei der Geschäftsgebühr noch unter dem Mittelwert liegen, so dass z. B. nach beiden Vorschriften etwa 6/10 bis 7/10 die angemessene Gebühr darstellen können. Die Unterscheidung zwischen Rat und Geschäftsbesorgung kann aber wichtig werden bei Bestehen einer Rechtsschutzversicherung. Denn nach §§ 25 Abs. 2e, 26 Abs. 3g, 27 Abs. 3g ARB 75 (ähnlich in ARB 94) dürfen

---

[14] S. oben Rn. 2 (2) sowie *Gerold/Schmidt-Madert* § 118 Rn. 5.

I. Gebühren bei außergerichtlicher Tätigkeit

Rat oder Auskunft nicht mit einer anderen gebührenpflichtigen Tätigkeit zusammenhängen.

28 Durch die Geschäftsgebühr wird nicht nur die eigentliche Haupttätigkeit vergütet. Durch sie werden vielmehr auch die **Nebentätigkeiten** abgegolten, die das Hauptgeschäft fördern und den beabsichtigten Erfolg herbeiführen, z. B. die Einsicht in das Grundbuch oder in Register.

29 Eine Ermäßigung der Gebühr – etwa auf die Hälfte – für den Fall der vorzeitigen Erledigung der Angelegenheit – ist nicht vorgesehen, da § 32 BRAGO nicht anwendbar ist. Der Ausgleich ist über die Veränderung des Gebührensatzes vorzunehmen (Senkung bis auf 5/10 möglich).

30 **Geschäftsgebühr und Mehrvertretungszuschlag.** Vertritt der RA **beide Ehegatten**, soll er z. B. in ihrem Auftrag eine Trennungs- und/oder Scheidungsvereinbarung entwerfen, so erhöht sich die Geschäftsgebühr gem. § 6 Abs. 1 S. 2 BRAGO um 3/10, so weit der Gegenstand der anwaltlichen Tätigkeit derselbe ist.[15]

31 **Geschäftsgebühr in Wohnungs- und Hausratssachen.** Ist der RA in Wohnungs- und Hausratssachen vorgerichtlich tätig, erhält er die Gebühren des § 118 BRAGO. Es wird die Ansicht vertreten, gegen den Gesetzeswortlaut des § 118 (5/10 bis 10/10) seien diese auf 5/10 begrenzt, da systematisch eine vorgerichtliche Tätigkeit keine höheren Gebühren auslösen könne als ein gerichtliches Verfahren; im gerichtlichen Verfahren nach der HausratsVO erhalte der RA gem. § 63 Abs. 3 BRAGO die in § 31 BRAGO bestimmten Gebühren nur zur Hälfte.[16] Dem kann nicht zugestimmt werden. Werden Hausratssachen als Scheidungsfolgesachen im Verbund mit der Scheidungssache behandelt, tritt eine Ermäßigung der Gebühren nicht ein. Der RA hat gem. § 31 Abs. 3 BRAGO Anspruch auf die vollen Gebühren. Es muss somit bei § 118 BRAGO bei einem Rahmen von 5/10 bis 10/10 bleiben. Denn für eine abgeschlossene vorgerichtliche Tätigkeit kann der Gebührenrahmen nicht nachträglich danach bestimmt werden, ob die anschließende Tätigkeit mit 5/10 gem. § 63 Abs. 3 BRAGO oder mit 10/10 gem. § 31 Abs. 3 BRAGO vergütet wird.[17]

32 **Einfache Schreiben.** Beschränkt sich die Tätigkeit des RA auf Mahnungen, Kündigungen oder Schreiben einfacher Art, die weder schwierigere rechtliche Ausführungen noch größere sachliche Auseinandersetzung erhalten, so erhält er gem. § 120 Abs. 1 BRAGO nur zwei Zehntel der vollen Gebühr. Voraussetzung ist, dass der Auftrag, den der RA erhalten hat, auf die Tätigkeiten des § 120 BRAGO beschränkt ist. Hat der RA einen über den Rahmen des § 120 BRAGO hinausgehenden Auftrag, so wird seine Tätigkeit nach § 118 BRAGO vergütet, selbst wenn das Schreiben äußerlich ein einfaches Schreiben im Sinne von Abs. 1 des § 120 BRAGO ist.[18] Im Familienrecht kommt der Fall des § 120 BRAGO selten vor. Ein einfaches Schreiben könnte vorliegen, wenn z. B.

---

[15] *Groß* Rn. 47. (Das gilt nicht, wenn der RA Kindes- und Ehegattenunterhalt geltend machen soll. Hier liegen mehrere Gegenstände vor, die gem. § 7 Abs. 2 BRAGO zusammenzurechnen sind.)

[16] Hamm JurBüro 1978, 552.

[17] *von Eicken* AGS 1998, 98; *Gerold/Schmidt-Madert* § 118 Rn. 18. Es ist zwar richtig, dass der BGH in BGHZ 48, 134 = AnwBl. 1967, 351 = NJW 1967, 2312 erklärt hat, dem § 118 BRAGO sei als Wille des Gesetzgebers der für das gesamte Gebührenrecht geltende Grundsatz zu entnehmen, dass in außergerichtlichen Angelegenheiten die Gebühren im Allgemeinen niedriger, keinesfalls aber höher sein sollten als im Gerichtsverfahren. Dem sei entgegenzuhalten, dass es einen solchen Grundsatz nicht gibt, so *Schumann/Geißinger* § 118 Rn. 51 und *Gerold/Schmidt-Madert* § 116 Rn. 12; zur Kritik an der Begründung des BGH s. *Madert/Hellstab* III Rn. 12.

[18] BGH AnwBl. 1983, 512 = JurBüro 1983, 1498.

IV. Gebühren nach § 118 BRAGO

der RA nur beauftragt ist, den Gegner an die Einhaltung eines anderweitig bereits vereinbarten Umgangsrechts zu erinnern. Wenn aber mitgeteilt wird, wie das Umgangsrecht im Einzelnen ausgeübt werden soll, geht das bereits über das einfache Schreiben hinaus.[19]

2. Die Besprechungsgebühr, § 118 Abs. 1 Nr. 2 BRAGO

Danach erhält der RA die Besprechungsgebühr für das Mitwirken bei mündlichen Verhandlungen oder Besprechungen über tatsächliche oder rechtliche Fragen, die von einem Gericht oder einer Behörde angeordnet oder im Einverständnis mit dem Auftraggeber vor einem Gericht oder einer Behörde mit dem Gegner oder mit einem Dritten geführt werden; für das Mitwirken bei der Gestaltung eines Gesellschafts-vertrags und bei der Auseinandersetzung von Gesellschaften und Gemeinschaften. Der RA erhält diese Gebühr nicht für eine mündliche oder fernmündliche Nachfrage. Die Gebühr entspricht – wenn auch nicht völlig – der Verhandlungsgebühr des § 31 Abs. 1 Nr. 2 BRAGO. Für Besprechungen mit dem Auftraggeber kann sie nicht berechnet werden. Diese Besprechungen werden vielmehr durch die Geschäftsgebühr abgegolten, gleichviel, ob nur eine oder ob mehrere Besprechungen mit ihm stattfinden.[20]

33

Wenn beide Eheleute den RA beauftragen, z. B. eine Trennungsvereinbarung zu entwerfen und der RA mit ihnen die Einzelheiten bespricht, fällt keine Besprechungs-gebühr an, weil beide Eheleute Mandanten des RA sind und die Gebühr für Besprechungen mit Mandanten nicht entsteht.

Eine Ausnahme besteht gem. § 118 Abs. 1 Nr. 2 zweiter Halbsatz BRAGO **für das Mitwirken bei der Gestaltung eines Gesellschaftsvertrages und bei der Auseinandersetzung von Gesellschaften und Gemeinschaften.** Wenn beide Ehegatten den RA mit der Auseinandersetzung der Gütergemeinschaft oder einer Bruchteilsgemeinschaft beauftragen und er den Auftrag mit ihnen bespricht, fällt die Besprechungsgebühr an; ein Fall, der in der Praxis kaum vorkommt. Die Zugewinngemeinschaft ist ein gesetzlicher Güterstand und keine Gemeinschaft im Sinne von § 118 Abs. 1 Nr. 2 BRAGO.[21]

34

Weitere Voraussetzung für das Entstehen der Besprechungsgebühr ist, dass die Verhandlungen oder Besprechungen a) angeordnet worden sind oder b) im Einverständnis mit dem Auftraggeber geführt werden. Die Besprechungsgebühr entsteht also nicht, wenn der RA eine Verhandlung ohne Anordnung und ohne Einverständnis geführt hat.

35

Sind also die Verhandlungen oder Besprechungen nicht angeordnet, werden sie aber im **Einverständnis mit dem Auftraggeber** geführt, so entsteht die Besprechungsgebühr gleichfalls. Das Einverständnis kann als vorherige Einwilligung oder nachträgliche Genehmigung erteilt werden. Es braucht nicht ausdrücklich erklärt zu werden, sondern kann sich aus den Umständen ergeben. Denn der Auftrag des Auftraggebers geht in der Regel – ohne Beschränkungen – dahin, eine Angelegenheit sachgemäß im Interesse des Auftraggebers zu erledigen. Gehört zu der sachgemäßen Erledigung eine mündliche Verhandlung, ist der RA ermächtigt, diese Verhandlung zu führen (stillschweigendes Einverständnis des Auftraggebers). Wünscht ein Auftraggeber in Ange-

---

[19] *Groß* Rn. 40.
[20] Zu allen weiteren Einzelheiten s. *Gerold/Schmidt-Madert* § 118 Rn. 8.
[21] *Groß* Rn. 38.

I. Gebühren bei außergerichtlicher Tätigkeit

legenheiten, in denen regelmäßig mündliche Verhandlungen geführt werden, keine Verhandlung seines RA mit der Gegenseite, so muss der Auftraggeber das zum Ausdruck bringen. Sind allerdings Verhandlungen nicht üblich, kann der RA das Einverständnis nicht ohne weiteres unterstellen, er muss es vielmehr einholen.

Da bei Streit über das Entstehen der Besprechungsgebühr häufig entweder die Tatsache der Besprechung oder das Einverständnis des Auftraggebers bestritten wird, sollte sich jeder RA angewöhnen, beides zu Beweiszwecken zu dokumentieren.

36 Die **Verhandlungen** können nicht nur mit dem Gericht oder einer Behörde geführt werden, sondern auch a) mit dem Gegner, b) **mit einem Dritten**. Dritter ist jeder, der nicht Auftraggeber oder sein Bevollmächtigter ist. Auch in Ehe- und Familiensachen ist es manchmal schwierig zu bestimmen, wer Dritter im Sinne des Gesetzes ist.

Beispiel: 1. Der RA wird von der Ehefrau beauftragt, die Scheidungsvereinbarung zu entwerfen. Bei der notwendigen Besprechung bringt die Ehefrau ihren Steuerberater mit und fragt diesen wegen Einzelheiten, die sie nicht selbst beantworten kann.
2. Die Ehefrau erscheint allein beim RA, kann verschiedene Fragen nicht beantworten und erklärt dem RA, er solle ihren Steuerberater befragen. Der RA bespricht dann die notwendigen Fragen mit dem Steuerberater allein. Nur wenn der Steuerberater Dritter ist, erhält der RA die Besprechungsgebühr.

Dritter ist jeder, der nicht Auftraggeber oder sein Bevollmächtigter (gesetzlicher oder gewillkürter Stellvertreter) ist. Der Erklärungsbote im Sinne des BGB ist nicht Dritter. Denn der Bote gibt nicht anstelle des Vertretenen für diesen selbst eine Erklärung ab, sondern er übermittelt nur eine Willenserklärung des Auftraggebers. Solche Erklärungsboten geben lediglich auf Weisung des Auftraggebers dessen Informationen an den RA weiter. Ist der Wille des Auftraggebers darauf gerichtet, dass die Person, die anstelle des Auftraggebers den RA informiert, seine (des Auftragebers) Informationen weitergibt, dann ist diese Person nicht Dritter. Dritter im Sinne von § 118 Abs. 1 Nr. 2 BRAGO ist, wer im Auftrage des Auftraggebers seine eigenen Informationen an den RA weitergibt oder den der RA auf Bitte des Auftraggebers wegen notwendiger Informationen anhört, um solche zu erlangen, die der Auftrageber selbst mangels eigener Kenntnis nicht geben kann. Der Auftraggeber könnte diese Person selbst befragen und die ihm erteilten Informationen an seinen RA weitergeben. Wenn er das unterlässt, sondern will, dass der RA die Person befragt, dann beauftragt er seinen RA, ein Gespräch mit einem Dritten zu führen. Somit können auch nahe Angehörige oder Angestellte des Auftraggebers Dritte sein. Ein RA, der mit solchen Dritten Besprechungen führt mit dem Ziel, Informationen zu erhalten, verdient dadurch die Besprechungsgebühr.[22]

Folglich ist im ersten Beispiel oben der Steuerberater nicht Dritter, im zweiten Beispiel aber Dritter.

3. Die Beweisaufnahmegebühr, § 118 Abs. 1 Nr. 3 BRAGO

37 Nur für das Mitwirken bei einer Beweisaufnahme, die von einem Gericht oder einer Behörde angeordnet worden ist, fällt die Beweisaufnahmegebühr des § 118 Abs. 1 Nr. 3 BRAGO an, bei außergerichtlicher Tätigkeit des RA in Ehe- und Familiensachen also nicht. Wenn z. B. die Eheleute bei der Auseinandersetzung einer Bruchteilsgemeinschaft über den Wert des Grundstückes streiten und deshalb ein Sachverständigengutachten einholen, löst das keine Beweisgebühr aus.[23]

---

[22] Nähere Begründung und Rechtsprechungsnachweise s. *Gerold/Schmidt-Madert* § 118 Rn. 8.
[23] *Groß* Rn. 39.

IV. Gebühren nach § 118 BRAGO

4. Einmaligkeit der Gebühren, mehrere Auftraggeber, mehrere Angelegenheiten

Die Gebühren des § 118 BRAGO sind Pauschgebühren. Sie gelten gem. § 13 Abs. 1 BRAGO die gesamte Tätigkeit des RA ab, die sich auf die in Frage stehende Angelegenheit bezieht. Gem. § 13 Abs. 2 S. 1 BRAGO können je Angelegenheit die Gebühren des § 118 BRAGO nur einmal entstehen. Der RA kann somit in jeder Angelegenheit nur eine Geschäftsgebühr und nur eine Besprechungsgebühr verdienen. Dabei ist es gleichgültig, ob eine oder mehrere Besprechungen stattfinden. Ebenso ist unerheblich, ob die Angelegenheit einen großen oder nur einen geringen Umfang hat. Der mehr oder minder große Umfang der Angelegenheit ist allein innerhalb des Gebührenrahmens zu beachten.

Beispiel: Bespricht der RA die Scheidungsvereinbarung mit dem Notar, der sie beurkunden soll, so entsteht die Besprechungsgebühr, weil der Notar Dritter im Sinne des Gesetzes ist. Hat der RA aber die Scheidungsvereinbarung in einer Besprechung mit dem Gegner ausgehandelt, so ist für die Besprechung mit dem Gegner bereits die Besprechungsgebühr entstanden. Bespricht er anschließend die Scheidungsvereinbarung mit dem Notar oder nimmt am Beurkundungstermin teil, so führt er zwar auch eine Besprechung mit dem Notar, für die er aber, weil bereits in derselben Angelegenheit die Gebühr angefallen ist, nicht eine zweite Besprechungsgebühr ansetzen kann. Wohl ist es möglich gem. § 12 Abs. 1 S. 1 BRAGO dass, wenn für die erste Besprechung mit dem Gegner eine Gebühr von 7,5/10 angemessen ist, er wegen des Mehraufwands seiner Tätigkeit wegen der zweiten Besprechung (Notar) insgesamt eine 10/10-Gebühr in Rechnung stellt.

Bei mehreren **Auftraggebern** erhöht sich gem. § 6 Abs. 1 S. 2 BRAGO die Geschäftsgebühr um je 3/10 für jeden weiteren Auftraggeber, wenn der RA von mehreren Personen mit der Bearbeitung des gleichen Gegenstandes beauftragt wird. Die Erhöhung erfolgt von der Ausgangsgebühr, also z. B. 3/10 von 7,5/10.

Die Frage, ob der RA eine oder **mehrere Angelegenheiten** zu bearbeiten hat, ist mitunter zweifelhaft, s. oben Rn. 13 u. 14.[24]

38

39

5. Die Höhe der Gebühren, § 12 BRAGO

Jede der drei Gebühren des § 118 Abs. 1 BRAGO beträgt 5/10 bis 10/10 der vollen Gebühr. Die Höhe der Gebühr ist im Einzelfall gem. § 12 Abs. 1 S. 1 BRAGO zu bemessen, wonach der RA die Gebühr bestimmt unter Berücksichtigung aller Umstände, insbesondere der Bedeutung der Angelegenheit, des Umfangs und der Schwierigkeit der anwaltlichen Tätigkeit sowie der Vermögens- und Einkommensverhältnisse des Auftragebers, nach billigem Ermessen.[25]

Eine Ermäßigung der Gebühr – etwa auf die Hälfte – für den Fall der vorzeitigen Erledigung der Angelegenheit ist nicht vorgesehen, da § 32 nicht anzuwenden ist. Der Ausgleich ist über die Veränderung des Gebührensatzes vorzunehmen (Senkung bis auf 5/10) möglich.

40

6. Die Vergleichsgebühr, § 23 BRAGO

Gem. § 36 Abs. 1 S. 1 BRAGO gilt in Ehesachen (§ 606 Abs. 1 S. 1 ZPO) § 23 BRAGO nicht. Das bedeutet, aus dem Wert der Ehesache kann weder außergerichtlich noch ge-

41

---

[24] Weitere Einzelheiten und Rechtsprechungsnachweise s. *Gerold/Schmidt-Madert* § 13 Rn. 5 ff.
[25] Einzelheiten s. *Gerold/Schmidt-Madert* § 118 Rn. 18 sowie § 12 Rn. 11–15.

I. Gebühren bei außergerichtlicher Tätigkeit

richtlich eine Vergleichsgebühr erwachsen, selbst wenn die Voraussetzungen eines Vergleiches gem. § 779 BGB vorliegen.

Beispiel: Der Ehemann möchte nach Ablauf der einjährigen Trennung geschieden werden. Die Ehefrau stimmt der Scheidung nicht zu und beruft sich darauf, dass die Ehegatten noch nicht seit drei Jahren getrennt leben, § 1566 BGB. Den beteiligten Rechtsanwälten gelingt es, die Ehefrau umzustimmen, nachdem der Ehemann irgendeinen Vorteil verspricht, so dass ein gegenseitiges Nachgeben im Sinne von § 779 BGB und damit ein Vergleich vorliegt. Dennoch fällt aus dem Wert der Ehesache eine Vergleichsgebühr nicht an.

Nach § 36 Abs. 1 S. 2 BRAGO bleibt der Wert der Ehesache bei der Berechnung der Vergleichsgebühr außer Betracht, wenn ein Vergleich, insbesondere über den Unterhalt, im Hinblick auf eine Ehesache geschlossen wird. Daraus folgt, dass während eines Scheidungsverfahrens ein Vergleich möglich ist, in dem andere Familiensachen (§ 621 Abs. 1 ZPO) und überhaupt andere Rechtsverhältnisse oder Ansprüche für den Fall der Auflösung der Ehe geregelt werden. Selbstverständlich ist auch, dass außergerichtlich Vergleiche in allen Familiensachen geschlossen werden können, ohne Rücksicht darauf, ob ein Scheidungsverfahren überhaupt nicht beabsichtigt ist, das Scheidungsverfahren anhängig oder rechtskräftig abgeschlossen ist.

Beispiel: Die Eheleute leben getrennt, sie haben nicht die Absicht, sich scheiden zu lassen, jedenfalls nicht in absehbarer Zeit. Sie regeln vertraglich die Unterhaltsfrage und güterrechtliche Angelegenheiten.

Aber auch wenn die Eheleute in intakter ehelicher Lebensgemeinschaft zusammenleben, sind Vergleiche möglich.

Beispiel: Der Ehemann wünscht die Aufhebung der Zugewinngemeinschaft und die Einführung der Gütertrennung. Die Ehefrau gibt ihre Zustimmung und ihren Verzicht auf Ausgleich des Zugewinnes gegen Übertragung eines in Alleineigentum des Ehemanns stehenden Hausgrundstückes.

Nachfolgend wird die Vergleichsgebühr nur im Hinblick auf die außergerichtliche Tätigkeit der Anwälte behandelt. Die schwierigen Fragen, die entstehen, wenn außergerichtlich eine Scheidungsvereinbarung ausgehandelt wird, die im Eheverfahren gerichtlich protokolliert werden soll (also § 118 oder §§ 31 ff. BRAGO), wird im folgenden Kapitel „Trennungs- und Scheidungsvereinbarungen" behandelt.

42   Der **Begriff des Vergleichs** ergibt sich aus § 779 BGB. Danach ist ein Vergleich ein Vertrag, durch den Streit oder die Ungewissheit der Parteien über ein Rechtsverhältnis im Wege gegenseitigen Nachgebens beseitigt wird.[26]

Die Frage, ob „Streit oder Ungewissheit" vorliegen, ist leicht zu bejahen, wenn z. B. eine Partei die andere außergerichtlich zur Leistung aufgefordert hat, die andere Partei die Leistung abgelehnt hat. Im Familienrecht ist es aber nicht selten, dass die Parteien nicht streiten, sondern Inhalt und Umfang ihrer Rechte und Pflichten nicht kennen.

Beispiel: Die Eheleute sind sich darüber einig, dass der Ehemann an die Ehefrau Unterhalt zu zahlen hat. Sie wissen nur die Höhe nicht; das heißt, der Ehemann will nicht mehr leisten, als er muss, die Ehefrau nicht mehr fordern, als es der Rechtslage entspricht. Sie beauftragen daher ihre Rechtsanwälte, die Höhe des Unterhaltes zu ermitteln, um sie vertraglich festzulegen.

Hier wirken die Anwälte an einer Einigung mit, für die sie die Tätigkeitsgebühren des § 118 Abs. 1 BRAGO verdienen. Es lag aber weder ein Streit noch eine Ungewissheit

---

[26] Einzelheiten s. *Gerold/Schmidt-von Eicken* § 23 Rn. 5–8.

IV. Gebühren nach § 118 BRAGO

vor, denn die Ungewissheit des Gesetzes darf nicht mit Unwissenheit verwechselt werden.[27] Eine Vergleichsgebühr ist nicht entstanden.

Streit oder Ungewissheit müssen im Wege gegenseitigen Nachgebens beseitigt werden. Dieser Begriff ist in der Rechtsprechung so weit gefasst worden, dass am mangelnden Nachgeben ein Vergleich kaum scheitern kann.[28] **43**

Oft finden sich in Vereinbarungen Sätze wie „der Hausrat ist einverständlich auseinander gesetzt, dabei soll es bleiben" oder „jede Partei erhält oder behält zu Eigentum die Gegenstände, die sie in Besitz hat" oder, „Zugewinnausgleichsansprüche bestehen nicht, vorsorglich wird auf solche Ansprüche verzichtet." Solche Vereinbarungen werden häufig als „rein deklaratorisch" bezeichnet, Gebühren sollen insoweit nicht entstehen.[29] Das ist in dieser Allgemeinheit nicht richtig. Grundsätzlich ist davon auszugehen, dass die Parteien nur solche Gegenstände in einen Vergleich aufnehmen, hinsichtlich deren sie an einer Festlegung der Übereinstimmung interessiert sind. Der Passus „der Hausrat ist einverständlich geteilt", kann das mühsam erstrittene Ergebnis einer Hausratsauseinandersetzung sein. Auch die Feststellung, dass keine Zugewinnausgleichsansprüche gegeneinander geltend gemacht werden, ist vielleicht eine Einigung nach vorhergehendem heftigen Streit. Nur wenn der Hausrat ohne Streit einverständlich auseinander gesetzt ist oder wenn die Parteien sich von vorne herein darüber einig sind, dass keine Zugewinnausgleichsansprüche bestehen, dann hat die Aufnahme entsprechender Regelungen lediglich Beweisfunktion. Es kann auch sein, das solche Regelungen nur als Merkposten der Ordnung und Vollständigkeit halber eingefügt werden. In diesen Ausnahmefällen ist kein Wert anzusetzen.[30]

Die **Tätigkeit** des RA muss **für den Vergleichsabschluss ursächlich gewesen sein**. **44**
Das ist auch dann der Fall, wenn die Vergleichsverhandlungen zunächst gescheitert sind, die Parteien aber ohne RA oder mit einem anderen RA den gleichen Vergleich doch noch geschlossen haben. Auch ein Abweichen des Vergleichs vom Vorschlag des RA steht der Entstehung der Vergleichsgebühr nicht entgegen, wenn er nur im Großen und Ganzen dem Rate des RA entspricht.[31] Es reicht, dass der Anwalt an Vergleichsverhandlungen teilgenommen hat. Er hat die Darlegungs- und Beweislast nur für das Zustandekommen des Vergleichs und seine Teilnahme an den Vergleichs-verhandlungen. Sein Mandant muss dann die fehlende Ursächlichkeit darlegen und beweisen.

Die Vergleichsgebühr ist eine Erfolgsgebühr. Erfolg bedeutet dabei nicht ein günstiges Ergebnis für den Mandanten. Gemeint ist vielmehr, dass die Gebühr allein das vom Gesetz als wünschenswert angesehene Ergebnis, nämlich die Regelung ohne Anrufung des Gerichts oder jedenfalls ohne gerichtliche Entscheidung, nicht die für das Zustandekommen entfaltete Tätigkeit, vergütet. Für diese Tätigkeit entsteht immer zusätzlich zur Vergleichsgebühr die für die jeweilige Tätigkeit vorgesehene Gebühr, im außergerichtlichen Bereich also die Geschäftsgebühr des § 118 Abs. 1 Nr. 1 BRAGO und, wenn

---

[27] *Groß* Rn. 162. Das Ergebnis, dass nämlich erfolgreiche außergerichtliche und einverständliche Regelungen von Rechtsbeziehungen nicht gesondert honoriert werden ist manchmal unbefriedigend. Solange es die vom DAV für solche Fälle geforderte Erledigungsgebühr (vgl. AnwBl. 1992, 514, 515) nicht gibt, ist Hilfe nur durch eine Honorarvereinbarung möglich, in der eine 15/10-Vergleichsgebühr für den Fall der einverständlichen Regelung vereinbart wird.
[28] Einzelheiten s. *Gerold/Schmidt-von Eicken* § 23 Rn. 9-28
[29] *Mümmler* JurBüro 1994, 657 (658).
[30] *Groß* Rn. 164.
[31] Einzelheiten s. *Gerold/Schmidt-von Eicken* § 23 Rn. 30-39.

I. Gebühren bei außergerichtlicher Tätigkeit

mündliche Besprechungen stattgefunden haben, die Besprechungsgebühr des § 118 Abs. 1 Nr. 2 BRAGO.

Um alle Unklarheiten bezüglich des Streites oder der Ungewissheit, des gegenseitigen Nachgebens, der Ursächlichkeit des RA für den Vergleichsabschluss auszuschließen, sollte der Vergleichstext so abgefasst werden, dass derartige Unklarheiten gar nicht aufkommen können.

Beispiele: Bei dem Text „Der Hausrat ist geteilt und dabei soll es bleiben" sollte hinzugefügt werden, dass damit der frühere Streit (möglichst genaue Bezeichnung) erledigt ist. Enthält ein Vergleich die Bestimmung „das Sorgerecht für das Kind soll der Mutter zustehen; dem Vater ein großzügiges Umgangsrecht" so ist ebenfalls nicht ohne weiteres zu ersehen, welcher Streit durch beiderseitiges Nachgeben beseitigt sein soll. Eindeutig wäre eine Formulierung wie: „Der Vater gibt seinen bisherigen Standpunkt, dass ihm allein das Sorgerecht übertragen werden muss auf, die Mutter gewährt dafür dem Vater ein großzügiges Umgangsrecht."

45 **Die Vergleichsgebühr beträgt gem. § 23 Abs. 1 S. 1 BRAGO 15/10 der vollen Gebühr.** So weit über den Gegenstand des Vergleichs ein gerichtliches Verfahren anhängig ist, erhält der RA die Vergleichsgebühr nur in Höhe einer vollen Gebühr; das Gleiche gilt, wenn ein Verfahren über die Prozesskostenhilfe anhängig ist, § 23 Abs. 1 S. 3 BRAGO.

Außergerichtliche Vergleiche werden regelmäßig zur Verhütung eines Rechtsstreits abgeschlossen. Es sind daher für den **Wert des Vergleichsgegenstandes** die für die Gerichtsgebühren maßgebenden Wertvorschriften anzuwenden, die im Einzelnen in Kapitel B. behandelt sind. Handelt es sich bei einem Vergleich über mehrere Gegenstände um dieselbe Angelegenheit, so sind nach § 7 Abs. 2 BRAGO die Werte zusammenzurechnen. Behandelt der außergerichtliche Vergleich mehrere verschiedene Angelegenheiten, so werden die mehreren verschiedenen Angelegenheiten durch die einheitlichen Vergleichsverhandlungen für die Dauer der Verhandlungen und den eventuellen Vergleichsabschluss zu einer Angelegenheit zusammengefasst. Es entsteht deshalb nur eine einheitliche Vergleichsgebühr aus dem Gesamtwert der in den Vergleich einbezogenen Gegenstände.[32] Den Parteien ist es aber selbstverständlich auch unbenommen, mehrere Vergleiche nebeneinander zu schließen. In diesen Fällen erwachsen auch mehrere Vergleichsgebühren je aus dem Wert der einzelnen Vergleichsgegenstände.

46 In außergerichtlichen Vergleichen findet sich häufig ein **Vergleich über die Kosten**.

Beispiel: Der Ehemann übernimmt ³/₄ der Anwaltsvergütung, die die Ehefrau ihrem RA für die außergerichtlichen Vergleichsverhandlungen schuldet. Manchmal wird auch formuliert: Der Ehemann übernimmt von den der Ehefrau entstandenen Kosten ihres Anwalts 4000 DM.

Dadurch wird der Gegenstandswert des Vergleiches nicht erhöht. Denn auch für außergerichtliche Kosten gilt § 12 Abs. 1 GKG, § 4 ZPO entsprechend, wonach Kosten als Nebenforderungen unberücksichtigt bleiben.

7. Anrechnung der Gebühren des § 118 BRAGO auf andere Gebühren

47 Nach § 118 Abs. 2 BRAGO ist die in Abs. 1 bestimmte Geschäftsgebühr, so weit sie für eine Tätigkeit außerhalb eines gerichtlichen oder behördlichen Verfahrens entsteht, auf die entsprechenden Gebühren für ein anschließendes gerichtliches oder behördliches Verfahren anzurechnen. Der Sinn der Anrechnungsvorschrift ist der: Der RA, der zu-

---

[32] *Gerold/Schmidt-von Eicken* § 23 Rn. 60a.

IV. Gebühren nach § 118 BRAGO

nächst eine außergerichtliche Angelegenheit betreibt, soll wegen des sich anschließenden weiteren Verfahrens nicht völlig neu abrechnen können, wenn es sich um denselben Fall handelt, der jetzt gleichsam nur auf einer anderen Ebene geführt wird. Wegen weiterer Einzelheiten wird auf die Erläuterungen in den BRAGO-Kommentaren verwiesen;[33] hier folgen nur einige Hinweise, um typische Fehler in Ehe- und Familiensachen zu vermeiden.

Anzurechnen ist nur die Geschäftsgebühr auf eine entsprechende Gebühr eines anschließenden Verfahrens, also niemals eine Besprechungsgebühr auf eine Verhandlungs- oder Erörterungsgebühr des gerichtlichen Verfahrens, auch nie auf eine Vergleichsgebühr. Wegen der Anrechnung bei der gerichtlichen Protokollierung eines Vergleichs s. Kap. J. Rn. 19.

Entsteht die Geschäftsgebühr in einem behördlichen Verfahren, findet nach dem eindeutigen Wortlaut des § 118 Abs. 2 BRAGO keine Anrechnung auf die Prozessgebühr des anschließenden gerichtlichen Verfahrens statt.

Beispiel: Der RA vertritt die Ehefrau gegenüber dem Sozialamt wegen ihres Anspruchs auf Sozialhilfe und klagt nach Ablehnung der Sozialhilfe durch das Sozialamt den Anspruch ein. Keine Anrechnung, weil die Geschäftsgebühr nicht außerhalb eines behördlichen Verfahrens entstanden ist.

Die außerhalb eines gerichtlichen Verfahrens entstandene Geschäftsgebühr wird auch auf eine im gerichtlichen Verfahren entstehende Geschäftsgebühr angerechnet.

Beispiel: Die Geschäftsgebühr ist zunächst entstanden für die außergerichtliche Tätigkeit, eine Regelung des Umgangsrechts zu erzielen. Diese Bemühungen scheitern, so dass die isolierte Familiensache Umgangsrecht nach § 621 Abs. 1 Nr. 2 ZPO anhängig gemacht wird. Dann entsteht die Geschäftsgebühr des § 118 Abs. 1 BRAGO mit dem Eingang der Antragsschrift bei Gericht neu.

Bei der Anrechnung einer außergerichtlich entstandenen Geschäftsgebühr auf die im gerichtlichen Verfahren entstehende Geschäftsgebühr wird häufig nicht beachtet, dass es wegen des weiten Rahmens von 5/10 bis 10/10 durchaus sein kann, dass die außergerichtlich entstandene Geschäftsgebühr höher ist als die im gerichtlichen Verfahren entstehende, dass also keine volle Anrechnung erfolgt.

Zwischen dem gleichen Begehren, das zunächst außergerichtlich und nunmehr gerichtlich geltend gemacht wird, muss ein zeitlicher Zusammenhang bestehen. Der RA muss die Angelegenheit noch gegenwärtig haben und sich nicht erneut einarbeiten müssen. Allerdings ist nicht nötig, dass sich das gerichtliche oder behördliche Verfahren unmittelbar anschließt. Dem Auftraggeber muss ein gewisser Zeitraum für Überlegungen gelassen werden, ob er nun einen Rechtsstreit oder ein behördliches Verfahrens riskieren will. Wie groß dieser Zeitraum bemessen werden muss, lässt sich nicht einheitlich für alle Fälle sagen. Es wird auf die einzelnen Umstände ankommen.

Nach § 13 Abs. 5 S. 2 BRAGO gilt die weitere Tätigkeit als neue Angelegenheit, wenn der frühere Auftrag seit mehr als 2 Kalenderjahren erledigt ist. Diese Frist sollte auch für § 118 Abs. 2 BRAGO entsprechend gelten.

---

[33] Bei *Gerold/Schmidt-Madert* § 118 Rn. 25–29.

J. Trennungs- und Scheidungsvereinbarungen

I. Gebühren nach §§ 31 ff. oder 118 BRAGO

1. Allgemeines

Ein RA wird häufig beauftragt, durch Verhandlungen mit der Gegenseite ein streitiges Rechtsverhältnis durch eine Vereinbarung oder einen Vergleich zu regeln. Welche Gebühren dadurch ausgelöst werden, hängt einzig und allein von dem Auftrag des Auftraggebers ab. Da der Auftraggeber in den meisten Fällen keine gebührenrechtlichen Kenntnisse hat und auch nicht haben muss, kommt es darauf an, den Willen des Auftraggebers zu ermitteln. Unter keinen Umständen darf der RA von sich aus seine Tätigkeit in einer Weise ausgestalten, die für ihn in gebührenrechtlicher Hinsicht die günstigste ist. Ansatzpunkte für die Auslegung des Auftrages sind: Wird die Tätigkeit entfaltet während eines Rechtsstreits oder wird sie vor Anhängigmachung des Rechtsstreites aber nach erteiltem Klageauftrag vorgenommen; oder wurde ein bedingter Klageauftrag erteilt, d. h., es soll außergerichtlich der Versuch gemacht werden, eine Vereinbarung zu erreichen, wenn der Versuch scheitert, soll geklagt werden. Schließlich ist es möglich, dass überhaupt nicht beabsichtigt ist, einen Rechtsstreit anhängig zu machen, gleichgültig, ob die Verhandlungen erfolgreich sind oder nicht. 1

a) Der Rechtsstreit ist anhängig

> **Beispiel:** Anhängig ist ein Unterhaltsanspruch über 300 DM monatlich, über den auch verhandelt wurde. Mitverglichen werden nach langen Besprechungen zwischen den Rechtsanwälten Ansprüche über 25 000 DM.
> RA-Gebühren:
> § 31 Abs. 1 Nr. 1 BRAGO 10/10 aus 3600 DM (Unterhalt)   265 DM
> § 32 Abs. 2 BRAGO 5/10 aus 25 000 DM   **512,50 DM**
> zusammen: 777,50 DM
> Kontrolle nach § 13 Abs. 3 BRAGO:
> 10/10 aus 28 600 DM = 1105 DM; es bleibt bei 777,50 DM.
> § 31 Abs. 1 Nr. 2 BRAGO 10/10 aus 3600 DM   265 DM
> § 23 Abs. 1 S. 3 BRAGO 10/10 aus 3600 DM   265 DM
> § 23 Abs. 1 S. 1 BRAGO 15/10 aus 25 000 DM   **1537,50 DM**
> Vergleichsgebühr insgesamt   1802,50 DM
> Da jedoch 15/10 aus 28 600 DM = 1657,50 DM niedriger sind (§ 13 Abs. 3 BRAGO) steht dem RA nur dieser Betrag zu.
> Keine Gebühren nach § 118 BRAGO.

Wird nach Anhängigmachung des Rechtsstreites der Auftrag erteilt, über den Gegenstand des Rechtsstreites eine Vereinbarung zu erzielen, so wird die diesbezügliche Tätigkeit durch die Gebühren des § 31 BRAGO abgegolten. Die Gebühren des § 118 Abs. 1 BRAGO können nicht entstehen. Denn § 118 BRAGO ist nur dann anzuwenden, wenn der RA „in anderen als den im Dritten bis Elften Abschnitt geregelten An- 2 gelegenheiten" tätig wird. Während des Rechtsstreits ist er im Dritten Abschnitt der BRAGO tätig, so dass schriftliche Vergleichsbemühungen durch die Prozessgebühr des § 31 Abs. 1 Nr. 1 BRAGO abgegolten werden. Für außergerichtliche Verhandlungen kann daher auch die Besprechungsgebühr des § 118 Abs. 1 Nr. 2 BRAGO nicht entstehen, was zusätzlich bekräftigt wird durch § 37 Nr. 2 BRAGO, wonach außergerichtliche Vergleichsverhandlungen zum Rechtszug gehören, was bedeutet, dass sie durch die im Rechtszug entstandenen Gebühren abgegolten werden.

Sind die Verhandlungen erfolgreich und erfüllt die Vereinbarung den Tatbestand des Vergleiches im Sinne von § 779 BGB, so erwächst zusätzlich eine 10/10- Vergleichsgebühr nach § 23 Abs. 1 S. 3 BRAGO, weil über den Gegenstand des Vergleichs ein Rechtsstreit anhängig ist.

Eine (insoweit halbe) Prozessgebühr entsteht auch dann, wenn der Prozessauftrag des RA über den zunächst erteilten Umfang hinaus dahin erweitert wird, dass bezüglich bisher nicht anhängig gemachter Folgesachen oder sonstiger Gegenstände lediglich eine Einigung zu Protokoll gegeben werden soll, § 32 Abs. 2 BRAGO. In diesem Fall entsteht nur eine einzige nach § 13 Abs. 3 BRAGO zu berechnende Prozessgebühr als Tätigkeitsgebühr neben der Vergleichsgebühr. Die Vergleichsgebühr beträgt 10/10 bezüglich des rechtshängigen Teils, 15/10 bezüglich des nicht rechtshängigen Teils; § 13 Abs. 3 BRAGO ist zu beachten.

b) Der Rechtsstreit ist nicht anhängig, aber Prozessauftrag erteilt

3   § 37 BRAGO umschreibt den für die Gebühren des RA in bürgerlichen Rechtsstreitigkeiten maßgebenden Rechtsbegriff des Rechtszugs im Sinne von § 13 Abs. 2 S. 2 BRAGO. Er bestimmt, welche Tätigkeiten mit den in § 31 Abs. 1 BRAGO bestimmten Gebühren abgegolten werden. Der Rechtszug (Instanz) in diesem Sinne stimmt nicht mit der Instanz im Sinne des Prozessrechtszugs überein. Der Gebührenrechtszug beginnt mit dem Klageauftrag (§§ 37 Nr. 1, 13 Abs. 1 BRAGO), also schon vor der Inanspruchnahme des Gerichts.[1] Ist der Klageauftrag erteilt, versucht der RA aber vor Einreichung der Klage eine außergerichtliche Einigung herbeizuführen, so wird seine Tätigkeit für die Herbeiführung der Einigung ausschließlich mit der halben Prozessgebühr des § 32 BRAGO abgegolten. Ob es dann noch zu einem Rechtsstreit kommt, ist unerheblich. Aus den vorstehend zu a) dargestellten Gründen ist für die Anwendung von § 118 BRAGO kein Raum.

Sind die Verhandlungen erfolgreich und erfüllt die Vereinbarung wiederum den Tatbestand des Vergleiches, so erwächst zusätzlich eine 15/10-Vergleichsgebühr gem. § 23 Abs. 1 S. 1 BRAGO. 15/10 deshalb, weil trotz des Klageauftrages kein Rechtsstreit über den Gegenstand des Vergleiches anhängig ist.

c) Bedingter Prozessauftrag

4   Der RA kann auch von vorneherein zwei Aufträge erhalten, einmal außergerichtlich zu versuchen, eine Vereinbarung zu erzielen, zum anderen für den Fall des Scheiterns der Verhandlungen Klage zu erheben. Hier liegt ein unbedingter Auftrag zu einer Angelegenheit des § 118 BRAGO und – aufschiebend bedingt – ein Klageauftrag (§ 31 BRAGO) vor. Bis zum Eintritt der Bedingung erhält der RA die Gebühren des § 118 BRAGO. Erst mit dem Scheitern der Verhandlungen wird die Angelegenheit zu einer

---

[1] Gerold/Schmidt-von Eicken § 37 Rn. 1.

I. Gebühren nach §§ 31 ff. oder 118 BRAGO

des dritten Abschnitts.[2] Der BGH hat dies allerdings entschieden im Falle einer Schadensregulierung aus Verkehrsunfall. Ob dies auch für die Herbeiführung einer Scheidungsvereinbarung gilt, wird nachstehend erörtert.

2. Abgrenzung in Ehe- und Familiensachen

Nach der überw. M. der Rechtsprechung besteht hinsichtlich der Scheidungssachen eine **Vermutung dafür, dass von Anfang an beabsichtigt ist, einen außergerichtlich ausgehandelten Vergleich gerichtlich protokollieren zu lassen**.[3]

Gründe für diese Vermutung sind: Nahezu alle Scheidungsvereinbarungen werden, da zumindest eine Partei einen Vollstreckungstitel haben will, protokolliert, zum ganz überwiegenden Teil gerichtlich, sonst notariell.

Steht einer der Parteien aus der Vereinbarung ein zukünftiges vollstreckbares Recht zu, so ist der Auftrag gemäß den Auslegungsregeln der §§ 133, 157 BGB so zu verstehen, dass auf die für die Parteien billigste Weise ein vollstreckbarer Titel erwirkt werden soll. Unter Berücksichtigung der RA-Vergütung ist die gerichtliche Protokollierung die billigste. Das gilt auch dann, wenn bei Scheitern des Vergleichs eine Scheidung nicht durchgeführt werden soll. Denn der Erfolg ist für den Auftrag unerheblich. Der Auftrag aber lautete, eine Scheidungsvereinbarung zu erzielen und diese gerichtlich protokollieren zu lassen.

Dieser Abgrenzung steht nicht entgegen, dass der Gesetzgeber außergerichtliche **Anwaltsvergleiche** zur Entlastung der Gerichte fördern will. Denn der Anwaltsvergleich ist im Verhältnis zu dem im Scheidungsverfahren gerichtlich protokollierten Weg der teurere (vgl. Berechnungsbeispiel unten Rn. 35). Also ist es nicht gerechtfertigt, in einem Verfahren, in dem ohnehin ein gerichtliches Verfahren wegen der Scheidung anhängig gemacht werden soll und in dem dann auf billigere Weise ein vollstreckbarer Titel erreicht werden kann, den Weg des teureren Anwaltsvergleichs zulasten der Partei zu wählen.

3. Ausnahmen

Gegen die Vermutung, bei einer außergerichtliche Tätigkeit hinsichtlich einer Scheidungsvereinbarung sei von Anfang an beabsichtigt, einen außergerichtlich ausgehandelten Vergleich gerichtlich protokollieren zu lassen, können Tatsachen sprechen und die Vermutung widerlegen.

a) Reine Trennungsvereinbarung

Ist zwischen den Parteien kein gerichtliches Verfahren anhängig und auch nicht beabsichtigt ein Scheidungs- oder sonstiges Verfahren anhängig zu machen, regeln die Parteien aber in einer Trennungsvereinbarung ihre rechtlichen Beziehungen für die Zeit

---

[2] BGH AnwBl. 1969, 15 = NJW 1968, 2334 (gekürzt).
[3] BGHZ 48, 337; Celle NJW 1963, 1363; Düsseldorf AnwBl. 1985, 389; München AnwBl. 1982, 115; Neustadt NJW 1962, 353; *Hansens* § 33 Rn. 26; a. A. Stuttgart NJW 1969, 104; *Schumann* NJW 1968, 1271; *Riedel/Sußbauer* § 32 Rn. 27; differenzierend *Gerold/Schmidt-von Eicken* § 32 Rn. 32 a. E; zu der beachtenswerten Kritik an dieser Vermutung s. *Groß* Rn. 54–57. Bemerkung zu der Kritik: Die Anwälte sollten vorsichtshalber von der Vermutung ausgehen, aber den unten bei Rn. 10 aufgezeichneten Weg zu den Gebühren des § 118 überdenken.

J. Trennungs- und Scheidungsvereinbarungen

der Trennung, dann können nur die Gebühren des § 118 und evtl. die des § 23 Abs. 1 S. 1 BRAGO berechnet werden. Aber auch hier ist darauf hinzuweisen: Ist zwischen den Parteien z. B. ein Rechtsstreit über den Trennungsunterhalt anhängig oder beabsichtigt, einen solchen Rechtsstreit anhängig zu machen, kann wieder die vorstehend unter 2. dargestellte Vermutung zum Tragen kommen.

b) Trotz beabsichtigter Scheidung keine gerichtliche Protokollierung

8   **Ausschluss des Versorgungsausgleichs.** Die Parteien beabsichtigen, ihre Ehe scheiden zu lassen, wollen aber den Versorgungsausgleich ausschließen. Zum Ausschluss des Versorgungsausgleich wählen sie den Weg des § 1408 Abs. 2 BGB, schließen ihn also durch Ehevertrag aus. Sie wissen, dass gem. § 1408 Abs. 2 S. 2 BGB der Ausschluss des Versorgungsausgleichs unwirksam wird, wenn innerhalb eines Jahres nach Vertragsschluss Antrag auf Scheidung der Ehe gestellt wird. Den Ehevertrag benutzen sie, Vereinbarungen für die Trennungszeit und für die Zeit nach der Scheidung mit beurkunden zu lassen. Das Bedürfnis, für zukünftige vollstreckbare Rechte einen Vollstreckungstitel zu erhalten, kann durch entsprechende Einfügung einer Vollstreckbarkeitserklärung in den Ehevertrag erfüllt werden. In einem solchen Falle spricht nichts mehr dafür, dass irgendeine gerichtliche Protokollierung in einem späteren Scheidungsverfahren gewollt sei. Der RA, der an dem Zustandekommen dieser notariell beurkundeten Trennungs- und Scheidungsvereinbarung beteiligt war, kann nur Gebühren nach § 118 und evtl. nach § 23 Abs. 1 S. 1 BRAGO erhalten.

Ist von vornherein eine notarielle Beurkundung einer inhaltlich schon von den Eheleuten selbst weitgehend festgelegten Vereinbarung vorgesehen, wollen sie vor allem dadurch Kosten sparen, dass nur eine Partei sich im späteren Scheidungsverfahren anwaltlich vertreten lässt, sollte der RA Folgendes beherzigen: Er sollte den Auftraggeber darauf hinweisen, dass für die notarielle Beurkundung eine anwaltliche Vertretung nicht vorgeschrieben ist, dass Notar- und Anwaltsgebühren sich nach unterschiedlichen Vorschriften richten; denn die Mandanten sind später oft empört, dass ihr RA eine erheblich höhere Vergütung berechnet als der Notar. Sollte sich der Auftraggeber dann für eine notarielle Beurkundung ohne anwaltliche Vertretung entscheiden, darf der Hinweis nicht fehlen, dass er als RA auch keine Verantwortung für die getroffene Vereinbarung übernehme.

Anwaltlich nicht vertretener Gegner. Häufig ist nur ein Ehepartner anwaltlich vertreten. Dennoch wollen die Eheleute eine Trennungs- oder Scheidungsvereinbarung treffen. Eine gerichtliche Protokollierungsvereinbarung ist wegen des Anwaltszwangs meistens nicht möglich.[4] Eine notarielle Beurkundung wird manchmal nicht gewünscht aus der Überlegung, dass der andere Ehegatte die übernommenen Verpflichtungen freiwillig erfüllen wird und dass, kommt er seiner Verpflichtung nicht nach, aus der Vereinbarung leicht geklagt werden kann. Häufig spielt auch die Überlegung eine Rolle, dass durch den Verzicht auf einen zweiten Anwalt Kosten gespart werden können; manchmal verpflichtet sich der nicht vertretenen Ehepartner dafür im Gegenzug einen Teil der Kosten des Anwalts, die der andere Ehepartner seinem RA schuldet, zu übernehmen. In all diesem Fällen ist von einem außergerichtlichen Mandat auszugehen, so dass wiederum nur die Gebühren nach § 118 BRAGO und möglicherweise nach § 23 Abs. 1 S. 1 BRAGO entstehen können.

---

[4] Herrsch. M. BGH NJW 1991, 1743 m.w.N.

I. Gebühren nach §§ 31ff. oder 118 BRAGO

Sonstige Gründe. Von einem außergerichtlichem Auftrag ist des Weiteren auszugehen, wenn etwa ein Mandant wegen der größeren Geheimhaltung eine notarielle Beurkundung wünscht, keinesfalls eine gerichtliche Protokollierung. Ist eine notarielle Beurkundung nötig, weil vor der Anhängigmachung eines Scheidungsverfahren z. B. ein Grundstück übertragen werden muss und benutzen die Eheleute diese Beurkundung zugleich für die Beurkundung einer Scheidungsvereinbarung, dann liegt ebenfalls ein außergerichtlicher Auftrag vor. Ein weiterer Grund kann sein, dass an den zu regelnden Rechtsverhältnissen noch Dritte beteiligt sind, z. B. bei Firmenbeteiligungen.

Vertretung beider Eheleute. Es kommt vor, dass beide Ehegatten den RA mit der Abfassung einer Trennungs- oder Scheidungsvereinbarung beauftragen. Der BGH sieht in der Abfassung eines Vertrages mit im Wesentlichen bereits vereinbartem Inhalt für beide Parteien die erlaubte Wahrnehmung eines gemeinsamen Interesses[5]. In einem solchen Fall kann die Frage, Gebühren nach §§ 32 oder 118 BRAGO nicht auftauchen. Denn bei einer gerichtlichen Protokollierung müsste er einen der beiden Ehepartner vertreten. Das ist ihm aber wegen Interessenkollision nach § 43a Abs. 4 BRAO und § 356 StGB untersagt. Der RA ist verpflichtet, die Eheleute darüber aufzuklären: Kommt es später zu Auseinandersetzungen zwischen ihnen aus dem Vertrag, kann er nicht einen von ihnen gegen den jeweils anderen außergerichtlich oder gerichtlich vertreten, ebenso wenig wie er einen von ihnen bei einer gewünschten gerichtlichen Protokollierung der Vereinbarung und im späteren Scheidungsverfahren vertreten kann. Bleiben die Eheleute nach dieser Belehrung dennoch bei dem gemeinsam erteilten Auftrag, können nur die Gebühren des § 118 BRAGO entstehen. Hinsichtlich der Geschäftsgebühr des § 118 Abs. 1 Nr. 1 BRAGO ist bei jeder Vertragsbestimmung zu prüfen, ob der Gegenstand der anwaltlichen Tätigkeit derselbe ist. Ist das der Fall, erhöht sich die Geschäftsgebühr um drei Zehntel gem. § 6 Abs. 1 S. 2 BRAGO.

(5) Schließlich ist es nicht ausgeschlossen, dass auch nach Erteilung eines Prozessauftrags noch ein besonderer Auftrag zur Herbeiführung einer außergerichtlichen Einigung über die mit der Scheidung verbundenen Rechtsverhältnisse erteilt wird. Auf die Einbeziehung Dritter wurde vorstehend in Rn. 8 (Sonstige Gründe) hingewiesen. In einem solchen Fall entstehen zusätzlich zu der Prozessgebühr auch die Gebühren des § 118 BRAGO. Eine Anrechnung ist für diesen Fall nicht vorgesehen, weil § 118 Abs. 2 BRAGO nur für den Fall gilt, dass der Auftrag zur Vertretung im gerichtlichen Verfahren sich an die außergerichtliche Tätigkeit anschließt. Weil diese Auftragsgestaltung (zusätzlicher Auftrag zur außergerichtlichen Tätigkeit nach Erteilung des Prozessauftrags) weitere Gebühren entstehen lässt, spricht viel dafür, dass sie im Zweifel nicht als gewollt angenommen werden kann. Es muss daher außer Zweifel stehen, dass der Mandant den zusätzlichen Auftrag in voller Kenntnis und unter Inkaufnahme der für ihn entstehenden Gebühren erteilt hat. Auch hier wird meist eine Honorarvereinbarung die klarere Lösung sein (s. nachstehend Rn. 9). In ihr sollte, wenn möglich, schon Gegenstandswert und Gebührensatz für die zusätzlich entstehende Geschäfts- und Besprechungsgebühr vereinbart werden, um späteren Streitigkeiten vorzubeugen.[6]

In all den Fällen, in denen dem RA die höheren Gebühren nach § 118 BRAGO und nicht Gebühren nach § 32 BRAGO erwachsen, trägt der RA die **Beweislast**. Denn nach

---

[5] NJW 1996, 2929.
[6] *Gerold/Schmidt-von Eicken* § 36 Rn. 8; s. auch Düsseldorf OLGR 1993, 160, welches für diese Form der Auftragsgestaltung eine der Form des § 3 BRAGO entsprechende Vereinbarung für nötig hält; ebenso *Stoevesandt* AnwBl. 1992, 472.

4. Wege zu § 118 BRAGO

10 Folgt man der herrschenden Meinung, dass hinsichtlich der Scheidungsfolgesachen eine Vermutung dafür besteht, dass von Anfang an beabsichtigt ist, einen außergerichtlich ausgehandelten Vergleich gerichtlich protokollieren zu lassen, so ist nicht zu übersehen, dass das gebührenrechtliche Ergebnis nicht befriedigen kann. Denn in beiden Fällen wird der Umfang der anwaltlichen Tätigkeit etwa derselbe sein. Die gleiche Tätigkeit wird bei der Annahme der vorstehend beschriebenen Vermutung verhältnismäßig geringfügig honoriert im Vergleich zu einem außergerichtlichen Auftrag mit der Folge der Honorierung nach § 118 BRAGO. Das liegt an der Eigenart des Gebührenrechtes, welches regelmäßig nicht auf das Maß der Arbeit, sondern nur auf die Erfüllung bestimmter Tatbestände abstellt.

Will der RA das Risiko, für eine umfangreiche und schwierige außergerichtliche Tätigkeit unter Umständen nur die halbe Prozessgebühr des § 32 BRAGO zu erhalten, nicht übernehmen, so empfiehlt sich, eine **Gebührenvereinbarung** gem. § 3 BRAGO zu treffen.[7] Eine solche könnte z. B. lauten: „Scheidungsvereinbarungen sind in aller Regel nach §§ 31 ff. BRAGO abzurechnen. Abweichend hiervon wird vereinbart, dass der RA berechtigt ist, für die Scheidungsvereinbarung nach § 118 BRAGO abzurechnen und für den Fall, dass die Vereinbarung zugleich den Tatbestand des Vergleiches erfüllt, eine 15/10-Gebühr nach § 23 Abs. 1 S. 1 BRAGO entsteht. Der Mandant wird darauf hingewiesen, dass hierdurch in aller Regel höhere als die gesetzlichen Gebühren anfallen." Bei einer Gebührenvereinbarung sollte darauf geachtet werden, dass die Auslagen und die Mehrwertsteuer (§§ 25–29 BRAGO) gesondert in Rechnung gestellt werden, weil zumindest bei der Vereinbarung eines Pauschalhonorars die Ansicht vertreten wird, dass damit auch Auslagen und Mehrwertsteuer abgegolten sind.[8]

Die Schwierigkeiten in der Abgrenzung zwischen §§ 32 und 118 BRAGO sind auch nicht dadurch zu umgehen, dass der RA sich eine besondere Vollmacht „zu außergerichtlichen Verhandlungen" ausstellen lässt.[9] Liegt auf Grund der oben genannten Kriterien eindeutig kein außergerichtlicher Auftrag vor, kann mit reinen Begriffen das Wesen des Auftrags nicht geändert werden. Im Übrigen würde es sich bei einer solchen Vollmacht um eine unzulässige Umgehung der Formvorschrift des § 3 Abs. 1 BRAGO enthalten, wonach das Versprechen von höheren als den gesetzlichen Gebühren nicht in einer Vollmacht enthalten sein darf. Mit der Vollmacht zur außergerichtlichen Vergleichsverhandlungen wird aber eine höhere Vergütung vereinbart als die gesetzliche, denn die Anwendung von § 118 BRAGO führt zu höheren Gebühren als bei § 32 BRAGO.

Auch der Rat des RA, die Vereinbarung notariell beurkunden zu lassen, hilft ebenso wenig weiter, wenn für die Beurkundung keine sachlichen Gründe sprechen. Der RA begeht in schadensersatzbegründender Weise eine Pflichtverletzung, wenn er grundlos zu einem für den Mandanten teueren – durch die Gebühren des § 118 BRAGO und die

---

[7] *Gerold/Schmidt-von Eicken* § 36 Rn. 7; *Stoevesandt* AnwBl. 1992, 472.
[8] LG Koblenz AnwBl. 1984, 206 m. Anm. v. *Madert* = JurBüro 1984, 1667; *Gerold/Schmidt-von Eicken* § 25 Rn. 5.
[9] A. A. *Schumann* NJW 1968, 1272.

zusätzlichen Kosten der Beurkundung – Weg rät. Der BGH[10] hat erklärt: „*Ferner muss der RA den Vertragsinteressenten dann aufklären, wenn die von diesem erstrebte Rechtsverfolgung erkennbar wirtschaftlich unvernünftig ist, weil das zu erreichende Ziel in keinem angemessenen Verhältnis zu den anfallenden Kosten steht. Unter diesem Gesichtspunkt ist der RA regelmäßig zu einem Hinweis verpflichtet, dass die ihm aufgetragenen Urkundsentwürfe der notariellen Beurkundung bedürfen und dass dadurch zusätzliche – nämlich nicht nach § 145 Abs. 1 S. 3 KostO anrechenbare – Kosten entstehen. Denn er kann nicht ohne weiteres voraussetzen, dass der Auftraggeber das weiß. Dieser muss in die Lage versetzt werden, selbst sachgerecht entscheiden zu können, ob er die gezielte Betreuung durch anwaltliche Tätigkeit zusätzlich zu einem neutralen notariellen Vertragsentwurf wünscht.*"

Ein Passus in der Scheidungsvereinbarung „Der Ehemann trägt die Kosten dieser Vereinbarung in Höhe von 4000 DM als Gebühren nach § 118 BRAGO", hilft nur dann, wenn unabhängig von diesem Satz § 118 BRAGO eingreift. Liegt aber ein Fall des § 32 BRAGO vor, dann kann nicht durch eine derartige, dem § 3 BRAGO nicht genügende Formulierung eine Gebühr nach §§ 31 ff. BRAGO im Verhältnis zur eigenen Partei in eine solche nach § 118 BRAGO umgewandelt werden. Auch im Verhältnis zum Gegner wäre ein solches Verhalten unredlich. Wenn der Gegner die Kosten des anderen übernimmt, will er nur die Kosten übernehmen, die bei dem anderen angefallen sind; das sind aber Gebühren nach §§ 31 ff. BRAGO, es sei denn, es liegt eindeutig ein Auftrag nach § 118 BRAGO vor.

II. Gebühren nach § 118 BRAGO

1. Geschäfts- und Besprechungsgebühr

Für den Fall, dass eindeutig ein Auftrag zu einer Tätigkeit erteilt worden ist, die nach § 118 BRAGO zu vergüten ist, fallen eine **Geschäftsgebühr** gem. § 118 Abs. 1 Nr. 1 BRAGO und ggfs. eine **Besprechungsgebühr** gem. § 118 Abs. 1 Nr. 2 BRAGO an. Insoweit wird auf Kap. I. Rn. 27–37 verwiesen.

11

> Beispiel: Nach Verhandlungen der Anwälte werden einverständlich geregelt: Unterhalt 500 DM monatlich anstelle der ursprünglich verlangten 1000 DM, Wohnung (Mietwert 2000 DM), elterliche Sorge.
> Die angestrebte Einigung über Zugewinn (Streit über 20 000 DM) kommt nicht zu Stande.
> Werte: Unterhalt 12 × 1000 DM = 12 000 DM, Wohnung 12 × 2000 DM = 24 000 DM, elterliche Sorge 5000 DM, Zugewinn: 20 000 DM, zusammen 61 000 DM.
> RA-Gebühren: § 118 Abs. 1 Nr. 1 BRAGO 5/10 bis 10/10 aus 61 000 DM
> § 118 Abs. 1 Nr. 2 BRAGO 5/10 bis 10/10 aus 61 000 DM
> § 23 Abs. 1 S. 1 BRAGO 15/10 aus 41 000 DM (Unterhalt, Wohnung, elterliche Sorge).

2. Die Vergleichsgebühr

Auch insoweit wird zunächst auf Kap. I. Rn. 41–46 verwiesen.

---

[10] MDR 1997, 1170.

J. Trennungs- und Scheidungsvereinbarungen

a) Gegenseitiges Nachgeben

12 Auch bei einem im Hinblick auf eine Ehesache geschlossenen Vergleich kann die Vergleichsgebühr sowohl für einen gerichtlich protokollierten wie auch für einen außergerichtlichen Vergleich entstehen. An der Zulässigkeit außergerichtlicher Scheidungsvergleiche kann nach der Regelung des § 613 Abs. 1 Nr. 3, Abs. 3 ZPO kein Zweifel mehr bestehen. Voraussetzung für die Entstehung der Gebühr ist ein gegenseitiges Nachgeben im Sinne von § 779 BGB. Umfasst eine Scheidungsvereinbarung, wie es die Regel ist, mehrere Punkte, ist bei jedem einzelnen Punkt zu prüfen, ob gegenseitiges Nachgeben vorliegt. Wird jedoch in einer Vereinbarung festgestellt, dass ein bestimmter Gegenstand (z. B. Hausrat) bereits geregelt ist und es dabei bleiben soll, so geschieht das häuft rein deklaratorisch oder zu Beweiszwecken; insoweit fällt keine Vergleichsgebühr an.[11] Andererseits kann aber z. B. im Punkt X ein Ehepartner eine Verpflichtung eingegangen sein, ohne dass er nicht nachgegeben hätte, wenn ihm nicht der andere Partner in Punkt Y entgegengekommen wäre. Dann liegt insgesamt – sowohl in Punkt X wie auch in Y – ein gegenseitiges Nachgeben vor.

b) Mitwirken des Rechtsanwalts

13 Nach § 23 Abs. 1 S. 2 BRAGO erhält der RA die Vergleichsgebühr auch dann, wenn er nur bei den Vergleichsverhandlungen mitgewirkt hat, es sei denn, dass seine Mitwirkung für den Abschluss des Vergleichs nicht ursächlich war. Mitwirkung setzt nicht voraus, dass der RA persönlich mit dem Gegner verhandelt hat oder dass er beim endgültigen Abschluss des Vergleichs anwesend war. Ausreichend ist vielmehr die Prüfung und Begutachtung des Vergleichsvorschlags und die Beratung der eigenen Partei.[12]

Die **Tätigkeit** des RA muss **für den Vergleichsabschluss ursächlich** gewesen sein. Das ist auch dann der Fall, wenn die Vergleichsverhandlungen zunächst gescheitert sind, die Parteien aber ohne RA denselben Vergleich doch noch geschlossen haben.[13] Fehlgeschlagene Vergleichsverhandlungen lösen die Vergleichsgebühr nicht aus. Die hierauf verwendete Tätigkeit wird durch die Gebühr des § 118 BRAGO vergütet. Hatte der RA das Scheitern der Vergleichsbemühungen mitgeteilt und schließen die Parteien danach selbst einen Vergleich, kann von einer Ursächlichkeit des Mitwirkens des RA an dem Vergleich nicht ausgegangen werden.[14]

Abweichen des Vergleichs **vom Vorschlag** des RA steht der Entstehung der Vergleichsgebühr nicht entgegen, wenn der Vergleich nur im Großen und Ganzen dem Rate des RA entspricht.[15]

Als Mitwirkung genügt nicht: Erfolgloses Bemühen des RA, das entweder zu keinem Vergleich geführt hat oder auf den später zu Stande gekommenen Vergleich ohne Einfluss war, z. B. ein allgemeiner Rat zur gütlichen Einigung,[16] das bloße Mitteilen von Vergleichsverhandlungen der Gegenpartei ohne eigene Stellungnahme, auch nicht die bloße Anzeige eines ohne sein Mitwirken geschlossenen Vergleichs.

---

[11] Bremen JurBüro 1980, 1667. Vgl. aber hierzu Kap. I. Rn. 22 (5).
[12] *Gerold/Schmidt-von Eicken* § 23 Rn. 29; *Groß* Rn. 165.
[13] Celle NdsRpfl. 1982, 112 = Rpfleger 1964, 197 (L); KG AnwBl. 1970, 290.
[14] Koblenz JurBüro 1992, 603.
[15] Braunschweig AnwBl. 1968, 280; Stuttgart AnwBl. 1974, 355. Beispiele s. *Gerold/Schmidt-von Eicken* § 23 Rn. 30.
[16] Hamm JurBüro 1965, 466.

II. Gebühren nach § 118 BRAGO

c) Wirksamkeit des Vergleichs und Beweislast

Für das Mitwirken an einem unter einer aufschiebenden Bedingung geschlossenen Vergleich erhält der RA die Vergleichsgebühr nur, wenn die Bedingung eingetreten ist, § 23 Abs. 2 BRAGO. Der Abschluss einer Scheidungsvereinbarung erfolgt immer – auch ohne ausdrücklichen Hinweis – unter der aufschiebenden Bedingung der Rechtskraft des Scheidungsurteils.[17] Bei einem Vergleich über den Versorgungsausgleich bedarf es zur Wirksamkeit auch noch der Genehmigung des Vergleichs durch das Gericht.[18]   14

Die **Beweislast** dafür, dass die Mitwirkung des RA für den Abschluss des Vergleichs nicht ursächlich war, hat der Auftraggeber, wie aus den in § 23 Abs. 1 S. 2 BRAGO enthaltenen Worten „es sei denn" hervorgeht, falls der RA nur irgendwie bei Vergleichsverhandlungen oder als Berater mitgewirkt hat.[19]   15

d) Höhe der Vergleichsgebühr

Die Vergleichsgebühr beträgt 15/10 der vollen Gebühr, so weit über den Gegenstand des Vergleichs kein gerichtliches Verfahren oder ein Verfahren über die Prozesskostenhilfe anhängig ist, § 23 Abs. 1 S. 1 in Verb. m. S. 3 BRAGO. Anhängigkeit i. S. des Abs. 1 S. 3 bedeutet wie auch sonst, dass der Gegenstand zur gerichtlichen Entscheidung gestellt ist. Das ist bei einer außergerichtlich geschlossenen Trennungs- oder Scheidungsvereinbarung nicht der Fall. Die spätere gerichtliche Protokollierung des Vergleiches macht die in ihr geregelten Gegenstände nicht zu gerichtlich anhängigen.   16

Die 15/10-Vergleichsgebühr fällt auch an, wenn in einer Trennungs- oder Scheidungsvereinbarung eine **Einigung über die elterliche Sorge** und **das Umgangsrecht** enthalten sind, weil die Parteien grundsätzlich beides ohne Zutun des Gerichts regeln können. Voraussetzung ist auch hier, dass wieder ein gegenseitiges Nachgeben vorliegt, was nicht der Fall ist, wenn ohne irgendeine Gegenleistung, sei es beim Umgangsrecht, sei es bei einem sonstigen Gegenstand wie z. B. beim Unterhalt, das Sorgerecht einer Partei allein zustehen soll.[20] Auch für einen **Vergleich über den Versorgungsausgleich** in einer Scheidungsvereinbarung fällt die 15/10-Gebühr an, unbeschadet dessen, dass es einer gerichtlichen Genehmigung gem. § 1587 o Abs. 2 S. 2 BGB bedarf, bei dem das Gericht die Vereinbarung inhaltlich überprüfen muss.[21]

e) Einbeziehung anhängiger Gegenstände in einen außergerichtlichen Vergleich

Es ist auch möglich, in einen außergerichtlichen Vergleich gerichtlich anhängige Gegenstände einzubeziehen. Ist zwischen den Parteien z. B. ein Rechtsstreit über Trennungsunterhalt anhängig, entschließen sie sich jetzt, eine umfassende Trennungs- und Scheidungsvereinbarung zu treffen, so können sie den Rechtsstreit auch dadurch been-   17

---

[17] Bamberg JurBüro 1980, 1347 m. Anm. v. *Mümmler*; Hamm AnwBl. 1980, 363 = Rpfleger 1980, 445 (Auch bei einem Vergleich über Scheidungsfolgesachen, der nach § 630 ZPO Voraussetzung für eine einverständliche Scheidung nach § 1566 Abs. 1 BGB ist, fällt die Vergleichsgebühr der RAe nur bei Eintritt der aufschiebenden Bedingung der Rechtskraft der Scheidung an); JurBüro 1981, 332; KG AnwBl. 1978, 475 = Rpfleger 1978, 389.
[18] *von Eicken* AGS 1998, 65.
[19] Braunschweig AnwBl. 1968, 280; KG AnwBl. 1970, 290, AG Giesen AnwBl. 1967, 443 m. Anm. *Brangsch*.
[20] *von Eicken* AGS 1997, 39; Zweibrücken FamRZ 1998, 116.
[21] *Gerold/Schmidt-von Eicken* § 36 Rn. 4; *Groß* Rn. 170.

J. Trennungs- und Scheidungsvereinbarungen

den, dass sie den Gegenstand Trennungsunterhalt in der umfassenden Vereinbarung regeln, so dass der Rechtsstreit sich erledigt. Das wird nicht all zu häufig vorkommen, weil in der Regel die Parteien auch den Rechtsstreit Trennungsunterhalt benutzen können, um auch die Scheidungsvereinbarung protokollieren zu lassen. Wenn aber Gründe für eine ausschließlich außergerichtliche Vereinbarung, die vorstehend unter 3. (Ausnahmen) dargestellt sind, vorliegen, gilt hinsichtlich der Vergleichsgebühr folgendes: Aus dem Wert der nicht anhängigen Gegenstände erwächst eine 15/10-Gebühr, aus dem Wert der anhängigen Gegenstände eine 10/10-Gebühr. Die Summe dieser beiden Vergleichsgebühren darf nach § 13 Abs. 3 BRAGO nicht höher sein, als eine 15/10-Gebühr aus der Summe der Werte der anhängigen und nicht anhängigen Gegenstände.[22]

f) Gegenstandswert hinsichtlich der Vergleichsgebühr

18 Nach § 8 Abs. 1 S. 2 BRAGO gelten die Wertvorschriften des GKG sinngemäß auch für eine Tätigkeit außerhalb eines gerichtlichen Verfahrens, wenn der Gegenstand der Tätigkeit auch Gegenstand eines gerichtlichen Verfahrens sein könnte. Folglich gelten für die Vergleichsgebühr die Grundsätze, die im Kapitel B. „Streitwerte bzw. Gegenstands- oder Geschäftswerte" dargestellt sind.

g) Anrechnung von Gebühren

19 Die Parteien können ihre Absicht, eine Trennungs- oder Scheidungsvereinbarung nicht gerichtlich protokollieren zu lassen, ändern. Lassen sie die Vereinbarung nach ihrem Abschluss gerichtlich protokollieren, so gilt hinsichtlich der Gebühren folgendes:

Die 15/10-Vergleichsgebühr bleibt bestehen; sie vermindert sich auch nicht auf 10/10. Denn einmal entstandene Gebühren können nicht untergehen, sie können nur auf später anfallende Gebühren angerechnet werden. Mit der gerichtlichen Protokollierung fällt keine neue Vergleichsgebühr an.

Nach § 118 Abs. 2 BRAGO ist die in Abs. 1 Nr. 1 bestimmte Geschäftsgebühr, soweit sie für eine Tätigkeit außerhalb eines gerichtlichen Verfahrens entsteht, auf die entsprechenden Gebühren für ein anschließendes gerichtliches Verfahren anzurechnen. Siehe zunächst Kap. I. Rn. 49. Bei der Protokollierung der außergerichtlich geschlossenen Vereinbarung entsteht die Gebühr des § 32 Abs. 2 BRAGO in Höhe von 5/10. Also ist die außergerichtlich entstandene Geschäftsgebühr auf die Gebühr des § 32 BRAGO anzurechnen. Ist außergerichtlich z. B. eine 7,5/10-Geschäftsgebühr entstanden, bleiben von ihr infolge der Anrechnung 2,5/10 übrig. Im praktischen Ergebnis bedeutet dies: Es bleibt bei 7,5/10. Voraussetzung für dieses Beispiel ist, dass der Gegenstandswert, auf den sich die außergerichtliche Tätigkeit und die spätere Tätigkeit bei Gericht beziehen, decken. Es ist aber möglich, dass der Gegenstandswert der gerichtlichen Tätigkeit niedriger ist als der der außergerichtlichen Tätigkeit.

> Beispiel: Der Wert der gesamten Scheidungsvereinbarung beträgt 50 000 DM, der Wert der in ihr enthaltenen Unterhaltsvereinbarung 6000 DM. Erst nach Abschluss der Scheidungsvereinbarung kommen die Parteien überein, dass die Unterhaltsvereinbarung gerichtlich protokolliert werden soll, deshalb, weil jetzt doch ein Vollstreckungstitel nötig ist.

---

[22] *Gerold/Schmidt-Madert* § 13 Rn. 46–53; vor § 118 Rn. 7; *Gerold/Schmidt-von Eicken* § 23 Rn. 40.

III. Gebühren (nur) §§ 31ff. BRAGO

Die Berechnung:		
7,5/10 Geschäftsgebühr	aus 50 000 DM	1086,80 DM
5/10-Prozessgebühr	aus 6000 DM	160,00 DM
Der RA kann fordern die Prozessgebühr		160,00 DM
und die restliche Geschäftsgebühr (1086,80 DM – 160 DM) mit		**908,80 DM**
zusammen:		1068,80 DM,
d. h. praktisch nur die Geschäftsgebühr mit		1068,80 DM.

III. Gebühren (nur) §§ 31 ff. BRAGO

1. Prozessgebühr

Sobald ein Auftrag zur gerichtlichen Protokollierung vorliegt und der RA eine Tätigkeit entwickelt, fällt eine 5/10-Prozessgebühr nach § 32 Abs. 2 BRAGO an. Bei dieser halben Gebühr bleibt es auch dann, wenn letztlich kein Protokollierungsantrag gestellt wird. Es genügt, wenn der RA nach Erhalt des Auftrags irgendeine Tätigkeit im Hinblick auf den erteilten Auftrag ausgeübt hat; regelmäßig reicht schon die Entgegennahme und gedankliche Verarbeitung der Information. 20

Sind in der Scheidungsvereinbarung anderweitig rechtshängige Ansprüche einbezogen, so ist streitig, ob die halbe Prozessgebühr in dem Verfahren, in dem die Vergleichsprotokollierung beantragt wird, noch einmal neben der in den rechtshängigen Verfahren verdienten Prozessgebühr anfällt.[23]

2. Verhandlungs- bzw. Erörterungsgebühr

Der Antrag auf Protokollierung ist kein Sachantrag, weder ein streitiger noch ein unstreitiger, so dass weder die Verhandlungsgebühr des § 31 Abs. 1 Nr. 2 noch die des § 33 Abs. 1 BRAGO entstehen können. Der Antrag auf Protokollierung des Vergleiches ist auch kein Antrag zur Prozess- oder Sachleitung im Sinne von § 33 Abs. 2 BRAGO. Zur Prozess- oder Sachleitung gehören nur Anträge, die den Gang des Verfahrens betreffen, nicht das Streitverhältnis selbst. 21

Nach § 31 Abs. 1 Nr. 4 BRAGO erhält der RA eine volle Gebühr „für die Erörterung der Sache". Unter „Sache", die erörtert wird, sind nur Ansprüche zu verstehen, die im Zeitpunkt der Erörterung bereits mindestens anhängig, d. h. zur gerichtlichen Entscheidung gestellt sind. Die im Vergleich geregelten Gegenstände sollen aber lediglich protokolliert werden, sie werden nicht zur Entscheidung des Gerichts gestellt. Die Einbeziehung dieser nicht anhängigen Ansprüche löst hinsichtlich dieser Ansprüche nicht die Erörterungsgebühr aus.[24]

---

[23] Bejahend *Gerold/Schmidt-von Eicken* § 23 Rn. 8; *Hansens* § 32 Rn. 25; verneinend *Mümmler* JurBüro 1981, 179; 1988, 703; *Enders* in Anm. zu LAG Halle JurBüro 1997, 191. Übersicht über die Rechtsprechung s. *Gerold/Schmidt-von Eicken* § 32 Rn. 8; *Enders* JurBüro 1997, 192.
[24] Herrsch. M., Übersicht s. *Gerold/Schmidt-von Eicken* § 31 Rn. 149.

3. Vergleichsgebühr

22 Die Vergleichsgebühr ist bereits außergerichtlich in Höhe von 15/10 entstanden. Die Protokollierung löst keine weitere Vergleichsgebühr aus.

4. Gegenstandswert

23 Siehe oben Rn. 18.

5. Vergleich nach Urteil

24 Es kommt vor, dass die Eheleute zunächst das Scheidungsverfahren betreiben und erst nach dessen rechtskräftigem Abschluss beginnen, die Scheidungsfolgen zu regeln. Für die beteiligten Rechtsanwälte entstehen die Gebühren nach § 118 BRAGO (s. oben Rn. 11-19) und, wenn die Verhandlungen zu einem Vergleich führen, die Gebühr nach § 23 Abs. 1 S. 1 BRAGO.

IV. Anwaltsvergleich

1. Berechnungsbeispiel

25

Der RA verlangt außergerichtlich 1000 DM Unterhalt. Nach Besprechung mit dem Gegenanwalt wird ein Anwaltsvergleich über 500 DM monatlich geschlossen. Der RA beantragt sodann die Vollstreckbarerklärung.	
RA-Gebühren für den Vergleichsabschluss:	
§ 118 Abs. 1 Nr. 1 BRAGO 7,5/10 aus 12 000 DM =	498,80 DM
§ 118 Abs. 1 Nr. 2 BRAGO 7,5/10 aus 12 000 DM =	498,80 DM
§ 23 Abs. 1 S. 1 BRAGO 15/10 aus 12 000 DM =	**997,60 DM**
	1995,20 DM
Gebühren für die Vollstreckbarerklärung:	
§§ 46 Abs. 1; 31 Abs. 1 Nr. 1 10/10 aus 6000 DM =	375,00 DM
Auf diese sind jedoch gem. § 118 Abs. 2 S. 3 BRAGO die Hälfte der 7,5/10 Geschäftsgebühr aus 6000 DM anzurechnen, also 7,5/10 aus 6000 DM = 281,30: 2 =	140,65 DM,
verbleiben also	234,35 DM[25]

2. Allgemeines

26 Der Anwaltsvergleich nach § 796a ZPO ist in § 23 BRAGO nicht besonders erwähnt, da er gebührenmäßig nunmehr von der allgemeinen Regelung des Abs. 1 S. 1 (15/10) erfasst wird. Das bedeutet aber nicht, dass der Anwaltsvergleich als Möglichkeit, einen Titel ohne gerichtliches Verfahren zu schaffen und ihn wie in einem schiedsrichterlichen Vergleich für vollstreckbar erklären zu lassen, entfalle.[26] Ein Anwaltsvergleich über eine Scheidungsverbarung ist aber nach § 23 Abs. 2 BRAGO aufschiebend be-

---

[25] *Hansens* AnwaltsBl. 1991, 119.
[26] *Gerold/Schmidt-von Eicken* § 23 Rn. 60.

IV. Anwaltsvergleich

dingt. Die 15/10-Vergleichsgebühr setzt somit die Rechtskraft des Scheidungsurteils voraus.

Der Anwaltsvergleich ist im Verhältnis zu dem im Scheidungsverfahren gerichtlich protokollierten Vergleich teurer (7,5/10-Geschäftsgebühr, 7,5/10-Besprechungsgebühr und 15/10-Vergleichsgebühr, zusammen 30/10 gegenüber 5/10-Gebühren nach § 32 zuzüglich 15/10-Vergleichsgebühr, zusammen 20/10) Der Anwaltsvergleich ist daher nur für den Fall zu erörtern, dass folgende Voraussetzungen vorliegen: Der Auftrag des Aushandelns einer Trennungs- oder Scheidungsvereinbarung bezieht sich ausschließlich auf außergerichtliche Tätigkeit, eine notarielle Beurkundung oder eine Protokollierung in einem gerichtlichen Verfahren sind nicht gewollt.

Der Anwaltsvergleich ist dann das geeignete Instrument, wenn bezüglich des vollstreckungsfähigen Inhalts ein Vollstreckungstitel geschaffen werden soll.

3. Die Gebühren beim Anwaltsvergleich

Für die Mitwirkung beim Abschluss eines Anwaltsvergleichs erhält der RA **15/10 der vollen Gebühr** gem. § 23 Abs. 1 S. 1 BRAGO. Da die Anhängigkeit eines Rechtsstreites den Abschluss eines Anwaltsvergleich nicht ausschließt, können die Parteien in die vergleichsweise außergerichtliche Regelung nicht anhängiger Ansprüche auch Ansprüche einbeziehen, die schon gerichtlich anhängig sind. Die Vergleichsgebühr entsteht dann zwar nach dem Wert aller in dem Vergleich geregelten Gegenstände, die 15/10-Vergleichsgebühr aber nur nach dem Wert derjenigen Gegenstände, für die kein Rechtsstreit anhängig ist; für die gerichtlich anhängigen beträgt die Vergleichsgebühr 10/10. Die einheitliche Vergleichsgebühr wird in diesem Fall nach § 13 Abs. 3 gebildet.

27

Weitere Gebühren: Auch beim Anwaltsvergleich wird durch die Vergleichsgebühr nur die Mitwirkung beim Vergleichsabschluss vergütet. Die Vergleichsgebühr ist eine reine Erfolgsgebühr, die nie allein entstehen kann. Neben ihr entsteht immer als allgemeine Betriebsgebühr die Geschäftsgebühr des § 118 Abs. 1 Nr. 1 BRAGO und, wenn eine Besprechung stattgefunden hat, auch noch die Besprechungsgebühr des § 118 Abs. 1 Nr. 2 BRAGO.

4. Gebühren für die Vollstreckbarerklärung

Gem. § 46 Abs. 1 BRAGO erhält der RA in Verfahren über Anträge auf Vollstreckbarerklärung eines Anwaltsvergleichs die in § 31 BRAGO bestimmten Gebühren. Im gerichtlichen Verfahren fällt somit regelmäßig die Prozessgebühr des § 31 Abs. 1 Nr. 1 BRAGO an. Auch die Gebühren des § 31 Abs. 1 Nr. 2–4 können entstehen, sofern über den Antrag mündlich verhandelt, erörtert oder Beweis erhoben wird.

28

Im Verfahren der Vollstreckbarkeitserklärung vor dem Notar (§ 796c ZPO) findet ebenfalls § 46 Abs. 1 BRAGO Anwendung.[27]

---

[27] Zu den Gebühren bei der Vollstreckbarerklärung durch den Notar s. *Hansens* JurBüro 1991, 639. Danach (S. 646) ist die Vollstreckbarerklärung des Anwaltsvergleichs durch den Notar für die Vergleichsparteien wesentlich kostengünstiger als das gerichtliche Verfahren auf Vollstreckbarerklärung. Ergänzende Bemerkung hierzu: Beim Notar wird meistens ein Anruf des RA genügen, um einen Termin für die Beurkundung der Vollstreckbarerklärung zu bekommen; bei Gericht dauert das manchmal 2 bis 3 Wochen.

J. Trennungs- und Scheidungsvereinbarungen

Der Gegenstandswert für das Verfahren der Vollstreckbarkeitserklärung des Anwaltsvergleichs ist nicht der Gegenstandswert des Anwaltsvergleichs selbst. Er richtet sich grundsätzlich nur nach dem Wert des Gegenstandes des Anwaltsvergleichs, hinsichtlich dessen die Vollstreckbarkeit begehrt wird.

5. Anrechnung der Geschäftsgebühr auf die Prozessgebühr

29 Gem. § 118 Abs. 2 S. 3 BRAGO ist die in § 118 Abs. 1 Nr. 1 BRAGO bezeichnete Geschäftsgebühr zur Hälfte auf die entsprechenden Gebühren für ein Verfahren über Anträge auf Vollstreckbarerklärung eines Anwaltsvergleichs anzurechnen. Es macht keinen Unterschied, ob es sich um ein gerichtliches Verfahren gem. § 796b Abs. 1 ZPO handelt oder um die Vollstreckbarerklärung durch den Notar nach § 796c ZPO. Die Anrechnung erfolgt nur, wenn derselbe RA die Geschäftstätigkeit und die Tätigkeit im Verfahren auf Vollstreckbarerklärung hinsichtlich desselben Gegenstandes ausübt.

V. Eine oder mehrere Angelegenheiten

1. Allgemeine Grundsätze

30 Auch bei Trennungs- und/oder Scheidungsvereinbarungen stellt sich hinsichtlich der Gebühren nach §§ 32, 118 und 23 BRAGO wiederum die Frage, ob eine oder mehrere Angelegenheiten vorliegen; denn bei verschiedenen Angelegenheiten fallen die RA-Gebühren mehrfach, in einer Angelegenheit nur einmal an. Verwiesen wird auf die Ausführungen in Kap. I. Rn. 13, 14, 25 und 38

2. Anzahl der Angelegenheiten in Scheidungs- und Folgesachen

31 Erhält der RA den Auftrag, alle mit einer beabsichtigten Scheidung zusammenhängenden Gegenstände außergerichtlich zu regeln, so liegt **eine Angelegenheit** vor. Der innere Zusammenhang zwischen den einzelnen Gegenständen besteht offensichtlich, nämlich aus den sich aus der Ehe ergebenden und fortwirkenden Rechtsbeziehungen zwischen den Parteien. Hinzu kommt noch die gesetzliche Wertung in den §§ 621 Abs. 2 und 3, 624 Abs. 1 ZPO sowie § 19a GKG.[28] Aus § 7 Abs. 3 BRAGO lässt sich nichts Gegenteiliges herleiten. Durch diese Bestimmung wird für FG-Sachen, deren Gerichtsverfahren sonst mehrere Angelegenheiten sind, klargestellt, dass der Verbund die Einheitlichkeit der Angelegenheiten herstellt.

Von **zwei Angelegenheiten** ist jedoch auszugehen, wenn zwei unterschiedliche Rahmen vorliegen. Soll z. B. ein Teil notariell beurkundet werden (z. B. weil § 313 BGB beachtet werden muss), der andere Teil gerichtlich, so sind zwei Rahmen gegeben. Das Gleiche gilt, wenn ein Teil notariell beurkundet werden soll, für den anderen Teil aber eine privatschriftliche Vereinbarung ausreicht. Es fallen dann ganz unterschiedliche Gebühren an (§ 118 bzw. §§ 31 ff. BRAGO).

---

[28] Düsseldorf MDR 1989, 923.

3. Trennungs- und Scheidungsvereinbarungen

Wird der RA beauftragt, hinsichtlich der Folgen der Trennung und der Scheidung außergerichtlich eine einheitliche Vereinbarung zu entwerfen und auszuhandeln, liegt eine Angelegenheit vor. Häufig wird aber auch der RA beauftragt, hinsichtlich der Trennungsfolgen eine außergerichtliche Vereinbarung auszuhandeln, hinsichtlich der Scheidungsfolgen zwar außergerichtliche Verhandlungen zu führen, die aber mit einer gerichtlichen Protokollierung enden sollen. Dann sind wegen des unterschiedlichen Rahmens zwei Angelegenheiten gegeben. Schließlich ist es auch möglich, dass der RA zunächst einmal den Auftrag erhält, eine Trennungsvereinbarung zu entwerfen und wenn dies gelungen ist den nächsten Auftrag, eine Scheidungsvereinbarung auszuhandeln. Dann liegen wiederum zwei Angelegenheiten vor, weil es an der ersten Voraussetzung für eine einzige Angelegenheit, ein einheitlicher Auftrag, fehlt. Es sind noch weitere Kombinationen denkbar. Jedenfalls tut der RA gut daran, die Frage, eine oder mehrere Angelegenheit, sorgfältig – wegen der manchmal erheblichen gebührenrechtlichen Auswirkungen – zu prüfen.

32

4. Keine Familiensachen

Oft wird der RA neben seiner Tätigkeit in Trennungs-, Scheidungs- oder Folgesachen noch um Rat oder Vertretung gebeten in Angelegenheiten, die keine Familiensachen sind, die aber irgendwie mit den ehebedingten Schwierigkeiten zusammenhängen.

33

Beispiele: 1. Bei der Vertretung der Ehefrau in Sachen Unterhalt gegen den Ehemann wird die Ehefrau den RA fragen, wovon sie leben soll, bis der RA ihr einen vollstreckbaren Unterhaltstitel erstritten hat. Die Antwort des RA, sie müsse für diese Zwischenzeit Sozialhilfe in Anspruch nehmen führt häufig zu dem Auftrag der Ehefrau an den RA, ihr dabei behilflich zu sein. Hier kann man zwar den inneren Zusammenhang mit der Unterhaltsfrage bejahen, es liegen aber zwei getrennte Aufträge und zwei verschiedene Rahmen vor.
2. Die Ehefrau ist alleinige Mieterin der Ehewohnung. In einem Wohnungszuweisungsverfahren nach der HausratsVO, berät oder vertritt der RA die Ehefrau zu Problemen mit dem Vermieter der Ehefrau wegen Schönheitsreparaturen. Sicherlich hängt auch dies inhaltlich mit dem Verfahren auf Zuweisung der Ehewohnung zusammen, aber wiederum fehlt der einheitliche Auftrag und es liegen auch zwei verschiedene Rahmen vor.

Grundsätzlich ist daher davon auszugehen, dass in Angelegenheiten, die keine Familiensachen sind, sondern nur aus Anlass von echten Familiensachen zu einer zusätzlichen Vertretung führen, zwei Angelegenheiten vorliegen.

K. Gebühren bei Mediation

I. Der Rechtsanwalt als Mediator

1. Begriff

„*Mediation zielt auf die einverständliche Lösung eines Konflikts durch die Konfliktparteien selbst unter Anleitung eines Mittlers... Nicht mehr der einseitige Interessenvertreter, der Dobermann und Landsknecht für die Interessen seiner Partei, sondern der überparteiliche, neutrale Dritte und Helfer auf dem Weg, dem Interesse beider Parteien an einer einverständlichen Lösung ihres Konflikts zum Durchbruch zu verhelfen, ist Aufgabe auch des anwaltlichen Mediators.*"[1] Rechtsanwälte haben immer schon und bemühen sich auch weiterhin bei außergerichtlichem oder gerichtlichem Streit der Parteien diesen einer einverständlichen Lösung zuzuführen. Gerichte sind verpflichtet, in jeder Lage des Verfahrens eine gütliche Beilegung des Streites anzustreben (§ 279 ZPO). Parteien können sich vertraglich verpflichten, der Konfliktlösung eines Dritten sich zu unterwerfen (Schiedsgutachten oder schiedsrichterliches Verfahren). Von alldem unterscheidet sich die Meditation dadurch, dass der Mediator als Vermittler über keine eigene Entscheidungskompetenz verfügt, er neutral ist, eine Lösung des Konfliktes von den Beteiligten selbst erarbeitet werden soll, der Mediator sie ihnen nicht vorgibt, sondern die Beteiligten der Lösung zuführt und ihnen behilflich ist. Mediation ist die Einschaltung eines neutralen Dritten im Konflikt, zu dem mindestens zwei Parteien gehören, der die Parteien bei ihren Verhandlungs- und Lösungsversuchen unterstützt.[2]

1

2. Anwaltliches Berufsrecht

Wenn der RA als Mediator „kein einseitiger Vertreter von Parteiinteressen, sondern ein zur Objektivität, Neutralität und Unvoreingenommenheit verpflichteter Vermittler ohne Konfliktkompetenz" ist,[3] so könnte es zweifelhaft sein, ob Mediation überhaupt eine anwaltliche Tätigkeit im Sinne der BRAO ist. Der Anwalt ist aber nicht immer einseitiger Vertreter von Parteiinteressen. Ist ein Anwalt als Testamentsvollstrecker, Insolvenzverwalter oder als Schiedsrichter tätig, dann muss er die Interessen Mehrerer gleichzeitig wahren. Die Tätigkeiten als Testamentsvollstrecker, Insolvenzverwalter oder Schiedsrichter, wenn sie von einem Anwalt ausgeführt werden, fallen nach der anwaltsgerichtlichen Rechtsprechung in den Regelungsbereich der BRAO. Dann ist die BRAO grundsätzlich anwendbar, wenn der RA als Mediator tätig wird. Folgerichtig stellt § 18 der BerufsO fest, dass der RA, wird er als Mediator tätig, dem anwaltlichen Berufsrecht unterliegt. Nach § 43a Abs. 4 BRAO darf der RA keine widerstreitenden Interessen vertreten. Die Bestimmung steht der Ausübung der Tätigkeit als Mediator

2

---

[1] So *Henssler* und *Koch* im Vorwort zu *Henssler/Koch* Mediation in der Anwaltspraxis.
[2] *Koch* in *Henssler/Koch* Mediation S. 21.
[3] *Henssler* AnwBl. 1997, 129.

nicht entgegen. Denn im Rahmen der Mediation nimmt der Anwalt gerade nicht die Interessen eines einzelnen wahr, sondern zeigt den Streitenden unter Berücksichtigung der Interessen aller am Streit Beteiligten Lösungsmöglichkeiten zur Konfliktbehandlung auf. Zwar ist es für den RA im Rahmen der Mediation notwendig, sich mit den gegenläufigen Interessen der Parteien auseinanderzusetzen. Er wird diese mit den Parteien erörtern und die Parteien beraten. Alles geschieht aber nur vor dem Hintergrund des Zieles, die Parteien selbst zu einer Lösung der Konflikte zu führen.

Wenn allerdings ein RA eine der Parteien in derselben Angelegenheit gegen die andere Partei vertreten hat, und sei es nur im Rahmen einer Beratung, dann ist es ihm gem. § 45 BRAO verwehrt, einen Auftrag als Mediator anzunehmen, wenn es sich um dieselben Parteien handelt. Ebenso selbstverständlich ist, dass der RA nach Beendigung einer Medition keine der im Rahmen der Mediation betreuten Parteien in derselben Angelegenheit anwaltlich vertreten oder beraten kann.

II. Die Vergütung des Rechtsanwalts als Mediator

1. Anwendung der BRAGO ausgeschlossen durch § 1 Abs. 2

3   Nach § 1 Abs. 1 BRAGO gilt diese nicht, wenn der RA als Vormund, Betreuer, Pfleger, Verfahrenspfleger, Testamentsvollstrecker, Insolvenzverwalter, Sachverwalter, Mitglied des Gläubigerausschusses, Nachlassverwalter, Zwangsverwalter, Treuhänder, Schiedsrichter oder **in ähnlicher Stellung** tätig wird. Die Vorschrift zählt also eine Reihe von Tätigkeiten auf, für die die BRAGO nicht gilt. Dabei handelt es sich teils um ehrenamtliche Tätigkeiten, die von allen Staatsbürgern und daher auch von RA in der Regel unentgeltlich zu übernehmen sind, z. B. das Amt des Vormunds, teils um Tätigkeiten, die in erheblichem Umfang auch Nicht-Rechtsanwälten übertragen werden und bei denen auch die Vergütung eines RA nach besonderen Vorschriften festgesetzt wird, z. B. die Übernahme des Amtes als Insolvenzverwalter, teils um Tätigkeiten, bei denen der RA nicht im Auftrag einer Partei und in deren Interesse tätig wird und bei dem die Vergütung vereinbart zu werden pflegt, z. B. wenn der RA als Treuhänder oder Schiedsrichter tätig wird. Weil der Mediator nicht ein einseitiger Vertreter von Parteiinteressen sei, sondern zur Objektivität, Neutralität und Unvoreingenommenheit verpflichteter Mittler, der den Streitenden unter Berücksichtigung der Interessen aller am Streit Beteiligten Lösungsmöglichkeiten zur Konfliktbehandlung aufzeigen soll, die Rechtsberatung nicht im Vordergrund stünde, sondern neben der durchzuführenden Mediation nur Nebensache, wird die Meinung vertreten, der Mediator sei in ähnlicher Stellung im Sinne des § 1 Abs. 2 BRAGO tätig, so dass die BRAGO nicht zur Anwendung komme.[4]

2. Anwendung der BRAGO nach § 1 Abs. 1

4   Gem. § 1 Abs. 1 BRAGO bemisst sich die Vergütung des RA für seine Berufstätigkeit nach diesem Gesetz, also nach der BRAGO. Eine Berufstätigkeit des RA muss also Gegenstand des Vertrags sein. Eine solche liegt in der Gewährung rechtlichen Beistandes. Im Zweifel ist anzunehmen, dass derjenige, der sich an einen RA wendet, ihn auch als

---

[4] So *Enders* JurBüro 1998, 57.

II. Die Vergütung des Rechtsanwalts als Mediator

solchen in Anspruch nimmt. Sind die Interessen des Auftraggebers rechtliche, so wird der RA beruflich tätig, sonst nicht.[5] Mediationen werden auch in erheblichem Umfange von Angehörigen anderer Berufe wahrgenommen, wie z.B. Therapeuten, Psychologen, dem Jugendamt und sonstige Vermittlungsstellen. Wenn die Parteien aber einen RA als Mediator wählen, der gem. § 3 Abs. 1 BRAO Berater und Vertreter in allen Rechtsangelegenheit ist, so ist anzunehmen, dass die Parteien bei ihrem Versuch, die Konflikte zu lösen, in erster Linie rechtlichen Beistand suchen. Also ist die Tätigkeit des RA als Mediator nach der BRAGO zu vergüten.[6] Nach OLG Hamm[7] ist es rechtlich als Mandatserteilung für eine Mediatortätigkeit zu qualifizieren, wenn die Parteien den Anwalt zusammen beauftragt haben, als Schlichter für beide Parteien tätig zu werden und eine faire Lösung für alle zu finden. Die Vergütung des Anwalts bemesse sich dann nach § 20 Abs. 1 BRAGO, wenn der Anwalt nichts abweichendes mit den Parteien vereinbart habe.

3. Vergütung des Mediators durch Honorarvereinbarungen

Ob die Rechtsprechung dem OLG Hamm folgt und die BRAGO für anwendbar erklärt, oder ob die Tätigkeit eines RA als Mediator unter § 1 Abs. 2 BRAGO fällt mit der Folge, dass keine Vergütungsansprüche nach der BRAGO sondern lediglich nach § 612 BGB bestehen, ist ungewiss, wird auch von vielen Autoren offen gelassen.[8] Aus diesem Grunde kann jedem Anwalt, der als Mediator tätig werden will, nur dringend empfohlen werden, die Frage der Vergütung durch eine Honorarvereinbarung zu regeln. Wegen des Inhalts und der Form einer solchen Honorarvereinbarung vgl. das nachfolgende Kapitel L.   5

Mediator und Erstberatung. Nach der schon mehrfach erwähnten Entscheidung des OLG Hamm ist die Tätigkeit des Mediator nach § 20 BRAGO zu vergüten. Endet die Mediation in einer ersten Sitzung, handele es sich um eine Erstberatung im Sinne von § 20 Abs. 1 S. 2 BRAGO mit der Folge, dass der RA maximal eine Gebühr von 350 DM nebst Mehrwertsteuer erhält, unabhängig davon, wie viel Stunden die Mediation gedauert hat. Die Auffassung des Gerichtes ist unrichtig. Die Erstberatungsgebühr soll dem Rechtsuchenden den Gang zum Anwalt erleichtern, indem sie ihm die Gewissheit gibt, mit welchen Kosten er für eine solche Beratung mindestens und höchstens zu rechnen hat. Parteien, die gemeinsam einen Anwalt als Mediator in Anspruch nehmen, suchen keine erste Beratung, sondern Hilfe bei der Lösung ihrer Konflikte. Die Gefahr, dass auch andere Gerichte die Erstberatungsgebühr anwenden, kann nur durch eine Honorarvereinbarung abgewendet werden.   6

---

[5] *Gerold/Schmidt-Madert* § 1 Rn. 7 m.w.N.
[6] *Gerold/Schmidt-Madert* § 1 Rn. 1; *Henssler/Schwackenberg* MDR 1957, 409 gehen ohne nähere Erörterung von Anwendbarkeit der BRAGO aus; *Göttlich/Mümmler* Stichwort BRAGO „Mediation".
[7] MDR 1999, 836 = JurBüro 1999, 584 m. abl. Anm. *Enders.*
[8] *von Eicken* in *Gerold/Schmidt/vonEicken/Madert* § 23 Rn. 2a: „Sofern die Tätigkeit eines RA als Mediator, d. h. als Vermittler im Auftrage beider Parteien, als nicht unter § 1 Abs. 2 fallende Anwaltstätigkeit angesehen wird, kann grundsätzlich auch § 23 Anwendung finden." Auch *Brieske* in *Henssler/ Koch* § 9 Rn. 81 ff erörtert zwar, welche Vergütungsansprüche nach der BRAGO gegeben sind, lässt aber die Frage, ob Abs. 1 oder Abs. 2 des § 1 BRAGO anzuwenden sind, offen. Ebenso *Hartmann* KostG BRAGO § 1 Rn. 43.

III. Die Gebühren nach der BRAGO für den RA als Mediator

Vorbemerkung: Im folgenden wird davon ausgegangen, dass die Tätigkeit des RA als Mediator nach § 1 Abs. 1 BRAGO zu vergüten ist und die Frage der Vergütung nicht durch eine Vergütungsvereinbarung geregelt ist. Dann ergeben sich die nachfolgend dargestellten Schwierigkeiten.

1. Vergütung durch die Ratsgebühr des § 20 Abs. 1 BRAGO

7 **Rat** ist die Empehlung des RA, wie sich der Auftraggeber in einer bestimmten Lage verhalten soll. Beschränkt sich die Tätigkeit des Mediators auf die bloße Ratserteilung, überlässt er es den Parteien, ob sie den Rat annehmen und wie sie ihre Konflikte lösen, dann kommt nur eine Vergütung nach § 20 Abs. 1 S. 1 BRAGO in Frage. Eine Beschränkung auf die Erstberatungsgebühr des § 20 Abs. 1 S. 2 BRAGO ist ausgeschlossen, vgl. vorstehend Rn. 6. Die Ratsgebühr beträgt 1/10 bis 10/10 der vollen Gebühr. Bei Ausfüllung des Rahmens sind gem. § 12 BRAGO alle Umstände zu beachten, insbesondere auch die wirtschaftlichen Verhältnisse des Auftragebers. Bei der Mediation wird es wesentlich auf den zeitlichen Umfang der Tätigkeit des RA als Mediator ankommen, nicht selten wird die 10/10-Gebühr die angemessene Gebühr sein.[9] Die Ratsgebühr ist eine gegenstandswertabhängige Gebühr. Wegen des Gegenstandswertes vgl. unten Rn. 15.

2. Vergütung durch die Geschäftsgebühr des § 118 Abs. 1 Nr. 1 BRAGO

8 Um eine Geschäftsgebühr gem. § 118 Abs. 1 Nr. 1 BRAGO auszulösen, muss der RA eine Tätigkeit ausüben, die über die Erteilung eines Rates hinausgeht. Die nach § 118 BRAGO zu vergütende Tätigkeit erfordert ein Mehr gegenüber der Ratserteilung. Dabei ist nicht erforderlich, dass der RA nach außen hervortritt. Das Entwerfen von Urkunden (Verträgen) ist eine Tätigkeit nach § 118 BRAGO, ohne dass der RA nach außen hervortritt. Tritt der RA aber nach außen hervor, wird er also Dritten gegenüber tätig, so ist das ein sicheres Zeichen für eine Tätigkeit nach § 118 BRAGO.

Im Hinblick auf den RA als Mediator bedeutet dies: Berät er lediglich die Parteien bei ihrer Suche nach Lösungsmöglichkeiten ihrer Konflikte, so liegt nur Ratstätigkeit vor. Legen die Parteien dem RA einen selbst oder von fremder Hand gefertigten Vertrag mit der Bitte um Prüfung und Stellungnahme vor, geht der Auftrag auch nicht über einen Beratungsauftrag hinaus. Dagegen liegt eine Angelegenheit des § 118 BRAGO, ein über die Beratung hinausgehender Auftrag, vor, wenn der RA die von den Parteien oder die mit ihm gefundenen Lösungen schriftlich festhält, also er mit dem Entwurf eines Vertrages beauftragt wird.[10]

---

[9] Wegen der umstrittenen Frage des Mehrvertretungszuschlags bei der Ratsgebühr vgl. *Gerold/Schmidt-Madert* § 20 Rn. 10.
[10] Die Ansicht von *Enders* in JurBüro 1998, 113, die Tätigkeit eines RA als Mediator gehe immer über die Erteilung eines Rates im Sinne von § 20 Abs. 1 BRAGO hinaus, ist in dieser Unbedingtheit nicht richtig. Auch *Brieske* (in *Henssler/Koch* § 9 Rn. 83) ist der Ansicht, bei einer Tätigkeit, die den Parteien den Weg zu einer Vereinbarung eröffnen soll, könne von einer Ratserteilung keine Rede sein.

III. Die Gebühren nach der BRAGO für den RA als Mediator

Die Geschäftsgebühr beträgt 5/10 bis 10/10 der vollen Gebühr. Auch sie ist vom Gegenstandswert abhängig.

Mehrvertretungszuschlag. Nach § 6 Abs. 1 S. 2 BRAGO erhöht sich die Geschäftsgebühr des § 118 Abs. 1 Nr. 1 BRAGO durch jeden weiteren Auftraggeber um drei Zehntel, falls der RA in derselben Angelegenheit für mehrere Auftraggeber tätig wird und der Gegenstand der anwaltlichen Tätigkeit derselbe ist. Beauftragen Eheleute einen RA mit der Mediation, dann hat der RA zwei Auftrageber. Das heißt aber noch nicht, dass die Geschäftsgebühr grundsätzlich um 3/10 zu erhöhen ist. Die Erhöhung findet nur statt, wenn der Gegenstand der anwaltlichen Tätigkeit derselbe ist. Versuchen die Eheleute ihre Unterhaltsansprüche zu regeln, so liegt nicht derselbe Gegenstand im Sinne des Gesetzes vor. Der Unterhaltsanspruch der Ehefrau ist ein Gegenstand, der Unterhaltsanspruch des Ehemannes ein davon verschiedener. Gehört den Eheleuten gemeinsam ein Grundstück oder sind sie Gesamtschuldner gegenüber einem Darlehensgläubiger, dann handelt es sich um denselben Gegenstand. Bei allen Gegenständen, die in der Mediation behandelt werden, ist bei jedem einzelnen Gegenstand also zu prüfen, ob ein Mehrvertretungszuschlag in Frage kommt oder nicht. 9

Besprechungsgebühr. Die Besprechungsgebühr des § 118 Abs. 1 Nr. 2 BRAGO entsteht für das Mitwirken bei mündlichen Verhandlungen oder Besprechungen über tatsächliche oder rechtliche Fragen, die im Einverständnis mit dem Auftraggeber mit dem Gegner oder einem Dritten geführt werden. Die im Rahmen der Mediation geführten Besprechungen des RA mit den Eheleuten lösen die Besprechungsgebühr nicht aus, weil die Eheleute Auftraggeber des RA sind, nicht Gegner oder Dritte. Besprechungen mit Auftraggebern werden durch die Geschäftsgebühr abgegolten. Nun erhält der RA ebenfalls die Besprechungsgebühr nach § 118 Abs. 1 Nr. 2 zweiter Hs. für das Mitwirken bei der Gestaltung eines Gesellschaftsvertrages und bei der Auseinandersetzung von Gesellschaften und Gemeinschaften. Die Besprechung einer Trennungs- und/oder Scheidungsvereinbarung ist aber nicht die Gestaltung eines Gesellschaftsvertrages. Die Auseinandersetzung über die Zugewinngemeinschaft fällt ebenfalls nicht unter Auseinandersetzung einer Gemeinschaft im Sinne von § 118 Abs. 1 Nr. 2 BRAGO.[11] Anders wäre es, wenn die Eheleute Gesellschafter einer Gesellschaft bürgerlichen Rechts oder einer OHG wären und die Auseinandersetzung ebenfalls Gegenstand der Mediation ist; hier würde die Besprechungsgebühr anfallen. 10

Wohl ist es denkbar, dass der RA als Mediator im Einverständnis mit den Parteien Besprechungen mit einem Dritten führt, wie z. B. mit einem Sachverständigen, einem Kreditinstitut oder einem Psychologen, dann entsteht die Besprechungsgebühr.[12]

Beweisaufnahmegebühr. Die Beweisaufnahmegebühr des § 118 Abs. 1 Nr. 3 BRAGO kann im Rahmen einer Mediation nicht entstehen, da diese nur für das Mitwirken bei Beweisaufnahmen anfällt, die von einem Gericht oder einer Behörde angeordnet worden sind. 11

Anrechnung nach § 118 Abs. 2 BRAGO. Da dem RA verboten ist, nach Beendigung der Mediation eine der im Rahmen der Mediation betreuten Parteien in derselben Angelegenheit gegen die andere Partei anwaltlich zu vertreten oder zu beraten (vgl. 12

---

[11] Auch *Brieske* (in *Henssler/Koch* § 9 Rn. 84) erörtert eine Analogie, muss aber zugeben, eine sichere Abrechnungsbasis sei dies nicht.
[12] *Enders* JurBüro 1998, 113.

3. Die Vergleichsgebühr, § 23 Abs. 1 S. 1 BRAGO

13 Auch bei der Mediation kann grundsätzlich § 23 BRAGO Anwendung finden, wenn die Tätigkeit des RA als Mediator, d. h. als Vermittler im Auftrage beider Parteien, als unter § 1 Abs. 1 BRAGO fallende Anwaltstätigkeit angesehen wird.

Ein Vergleich liegt gem. § 779 BGB vor, wenn zwischen den Parteien ein Rechtsverhältnis besteht, über dieses Rechtsverhältnis Streit, Ungewissheit oder Unsicherheit bezüglich der Verwirklichung eines Anspruchs herrscht, der Streit, die Ungewissheit oder die Unsicherheit bezüglich der Verwirklichung des Anspruchs durch Vertrag zwischen den Parteien beendet wird und im Rahmen des Vertrages ein gegenseitiges Nachgeben beider Parteien erfolgt.[13] Nur wenn alle der vier vorgenannten Voraussetzungen erfüllt sind, kann von einem Vergleich im Sinne des § 749 BGB die Rede sein, Voraussetzung für das Entstehen einer Vergleichsgebühr gem. § 23 BRAGO.

Und genau hier beginnen die Schwierigkeiten. Denn nicht jede gelungene Mediation kann als Vergleich im Sinne des § 779 BGB angesehen werden. Schon am Streit oder an der Ungewissheit über Rechtsverhältnisse kann es fehlen, namentlich in Ehekrisen, die nach bisheriger Erfahrung das wichtigste, wenn auch nicht das einzige Anwendungsgebiet der Mediation sein dürften. Wollen die Eheleute durch die Mediation nur ihre persönliche Ehekrise bewältigen, dann mag die Aussöhnungsgebühr des § 36 Abs. 1 S. 1 BRAGO anfallen, nicht aber die Vergleichsgebühr, weil ein Vertrag mit gegenseitigem Nachgeben beider Parteien fehlt. Ist das Ergebnis der Mediation eine Vereinbarung, die bloße Vorsätze oder Absichtserklärungen enthält, dann fehlt wiederum der Wille, den Konflikt durch einen Vertrag, also durch rechtlich verbindliche Willenserklärungen beizulegen. Nur wenn einzelne Punkte einer erzielten Einigung über bloße Vorsätze und Absichtserklärungen hinausgehen und vertraglichen Charakter haben sollen, können nur sie für das Entstehen der Vergleichsgebühr herangezogen und bewertet werden. Für das Entstehen einer Vergleichsgebühr bei dem RA als Mediator ist nicht unbedingt erforderlich, dass der RA den Vergleich selbst für oder mit den Parteien abgeschlossen hat. Es genügt eine ursächliche Mitwirkung des RA am Zustandekommen des Vergleiches. Unterbreitet der Mediator einen Vergleichsvorschlag, so genügt es für die Ursächlichkeit der Mitwirkung, wenn der Vergleichsvorschlag von den Parteien anschließend angenommen wird. Weichen die Parteien von dem Vergleichsvorschlag des RA ab, so steht das dem Anfall einer Vergleichsgebühr nicht entgegen, wenn der von den Parteien abgeschlossene Vergleich im Großen und Ganzen den Vorschlägen des Mediators entspricht. Ausreichend für die Mitwirkung des RA ist ebenfalls, wenn die Parteien einen von ihnen selbst ausgearbeiteten Vergleichsvorschlag dem Mediator zur Begutachtung vorlegen und sie dem Rat des Mediators folgen, den Vergleich so oder in abgeänderter Form schließen.

14 **Höhe der Vergleichsgebühr.** Hat der RA am Zustandekommen eines echten unbedingten Vergleiches mitgewirkt, so beträgt der Gebührensatz der Vergleichsgebühr nach § 23 Abs. 1 BRAGO 15/10 der vollen Gebühr, wenn ein gerichtliches Verfahren über die im Vergleich geregelten Gegenstände nicht anhängig ist.

---

[13] Zitiert nach *Enders* JurBüro 1998, 113, ausführlich bei *Gerold/Schmidt-von Eicken* § 23 Rn. 5–9.

IV. Der Rechtsanwalt als Parteivertreter in der Mediation

Ob die Vergleichsgebühr gem. § 23 Abs. 1 S. 3 BRAGO nur in Höhe von 10/10 entstehen kann, hängt zunächst von der Antwort auf die Frage ab, ob anwaltliche Mediation überhaupt stattfinden kann, wenn zwischen den Auftraggebern bereits ein gerichtliches Verfahren anhängig ist. Sicher ist, dass der RA, der eine Partei in einem solchen Verfahren vertritt, nicht Mediator sein kann. Werden die Parteien jedoch in dem anhängigen Verfahren entweder anwaltlich nicht oder durch andere Anwälte vertreten, wählen sie jetzt gemeinsam einen RA als Mediator mit dem Ziel, dass mit seiner Hilfe das gerichtliche Verfahren beigelegt werden kann, dann muss nach dem Sinn der gesetzlichen Regelung, die Entscheidung des Gerichtes zu vermeiden, Abs. 1 S. 3 BRAGO, also nur eine 10/10-Vergleichsgebühr, auch dann eingreifen, wenn durch die Tätigkeit des Mediator das gerichtliche Verfahren beigelegt wird, allerdings beschränkt auf dessen Wert.[14]

4. Der Gegenstandswert für die Tätigkeit des Rechtsanwalts als Mediator

Nach § 8 Abs. 1 S. 1 BRAGO bestimmt sich der Gegenstandswert im gerichtlichen Verfahren nach den für die Gerichtsgebühren geltenden Wertvorschriften. Nach Satz 2 der Vorschrift gelten diese Wertvorschriften sinngemäß auch für die Tätigkeit außerhalb eines gerichtlichen Verfahrens, wenn der Gegenstand der Tätigkeit auch Gegenstand eines gerichtlichen Verfahrens sein könnte. Eine Mediation kann nicht Gegenstand eines gerichtlichen Verfahrens sein. Folglich bestimmt sich der Gegenstandswert, von dem die Tätigkeit des RA als Mediator abhängt, nach § 8 Abs. 2 BRAGO.[15] Ist der Gegenstandswert unter den in § 8 Abs. 2 S. 1 BRAGO genannten Vorschriften der Kostenordnung nicht einzuordnen, so hat nach § 8 Abs. 2 S. 2 erster Halbsatz BRAGO der RA den Wert nach billigem Ermessen zu bestimmen. Fehlen genügende tatsächliche Anhaltspunkte für eine Schätzung und bei nicht vermögensrechtlichen Streitigkeiten, ist gem. § 8 Abs. 2 S. 2 zweiter Halbs. BRAGO ein Gegenstandswert von 8000 DM anzunehmen, nach Lage des Falles niedriger oder höher, jedoch nicht über eine Million DM. Als tatsächlicher Anhaltspunkte für eine Schätzung bieten sich die Wertvorschriften an, die in einem entsprechenden gerichtlichen Verfahren angewandt werden müssten,[16] also wenn im Rahmen der Mediation die Scheidung selbst behandelt wird, § 12 Abs. 2 S. 2 GKG, für die Regelung der elterlichen Sorge der Wert mit 5000 DM analog § 30 Abs. 2 KostO, für die Regelung der Unterhaltsfragen § 17 Abs. 1 und Abs. 4 GKG. Wegen der Einzelheiten zum Streit- Gegenstandswert vgl. Kap. B.

IV. Der Rechtsanwalt als Parteivertreter in der Mediation

Es ist denkbar, dass die Parteien sich in der Mediation durch Rechtsanwälte vertreten lassen. Solche Rechtsanwälte werden dann nicht als Mediator tätig, sondern als einseitige Vertreter von Parteiinteressen ihrer Mandanten in der Mediation. Diese Rechtsanwälte können gem. § 1 Abs. 1 BRAGO ihre Tätigkeit nach § 118 Abs. 1 BRAGO abrechnen. Haben sie ursächlich am Zustandekommen eines Vergleiches mitgewirkt, steht ihnen die Vergleichsgebühr des § 23 BRAGO zu. Deren Höhe – 15/10 oder 10/10

---

[14] *Gerold/Schmidt-von Eicken* § 3 Rn. 2a.
[15] *Enders* JurBüro 1998, 115; *Gerold/Schmidt-von Eicken* § 23 Rn. 2a.
[16] *Enders* JurBüro 1998, 113.

– richtet sich wieder danach, ob über den Gegenstand der Mediation ein gerichtliches Verfahren ist oder nicht. Siehe vorstehend Rn. 14.

Diese Rechtsanwälte als Interessenvertreter der Parteien können nach gescheiterter Mediation selbstverständlich ihre jeweilige Partei weiter vertreten. Folglich gilt auch die Anrechnungsvorschrift des § 118 Abs. 2 BRAGO. Die im Rahmen der außergerichtlichen Mediation ihnen entstandene Geschäftsgebühr ist auf die in einem nachfolgend gerichtlichen Verfahren entstehende Prozessgebühr anzurechnen.[17]

Wie vorstehend gezeigt, ist Mediation auch während eines laufenden gerichtlichen Verfahrens möglich. Die Frage ist dann, ob die in der Mediation als Parteivertreter tätigen Rechtsanwälte gesonderte Gebühren nach § 118 BRAGO berechnen können oder ob diese Tätigkeit mit der Prozessgebühr des § 31 Abs. 1 Nr. 1 BRAGO abgegolten ist. Die Besprechungsgebühr des § 118 Abs. 1 Nr. 2 BRAGO kann jedenfalls nicht entstehen, da § 37 Nr. 2 BRAGO ausdrücklich anordnet, dass außergerichtliche Vergleichsverhandlungen während eines laufenden Prozessmandates zum Rechtszug gehören, also durch die im Rechtszug entstehenden Gebühren abgegolten werden.[18]

V. Zusammenfassung

1. Gebühren und Gegenstandswerte in der Mediation

17 Folgt man der Ansicht, dass für die Tätigkeit des RA als Mediator § 1 Abs. 1 BRAGO zur Anwendung kommt, ergeben sich die oben dargestellten Unwägbarkeiten: Ist die Tätigkeit des RA als Mediator nach § 20 BRAGO zu vergüten oder auch § 118 Abs. 1 BRAGO anwendbar? Fällt der Mehrvertretungszuschlag nach § 6 Abs. 1 S. 2 BRAGO auch im Rahmen des § 20 Abs. 1 BRAGO an? Wann und inwieweit entsteht eine Besprechungsgebühr? Wie ist es mit den Gebühren, wenn über den Gegenstand der Mediation ein Rechtsstreit anhängig ist, wieweit sind dann die Gebühren des § 118 BRAGO durch §§ 31 Abs. 1 Nr. 1 und 37 Nr. 2 ausgeschlossen? Wann ist das Ergebnis der Mediation ein Vergleich gem. § 23 BRAGO? Wann erwächst die 15/10-Vergleichsgebühr und unter welchen Umständen nur die 10/10-Gebühr? Wie bestimmt sich der Gegenstandswert, nach § 8 Abs. 1 S. 2 BRAGO oder nach § 8 Abs. 2 BRAGO, welche Anhaltspunkte gibt es für eine Schätzung des Gegenstandswertes?

Schließlich werden die Parteien, ihre anwaltlichen Vertreter und auch der RA als Mediator überlegen müssen: Welche Kosten entstehen, wenn der Fall durch die herkömmliche Konfliktbehandlung – außergerichtliche Verhandlungen, wobei jede Partei durch einen RA vertreten ist, – gegenüber den Kosten, die anfallen, wenn der Konflikt durch die Einschaltung eines Mediators gelöst wird.[19]

---

[17] *Enders* JurBüro 1998, 113.
[18] Zu den Bedenken vgl. auch *Brieske* in *Henssler/Koch* § 9 Rn. 79, 80.
[19] Vgl. Die Berechnung von *Enders*, JurBüro 1998, 113. *Enders* kommt zu dem Ergebnis: „Die in der Regel wesentlich geringeren Kosten einer Mediation werden neben dem Umstand, dass die Mediation sicherlich auch für die Psyche der Parteien (gerade bei einer familienrechtlichen Mediation im Hinblick auf eine anstehende Scheidung) wesentlich weniger belastend ist, als eine streitige Auseinandersetzung, eines der Hauptargumente für die Mediation sein. Der Kostenvergleich mit einer streitigen Auseinandersetzung wird dem Anwalt auch sicherlich gute Argumente liefern für den Abschluss einer Honorarvereinbarung und eines Stundensatzes von mehreren ein Hundert DM."

V. Zusammenfassung

2. Honorarvereinbarung, nicht nur empfehlenswert, sondern dringend nötig.

Ist auf Grund des vorstehend Dargestellten unsicher, ob die BRAGO überhaupt anwendbar ist, wenn ja, welche Gebührenvorschriften in Frage kommen, dann ist der Abschluss einer Honorarvereinbarung nicht nur empfehlenswert, sondern dringend notwendig.[20]

18

Wegen der Honorarvereinbarung s. das nachfolgende Kapitel L.

---

[20] So auch *Gerold/Schmidt-von Eicken* § 23 Rn. 2a: „Wegen der vielen Unwägbarkeiten kann dem RA als Mediator nur empfohlen werden, eine Honorarvereinbarung – natürlich mit beiden Parteien – zu treffen, die möglichst Streitwert unabhängig sein sollte (z. B. durch Vereinbarung eines Zeithonorars). Sie sollte möglichst auch klarstellen, unter welchen Voraussetzungen und in welcher Höhe im Falle des Erfolges der Mediation eines Vergleichs- oder entsprechende Erfolgsgebühr geschuldet werden soll." Ebenso *Enders* JurBüro 1998, 113. *Brieske* in *Henssler/Koch* § 9 empfiehlt den Abschluss dreier Vereinbarungen: 1. Eine Vereinbarung des Mediators mit den Parteien, in welchem der Umfang der Mediation festgelegt wird und zwar, welche Angelegenheiten in der Mediation behandelt werden sollen und in welchem Zeitraum. 2. Wegen der Haftungsrisiken bei einer Mediation (§ 9 Rn. 11–70) eine Haftungsbegrenzungsvereinbarung. 3. Wegen der ungeklärten Honorarfragen eine Honorarvereinbarung.

L. Honorarvereinbarungen in Ehe- und Familiensachen

Vorbemerkung. In Ehe- und Familiensachen lässt sich oft mit den gesetzlichen Gebühren kein der Tätigkeit des RA entsprechender angemessener Gewinn erzielen. Das liegt u. a. daran, dass vielfach mehrere Angelegenheiten durch das Gesetz gebührenmäßig zusammengezogen werden (vgl. z. B. §§ 7 Abs. 2 und 3, 41, § 19a GKG, § 623 ZPO) sowie an Vorschriften, wonach entstandene Gebühren auf später entstehende angerechnet werden (vgl. § 20 Abs. 1 S. 4 und § 118 Abs. 2 BRAGO). Um dennoch einen ausreichenden Gewinn zu erzielen, wird daher der RA gezwungen sein, mit Honorarvereinbarungen zu arbeiten. Die Notwendigkeit von Honorarvereinbarungen kann jeder RA leicht einsehen, wenn er die Stunden, die er für die Bearbeitung einer Angelegenheit braucht, genau aufzeichnet, anschließend den sich nach dem Gesetz ergebenden Gebührenbetrag durch die Anzahl der Stunden teilt.

I. Allgemeines

1. Anwendungsbereich

Honorarvereinbarungen nennt man im Allgemeinen die Abrede zwischen einem RA und seinem Auftraggeber[1] oder einem Dritten, anstelle der oder zu den in der BRAGO geregelten gesetzlichen Gebühren eine vertraglich vereinbarte Vergütung zu zahlen. Unter Honorarvereinbarungen in diesem Sinne fallen nicht nur Vereinbarungen, die zu einer höheren als der gesetzlichen Vergütung führen, sondern auch solche, die eine niedrigere als die gesetzliche ergeben. Die BRAGO enthält nur Vorschriften für die gesetzlichen Gebühren und Auslagen, denn § 1 Abs. 1 S. 1 BRAGO definiert: „Die Vergütung (Gebühren und Auslagen) des RA für seine Berufstätigkeit bemisst sich nach diesem Gesetz".

1

2. Die Zulässigkeit einer Gebührenvereinbarung

Die Zulässigkeit einer Honorarvereinbarung ergibt sich nicht unmittelbar aus der BRAGO. Wenn es aber in § 3 Abs. 1 S. 1 BRAGO heißt, aus einer Vereinbarung kann der RA eine höhere als die gesetzliche Vergütung nur fordern, wenn die Erklärung des Auftraggebers schriftlich abgegeben ist, dann setzt das die Zulässigkeit voraus. Nach § 49b Abs. 1 BRAO ist eine Gebührenunterschreitung grundsätzlich unzulässig. Aus dem Umkehrschluss aus § 49b Abs. 1 BRAO ergibt sich, dass dem RA grundsätzlich nicht untersagt ist, höhere als die nach der BRAGO maßgeblichen Gebühren zu vereinbaren.[2]

2

---

[1] Die BRAGO bezeichnet die Person, für die der RA anwaltliche Tätigkeit entfaltet, ausschließlich als Auftraggeber. Anwälte verwenden stattdessen häufig die Bezeichnung Mandant, Klient, Partei oder (seltener) schlicht Kunde. Wenn im Folgenden die letztgenannten Bezeichnungen verwendet werden, so ist ausnahmslos der Auftraggeber im Sinne der BRAGO gemeint.

[2] *Hartung/Holl-Nerlich* BerufsO Rn. 58, 59.

L. Honorarvereinbarungen in Ehe- und Familiensachen

Die Zulässigkeit ergibt sich auch aus folgendem: Gem. § 48 BRAO muss der RA die Vertretung einer Partei im gerichtlichen Verfahren übernehmen, wenn er ihr im Wege der Prozesskostenhilfe beigeordnet ist. Nach § 49 BRAO hat er die Verteidigung zu übernehmen, wenn er zum Pflichtverteidiger bestellt ist. Schließlich ist er nach § 49a BRAO verpflichtet, die in dem Beratungshilfegesetz vorgesehene Beratungshilfe zu übernehmen. Ansonsten ist er in der Annahme eines Auftrags frei. Aus dem Grundsatz der Vertragsfreiheit folgt auch, dass er nicht verpflichtet ist, zu den gesetzlichen Gebühren tätig zu werden. Er kann die Annahme des Auftrags davon abhängig machen, dass eine von den gesetzlichen Gebühren abweichende Vergütung vereinbart wird. Eine solche abweichende Vereinbarung, gewöhnlich Honorarvereinbarung genannt, ist in allen Angelegenheiten zulässig mit folgenden Ausnahmen: Durch eine Vereinbarung, nach der ein im Wege der Prozesskostenhilfe beigeordneter RA eine Vergütung erhalten soll, wird eine Verbindlichkeit nicht begründet, § 3 Abs. 4 BRAGO, vgl. unten Rn.

Ferner bestimmt § 8 Abs. 2 BerHG: Vereinbarungen über eine Vergütung sind nichtig.

3. Die Notwendigkeit von Honorarvereinbarungen

3   Die gesetzliche Vergütung nach der BRAGO soll ein gerechtes und angemessenes Entgelt für die anwaltliche Tätigkeit darstellen. Dann, wenn die gesetzliche Vergütung zu keinem angemessenem Entgelt führt, ist eine Honorarvereinbarung nötig. Ausführliche Begründung s. unten Rn. 36 und 37.

II. Formvorschriften

1. Die Vorschrift des § 3 Abs. 1 S. 1 BRAGO

4   Der Wortlaut des Gesetzes lautet: „Aus einer Vereinbarung kann der Rechtsanwalt eine höhere als die gesetzliche Vergütung nur fordern, wenn die Erklärung des Auftragebers schriftlich abgegeben und nicht in der Vollmacht oder in einem Vordruck, der auch andere Erklärungen umfasst, enthalten ist."

Der RA hat nur dann Anspruch auf eine höhere als die gesetzliche Vergütung, wenn er die höhere Vergütung mit dem Auftraggeber vereinbart. Es ist mithin ein Vertrag zwischen dem RA und dem Auftraggeber erforderlich. Abweichend von der Formvorschrift des § 126 Abs. 2 S. 1 BGB ist bei einer Honorarvereinbarung jedoch nicht nötig, dass die Parteien, also Auftraggeber und RA, den gesamten Vertrag unterzeichnen. Nur die Erklärung des Auftragebers, mit der die höhere Vergütung versprochen wird, muss schriftlich abgegeben werden. Die Erklärung des Anwalts, mit der er die höhere Vergütung fordert oder mit der er das Angebot einer höheren Vergütung annimmt, ist dagegen formfrei. § 126 Abs. 2 BGB findet keine Anwendung.[3]

Sinn und Zweck der Formvorschrift ist, den Auftraggeber vor unüberlegten Gebührenvereinbarungen zu schützen, indem er hinreichend auf seine Erklärung hingewiesen wird. Ein weiterer Zweck der Vorschrift ist, im Interesse der Rechtspflege eine klare

---
[3] *Riedel/Sußbauer-Fraunholz* § 3 Rn. 16.

II. Formvorschriften

Beweislage zu schaffen.[4] Die Vorschrift ist zum Schutze des Auftraggebers eng auszulegen.[5]

a) Nicht der Formvorschrift unterliegende Honorarvereinbarungen

Für die Formvorschrift des § 3 Abs. 1 S. 1 BRAGO ist Voraussetzung, dass eine höhere als die gesetzliche Vergütung vereinbart wird. Die gesetzliche Vergütung ist in § 1 Abs. 1 BRAGO geregelt. Danach erhält der RA die gesetzliche Vergütung nur „für seine Berufstätigkeit". Gegenstand des Vertrages zwischen dem RA und dem Auftraggeber (Mandatsverhältnis) muss also eine **Berufstätigkeit des RA** sein. Eine solche liegt in der Gewährung rechtlichen Beistandes. Im Zweifel ist anzunehmen, dass derjenige, der sich an einen RA wendet, ihn auch als solchen in Anspruch nimmt. Sind die Interessen des Auftraggebers rechtliche, so wird der RA beruflich tätig, sonst nicht.

Keine Berufstätigkeit des RA liegt vor, wenn seine Dienste als Makler in Anspruch genommen werden, oder für die Ausarbeitung eines Finanzierungsplanes, wenn dabei die Gewährung rechtlichen Beistands völlig in den Hintergrund tritt.[6] Sind für den Finanzierungsplan aber wesentliche rechtliche Kenntnisse erforderlich und ist mit seiner Aufstellung eine rechtliche Beratung verbunden, der Plan dient z. B. als Grundlage für die Gründung einer Gesellschaft oder ihre Auseinandersetzung, zur Erleichterung einer Ehescheidung, so liegt eine anwaltliche Tätigkeit vor. Liegt eine nichtanwaltliche Tätigkeit vor, so kann der Anwalt mit seinem Auftraggeber eine Vergütung vereinbaren, die nicht der Formvorschrift nach § 3 Abs. 1 S. 1 BRAGO unterliegt.

Nach § 1 Abs. 2 gilt die BRAGO nicht, wenn der RA als Vormund, Betreuer, Pfleger, Testamentsvollstrecker, Insolvenzverwalter, Mitglied des Gläubigerausschusses oder Gläubigerbeirates, Nachlassverwalter, Zwangsverwalter, Treuhänder, Schiedsrichter oder in ähnlicher Stellung tätig wird.

b) Eine höhere als die gesetzliche Vergütung

Nicht jede Vereinbarung einer von den gesetzlichen Gebühren abweichende Vergütung bedarf der Form des Abs. 1. Die Formvorschrift bezieht sich nur auf die Vereinbarung einer höheren als der gesetzlichen Vergütung.

Ob die vereinbarte Vergütung höher ist als die gesetzliche, ergibt sich aus dem Vergleich der gesamten gesetzlichen Vergütung mit dem vereinbarten Betrag. Ein solcher Vergleich ist erst dann möglich, wenn sich die Höhe der gesetzlichen Vergütung ermitteln lässt, in der Regel mithin erst nach dem Ende der Tätigkeit des RA. Eine vereinbarte Vergütung kann auch dann eine höhere als die gesetzliche Vergütung sein, wenn sie sich – bei Rahmengebühren – im Gebührenrahmen zwar hält, sie aber über der nach den Bemessenskriterien des § 12 Abs. 1 BRAGO zu bestimmenden angemessenen Gebühr liegt.

Ist der Gegenstandswert der anwaltlichen Tätigkeit gem. § 8 Abs. 2 S. 2 BRAGO nach billigem Ermessen zu bestimmen und entspricht ein vereinbartes Honorar den gesetzlichen Gebühren für den richtig ermittelten Gegenstandswert, so bedarf die Vereinbarung nicht der Schriftform.

Wegen des Abbedingens der Erstberatungsgebühr vgl. Kap. I Rn. 9.

---

[4] BGHZ 57, 53, 57 f; BGH NJW 1991, 3098.
[5] Düsseldorf AnwBl. 1998, 102 = NJW-RR 1998, 855.
[6] BGHZ 18, 340, 346 = NJW 1955, 1921; BGH NJW 1967, 876 (Vermögensverwaltung); BGHZ 53, 394 (kaufmännische Buchführung); BGH NJW 1980, 1855 (Anlageberatung).

L. Honorarvereinbarungen in Ehe- und Familiensachen

c) Die Erklärung des Auftraggebers

7 Da nur die **Erklärung des Auftragebers**, mit der die höhere Vergütung versprochen wird, **schriftlich** abgegeben werden muss, fragt es sich, ob seine schriftliche Erklärung „Mit Ihrer Forderung einverstanden" ausreichend ist. Sie ist ausreichend, wenn die Höhe des Honorars aus dem Anforderungsschreiben des RA zu ersehen ist und die Erklärung des Auftraggebers sich auf dem Anforderungsschreiben des Anwalts befindet.

Ist eine schriftliche Erklärung des Auftraggebers seine Antwort auf einen mündlichen Honorarvorschlag des RA, dann fehlt es an jeder schriftlichen Wiedergabe dessen, was der RA mit dem Auftraggeber vereinbaren will.

Problematisch wird es, wenn der Vorschlag des RA in einem Schreiben enthalten ist und der Auftraggeber nicht auf einer Durchschrift dieses Schreibens sein „Einverstanden" setzt, sondern in einem getrennten Schreiben an den RA sein Einverständnis erklärt. Hier ist zu unterscheiden: Erklärt der Auftraggeber in seinem Antwortschreiben etwa, „ich bin mit Ihrem Honorarvorschlag aus Ihrem Schreiben vom... einverstanden", dann wird der Inhalt der vereinbarten Vergütung durch die Bezugnahme auf das Schreiben des Anwalts eindeutig erkennbar, mithin ist die Schriftform gewahrt. Wenn aber der Auftraggeber lediglich zurückschreibt, „mit Ihrer Forderung einverstanden", dann fehlt es an einer Bezugnahme auf das Gewollte und somit an einer formgültigen Vereinbarung.

d) Honorarversprechen Dritter

8 Verspricht ein **Dritter** (z. B. ein Freund des Auftraggebers) eine die gesetzliche Vergütung überschreitende Vergütung, so muss seine Erklärung dem Erfordernis des § 3 Abs. 1 S. 1 BRAGO entsprechen.[7]

2. Die eigenhändige Namensunterschrift

9 Die durch § 3 Abs. 1 S. 1 BRAGO vorgeschriebene schriftliche Erklärung des Auftraggebers erfordert nach § 126 Abs. 1 BGB die **eigenhändige Namensunterschrift** oder die Unterzeichnung mittels gerichtlich oder notariell beglaubigten Handzeichens. Der Auftraggeber muss mithin selbst mit seinem Namen unterschreiben. Keine Namensunterschrift ist die Unterzeichnung mit den Anfangsbuchstaben, der so genannten Paraphe.[8] Mechanische Unterzeichnung durch Schreibmaschine, Stempel, Druck oder Faksimile ist nicht ausreichend, ebenso wenig die Unterschrift mittels Scanner, weil die gescannte Unterschrift nämlich nichts anderes ist als ein auf die EDV umgesetzter Faksimilestempel.

Durch ein **Telegramm** kann ein Honorarversprechen nicht wirksam abgegeben werden. Ein Telegramm kann telefonisch aufgegeben werden, das Aufnahmeformular enthält somit keine Unterschrift des Auftraggebers. Selbst wenn das Aufnahmeformular seine Unterschrift trägt, geht kein vom Auftraggeber unterschriebenes Schriftstück dem Anwalt zu. Die Auslegungsregel des § 127 S. 2 BGB, wonach zur Wahrung der Form die telegrafische Übermittlung genügt, hilft nicht weiter; denn sie gilt gem. S. 1 der Vorschrift für die durch Rechtsgeschäft bestimmte schriftliche Form. Die durch § 3

---

[7] BGH NJW 1991, 3065 = ZfS 1992, 64; LG Berlin AnwBl. 1982, 262.
[8] BGH NJW 1967, 2310.

II. Formvorschriften

Abs. 1 BRAGO bestimmte Form ist eine durch Gesetz und nicht durch Rechtsgeschäft bestimmte Form.

Die Rechtsprechung hat für schriftlich vorzunehmende Parteihandlungen im Prozess, auch für bestimmte Schriftsätze, **Telefax-Schreiben** (wie schon früher Telexschreiben) zugelassen.[9] Diese Erleichterungen im Prozessrecht gelten aber nicht für die Schriftform im bürgerlichen Recht. Die in § 126 BGB geregelte Schriftform gilt nicht nur für die Vorschriften des BGB, sondern für alle gesetzlichen Bestimmungen des Privatrechts, in denen Schriftform verlangt wird, also auch für § 3 BRAGO. Durch Telex oder Telegramm kann also ein Honorarversprechen nicht wirksam abgegeben werden. Das ist zwar umstritten. Vorsichtshalber sollte der RA zu seiner Sicherheit sich nicht mit einem Fax zufrieden geben.[10]

3. Vollmacht oder Vordruck

Die schriftliche Erklärung des Auftragebers, eine höhere als die gesetzliche Vergütung zu schulden, darf gem. § 3 Abs. 1 S. 1 BRAGO „nicht in der **Vollmacht** oder in einem Vordruck, der auch andere Erklärungen umfasst, enthalten" sein, weil solche Schriftstücke vom Auftraggeber vielfach nicht oder nicht mit der gebotenen Sorgfalt gelesen werden.[11] Ein **Vordruck** ist ein Formular, das ergänzend ausgefüllt wird. Vor dem Inkrafttreten des AGBG verstand man im Allgemeinen unter Vordruck ein gedrucktes Formular. Heute, wo jedermann seine Vordrucke mittels Schreibautomaten und EDV-Technik herstellen kann, ist als Vordruck anzusehen jedes Schriftstück, das sich nach seiner äußeren Aufmachung als Formblatt (Formular) darstellt, von dem man annehmen kann, dass es in gleicher Weise häufiger verwendet wird.[12]

10

Erhält ein solcher Vordruck außer dem Honorarversprechen Vereinbarungen, z. B. über die Aufbewahrung der Akten oder eine Beschränkung der Haftung des RA, dann ist das Honorarversprechen unwirksam. Dagegen bestehen keine Bedenken gegen die Aufnahme von Nebenabreden hinsichtlich des vereinbarten Honorars, z. B. Regelungen zur Bezahlung des Honorars (Fälligkeit, Stundung), Beschränkung des Umfangs der anwaltlichen Tätigkeit, der abgegolten werden soll, oder eine Gerichtsstandsvereinbarung für die Honoraransprüche.[13] Wenn aber die Gerichtsstandsvereinbarung für sämtliche Ansprüche aus dem Anwaltsvertrag, also auch für Regressklagen gegen den Anwalt gilt, so ist die Honorarvereinbarung unverbindlich.[14]

4. Honorarscheine

Vorgedruckte Honorarvereinbarungen, kurz **Honorarscheine** genannt, sind im Fachhandel erhältlich. Werden sie verwandt, so ist mindestens sichergestellt, dass den gesetzlichen Vorschriften über eine Honorarvereinbarung Genüge getan ist. Aber es ist Geschmackssache, die Frage des Honorars mit einem Formular zu bewältigen. Vorzu-

11

---

[9] Ständige Rechtspr. des Bundesverfassungsgerichts u. aller Bundesgerichte; Überblick vgl. *Hartmann* in *Baumbach/Lauterbach* ZPO § 129 Rn. 12, 21, 22, 45 u. 46.
[10] Schrifttum u. Rechtsprechungsnachweise s. *Gerold/Schmidt-Madert* § 3 Rn. 5.
[11] BGHZ 57, 43 (57).
[12] *Riedel/Sußbauer-Fraunholz* § 3 Rn. 17.
[13] BGH AnwBl. 1978, 227; LG Aachen NJW 1970, 571.
[14] München NJW 1993, 3336; Düsseldorf AnwBl. 1998, 102 = NJW-RR 1998, 855.

L. Honorarvereinbarungen in Ehe- und Familiensachen

ziehen ist daher die Vereinbarung eines Honorars mittels gewöhnlichen Schriftverkehrs. Hier besteht allerdings immer die Gefahr, dass den gesetzlichen Vorschriften nicht genüge getan wird und/oder wesentliche Bestandteile einer Honorarvereinbarung vergessen werden. Daher ist dringend zu empfehlen, dass der Anwalt, wenn er für den betreffenden Fall eine individuelle Honorarvereinbarung entwirft, bei der Abfassung anhand einer Checkliste überprüft, ob alle notwendigen und wesentlichen Bestandteile enthalten sind. Dabei hat sich die programmierte Textverarbeitung sehr bewährt. Denn durch sorgfältig ausgearbeitete und gespeicherte Texte ist gewährleistet, dass kein notwendiger Bestandteil einer Honorarvereinbarung vergessen wird, der gespeicherte Text auf den betreffenden Fall abgewandelt werden kann, so dass eine individuelle Honorarvereinbarung entsteht.

Vorgedruckte anwaltliche Honorarscheine sind Allgemeine Geschäftsbedingungen im Sinne von § 1 AGBG. Nach § 9 Abs. 1 und 2 AGBG sind Bestimmungen in Allgemeinen Geschäftsbedingungen unwirksam, wenn sie den Vertragspartner des Verwenders entgegen den Geboten von Treu und Glauben unangemessen benachteiligen; eine unangemessene Benachteiligung ist im Zweifel anzunehmen, wenn eine Bestimmung mit wesentlichen Grundgedanken der gesetzlichen Regelung, von der abgewichen wird, nicht zu vereinbaren ist. Folge der Unwirksamkeit ist nach § 6 Abs. 2 AGBG, dass sich der Inhalt des Vertrages nach den gesetzlichen Vorschriften richtet. § 3 Abs. 3 BRAGO macht eine Inhaltskontrolle nach § 9 AGBG nicht entbehrlich, da gem. § 3 Abs. 3 BRAGO nur die Höhe des Honorars überprüft werden kann.[15]

Darüber hinaus werden die Anwälte sich darauf einstellen müssen, dass viele Honorarvereinbarungen, die nicht vom Mandanten formuliert oder mit ihm auch individuell ausgehandelt worden sind, dass also alle vom RA allein formulierten Vereinbarungen der Kontrolle der Vorschriften des AGBG unterliegen. § 24a AGBG bestimmt, dass bei Verträgen zwischen einer Person, die in Ausübung ihrer gewerblichen oder beruflichen Tätigkeit handelt (Unternehmer) und einer natürlichen Person, die den Vertrag zu einem Zweck abschließt, der weder einer gewerblichen noch selbstständigen beruflichen Tätigkeit zugerechnet werden kann (Verbraucher), die Vorschriften des AGB mit folgenden Maßgaben anzuwenden sind:

1. Allgemeine Geschäftsbedingungen gelten als vom Unternehmer gestellt, es sei denn, dass sie durch den Verbraucher in den Vertrag eingeführt werden; 2. die §§ 5, 6 und 8 bis 12 AGBG sind auf vorformulierte Vertragsbedingungen auch dann anzuwenden, wenn diese nur zu einmaligen Verwendung bestimmt sind und somit der Verbraucher auf Grund der Vorformulierung auf ihren Inhalt keinen Einfluss nehmen konnte; 3. bei der Beurteilung der unangemessenen Benachteiligung nach § 9 AGBG sind die den Vertragsabschluss begleitenden Umstände zu berücksichtigen.

---

[15] *Hartmann* KostG BRAGO § 3 Rn. 55; *Bunte* NJW 1981, 2657; AG Krefeld NJW 1980, 1582; **a. A.** *Wolf/Horn/Lindacher* AGB-Gesetz § 9 Rn. R 3. Für ärztliche Honorarvereinbarungen mittels Honorarschein vgl. BGH BB 1991, 2469 u. LG Duisburg NJW 1986, 2887.

III. Der Verstoß gegen die Formvorschrift

1. Keine Nichtigkeit des Anwaltsvertrags

Ein Verstoß gegen die zwingende Formvorschrift des § 3 Abs. 1 BRAGO führt dazu, 12 dass der RA den die gesetzliche Vergütung übersteigenden Betrag weder fordern, einklagen noch sonst wie geltend machen, auch nicht mit ihm aufrechnen kann.[16]

Ist die Schriftform des § 3 Abs. 1 S. 1 BRAGO nicht eingehalten worden, besteht wegen des die gesetzliche Vergütung übersteigenden Teils des vereinbarten Honorars eine unvollkommene Verbindlichkeit, eine sog. Naturalobligation. Diese ist jedoch gegenüber anderen Naturalobligationen insofern eigenartig, als zur Erfüllung der Verbindlichkeit nicht jede Art von Zahlung dienen kann, sondern nur eine freiwillige und ohne Vorbehalt erfolgende.

Der Verstoß gegen die Formvorschrift hat aber **nicht etwa die Nichtigkeit des gesamten Anwaltsvertrags** zur Folge, sondern bewirkt nur, dass der RA keine höhere als die gesetzliche Vergütung beanspruchen kann.[17] Der BGH hat seine Feststellung, es liege keine Nichtigkeit des Anwaltsvertrags vor, mit dem Zweck des § 93 Abs. 2 RAGebO (dem Vorläufer des heutigen § 3 Abs. 1 S. 1 BRAGO) begründet. Dem Zweck des § 93 Abs. 2 RAGebO sei zu entnehmen, „dass zwar der gerichtliche Schutz für die dem Anwalt untersagte Gebührenvereinbarung entfalle, die Gültigkeit des Anwaltsvertrages aber in der Regel nicht in Zweifel gezogen werden soll. Anderenfalls würden die Interessen des Mandanten ernstlich gefährdet, denn bei einer Nichtigkeit des Anwaltsvertrages würde dieser jedenfalls seine Ansprüche auf Vertragserfüllung oder auf Schadensersatz aus schuldhafter Vertragsverletzung verlustig gehen. Die Anwendung des § 139 BGB ist im Allgemeinen dann eingeschränkt, wenn nach dem Willen des Gesetzgebers die Nichtigkeit auf die unwirksame Klausel beschränkt sein soll (vgl. RGZ 146, 116 (119); *Errmann-Westermann*, Anm. 2 zu § 139 BGB).[18]

Die Arglisteinrede ist gegenüber der Berufung auf den Formmangel zulässig. Da man aber von einem RA erwarten kann, dass er die Formvorschriften kennt, und da er verpflichtet ist, den Auftraggeber über die gesetzlichen Vorschriften zu belehren, wird man einen Verstoß von Treu und Glauben seitens des sich auf den Formmangel berufenden Auftraggebers nur selten annehmen können.[19]

Die mangels Einhaltung der Schriftform zu Stande gekommene unvollkommene Verbindlichkeit kann nachträglich durch Erklärung des Auftraggebers in der besonderen Schriftform in eine vollkommene Verbindung umgewandelt werden. Es handelt sich dann um die Änderung des Inhalts eines Schuldverhältnisses, welche einen Vertrag nach § 305 BGB erfordert. Die Zustimmungserklärung des Rechtsanwalts kann formlos und auch stillschweigend erfolgen.[20]

---

[16] Hamm OLGR 1993, 103.
[17] *Riedel/Sußbauer-Fraunholz* § 3 Rn. 19; Frankfurt AnwBl. 1983, 513.
[18] BGHZ 18, 340, 348.
[19] BGH NJW 1991, 3068 = ZfS 1992, 84. Vgl. dazu auch Düsseldorf MDR 1957, 49.
[20] *Riedel/Sußbauer-Fraunholz* § 3 Rn. 18.

2. Die Zahlung, freiwillig und ohne Vorbehalt geleistet

13 Hat der Auftraggeber freiwillig und ohne Vorbehalt geleistet, so kann er nach § 3 Abs. 1 S. 2 BRAGO das geleistete nicht deshalb zurückfordern, weil seine Erklärung der Vorschrift des Satzes 1 nicht entspricht. Durch eine solche Leistung wird also der Formmangel geheilt. Aus § 3 Abs. 1 S. 2 BRAGO folgt zugleich, dass es sich bei dem nicht der Form entsprechenden Versprechen einer höheren als der gesetzlichen Vergütung um die Begründung einer Naturalobligation handelt, die zwar nicht eingeklagt, aber erfüllt werden kann.

„Leisten" ist nicht nur die Erfüllung durch Zahlung der vereinbarten Vergütung, sondern auch die Aufrechnung des Auftraggebers mit einer ihm gegen den RA zustehenden Gegenforderung oder eine Leistung an Erfüllung Statt.

Dagegen kann der RA eine nicht formgültig versprochene höhere Vergütung nicht gegen den Willen des Auftraggebers geltend machen, er kann sie nicht einklagen, er kann nicht mit seiner Forderung gegen eine Forderung des Auftraggebers aufrechnen; ebenso wenig kann er ein Zurückbehaltungsrecht geltend machen.

Die Zahlung muss „freiwillig und ohne Vorbehalt" erfolgt sein. Eine freiwillige Leistung setzt mehr als Freiheit von widerrechtlicher Drohung i. S. v. § 123 BGB voraus. Kündigt der RA an, ohne Zahlung des Auftraggebers seine Tätigkeit einzustellen, ist die Leistung nicht mehr als freiwillig anzusehen, da der Auftraggeber unter Druck gesetzt wurde. Der Begriff „freiwillig und ohne Vorbehalt" darf nicht in die Bestandteile „freiwillig" und „ohne Vorbehalt" zerlegt werden.[21] Der Auftrageber muss mehr zahlen wollen, als er nach dem Gesetz ohne die Vereinbarung zu zahlen hätte. Er muss also wissen, dass seine Zahlungen die gesetzliche Vergütung übersteigen. Dagegen braucht ihm nicht bekannt zu sein, dass der RA auf die höhere Vergütung keinen klagbaren Anspruch hat. Droht allerdings der RA mit einer Klage, wird es an der Freiwilligkeit fehlen. Zahlt ein Angeklagter am Tage der Hauptverhandlung auf die Worte des Verteidigers, „Entweder Sie zahlen jetzt das mündlich versprochene Honorar oder ich verteidige nicht", verknüpft er die Androhung der Niederlegung des Mandats mit Hinweisen auf angebliche Nachteile für die Prozessaussichten, dann liegt keine freiwillige Leistung vor.[22]

„Vorbehaltslos" ist nur geleistet, wenn der Auftraggeber keinen Zweifel an der Berechtigung der Forderung des RA äußert.

Welche Anforderung an die „freiwillig vorbehaltslose Leistung" zu stellen sind, wird sich nur nach dem Einzelfall bestimmen lassen. Bei einem geschäftsgewandten Auftraggeber wird bereits die Zahlung als solche genügen. Bei einem ungewandten Auftraggeber werden erhebliche höhere Anforderungen zu stellen sein.[23]

Wird nur ein Teilbetrag bezahlt, der die Höhe der gesetzlichen Vergütung nicht übersteigt, so tritt keine Heilung ein. Wird mehr bezahlt, so tritt Heilung nicht erst dann ein, wenn die ganze Vergütung bezahlt ist, sondern nach dem Maße der Zahlung auch dann, wenn nur eine Teilzahlung auf die vereinbarte Vergütung erfolgt ist, welche die gesetzliche Vergütung übersteigt.

---

[21] *Riedel/Sußbauer-Fraunholz* § 3 Rn. 22.
[22] LG Karlsruhe MDR 1991, 548.
[23] *Riedel/Sußbauer-Fraunholz* § 3 Rn. 21; vgl. Frankfurt AnwBl. 1988, 250. Der Fall betraf einen Jugoslawen, von dem das OLG annahm, er habe das deutsche Gebührenrecht nicht gekannt.

Hinsichtlich der Beweislast ist zu unterscheiden: Fordert der Auftraggeber die Leistung wegen ungerechtfertiger Bereicherung (§ 812 BGB) zurück, muss er nach allgemeinen Regeln beweisen, dass seine Zahlung ohne Rechtsgrund erfolgt ist. Ist bewiesen, dass weder eine schriftliche noch eine mündliche Honorarvereinbarung getroffen ist, so kommt es auf die Frage der Freiwilligkeit nicht mehr an. Steht aber fest, dass eine mündliche Vereinbarung getroffen worden ist, dann ist es Sache des RA, die Freiwilligkeit zu beweisen, vor allem die Tatsache, dass der Auftraggeber bei Zahlung gewusst hat, er zahle mehr als die gesetzlichen Gebühren.[24]

IV. Zulässige Honorarvereinbarungen

1. Im Ermessen des Vorstandes der Rechtsanwaltskammer oder im Ermessen eines Vertragsteils oder eines Dritten

Gem. § 3 Abs. 2 S. 1 BRAGO kann die Festsetzung der Vergütung dem billigem Ermessen des Vorstandes der Rechtsanwaltskammer überlassen werden. Eine solche Vereinbarung kommt kaum vor. Wegen der Einzelheiten wird daher auf die BRAGO-Kommentare verwiesen.[25] 14

Die Bestimmung der Höhe der vereinbarten Vergütung kann dem Ermessen eines Vertragsteils nicht überlassen werden. § 3 Abs. 2 S. 2 BRAGO besagt, dass die gesetzliche Vergütung als vereinbart gilt, wenn die Festsetzung der Vergütung dem Ermessen eines Vertragsteils überlassen ist. Ob die Festsetzung der Vergütung durch einen Dritten möglich ist, ist umstritten.[26] 15

2. Zulässige Inhalte von Honorarvereinbarungen

a) Allgemeines

Inhalt der Vereinbarung kann nur eine bestimmte, zumindest aber bestimmbare, höhere als die gesetzliche Vergütung sein. Eine Einigung dahin, dass die gesetzlichen Gebührensätze ausgeschlossen sein sollen und dass eine höhere Vergütung zu zahlen sei, genügt nicht. Es ist notwendig, dass ein Maßstab gewählt wird, der ohne Schwierigkeiten eine ziffernmäßige Berechnung zulässt.[27] 16

b) Mögliche Inhalte

Die möglichen Inhalte von Honorarvereinbarungen lassen sich grob in mehrere Gruppen einteilen: 17

---

[24] LG Freiburg AnwBl. 1983, 515; *Hartmann* KostG BRAGO § 3 Rn. 22 a. A. *Riedel/Sußbauer-Fraunholz* § 3 Rn. 23.
[25] Z. B. *Gerold/Schmidt-Madert* § 3 Rn. 12.
[26] Wegen der geringen Bedeutung der Vorschrift wird auch insoweit auf die BRAGO-Kommentare verwiesen. *Gerold/Schmidt-Madert* § 3 Rn. 13; *Riedel/Sußbauer-Fraunholz* § 3 Rn. 28; *Hartmann* KostG BRAGO § 3 Rn. 31 bis 34 hält die Bestimmung der Vergütung durch einen Dritten, in dessen Ermessen sie gestellt ist, mit sehr beachtlichen Gründen für zulässig.
[27] BGH AnwBl. 1965, 173 (m. Anm. *Brangsch*) = NJW 1965, 1023.

L. Honorarvereinbarungen in Ehe- und Familiensachen

1. Gruppe:

Die gesetzlichen Gebühren werden insgesamt erhöht. Z. B.: Es wird vereinbart, dass die **doppelten Beträge** aller gesetzlichen Gebühren oder der höchste Satz der Betragsrahmengebühren zu zahlen sind. Anstelle der gesetzlichen Gebühren wird ein **Gesamtbetrag** vereinbart. Vereinbart werden können auch **Zuschläge zu den gesetzlichen Gebühren** als prozentualer Zuschlag oder festen Zusatzbetrag.

2. Gruppe:

Anstelle des gesetzlichen Streitwertes wird ein **höherer Streitwert** vereinbart, nach dem die gesetzlichen Gebühren abgerechnet werden. Eine Vereinbarung, in der kein bestimmter Betrag festgesetzt ist, sondern nur auf einen „angemessenen Streitwert" Bezug genommen wird, ist nicht ausreichend. Der BGH[28] führt dazu aus: „Der Auftraggeber kann sich grundsätzlich darauf verlassen, dass seine Verpflichtung gesetzlich bestimmt ist. Wenn der RA eine hiervon abweichende Regelung erreichen will, hat er als Rechtskundiger dafür zu sorgen, dass jede solche Abweichung eindeutig und unmissverständlich festgelegt wird, so dass sein Klient unschwer ersehen kann, was er zu bezahlen hat."

3. Gruppe:

Grundsätzlich kann jede gesetzliche **Einzelgebühr** erhöht werden, es wird z. B. vereinbart, den doppelten Betrag der Vergleichsgebühr gem. § 23 Abs. 1 S. 1 BRAGO zu zahlen.

4. Gruppe:

Da grundsätzlich alle gesetzlichen Gebührenbestimmungen abdingbar sind, kann auch vereinbart werden, dass Einschränkungen der gesetzlichen Gebühren nicht gelten sollen. Es ist z. B. möglich zu vereinbaren, dass die Anrechnung der Geschäftsgebühr des § 118 Abs. 1 Nr. 1 BRAGO auf die im anschließenden Rechtsstreit entstehende Prozessgebühr des § 31 Abs. 1 Nr. 1 BRAGO nicht vorgenommen werden soll, Als weiteres Beispiel sei die Bestimmung des § 37 Nr. 2 BRAGO genannt, wonach außergerichtliche Vergleichsverhandlungen zum Rechtszug gehören, also nicht besonders vergütet, sondern mit den im Rechtszug entstehenden Gebühren abgegolten werden. Hier ist es möglich zu vereinbaren, dass während des Rechtszugs geführte Vergleichsver-handlungen durch eine zusätzliche Verhandlungs- oder Erörterungsgebühr gem. § 3 Abs. 1 Nr. 2 oder Nr. 4 BRAGO oder durch die Besprechungsgebühr des § 118 Abs. 1 Nr. 2 BRAGO vergütet werden sollen.

c) Zeitgebühren

18 Die BRAGO kannte bis zum 30. Juni 1994 als gesetzliche Gebühr keine Zeitgebühr. Gleichwohl war ihre Vereinbarung gem. § 3 BRAGO schon immer möglich und zulässig. Nunmehr bestimmt § 3 Abs. 5 S. 1 BRAGO, dass der RA in außergerichtlichen Angelegenheiten Pauschvergütungen und Zeitvergütungen vereinbaren kann, die niedriger sind, als die gesetzlichen Gebühren. Damit ist mittelbar eine Zeitgebühr, die zu eine höheren Vergütung als die gesetzlichen Gebühren führt, gesetzlich anerkannt.

---

[28] AnwBl. 1995, 173 = NJW 1995, 1023.

IV. Zulässige Honorarvereinbarungen

Zeitgebühren können nötig sein, wenn
a) gesetzliche Gebühren oder Gegenstandswerte umstritten sind,
b) Schwierigkeiten bei der Feststellung des Gegenstandswertes auftreten,
c) die gesetzlichen Gebühren dem Umfang und der Bedeutung der Sache nicht gerecht werden, somit kein angemessenes Entgelt für die Arbeit und das Haftungsrisiko des RA darstellen und schließlich
d) der Mandant im Ausland ansässig ist oder die Angelegenheit im Ausland spielt.

Die **Vereinbarung von Stundenhonoraren** ist zweckmäßig und hat sich bewährt. Die Auftraggeber verstehen regelmäßig das gesetzliche Gebührensystem nicht, sie können daher mit Honorarvereinbarungen, wie „das Doppelte der gesetzlichen Gebühren" wenig anfangen. Auch wird es ihnen kaum möglich sein, die Kalkulation eines Pauschalhonorars nachzuvollziehen. Stundenhonorare kann jeder Auftraggeber überblicken und vor allem vergleichen z. B. mit Honorarabrechnungen von Chefärzten oder Zahnärzten. Ist eine Zeitgebühr vereinbart, muss der RA den zeitlichen Umfang seiner Tätigkeit natürlich erfassen, denn er ist für die aufgewandte Zeit beweispflichtig. Nach § 3 Abs. 1 S. 3 BRAGO sollen Vereinbarungen nach Abs. 5 schriftlich getroffen werden; ist streitig, ob es zu einer solchen Vereinbarung gekommen ist, so trifft die Beweislast den Auftraggeber.

§ 49b Abs. 1 S. 1 BRAGO bestimmt: „Es ist unzulässig, geringere Gebühren und Auslagen zu vereinbaren oder zu fordern, also die Bundesgebührenordnung für Rechtsanwälte vorsieht, so weit diese nichts anderes bestimmt." Das Unterbietungsverbot betrifft aber nur das gerichtliche Verfahren, gilt es doch nur, so weit die BRAGO „nichts anderes bestimmt". Eine derartige Ausnahme von § 49b Abs. 1 BRAO enthält § 3 Abs. 5 BRAGO. Wenn es dort heißt, dass in außergerichtlichen Angelegenheiten der RA Pauschvergütungen und Zeitvergütungen vereinbaren kann, die niedriger sind als die gesetzlichen Gebühren, so bedeutet dies im Umkehrschluss, dass der RA auch im gerichtlichen Verfahren Zeitvergütungen vereinbaren kann, falls diese eine höhere als die gesetzliche Vergütung ergeben.

d) Auslagenvereinbarung

Nach § 1 Abs. 1 BRAGO besteht die Vergütung des RA aus Gebühren und Auslagen. Folglich kann eine Vergütungsvereinbarung getroffen werden, die sich ausschließlich auf die Auslagen bezieht. So kann z. B. der RA mit dem Auftraggeber für die Wahrnehmung eines auswärtigen Termines anstelle des Tages- und Abwesenheitsgeldes nach § 28 Abs. 3 BRAGO einen bestimmten höheren Betrag vereinbaren. Allerdings müssen die vereinbarten Beträge sich im Rahmen des Wahrscheinlichen halten. Anderenfalls würden in Wahrheit gar keine „Auslagen" vereinbart werden.[29] Das Versprechen muss schriftlich abgegeben werden.

Wenn lediglich ein bestimmter Betrag als Pauschvertrag vereinbart ist, so sind mit dem Pauschalhonorar auch die Auslagen (§§ 25 bis 29 BRAGO) abgegolten und können nicht gesondert in Rechnung gestellt werden.[30] Sollen diese neben dem Pauschalhonorar geschuldet werden, so muss das etwa so in die Honorarvereinbarung aufgenommen werden: „Alle Auslagen, wie Entgelte für Post- und Telekommunikationsdienstleistun-

19

---

[29] *Hartmann* KostG BRAGO § 3 Rn. 26.
[30] LG Koblenz AnwBl. 1984, 206 m. Anm. *Madert*.

L. Honorarvereinbarungen in Ehe- und Familiensachen

gen, Schreibauslagen, Reisekosten, Tage- und Abwesenheitsgelder und dergleichen sowie die Mehrwertsteuer, werden daneben zusätzlich geschuldet."

e) Umsatzsteuer

20 Gem. § 25 Abs. 2 BRAGO hat der RA Anspruch auf Ersatz der auf seine Vergütung entfallenden Umsatzsteuer. Die Umsatzsteuer gehört also, wie sich aus der Überschrift des § 25 BRAGO ergibt, zu den Auslagen. Wird eine Pauschalvergütung vereinbart, so ist die Umsatzsteuer, weil sie gem. der Definition des § 1 Abs. 1 BRAGO neben den Gebühren zu der Vergütung gehört, in dem vereinbarten Honorar enthalten. Es ist daher dringend zu empfehlen, in die Vereinbarung die Bestimmung aufzunehmen, dass die Umsatzsteuer zusätzlich zu zahlen ist.

V. Honorarvereinbarung bei Prozesskosten- und Beratungshilfe

1. Prozesskostenhilfe

21 Für einen im Wege der Prozesskostenhilfe beigeordneten RA enthält § 3 Abs. 4 BRAGO eine Sonderregelung hinsichtlich einer Vergütungsvereinbarung. Der beigeordnete RA darf eine Vergütung vereinbaren. Das folgt aus § 3 Abs. 4 BRAGO, wonach durch eine Vereinbarung, nach der ein im Wege der Prozesskostenhilfe beigeordneter RA eine Vergütung erhalten soll, eine Verbindlichkeit nicht begründet wird, der Auftraggeber, der freiwillig und ohne Vorbehalt geleistet hat, das Geleistete nicht deshalb zurückfordern kann, weil eine Verbindlichkeit nicht bestanden hat.

Der RA ist jedoch nicht gehindert, ein vollkommen aus freien Stücken angebotenes Honorar anzunehmen. Durch den Kontrahierungszwang, dem der beigeordnete RA unterliegt, ist sichergestellt, dass er seine Tätigkeit nicht von einer Gegenleistung abhängig machen darf, die die gesetzliche Vergütung übersteigt. Ist die Beiordnung im Wege der Prozesskostenhilfe erfolgt, so ist die Beschränkung seiner Vertragsfreiheit wegen der schwachen wirtschaftlichen Stellung der Partei auch deswegen gerechtfertigt, weil der RA eine Vergütung aus der Staatskasse erhält. Nach § 16 Abs. 2 BerufsO darf der RA nach Bewilligung von Prozesskostenhilfe oder bei Inanspruchnahme von Beratungshilfe von seinem Mandanten oder Dritten Zahlungen oder Leistungen nur annehmen, die freiwillig und in Kenntnis der Tatsache gegeben werden, dass der Mandant oder der Dritte zu einer solchen Leistung nicht verpflichtet ist. Jedem RA ist zu empfehlen, sich von dem zahlenden Auftraggeber oder dem Dritten die Erklärung unterschreiben zu lassen, dass er über die mangelnde Verpflichtung, die geleistete Zahlung zu erbringen, aufgeklärt worden ist. Vergütungsvereinbarungen jeder Art, die der Wege der Prozesskostenhilfe beigeordnete RA mit seinem Auftraggeber für die durch die Bewilligung gedeckte Tätigkeit trifft, begründen keine Verbindlichkeit. Das folgt daraus, dass in § 3 Abs. 4 BRAGO nicht wie in Abs. 1 nur von der Vereinbarung einer höheren als der gesetzlichen Vergütung die Rede ist. Unter Abs. 4 fällt daher auch die Vereinbarung, nach der die Partei zu der dem Anwalt aus der Staatskasse zu zahlenden Vergütung lediglich eine Zuzahlung leisten soll, die zusammen mit den aus der Staatskasse zu vergütenden Beträgen den Betrag der gesetzlichen Vergütung eines Wahlanwalts nicht übersteigt.

VI. Nachträgliche Honorarvereinbarung

Die Einschränkung des Forderungsrechts erfolgt nur insoweit, als das Honorar für Tätigkeiten in Frage steht, die während der Beiordnung entfaltet werden und für die der RA beigeordnet ist. Darauf, wann die Honorarvereinbarung geschlossen worden ist, kommt es nicht an. Daraus folgt: Eine vor der Beiordnung getroffene Vergütungsvereinbarung fällt unter § 3 Abs. 4 BRAGO, wenn die Vergütung für Tätigkeiten während der Beiordnung vereinbart wird. Umgekehrt fällt eine nach der Beiordnung getroffene Vereinbarung nicht unter § 3 Abs. 4 BRAGO, wenn sie sich auf vor der Beiordnung ausgeführte Tätigkeit bezieht. So weit eine vereinbarte Vergütung für eine bereits vor der Beiordnung liegende Tätigkeit geschuldet wird, kann sie nicht durch nachträgliche Beiordnung beeinträchtigt werden, selbst nicht durch rückwirkende Beiordnung.

Freiwillig und ohne Vorbehalt erfolgte Leistungen kann der Auftraggeber nach § 3 Abs. 4 S. 2 BRAGO nicht deshalb zurückfordern, weil keine Verbindlichkeit bestand. Sie sind nach § 129 BRAGO zunächst auf die Vergütung anzurechnen, für die ein Anspruch gegen die Bundes- oder Landeskasse nicht besteht, jedoch nur bis zur Höhe der gesetzlichen Vergütung. Abs. 4 S. 2 übernimmt also die Regelung des Abs. 1 S. 2. Auf die Ausführungen oben unter Rn. 13 wird Bezug genommen.

2. Beratungshilfe

Der RA, der einem Rechtsuchenden **Beratungshilfe** gewährt, kann eine Vereinbarung über seine Vergütung nicht treffen. § 8 Abs. 2 BerHG bestimmt, dass Vereinbarungen über eine Vergütung nichtig sind. Die Regelung ist mithin weitergehender als die in § 3 Abs. 4 S. 1 BRAGO für die Beiordnung bei Gewährung von Prozesskostenhilfe 22

VI. Nachträgliche Honorarvereinbarung

Ein gesetzliches Verbot besteht nicht. Es bleibt z. B. einem RA unbenommen, nach Beendigung seiner Tätigkeit dem Mandanten etwa zu erklären: *„Wie sich jetzt herausgestellt hat, decken die gesetzlichen Gebühren meine Tätigkeit nicht ausreichend ab; deshalb schlage ich Ihnen vor, dass wir ein Honorar oder ein Zusatzhonorar von … DM vereinbaren."* Auch die nachträgliche Vereinbarung bedarf der Form des § 3 Abs. 1 S. 1 BRAGO. 23

Wenn die Sache aber nicht den vom Mandanten erhofften Ausgang genommen hat, wird sich – von seltenen Ausnahmefällen abgesehen – kaum ein Mandant hierzu bereit finden. Ganz anders natürlich, wenn die Sache für den Mandanten günstig ausgegangen ist.

Manchmal wird ein Zusatzhonorar in der Form vereinbart, dass die aus der Staatskasse oder vom Gegner zu erstattenden Beträge als zusätzliches Honorar dem RA verbleiben sollen. Das ist psychologisch günstiger, als wenn der Mandant noch etwas dazuzahlen muss. Es besteht allerdings die Gefahr, dass damit ein nach § 49b Abs. 2 BRAO verpöntes Erfolgshonorar statuiert wird. Das ist jedenfalls dann der Fall, wenn die Vereinbarung vor Abschluss des Erstattungsverfahrens erfolgt. Denn hier kommt es auf den RA an, wie viel er auf dem Erstattungswege „herausholt".

Unbedenklich ist eine solche Vereinbarung dann, wenn der Erstattungsbetrag bereits festgesetzt ist und nun der RA mit dem Mandanten vereinbart, dass der Betrag als Zusatzhonorar für ihn verbleibt. Eine solche Vereinbarung nach Abschluss des Verfahrens hat mit dem Ausgang des Verfahrens und der dazu entwickelten Tätigkeit des RA nichts mehr zu tun.

Auch der erfolgreiche Abschluss von Vertragsverhandlungen kann Anlass für den Rechtsanwalt sein, mit seinem Mandanten nachträglich ein Sonderhonorar zu vereinbaren.

VII. Die Gebührenunterschreitung und ihre Ausnahmen

1. Das Verbot der Gebührenunterschreitung

23 § 49b Abs. 1 S. 1 BRAO bestimmt: *„Es ist unzulässig, geringere Gebühren und Auslagen zu vereinbaren oder zu fordern, als die Bundesgebührenordnung für Rechtsanwälte vorsieht, so weit diese nichts anderes bestimmt."* Nach der Begründung des Regierungsentwurfes soll das Verbot einen Preiswettbewerb um Mandate und die mittelbare Vereinbarung von Erfolgshonoraren verhindern.

Das Verbot der Gebührenunterschreitung ist nicht nur anzuwenden auf die forensische, sondern auch auf die außergerichtliche Betätigung des RA. Denn wenn es in § 49b Abs. 1 S. 1 BRAO heißt: „als die Gebührenordnung für Rechtsanwälte vorsieht, so weit dies nichts anderes bestimmt", so sind damit die **Ausnahmen des § 3 Abs. 5 BRAGO** gemeint. Danach kann der RA in außergerichtlichen Angelegenheiten Pauschvergütungen und Zeitvergütungen vereinbaren, die niedriger sind als die gesetzlichen Gebühren. Ferner darf er Pauschal- und Zeitvergütungen vereinbaren, wenn es sich bei dem Auftraggeber um einen Verband oder Verein handelt, für die Beratung seiner Mitglieder im Rahmen des satzungsgemäßen Aufgabenbereichs des Verbandes oder Vereins. Vereinbart der RA keine Pauschal- bzw. Zeitgebühren mit dem Auftraggeber, dann findet das Verbot der Gebührenunterschreitung auch für außergerichtliche Tätigkeiten des RA uneingeschränkte Anwendung. Ist eine vertragliche Vereinbarung über die Höhe der Gebühren und der Auslagen geschlossen worden, so sind die gesetzlichen Gebühren und Auslagen zu berechnen, das Ergebnis ist zu vergleichen mit der vertraglich vereinbarten Vergütung. Liegt der Betrag der vereinbarten Vergütung unter dem Betrag, der sich auf Grund der Berechnung der gesetzlichen Gebühren und Auslagen nach der BRAGO ergibt, liegt eine verbotene Gebührenunterschreitung vor.

Es spielt keine Rolle, zu welchem Zeitpunkt die Vereinbarung abgeschlossen worden ist, ob sie vor, während oder nach der Bearbeitung der Angelegenheit getroffen wurde. Ebenso wenig ist maßgebend, in welcher Weise die Vereinbarung geringerer Gebühren geschlossen wurde. Stellt der RA nach Beendigung des Auftrags eine Kostenrechnung zu, mit der weniger gefordert wird als die gesetzlichen Gebühren, so liegt darin das Angebot zum Abschluss einer Einigung auf die (geringeren) geforderten Gebühren und Auslagen, das durch Zahlung durch den Auftraggeber stillschweigend angenommen wird. Ein Verstoß liegt auch vor, wenn der Auftraggeber nur einen Bruchteil der gesetzlichen Gebühren oder ein Pauschal- oder Zeithonorar zahlen soll, welches nicht unter die Ausnahmeregelung des § 3 Abs. 5 S. 1 BRAGO fällt; ferner ist es als Verstoß anzusehen, wenn der RA und sein Auftraggeber vereinbaren, dass ein Mandat korrekt abgerechnet werden soll, während der Auftraggeber für einen anderen Auftrag das volle Honorar nicht schulden soll. Als Unterschreitung ist schon vor Inkrafttreten des § 49b BRAO angesehen worden, wenn der RA im Hinblick darauf, dass ein Auftraggeber

VII. Die Gebührenunterschreitung und ihre Ausnahmen

ihm Mandate Dritter zuführt, bei Eigenmandaten dieses Auftraggebers von ihm kein Honorar verlangt, sich vielmehr darauf beschränkt, vom Gegner Erstattung zu verlangen.

Schwierig ist die Feststellung der Gebührenunterschreitung bei Gebühren, die nach billigem Ermessen zu bestimmen sind. Das ist gem. § 12 Abs. 1 S. 1 BRAGO bei Rahmengebühren (sowohl bei Satz- als auch bei Betragsrahmengebühren) der Fall. Weil hier der RA die Gebühr im Einzelfall unter Berücksichtigung aller Umstände nach billigem Ermessen bestimmt, ihm außerdem die Rechtsprechung Toleranzgrenzen zubilligt, wird man zu einer Gebührenunterschreitung bei Rahmengebühren nur kommen, wenn der RA ein auf der Hand liegendes Bemessenskriterium des § 12 Abs. 1 S. 1 BRAGO bewusst nicht beachtet oder einen offensichtlich völlig abwegigen Maßstab wählt, um zu einer geringeren als der gesetzlichen im Sinne der billigen Gebühr zu gelangen. Er kann also nicht mit seinem Auftraggeber vereinbaren, nur die Mindestgebühr des § 118 Abs. 1 BRAGO in Rechnung zu stellen, wenn nach § 12 Abs. 1 BRAGO die Mittelgebühren angemessen wären.

Die Unterschreitung darf sich auch nicht auf die Auslagen der §§ 26 BRAGO beziehen. Sind solche Auslagen tatsächlich angefallen, müssen sie in Rechnung gestellt werden.

Eine Vereinbarung i. S. von § 49 Abs. 1 BRAGO liegt vor, wenn Mandant und RA sich einig sind, dass niedrigere als die gesetzlichen Gebühren und Auslagen nach der BRAGO berechnet werden. Unerheblich ist, ob die Vereinbarung mündlich oder schriftlich erfolgt ist. Schickt der RA seinem Mandanten eine Berechnung seiner Vergütung in der Form des § 18 BRAGO, und erhält sie eine geringere als die gesetzliche Vergütung, so liegt darin das Angebot zum Abschluss einer Einigung auf die geforderte Vergütung. Zahlt dann der Mandant den Betrag, so nimmt er das Angebot stillschweigend an.

2. Die Ausnahmen von dem Verbot

a) Besondere Umstände in der Person des Auftraggebers

Nach § 49b Abs. 1 S. 2 BRAGO darf im Einzelfall der RA besonderen Umständen in der Person des Auftraggebers, insbesondere dessen Bedürftigkeit, Rechnung tragen durch Ermäßigung oder Erlass von Gebühren oder Auslagen nach Erledigung des Auftrags. Die Ausnahme gilt sowohl bei gerichtlicher als auch bei außergerichtlicher Interessenvertretung. Das Gesetz lehnt sich an § 51 Abs. 3 der früheren Grundsätze des anwaltlichen Standesrechts an, in dem es hieß: *„Ausnahmsweise darf der RA im Einzelfall besonderen Umständen, etwa der Bedürftigkeit eines Auftraggebers, durch Ermäßigung oder Streichung von Gebühren und Auslagen nach Erledigung des Auftrags Rechnung tragen. Es ist jedoch darauf zu achten, dass der Anschein unzulässigen Werbens vermieden wird."* Allerdings hieß es in Abs. 5 des § 51 der Grundsätze des anwaltlichen Standesrechtes zusätzlich: *„Bei der Vertretung eines Kollegen, einer Kollegenwitwe oder eines Mitarbeiters in deren eigenen Sachen, darf der RA auf seine Gebühren verzichten"*. Diese Bestimmung ist in § 49b Abs. 1 S. 2 BRAO nicht mit aufgenommen worden.

Dadurch, dass die Ermäßigung oder der Erlass nur nach Erledigung des Auftrags erfolgen darf, ist sichergestellt, dass der Anwalt nicht mit dem Unterbieten werben darf. Das wird ferner sichergestellt durch die Bezugnahme auf den Einzelfall. Die Bedürftigkeit des Auftraggebers ist nur ein möglicher Grund für die Ermäßigung oder den Erlass von Gebühren oder Auslagen („insbesondere dessen Bedürftigkeit"). Als besondere Umstände der Gebührenermäßigung ist die Möglichkeit *„gedacht für die Vertretung von Verwandten und Freunden... Hier muss dem Anwalt ein gewisser Ermessensspielraum eingeräumt werden".*[31] Eine Bedürftigkeit braucht nicht vorzuliegen. Es reicht eine sittliche Verpflichtung aus. Daher ist auch gestattet, für die Vertretung eines Kollegen in eigener Sache, einer Witwe eines Kollegen oder eines Mitarbeiters der Kanzlei im Nachhinein auf die Gebühren zu verzichten, entsprechend dem Wortlaut des § 51 Abs. 5 der früheren Gesetze des anwaltlichen Standesrechts.

Im Fall der Bedürftigkeit des Auftraggebers kann sich ein Widerspruch zu § 16 Abs. 1 BerufsO ergeben, wonach der RA verpflichtet ist, bei begründetem Anlass auf die Möglichkeit von Beratungs- und Prozesskostenhilfe hinzuweisen. Daher wird die Ausnahmebestimmung des § 49b Abs. 1 S. 2 BRAO nur anzuwenden sein, wenn der RA die Bedürftigkeit des Auftragebers erst nachträglich erkannt hat, denn es gibt immer noch verschämte Arme, die bei der Übertragung des Auftrags ihre Mittellosigkeit nicht enthüllt haben.

b) Bei Pauschal- oder Zeitvergütungen

25 Nach § 3 Abs. 5 S. 1 BRAGO kann in außergerichtlichen Angelegenheiten der RA Pauschalvergütungen und Zeitvergütungen vereinbaren, die niedriger sind als die gesetzlichen Gebühren. Das ist eine zulässige Ausnahme von § 49b Abs. 1 BRAO („So weit diese nicht anderes bestimmt"). § 3 Abs. 5 S. 1 BRAGO erfordert lediglich, das es sich um eine außergerichtliche Tätigkeit des RA handelt, wobei es gleichgültig ist, um welches Rechtsgebiet es geht. Es ist demnach zulässig, ein Pauschal- oder Zeithonorar zu vereinbaren, wenn die Berechnung nach Gegenstandswerten zu höheren Gebühren führen würde.

Für die Vereinbarung von Pauschal- bzw. Zeitvergütungen besteht ein großes Bedürfnis. Mittelgroße und kleinere Wirtschaftsunternehmen, die keine eigene Rechtsabteilung unterhalten, aber auch Handwerksbetriebe und sonstige Gewerbetreibende bedürfen ständig anwaltlicher Beratung und außergerichtlicher Vertretung auf den verschiedensten Rechtsgebieten. Jeden Rat und jede Vertretung als gesonderte Angelegenheit abzurechnen ist für Auftraggeber und RA lästig, manchmal auch schwierig und die Bestimmung des richtigen Gegenstandswertes nicht immer einfach. Hier bietet sich der Abschluss eines Pauschalvertrages an, wobei die Pauschalvergütung fall- oder zeitbezogen sein kann. Ein solcher Vertrag hat für den Auftraggeber den Vorteil, dass die Kosten überschaubar sind. Für den RA sind Pauschalverträge ein konstanter Faktor bei den zu erwartenden Praxiseinnahmen.

Nach § 3 Abs. 1 S. 3 BRAGO sollen solche Vereinbarungen – nicht müssen – schriftlich getroffen werden. Gem. § 3 Abs. 5 S. 4 BRAGO muss die vereinbarte Vergütung in angemessenem Verhältnis zu Leistung, Verantwortung und Haftungsrisiko des Anwalts stehen. Das bedeutet, auch bei Beratungs- oder außergerichtlichen Angelegenheiten darf der RA mit Hilfe einer Pauschal- bzw. Zeitvergütung nicht etwa ein normzweckwidriges Gebührendumping betreiben.

---

[31] BT-Drucksache 12/4993 S. 31. Vgl. auch BGH AnwBl. 1992, 184.

3. Schriftlichkeit, Beweisfragen

a) Schriftlichkeit

§ 3 Abs. 1 S. 1 BRAGO schreibt für die Vereinbarung einer höheren als der gesetzlichen Vergütung die schriftliche Erklärung des Auftraggebers vor. Dagegen sollen Vereinbarungen über die Vergütung nach § 5 des §§ 3 BRAGO gem. § 3 Abs. 1 S. 3 BRAGO nur schriftlich getroffen werden. Für die drei in Abs. 5 des § 3 BRAGO geregelten Sachverhalte (Pauschal- und Zeitvergütungen, Beratung der Mitglieder im Rahmen des satzungsgemäßen Aufgabenbereichs eines Verbandes oder Vereins, gerichtliche Mahn- und Zwangsvollstreckungsverfahren) sollen also, nicht müssen entsprechende Vereinbarungen schriftlich getroffen werden, das heißt, solche Vereinbarungen sind auch gültig, wenn sie lediglich mündlich getroffen werden.

b) Beweisfragen

§ 3 Abs. 1 S. 3 BRAGO bestimmt für den Fall, dass streitig ist, ob es zu einer Vereinbarung nach § 5 des § 3 gekommen ist, dass die Beweislast den Auftraggeber trifft.[32]

4. Zivilrechtliche Folgen des Verstoßes

Die Regelung der Gebühren- und Auslagenunterschreitung in § 49 Abs. 1 S. 1 BRAO ist ein gesetzliches Verbot. Der Verstoß dagegen führt gem. § 134 BGB zur Nichtigkeit. Diese Nichtigkeit führt allerdings nicht nach § 139 BGB zur Nichtigkeit des gesamten Anwaltsvertrages, da sich die Rechtsfolge des § 134 BGB entsprechend dem Schutzzweck des Verbotes nur auf die unzulässige Abrede bezieht.[33] Andererseits kann die Nichtigkeit der Absprache nicht dazu führen, dass der Anwalt nun die Vergütung fordern kann, die sich auf einer korrekten Abrechnung auf der Grundlage der BRAGO ergibt. Dem RA ist es nach dem Grundsatz von Treu und Glauben (§ 242 BGB) verwehrt, sich auf die Unwirksamkeit der Vereinbarung niedrigere Gebühren zu berufen, wenn sein Mandant darauf vertraute, nur diese zu schulden.[34]

VIII. Unzulässige Honorarvereinbarungen

1. Erfolgshonorar und quota litis

„Vereinbarungen, durch die eine Vergütung oder ihre Höhe vom Ausgang der Sache oder vom Erfolg der anwaltlichen Tätigkeit abhängig gemacht wird (Erfolgshonorar) oder nach denen der RA einen Teil des erstrittenen Betrags als Honorar erhält (quota litis), sind unzulässig". So lautet § 49b Abs. 2 BRAO in der Fassung der Gesetzes zur Neuordnung des Berufsrechts der RAe und der Patentanwälte vom 2. September 1994, in Kraft getreten am 8. September 1994.

Das Gesetz erklärt die Vereinbarung von Honoraren, die dem Grunde oder der Höhe nach vom Erfolg der anwaltlichen Tätigkeiten oder vom Ausgang der Sache abhängen, für unzulässig. Aus dem Begriff „Vereinbarung" folgt zweierlei. Nämlich ers-

---

[32] S. auch BGH NJW-RR 1997, 1285.
[33] BGH JZ 1962, 369; NJW 1980, 2407.
[34] BGHZ 18, 340, 347; NJW 1980, 2407.

tens, dass sich das Verbot nur auf vertragliche Absprachen zwischen dem RA und dem Auftraggeber bezieht, somit für gesetzliche Regelungen nicht gilt, also z. B. nicht für die Vergleichsgebühr des § 23 BRAGO, die Aussöhnungsgebühr des § 36 Abs. 2 BRAGO oder die Gebühr des § 84 Abs. 2 BRAGO, die der RA dann erhält, wenn durch seine Mitwirkung eine Hauptverhandlung entbehrlich wird. Zum anderen folgt aus dem Gesetzeswortlaut, dass die Vereinbarung vor dem Eintritt des Erfolgs und dem Ausgang der Sache getroffen sein muss. Wird sie nach dem Eintritt des Erfolgs und/oder dem Ausgang der Sache getroffen, fehlt es am Tatbestand des Abs. 2, denn das Sonderhonorar ist nicht vom Erfolg abhängig. Daher kann nachträglich auch ein Erfolgshonorar vereinbart werden. Selbst die Verabredung, im Erfolgsfalle die Höhe des Honorars erneut zu besprechen, begegnet keinen Bedenken, wenn sie den Auftraggeber nicht bereits bindet und somit schon eine Vereinbarung darstellt. Das vereinbarte Honorar muss zur Bedingung einen erwarteten Erfolg oder Ausgang der Sache haben. Dabei ist es gleichgültig, ob im Erfolgsfalle überhaupt ein Honorar entstehen soll oder ob sich dieses gemäß Vereinbarung erhöht, wenn das gewünschte Ergebnis erzielt wird.

Eine quota litis ist streng genommen ein Unterfall des Erfolgshonorars. Abs. 2 des § 49b BRAGO definiert es als Vereinbarung, dass der RA einen Teil des erstrittenen Betrags als Honorar erhält. Wenn ein bestimmter Prozentsatz des Erstrittenen als Honorar geschuldet werden soll, liegt also ein quota litis-Fall vor. Ein Verstoß liegt auch dann vor, wenn ein Sockelbetrag vereinbart worden ist und dieser Sockelbetrag für den Fall des Erfolgs um einen Anteil des erstrittenen Betrags aufgestockt werden soll.

In welcher Form ein Erfolgshonorar vereinbart worden ist, ist unerheblich, wenn nach dem Willen der Beteiligten die Honorierung des RA vom Ausgang der Sache abhängt.

Daher fällt auch unter das Verbot die Absprache, dass für den Fall des Misserfolgs das Honorar oder ein Teil des Honorars zurückgezahlt werden soll.

2. Ausnahmen vom Verbot

30 Nach **deutschem Recht** gibt es zurzeit keine Ausnahmen. Auch standesrechtlich sind Ausnahmen nicht vorgesehen. § 52 Abs. 2 der früheren Richtlinien, wonach in Ausnahmefällen die Vereinbarung eines Erfolgshonorars und einer quota litis zulässig sein konnte, hat die Berufsordnung nicht übernommen.

Die Vereinbarung eines nach einem Streitanteil berechneten Erfolgshonorars zwischen einem **ausländischem Rechtsanwalt und einem deutschen Auftraggeber** macht der Bundesgerichtshof davon abhängig, ob es am Wohnsitz des ausländischen RA zulässig ist, ein solches Erfolgshonorar zu vereinbaren. Ist das der Fall, kann eine allgemeine Sittenwidrigkeit der Vereinbarung eines Erfolgshonorars nicht festgestellt werden. Unzulässig ist ein solches aber, wenn eine besondere Sittenwidrigkeit (übermäßig hoher Streitwertanteil) festgestellt wird.[35] Im Rahmen des Art. 30 EGBGB ist die Prüfung zulässig, ob ein sehr grobes Missverhältnis zwischen der vom deutschen Gesetz für angemessen erachteten und derjenigen Vergütung besteht, die der ausländische RA beansprucht.[36] Das Verbot der quota litis erstreckt sich auch auf den Conseil Juri-

---

[35] BGHZ 22, 162 = NJW 1957, 184.
[36] BGH NJW 1966, 296. Der BGH hielt 25% für zu hoch, weil es sich um Ansprüche nach §§ 844 Abs. 2, 1360ff. u. 1600ff. BGB handelte, Vorschriften, die den Unterhalt für Ehegatten und Kinder sicherstellen sollen, erachtete 20% für zulässig.

dique (Frankreich), der gem. § 183 Abs. 1 BEG vor deutschen Entschädigungsbehörden in Entschädigungssachen von Ausländern auftritt.[37]

Ist für einen ausländischen RA eine quota litis zulässig, wird deren Höhe Maßstab der Sittenwidrigkeit beurteilt.[38] Das Verbot kann nicht dadurch umgangen werden, dass die Geltung ausländischen Rechts vereinbart wird, welches Erfolgshonorare zulässt.[39]

IX. Herabsetzung der vereinbarten Vergütung

1. Unangemessen hohe Vergütung

Die Herabsetzung der vereinbarten oder vom Vorstand der Rechtsanwaltskammer festgesetzten Vergütung im Rechtsstreit ist in § 3 Abs. 3 S. 1 BRAGO für den Fall vorgesehen, dass sie unter Berücksichtigung aller Umstände unangemessen hoch ist. Vor der Herabsetzung einer vereinbarten Vergütung hat das Gericht gem. § 3 Abs. 1 S. 2 BRAGO ein Gutachten des Vorstandes der Rechtsanwaltskammer einzuholen. Die wesentlichen Voraussetzungen für eine Herabsetzung sind mithin: Es muss sich um eine vereinbarte oder vom Vorstand der Rechtsanwaltskammer gem. § 3 Abs. 2 BRAGO festgesetzte Vergütung handeln und diese muss unter Berücksichtigung aller Umstände hoch sein. Die weiteren Voraussetzungen – Herabsetzung im Rechtsstreit und vorherige Einholung eines Gutachtens des Vorstandes der Rechtsanwaltskammer – betreffen die Durchführung der Herabsetzung.

Voraussetzung der Herabsetzung ist, dass eine Vergütung vereinbart oder vom Vorstand der Rechtsanwaltskammer festgesetzt worden ist, die die gesetzliche Vergütung übersteigt. Eine gesetzliche Vergütung kann nicht herabgesetzt werden, selbst dann nicht, wenn die gesetzliche Vergütung ausdrücklich vereinbart ist oder als solche als vereinbart gilt, was gem. § 3 Abs. 2 S. 2 BRAGO der Fall ist, wenn die Festsetzung der Vergütung dem Ermessen eines Vertragsteils überlassen ist. Das ergibt sich eindeutig daraus, dass gem. § 3 Abs. 1 S. 1 BRAGO nur „bis zur Höhe der gesetzlichen Vergütung herabgesetzt werden" kann.

Die Herabsetzung setzt eine wirksame Vergütungsvereinbarung voraus, kommt also nicht in Frage, wenn die Vereinbarung wegen Verstoßes gegen ein gesetzliches Verbot (z. B. § 49b Abs. 2 BRAO) oder wegen Sittenwidrigkeit nichtig ist. Denn eine nichtige Vereinbarung kann vom Richter im Rechtsstreit nicht gestaltet werden. Für die Herabsetzung einer Vergütungsvereinbarung, der die Schriftform mangelt, besteht kein Bedürfnis, weil es im Belieben des Auftraggebers steht, ob er eine höhere als die gesetzliche Vergütung zahlen will.

Die vereinbarte Vergütung muss unter Berücksichtigung aller Umstände **unangemessen hoch** sein, wenn sie herabgesetzt werden soll. Es genügt mithin nicht ein geringes Überschreiten der angemessenen Vergütung. Vielmehr muss zwischen Vergütung und Tätigkeit des RA ein nicht zu überbrückender Zwiespalt bestehen. Es muss unerträglich sein, den Auftraggeber an sein Honorarversprechen festzuhalten.[40] Dabei kann

---

[37] BGH AnwBl. 1969, 239 m. Anm. *Chemnitz*.
[38] BGHZ 118, 312 = NJW 1992, 3096.
[39] *Henssler/Prütting-Dittmann* BRAO 1997, § 49b Rn. 20.
[40] Köln NJW 1998, 1960.

es nicht darauf ankommen, was die Parteien sich beim Vertragsschluss vorgestellt haben, was sie bei der Vereinbarung der Vergütung einkalkulierten, sondern es ist die spätere Entwicklung der Dinge zu berücksichtigen. Im Zeitpunkt der Herabsetzung muss der Richter alle zugänglichen Umstände objektiv feststellen, um abwägen zu können, ob die vereinbarte Vergütung für die konkrete von dem RA entfaltete Tätigkeit unangemessen hoch ist.[41] Maßgeblich ist der Zeitpunkt der Fälligkeit, § 16 BRAGO, also der Zeitpunkt, zu dem der Auftrag erledigt oder die Angelegenheit beendet ist. Denn Abs. 3 durchbricht das an sich auch beim Anwaltsvertrag zu beachtende Prinzip pacta sunt servanda durch die Herabsetzung als einen gestalteten richterlichen Eingriff in den von dem RA mit dem Auftraggeber geschlossenen Vertrag.

Es ist nicht ganz leicht, festzustellen, ob ein Honorar angemessen oder unangemessen hoch ist. Zu beurteilen sind insbesondere: Umfang und Schwierigkeit der anwaltlichen Tätigkeit; die Bedeutung der Angelegenheit für den Auftraggeber; die Tatsache, dass die erfolgreichen Bemühungen des Rechtsanwalts die Vermögenslage und Liquidität des Auftraggebers günstig beeinflusst haben, also auch der Erfolg der anwaltlichen Tätigkeit; überhaupt die Vermögens- und Einkommensverhältnisse des Auftraggebers.

Eine vereinbarte Vergütung ist nicht ohne weiteres deshalb unangemessen hoch, weil sie die gesetzlichen Gebühren um ein mehrfaches übersteigt.[42]

Bei **Rahmengebühren** kommt eine Herabsetzung nach § 3 Abs. 3 BRAGO nur dann in Frage, wenn eine Vergütungsvereinbarung vorliegt, nicht aber auch dann, wenn der RA eine nicht vereinbarte, innerhalb des Gebührenrahmens liegende Vergütung fordert. In diesem Falle ist vielmehr nach § 12 Abs. 2 BRAGO nach Einholung eines Gutachtens des Vorstandes der Rechtsanwaltskammer zu entscheiden. Es kann aber auch die Höhe der Gebühr vereinbart worden sein, und zwar kann eine außerhalb oder innerhalb des Gebührenrahmens liegende Vergütung vereinbart oder vom Vorstand der Rechtsanwaltskammer festgesetzt worden sein. In diesem Falle kann Herabsetzung nach § 3 BRAGO erfolgen. Es ist dann die vereinbarte Vergütung mit der Gebühr zu vergleichen, die der RA im Einzelfall nach § 12 Abs. 1 BRAGO zu beanspruchen hätte.

2. Durchführung der Herabsetzung

32 Die Herabsetzung der vereinbarten Vergütung hat **im Rechtsstreit** zu erfolgen. Klagt der RA sein Honorar ein, kann der Auftraggeber einwenden, das Honorar sei unangemessen hoch und die Herabsetzung auf den angemessenen Betrag fordern. Der Auftraggeber kann aber auch von sich aus Klage erheben mit dem Antrag, die vereinbarte Vergütung auf den angemessenen Betrag herabzusetzen.

Nach § 3 Abs. 3 S. 2 BRAGO hat das Gericht vor der Herabsetzung ein **Gutachten des Vorstandes der Rechtsanwaltskammer** einzuholen. Das Gutachten ist kostenlos zu erstatten. Eine besondere Bestimmung darüber, dass das Recht und die Pflicht des Gerichts, auch andere Beweise zu erheben, unberührt bleiben und dass das Gutachten der freien richterlichen Beweiswürdigung unterliegt, erübrigt sich, da Zweifel darüber

---

[41] München NJW 1967, 1571.
[42] Köln NJW 1998, 1960 (Eine vereinbarte Vergütung ist im Allgemeinen nicht als unangemessen hoch anzusehen, wenn sie die gesetzlichen Gebühren um das Fünf- oder Sechsfache übersteigt); LG Berlin AnwBl. 1982, 262 (das Sechsfache der gesetzlichen Gebühren); LG Düsseldorf JurBüro 1991, 530 (Streitwertvereinbarung auf das Fünffache); LG Braunschweig AnwBl. 1973, 358 (das Fünfache); LG Karlsruhe AnwBl. 1983, 178 (zusätzliche Verhandlungsgebühr von 3000 DM je Verhandlungstag).

IX. Herabsetzung der vereinbarten Vergütung

nicht bestehen können. Das Gericht muss das Gutachten nur einholen, wenn es die Herabsetzung des vereinbarten Honorars beabsichtigt, nicht, wenn es von einer Herabsetzung absehen will.[43] Hält das Gericht die Vereinbarung für formnichtig wegen Verstoßes gegen § 3 Abs. 1 S. 1 BRAGO oder für unzulässig gem. § 49b Abs. 2 BRAGO, braucht es ebenfalls kein Gutachten einzuholen.

Auch noch nach Bezahlung der vereinbarten Vergütung ist die Herabsetzung zulässig. Ebenso kann eine bereits durch außergerichtlichen Vergleich ermäßigte Vergütung noch mal herabgesetzt werden. Denn der Anspruch auf eine Herabsetzung bis auf die gesetzliche Vergütung ist unverzichtbar, weil es sich nämlich um eine öffentlich-rechtliche Möglichkeit handelt. Wäre der richterliche Eingriff in den durch die Zahlung bereits getilgten Vergütungsanspruch nicht möglich, dann könnte die Vorschrift dadurch umgangen werden, dass sich der Rechtsanwalt das Honorar vorauszahlen lässt.[44]

3. Herabsetzung auf den angemessenen Betrag

Die vereinbarte Vergütung kann gem. § 3 Abs. 1 S. 1 BRAGO „bis zur Höhe der gesetzlichen Vergütung herabgesetzt werden". Unter dem Betrag der gesetzlichen Vergütung kann die Herabsetzung also nicht erfolgen. Bei Rahmengebühren bedeutet das, dass der nach § 12 Abs. 1 BRAGO zu bemessende Betrag die gesetzliche Vergütung ist. Der RA darf durch die richterliche Herabsetzung nicht schlechter gestellt werden, als wenn er keine Vereinbarung geschlossen hätte. Daraus ergibt sich, dass eine Herabsetzung auf den Betrag der gesetzlichen Vergütung nur ausnahmsweise zulässig ist, z. B. bei besonders einfacher Tätigkeit, besonders schlechten Einkommens- und Vermögensverhältnissen des Mandanten. Denn allein die Tatsache, dass eine wirksame Honorarvereinbarung vorliegt, sollte im allgemeinen Anlass geben, die gesetzliche Vergütung zu überschreiten.[45] Die gesetzlichen Gebühren können zwar zum Vergleich herangezogen werden, es kann aber nicht von ihnen ausgegangen werden, weil sie mitunter gerade kein angemessenes Entgelt darstellen.[46]

33

Die Vergütung ist auf den angemessenen Betrag herabzusetzen. Die Angemessenheit ist nach dem Zeitpunkt der Erledigung des Auftrags zu beurteilen. Ist die Tätigkeit des RA erheblich einfacher als beim Abschluss der Vereinbarung angenommen, kann die Vergütung herabgesetzt werden. Umgekehrt kann eine zunächst sehr hoch erscheinende Vergütung angemessen sein, wenn sich im Laufe der Tätigkeit erhebliche Schwierigkeiten ergaben.

Zu berücksichtigen sind alle Umstände, die entweder nach der Lebenserfahrung schlechthin oder nach der Sachlage im Einzelfall bei Bemessung der Vergütung ins Gewicht fallen können und von einem objektiven Beurteiler als berücksichtigungswert anerkannt werden, besonders die Leistungen des Anwalts und die persönlichen Verhältnisse der Beteiligten. Die Leistung des Anwalts bemisst sich nach dem Umfang und der Schwierigkeit der Sache, nach ihrem Wert und ihrer Bedeutung für den Auftraggeber und der Verantwortlichkeit und dem Haftungsrisiko des Anwalts. Dabei ist zu beachten, welches Ziel der Auftraggeber erstrebte, in welchem Umfang es durch die vom

---

[43] Köln FamRZ 1998, 1030 (L); LG Karlsruhe AnwBl. 1983, 178.
[44] *Hartmann* KostG BRAGO § 3 Rn. 55; *Riedel/Sußbauer-Fraunholz* § 3 Rn. 43; *Schumann/Geißinger* § 3 RR. 42.
[45] *Riedel/Sußbauer-Fraunholz* § 3 Rn. 40.
[46] LG Aachen AnwBl. 1954, 109; *Hartmann/Holl-Nerlich* BerufsO § 21 Rn. 50.

L. Honorarvereinbarungen in Ehe- und Familiensachen

RA aufgewendete Mühe erreicht worden ist und wieweit das Ergebnis tatsächlich und rechtlich als sein Erfolg zu buchen ist.[47] Auch ist zu beachten, ob der RA als Kenner eines Sondergebiets besonderen Ruf genießt, inwieweit er durch Wahrnehmung auswärtiger Termine Erwerbseinbußen gehabt hat und ob die Tätigkeit des RA über den Rahmen rein anwaltlicher Tätigkeit hinaus ging und mehr als kaufmännische Tätigkeit anzusehen sind.

Die Vermögensverhältnisse des Auftraggebers sind bei Rahmengebühren gem. § 12 Abs. 1 BRAGO bereits bei der Bemessung der gesetzlichen Gebühren zu beachten. Sie sind deshalb auch bei der Nachprüfung zu berücksichtigen. Sie sind auch dann nicht außer Acht zu lassen, wenn die Vergütung anstelle von anderen Gebühren vereinbart ist. Dies gilt vor allem dann, wenn die Tätigkeit des RA auf die Gestaltung der wirtschaftlichen Verhältnisse nicht ohne Einfluss war.

4. Folge der Herabsetzung

34 Ist die vereinbarte Vergütung durch Richterspruch auf den angemessenen Betrag herabgesetzt worden, kann der RA die vereinbarte Vergütung nur in der Höhe fordern, auf die sie durch Richterspruch herabgesetzt worden ist. Erfolgte die Herabsetzung nach der Zahlung der vereinbarten Vergütung, so ist die Leistung des Auftraggebers ohne Rechtsgrund erfolgt und das zu viel Gezahlte, kann der Auftraggeber vom RA als ungerechtfertigte Bereicherung gem. § 812 BGB zurückfordern.

X. Praxis der Honorarvereinbarungen

Vorbemerkung:

35 Es ist unzweckmäßig, eine auf den betreffenden Fall passende individuelle Honorarvereinbarung zu entwerfen und die ausgeschriebene Vereinbarung dem Mandanten mit der Bitte zur Unterschrift zuzusenden, ihn sozusagen zu „überfallen". Ist die Frage des Honorars vorher mit dem Mandanten nicht besprochen, führt die Übersendung der Vereinbarungsbitte nur zu mündlichen Rückfragen, möglicherweise zur Verärgerung des Mandanten. Zweckmäßig ist es daher, die Frage des Honorars mit dem Mandanten zu erörtern, ihm zu erklären, warum die Bearbeitung seiner Angelegenheit einer Honorarvereinbarung bedarf. Es ist natürlich, dass – von der Ausnahme der Vereinbarung eines Festhonorars – der Mandant nach der Höhe des Honorars fragen wir. Der Anwalt sollte diese Frage nach bestem Wissen und Gewissen wahrheitsgemäß beantworten. Jedes „Herumdrücken" – etwa aus Furcht, der Mandant könnte durch die Höhe abgeschreckt werden – führt später zu Schwierigkeiten. Ist der Mandant mit dem Vorschlag einverstanden, so ist die Honorarvereinbarung mündlich geschlossen. Die erforderliche Schriftform kann dann mit einem Übersendungsschreiben wie folgt eingeholt werden.

Sehr geehrte...,
mit Ihnen ist eine Honorarvereinbarung geschlossen worden. Nach § 3 Abs. 1 BRAGO kann ein Rechtsanwalt eine höhere als die gesetzliche Vergütung nur fordern, wenn die

---

[47] LG Braunschweig AnwBl. 1973, 348, *Schumann/Geißinger* § 3 Rn. 43.

X. Praxis der Honorarvereinbarungen

Erklärung des Auftraggebers schriftlich abgegeben ist. Ich bitte Sie daher, die anliegende Honorarvereinbarung zu unterschreiben und alsbald an mich unter Verwendung des beigefügten Freiumschlags zurückzusenden. Die Zweitschrift der Vereinbarung ist für Sie bestimmt.

1. Vorarbeiten

a) Die Notwendigkeit von Honorarvereinbarungen

Die gesetzliche Vergütung nach der BRAGO soll ein gerechtes und angemessenes Entgelt für die anwaltliche Tätigkeit darstellen. Angemessen ist die Vergütung nur dann, wenn der RA mit ihr seine Kanzleikosten decken kann, wozu gehört, dass er seinen Mitarbeitern ein leistungsgerechtes Gehalt zahlt. Von dem Rest (nach Abzug der Steuern) muss der Anwalt und seine Familie leben, muss er seine gesamte Vorsorge für Krankheit, Invalidität und Alter bestreiten können.

Auch heute noch wird vielfach in Anwaltskreisen die Ansicht vertreten: Honorarvereinbarungen solle und könne man nur in Ausnahmefällen treffen. Wer dieser Ansicht ist, muss auch die Auffassung vertreten, dass die gesetzlichen Gebühren für den Durchschnitt aller Fälle bei den heutigen wirtschaftlichen Verhältnissen eine angemessene Vergütung für die Tätigkeit des Anwalts darstellen. Das sind sie für den Durchschnitt aller Fälle kaum, für schwierige und komplizierte oder länger andauernde Angelegenheiten nie. Unbestreitbar besteht daher die Notwendigkeit einer Honorarvereinbarung immer dann, wenn die gesetzlichen Gebühren so gering sind, dass sie keine angemessene Vergütung für die betreffende Tätigkeit darstellen, schlimmer noch, manchmal nicht einmal die Praxiskosten decken können.

b) Kalkulation

Am Anfang einer solchen gedanklichen Ausrechnung muss die einfache Überlegung stehen:

Jede Gebühreneinnahme ist eine Bruttoeinnahme. Davon sind die Praxiskosten abzuziehen, der Rest ist als Einkommen zu versteuern. Geht man von dem Erfahrungssatz aus, dass die Praxiskosten im Durchschnitt bei 50% liegen, geht man ferner von einem Steuersatz von ca. 45% aus, dann ergibt folgende einfache Rechnung:

Gebühreneinkommen brutto	100%
abzüglich 50% Praxiskosten verbleiben	50%
abzüglich 45% Steuern verbleiben netto	27,5%.

Mit dieser einfachen Rechnung lässt sich auch ermitteln, welche **Gebühreneinnahmen brutto pro Arbeitsstunde** ein RA erzielen muss, um an ein bestimmtes Einkommen zu kommen. Will er z. B. 10 450 DM netto im Monat verdienen, so muss er brutto im

Monat einnehmen	38 000 DM.
Denn von diesem Bruttobetrag gehen die Betriebskosten ab mit	19 000 DM,
und diese 19 000 DM muss er mit 45% als Einkommen versteuern, das sind	8 550 DM,
verbleiben also netto	10 450 DM.

Die Bruttoeinnahmen von 38 000 DM kann man nun umrechnen in Tageseinnahmen. Bei 20 Arbeitstagen im Monat (Samstage,

Sonntage, Feiertage, Urlaub und Krankheit berücksichtigt)
ergibt dies pro Tag 1 900 DM,
bei einer 10-stündigen Arbeitszeit pro Stunde, 190 DM
bei einer 8-stündigen Arbeitszeit 237,50 DM.
Das bedeutet: Der Anwalt muss 190 bis 237,50 DM mindestens einnehmen, wenn er z. B. das Gehalt eines Richters erreichen will unter Berücksichtigung der Tatsache, dass er im Gegensatz zum Richter keine Pensionserwartung hat, sondern seine Altersversorgung noch aus diesem Nettogewinn aufbauen muss.

Jeder Anwalt kann die vorstehende Ausrechnung mit seinen individuellen Zahlen nachvollziehen. Seine Praxiskosten kann er seiner Buchführung entnehmen, seinen Steuersatz dem letzten Einkommensteuerbescheid und dem darauf beruhenden Vorauszahlungsbescheid.

Eine andere Methode zur Bestimmung der Höhe des Stundensatzes ist folgende: Man überlegt sich, welchen Unternehmenslohn will ich erzielen, mit dem meine anwaltliche Dienstleistung und mein Haftungsrisiko angemessen abgegolten werden. Dann ermittelt man die tatsächlichen Kosten der Kanzlei (Personal- und Sachkosten) sowie die Arbeitstage und die Leistungsstunden pro Arbeitstag. Eine einfach zu handhabende Faustregel für die Ermittlung des individuellen Stundensatzes lautet dann:

Monatliche Personal- und Sachkosten plus Unternehmerlohn im Monat geteilt durch Arbeitstage im Monat mal Leistungsstunden pro Arbeitstag.[48]

2. Notwendigkeit von Honorarvereinbarung in Ehe- und Familiensachen

Die nachfolgende Aufzählung enthält nur besonders krasse Fälle, erhebt keinen Anspruch auf Vollständigkeit.

a) Ehescheidungsrechtsstreit als nicht vermögensrechtliche Streitigkeit

38 Den richtigen Streitwert für das Scheidungsverfahren zu bestimmen, ist manchmal schwierig. Vgl. Kap. B. Rn. 7–15. Den Schwierigkeiten kann man durch eine Honorarvereinbarung begegnen.

So weit in nicht vermögensrechtlichen Streitigkeiten der Umfang der Sache Einfluss auf die Höhe des Wertes hat (§ 12 Abs. 2 GKG), kommt es nur auf den Umfang der Sache bei Gericht an. Führen umfangreiche Verhandlungen der beiderseitigen Anwälte zu einem vereinbarten Ehescheidungsverfahren, ist der geringe Umfang der Sache bei Gericht maßgebend. Es gibt keine unterschiedlichen Werte für Gericht und Rechtsanwalt. Die Anwälte können sich nur durch Honorarvereinbarungen sichern.

b) Kapitalabfindung anstelle gesetzlicher Unterhaltsansprüche

39 Häufig werden gesetzliche Unterhaltsansprüche durch Gewährung einer einmaligen Kapitalabfindung vergleichsweise geregelt. Dabei wird meistens der Abfindungsbetrag sehr viel höher sein als der durch § 17 GKG auf den Jahresbetrag der wiederkehrenden Leistung begrenzte Streitwert.

Beispiel: Eine geschiedene Ehefrau, die einen Unterhaltsanspruch von monatlich 2000 DM geltend macht, wird durch ein Kapital von 200 000 DM abgefunden. Der Streitwert des Unterhaltsprozesses beträgt gem. § 17 Abs. 1 GKG 24 000 DM, Begründung s. Kap. B. Rn. 51.

---

[48] Formel nach BRAGO professionell 6/1995 S. 2.

X. Praxis der Honorarvereinbarungen

Auch hier bietet sich an, als Vergleichswert den Abfindungsbetrag zu vereinbaren.

c) Anfertigung und Vorlage eidesstattlicher Versicherungen

Im Arrestverfahren und in den Verfahren der einstweiligen Verfügung sowie der einstweiligen und vorläufigen Anordnung in Ehe- und Familiensachen kann ein Beweis auch durch Glaubhaftmachung geführt werden. Dafür kommt vor allem die eidesstattliche Versicherung in Betracht. Die Vorlage schriftlicher eidesstattlicher Versicherungen löst nach § 34 Abs. 1 BRAGO keine Beweisgebühr aus. Die Anfertigung von eidesstattlichen Versicherungen insbesondere von Dritten kann für den Anwalt eine mühselige und zeitraubende Tätigkeit darstellen. Hier hilft eine Honorarvereinbarung etwa dergestalt, dass der Anfall der Beweisgebühr vereinbart wird.

40

d) Einstweilige Anordnungen gem. § 41 BRAGO

Nach § 41 Abs. 1 BRAGO gelten bestimmte einstweilige Anordnungsverfahren jeweils als besondere Angelegenheit. Für mehrere Verfahren, die unter einem Buchstaben genannt sind, erhält der RA die Gebühren in jedem Rechtszug nur einmal. Das kann, wenn in verschiedenen einstweiligen Anordnungsverfahren heftig gestritten wird, gebührenrechtlich unzumutbar sein.[49] Als Ausweg empfiehlt sich, bestimmte einstweilige Anordnungsverfahren aus der Zusammenrechnungsvorschrift des § 41 BRAGO herauszunehmen und zu vereinbaren, dass bestimmte Anordnungsverfahren gesondert abgerechnet werden.

41

e) Vertretung der reichen Partei im PKH-Bewilligungsverfahren

Im PKH-Bewilligungsverfahren erhält erhält der RA auch dann, wenn er die reiche Partei (Antragsgegner) vertritt, gem. § 51 Abs. 1 BRAGO nur 5/10 der in § 31 bestimmten Gebühren. Erreicht der RA des Antragsgegners, dass das PKH-Gesuch wegen Aussichtslosigkeit abgewiesen wird, dann hat er für seine Partei den Hauptprozess meistens vermieden. Bei Vertretung der reichen Partei sollte vereinbart werden, dass anstelle der 5/10-Gebühren des § 51 die vollen Gebühren des § 31 BRAGO zu zahlen sind.

42

f) Hausratssachen

Streitigkeiten um den ehelichen Hausrat werden oft sehr emotional geführt. Die anwaltliche Tätigkeit ist manchmal sehr zeitaufwändig. Die Streitwerte sind meistens niedrig, weil es auf den Verkehrswert, also auf den vermutlichen Verkaufserlös ankommt. Gebrauchter Hausrat ist aber vielfach unverkäuflich oder jedenfalls nur zu geringen Preisen.[50] Im gerichtlichen Verfahren nach der HausratsVO erhält der RA gem. § 63 Abs. 3 BRAGO die in § 31 BRAGO bestimmten Gebühren nur zur Hälfte. Ist der RA in Wohnungs- und Hausratssachen vorgerichtlich tätig, erhält er die Gebühren des § 118 BRAGO. Es wird die Ansicht vertreten, gegen den Gesetzeswortlaut des § 118 (5/10 bis 10/10) seien diese auf 5/10 begrenzt, da systematisch eine vorgerichtliche Tätigkeit keine höheren Gebühren auslösen könne als ein gerichtliches Verfahren.[51] Den Unzulänglichkeiten hinsichtlich der Gebühren und der Werte in Hausratssachen sollte der RA durch eine Honorarvereinbarung entgehen.

43

---

[49] S. das Berechnungsbeispiel in *Gerold/Schmidt-von Eicken* § 41 Rn. 12.
[50] Einzelheiten s. Kap. B Rn. 49.
[51] Nähere Begründung s. Kap. I. Rn. 31.

g) Sonstige Angelegenheiten nach § 118 BRAGO

44 Alles was die BRAGO in den Abschnitten 3–11 nicht geregelt hat, fasst sie gebührenrechtlich als sonstige Angelegenheiten in § 118 BRAGO zusammen, also die gesamte außergerichtliche Tätigkeit, die Verwaltungsverfahren und alle Angelegenheiten der freiwilligen Gerichtsbarkeit.[52]

Wie nicht anders zu erwarten, kann eine einzelne Vorschrift – § 118 BRAGO –, die verschiedenartigste Tätigkeit gebührenmäßig regelt, nicht immer die angemessene Vergütung der Arbeit des RA gewährleisten. Es besteht die Gefahr, dass die Tätigkeit des RA nur unzulänglich vergütet wird. Es ist daher dringend zu empfehlen, bei Annahme des Auftrags zu erwägen, ob die Gebühren des § 118 BRAGO eine ausreichende Vergütung gewährleisten und in Zweifelfällen (vor allem auch hinsichtlich des Gegenstandswertes) die Übernahme des Mandats von einer Gebührenvereinbarung abhängig zu machen.

h) Mediation

45 Welche Schwierigkeiten kostenmäßig bei der Mediation hinsichtlich der Gebühren und der Gegenstandswerte bestehen, ist in Kap. K ausführlich dargestellt. Gleichgültig, ob der RA in der Mediation als Mediator oder als Vertreter einer der Mediationsparteien tätig ist, immer sollte vorher eine Honorarvereinbarung geschlossen werden, um die vielen Schwierigkeiten, die nach Beendigung der Mediation gebührenrechtlich zu bewältigen sind, von vorneherein auszuschließen.

i) Erhöhung des Kilometergeldes und des Tage- und Abwesenheitsgeldes

46 Die Aufhebung der Lokalisation bringt es mit sich, dass in Ehe- und Familiensachen Anwälte oft zu auswärtigen Familiengerichten reisen müssen. Das Kilometergeld von 0,52 DM gem. § 28 Abs. 2 Nr. 1 BRAGO deckt die tatsächlichen Kosten schon eines Mittelklassewagens nicht, wie in den ADAC-Tabellen ablesbar. Ein Kilometergeld von 1,00 DM ist angebracht.

Das Tage- und Abwesenheitsgeld des § 28 Abs. 3 BRAGO dient nicht nur dazu, die Mehrkosten, die durch eine Geschäftsreise verursacht werden, auszugleichen. Es ist auch Entschädigung für die wegen der Reise nicht mögliche Ausübung sonstiger Geschäfte und Annahme neuer Mandate. Es ist pauschaliert, also in voller Höhe auch dann zu zahlen, wenn die Mehrkosten des RA geringer sind. Andererseits kann der Anwalt im Einzelfall entstandene, den Pauschsatz übersteigende Mehrkosten nicht berechnen. Hier bleibt bei Voraussehbarkeit nur die Honorarvereinbarung.

j) Zugewinnausgleich

47 Der Zugewinnausgleich wird mit einer bezifferten Zahlungsklage geltend gemacht. Streitwert ist der geforderte Betrag. Bei einer Klage und Widerklage, wenn also beide Ehegatten wechselseitig einen Ausgleichsanspruch geltend machen, ist umstritten, ob die Werte von Klage und Widerklage zu addieren sind oder lediglich der höhere Anspruch maßgebend ist, vgl. Kap. B Rn. 63. Hier hilft eine Honorarvereinbarung, in der bestimmt wird, dass die Werte von Klage und Widerklage zusammengerechnet werden. Ganz schwierig und manchmal fast unmöglich ist die Bestimmung des Gegenstandswertes, wenn der RA lediglich beauftragt wird, einen Zugewinnausgleichsanspruch zu

---

[52] Einzelheiten s. Vorbemerkungen zu § 118 in *Gerold/Schmidt-Madert*.

berechnen und der Ratssuchende keine Vorstellung über die Höhe eines solchen Anspruchs hat. Ob die in Kap. B Rn. 63 aufgezeigte Lösungsmöglichkeit sich durchsetzen wird, ist ungewiss, daher auch hier der Rat zur Honorarvereinbarung.

k) Trennungs- und Scheidungsvereinbarungen

Große Schwierigkeiten bestehen bei der Bestimmung der Gebühren und der Gegenstandswerte beim Aushandeln von Trennungs- und Scheidungsvereinbarungen, vor allen dann, wenn man der überwiegenden Meinung der Rechtsprechung folgt, dass hinsichtlich der Scheidungssachen eine Vermutung dafür spricht, dass von Anfang an beabsichtigt sei, einen außergerichtlich ausgehandelten Vergleich gerichtlich protokollieren zu lassen. Das ist umfassend in Kap. J dargestellt. Alle diese Schwierigkeiten lassen sich beheben durch eine Honorarvereinbarung, wie sie schon in Kap. J Rn. 9 vorgestellt wird. 48

3. Weitere Vorteile einer Honorarvereinbarung

Ist eine gute Honorarvereinbarung getroffen, so wird nach Beendigung der Angelegenheit der Streit mit dem Mandanten über die Höhe des Gegenstandswertes und der Gebühren vermieden, es kann nur noch ein Streit über die Angemessenheit des vereinbarten Honorars bestehen. 49

Steht dem Mandanten ein Kostenersatz – oder Kostenerstattungsanspruch gegen Dritte zu (Gegner, Staatskasse, Rechtsschutzversicherer oder dergleichen), dann braucht mit diesem Dritten die Auseinandersetzung über die Höhe der Gebühren nicht bis zum letzten ausgetragen werden.

Schließlich gibt es noch eine Wirkung, die der Vorschlag einer Honorarvereinbarung haben kann, die hier nicht verschwiegen werden soll. Jeder RA hat Mandanten, die ihm von der Person her oder durch ihr Mandat äußerst unangenehm und widerwillig sind, deren Mandat er am liebsten abgelehnt hätte, es aber aus irgendwelchen Gründen versäumt hat. Wenn einem solchen Mandanten ein „gesalzenes" im Sinne von gut bemessenes Honorar vorgeschlagen wird, dann wird man das ungeliebte Mandat entweder los, oder wenn nicht, wird die Bearbeitung doch etwas „versüßt".

XI. Zeitpunkt des Abschlusses

1. Grundsätzliches

Zu welchem Zeitpunkt empfiehlt es sich, eine Honorarvereinbarung zu treffen? Am Anfang, in der Mitte, kurz vor dem Ende oder gar nach dem Ende des Mandatsverhältnisses? Die Frage lässt sich allgemein gültig nicht beantworten. Sicher ist grundsätzlich richtig, die Honorarvereinbarung möglichst früh zu treffen. Aber die Schwierigkeit ist, dass bei Übernahme des Mandats oftmals der Verfahrensverlauf und der dadurch bedingte Umfang der anwaltlichen Tätigkeit nicht vorauszusehen sind, das Honorar kaum zu kalkulieren ist. Nur wenn Verfahrensdauer und Umfang der Tätigkeit einigermaßen zuverlässig abzuschätzen sind, ist der Rat richtig, möglichst mit der Mandatsübernahme oder unmittelbar danach das Honorar zu vereinbaren. 50

Weil bei Mandatsübernahme Dauer des Verfahrens und Umfang der anwaltlichen

L. Honorarvereinbarungen in Ehe- und Familiensachen

Tätigkeit oft nicht zu überblicken sind, wird der Abschluss der Honorarvereinbarung aufgeschoben, in Zivilsachen manchmal bis unmittelbar vor einer umfangreichen Beweisaufnahme, in Strafsachen bis unmittelbar vor der Hauptverhandlung. Schlägt der RA dem Mandanten erst in der Mitte des Verfahrens eine Honorarvereinbarung vor und lehnt der Mandant den Abschluss ab, dann steht der Anwalt vor der unangenehmen Situation, sich zu entscheiden: Entweder er führt „zähneknirschend" das Mandat weiter in dem Bewusstsein, dass er zu den gesetzlichen Gebühren unterhonoriert ist, möglicherweise sogar Verluste erleidet, oder er entschließt sich zur Kündigung des Mandatsverhältnisses mit der Folge, dass er Gefahr läuft, seinen Anspruch auf eine Vergütung gem. § 628 Abs. 1 S. 2 BGB ganz oder teilweise zu verlieren. Diesem Dilemma kann der RA entgehen, indem er mit dem Mandanten vereinbart: Sobald er bei der Bearbeitung der Sache einen Überblick über den Umfang seiner Tätigkeit habe, werde er eine Honorarvereinbarung vorschlagen; sei der Mandant mit dem Vorschlag nicht einverstanden, werde einverständlich das Mandat beendet, der Mandant schulde dann für die bisherige Tätigkeit eine bestimmtes Honorar oder die bis dahin angefallenen Gebühren.

Da der RA selbstverständlich die Übernahme des Auftrags und seine Weiterführung von dem Abschluss einer Honorarvereinbarung abhängig machen kann, darf er auch ankündigen, er werde das Mandat niederlegen, wenn er nicht rechtzeitig von dem Auftraggeber die unterschriebene Honorarvereinbarung zurückerhalte. Rechtzeitig bedeutet, dem Auftraggeber muss genügend Zeit bleiben, einen anderen Anwalt zu wählen.[53] Wägt man das alles gegeneinander ab, dann bleibt es bei der Empfehlung, die **Honorarvereinbarung doch möglichst früh, entweder bei Mandatsannahme oder kurz danach zu treffen.**

2. Gestaffeltes Honorar

51 Lassen sich bei Übernahme eines Mandates der Verfahrensablauf und der Umfang nicht voraussehen, so empfiehlt es sich, Honorarvereinbarungen für bestimmte, überschaubare Verfahrensabschnitte zu treffen. In Zivilsachen werden Honorarvereinbarungen möglich z. B. für die außergerichtliche Tätigkeit, für das gerichtliche Verfahren selbst und für die Wahrnehmung jedes gerichtlichen Termins ein besonderes Honorar. Ein so aufgestückeltes vereinbartes Honorar hat sich in der Praxis bewährt. Es ist für den Mandanten überschaubar, vor allem wenn zwischen Anwalt und Mandat klargestellt ist (schriftlich), dass der Anwalt bei Weiterentwicklung der Sache eine neue Honorarvereinbarung vorschlagen wird, wenn diese notwendig ist.

---

[53] *Hansens* § 3 Rn. 2; vgl. auch BGH AnwBl. 1978, 227 (Kündigt ein RA die Niederlegung des Mandats rechtzeitig für den Fall an, dass sein Auftraggeber nicht bereit ist, ihm eine höhere als die gesetzliche Vergütung zu zahlen, so ist eine darin möglicherweise enthaltene Drohung nicht widerrechtlich, wenn der RA nach den besonderen Umständen des Einzelfalls ein berechtigtes Interesse an einer zusätzlichen Vergütung hat). Die von *Riedel/Sußbauer-Fraunholz* in § 3 Rn. 7 ohne Begründung vertretene Meinung, der RA dürfe die Fortsetzung einer vertragsgemäß begonnenen Tätigkeit, also zu den gesetzlichen Gebühren, nicht später vom Abschluss einer Honorarvereinbarung abhängig machen, ist unzutreffend.

XII. Mögliche Honorarvereinbarungen

1. Grundformen

a) Gesamtbetrag

Die einfachste Form einer Honorarvereinbarung ist: Anstelle der gesetzlichen Gebühren wird ein **Gesamtbetrag** vereinbart.

Formulierung: *... schlagen wir Ihnen anstelle der gesetzlichen Gebühren, falls diese nicht höher sind, ein Honorar von ... DM (in Worten:...) zuzüglich Mehrwertsteuer vor.*

Ein Unterfall der Vereinbarung eines Gesamtbetrages ist die Vereinbarung, dass zu den gesetzlichen Gebühren ein **Zusatzhonorar** gezahlt wird.

Formulierung: *... müssen wir Ihnen zu den gesetzlichen Gebühren, bzw. zu den Gebühren, die von Ihrer Rechtsschutzversicherung gezahlt werden, ein Zusatzhonorar von ... DM (in Worten:...) zuzüglich Mehrwertsteuer vorschlagen.*

b) Gebührenerhöhung

Hierbei wird vereinbart, dass die gesetzlichen Gebühren erhöht werden. Bei Bruchteilsgebühren kann z. B. vereinbart werden, dass der doppelte Betrag aller anfallenden gesetzlichen Gebühren erhöht wird.

Formulierung: *Im Hinblick auf die Bedeutung und den Umfang des Verfahrens verpflichte ich mich, die Höchstgebühr der anfallenden gesetzlichen Rahmengebühren zu zahlen. Also im Falle des § 20 die 10/10-Gebühr, im Falle des § 23 die 15/10-Gebühr und im Falle des § 118 BRAGO die 10/10-Gebühren. Oder: Anstelle der 5/10-Gebühren des § 63 Abs. 3 BRAGO (oder des § 51 BRAGO) werden 10/10-Gebühren vereinbart.*

Ein Unterfall ist, dass nur einzelne der gesetzlichen Gebühren erhöht werden. Es wird z. B. für voraussichtlich lang andauernde Vertragsverhandlungen die Besprechungsgebühr des § 118 Abs. 1 Nr. 2 BRAGO auf 20/10 erhöht. Auch kann der doppelte Betrag der Vergleichsgebühr gem. § 23 Abs. 1 S. 1 BRAGO vereinbart werden.

c) Streit- oder Gegenstandswerterhöhung

Anstelle des gesetzlichen Streit- oder Gegenstandswertes wird ein höherer Streit- oder Gegenstandswert vereinbart, nach dem die gesetzlichen Gebühren abgerechnet werden. Eine solche Vereinbarung ist in allen Fällen zu empfehlen, in welchem der gesetzliche Streit- oder Gegenstandswert zu niedrig oder umstritten ist, vor allem aber, wenn die Bestimmung des richtigen Gegenstandswertes schwierig ist.

Formulierung: *Wir schlagen Ihnen vor, der Berechnung unserer Gebühren einen Gegenstandswert – falls der vom Gericht endgültig festgesetzte nicht höher ist – von DM ... (in Worten:...) zu Grunde zu legen.*

d) Ausschluss einzelner gesetzlicher Regelungen

Grundsätzlich sind alle gesetzlichen Gebührenbestimmungen abdingbar, folglich kann auch vereinbart werden, dass Einschränkungen der gesetzlichen Gebühren nicht gelten sollen. Solche Einschränkungen lassen sich in drei Gruppen einteilen:

Erste Gruppe: Anstelle mehrerer Einzelaktgebühren sieht das Gesetz nur eine Pauschalgebühr vor.

Beispiel: Im vereinfachten Verfahren über den Unterhalt Minderjähriger erhält der RA gem. § 44 Abs. 1 BRAGO auch dann nur eine Gebühr, wenn es in dem Verfahren zu einer mündlichen Verhandlung oder gar zu einer Beweisaufnahme kommt. Im Verfahren vor Gerichten der Sozialgerichtsbarkeit erhält der RA gem. § 116 Abs. 1 BRAGO nur eine Betragsrahmengebühr, obwohl meistens in dem Verfahren vor dem Sozialgericht eine mündliche Verhandlung und oft auch eine Beweisaufnahme stattfindet.

Zweite Gruppe: Obwohl der RA eine bestimmte Einzeltätigkeit ausgeübt hat, wird diese Einzeltätigkeit nicht gesondert vergütet, sondern als mit den im Rechtszug anfallenden Gebühren für abgegolten erklärt. Bekanntestes Beispiel ist § 37 Nr. 2 BRAGO, wonach außergerichtliche Vergleichsverhandlungen zum Rechtszug gehören.

Dritte Gruppe: Hierunter fallen alle Regelungen, wonach eine zunächst entstandene Gebühr auf später entstehende Gebühren ganz oder zum Teil angerechnet wird. Bekanntestes Beispiel ist die Anrechnung der Geschäftsgebühr des § 118 Abs. 1 Nr. 1 BRAGO auf die im anschließenden Rechtsstreit entstehende Prozessgebühr des § 31 Abs. 1 Nr. 1 BRAGO oder auf die im anschließenden Verfahren wieder entstehende Geschäftsgebühr. Jede dieser Einzelregelungen kann und sollte in geeigneten Fällen durch Honorarvereinbarungen abgedungen, d. h. ausgeschlossen werden.

Formulierung (3. Gruppe): *Für die außergerichtliche Tätigkeit hinsichtlich einer Umgangsregelung ist eine Geschäftsgebühr nach § 118 Abs. 1 Nr. 1 BRAGO entstanden. Für den Fall, dass es anschließend zu einem Verfahren zu nach § 621 Abs. 1 Nr. 2 ZPO kommt, wird die außergerichtlich entstandene Geschäftsgebühr auf die im gerichtlichen Verfahren wiederum entstehende Geschäftsgebühr nicht angerechnet.*

e) Zeitgebühren

56 Hier geht es ausschließlich um praktische Fragen: Höhe der zu vereinbarenden Zeitgebühren, was soll mit ihnen abgedeckt sein und schließlich um Beweisfragen.

Zeitgebühren können vereinbart werden als Stunden-, Tages-, Wochen-, Monats- oder eine sonstige zeitbezogene Pauschale für jede angefangene oder jede vollendete Zeiteinheit. Die Pauschalen können gestaffelt werden der Höhe nach (von oben nach unten) für den Seniorsozius, einen sonstigen Sozius, für angestellte Rechtsanwälte oder Assessoren, für einen Referendar, für die Sekretärin oder sonstige Hilfskräfte. Möglich ist auch die Vereinbarung höherer Sätze für Tätigkeiten außerhalb der üblichen Kanzleizeit, vor allen an Samstagen, Sonn- und Feiertagen.

57 Zur **Höhe der Zeitgebühr** ist es schwer, Empfehlungen zu geben. Das Gesetz beschränkt sich in § 3 Abs. 5 S. 4 BRAGO auf den Hinweis, dass die vereinbarte Vergütung in einem angemessenen Verhältnis zur Leistung, Verantwortung und Haftungsrisiko des Anwalts stehen muss. In Anwaltskreisen wird über Stundensätze zwischen 250 DM und 1000 DM gesprochen.[54] Niedrigere Stundensätze als 250 DM dürften nicht mehr angemessen sein, nach oben liegt die Grenze bei „unangemessen hoch".[55]

---

[54] Vgl. *Schiffer* u. *Starke*: Das Honorar des Unternehmensanwalts, JurBüro 1998, 396.
[55] Vgl. hierzu die Berechnungen von *Traulsen* und *Förster* AnwBl. 1982, 46; *Franzen* NJW 1973, 2054 u. 1974, 784; *Franzen* u. *Apel* NJW 1988, 1059 sowie die sehr instruktiven Berechnungen von *Knief* (Das Preis-Leistungsverhältnis der anwaltlichen Dienstleistungen – eine Auseinandersetzung mit der Zeitgebühr) AnwBl. 1999, 76. Das OLG München (Die Wirtschaftsprüfung 1979, 349) hat bereits 1979 einem Wirtschaftsprüfer einen Stundensatz von 200 DM zugebilligt. *Schall* (BB 1989, 956 (961)) hält für die Ausarbeitung eines Gutachtens in Steuersachen einen Stundensatz von 400 bis 800 DM für angemessen.

XII. Mögliche Honorarvereinbarungen

Beweisfragen: Nach § 3 Abs. 1 S. 3 BRAGO sollen Vereinbarungen über die Vergütung nach § 3 Abs. 5 BRAGO schriftlich getroffen werden; ist streitig, ob es zu einer solchen Vereinbarung gekommen ist, so trifft die Beweislast den Auftraggeber. Die Beweislasterleichterung gilt mithin nur für vereinbarte Pausch- und Zeitvergütungen, die niedriger als die gesetzlichen Gebühren sind. In den meisten Fällen kann der RA im Zeitpunkt der Vereinbarung von Zeitgebühren aber nicht übersehen, ob bei der konkreten Berechnung am Ende der Angelegenheit die Abrechnung nach den vereinbarten Zeitgebühren zu einer niedrigeren oder einer höheren als der gesetzlichen Vergütung führt. Hat sich der RA nicht das schriftliche Einverständnis des Auftraggebers gem. § 3 Abs. 1 S. 1 BRAGO geben lassen, dann kann er nur die gesetzlichen Gebühren fordern, der infolge der vereinbarten Zeitgebühren darüber hinausgehende Betrag reduziert sich auf eine Naturobligation. Aus diesem Grunde sollten Zeitgebühren niemals mündlich sondern immer schriftlich vereinbart werden. 58

Wenn der Auftraggeber den berechneten Zeitaufwand bestreitet, dann muss der Anwalt beweisen, dass der Zeitaufwand tatsächlich angefallen ist. Folglich muss er den Zeitaufwand nach Datum, Umfang und Gegenstand sorgfältig erfassen.[56] Zeitnotizen des RA bei einem vereinbarten Zeithonorar unterliegen als private Urkunden der freien Beweiswürdigung. Ihnen kommt ein erheblicher Beweiswert zu. Nur dort, wo weder Zeitnotizen noch Tätigkeitsvermerke oder entsprechende Arbeitsergebnisse (z.B. Schriftsätze) in den Handakten vorhanden sind, können einem RA allein auf Grund seiner späteren Angaben Gebühren nicht zugesprochen werden, da es sich insofern allein um durch nichts belegten Parteivortrag handeln würde. Der Beweiswert der Aufzeichnungen des RA ist anders zu bewerten, wenn Anhaltspunkte dafür vorhanden sind, dass es sich um gefälschte Aufzeichnungen handelt. Beweispflichtig ist dann insoweit der Auftraggeber.[57]

f) Auslagenvereinbarung, Mehrwertsteuer

Wenn lediglich ein bestehender Betrag als Pauschalvergütung vereinbart ist, so sind mit dem Pauschalhonorar auch die Auslagen (§§ 25–29 BRAGO) abgegolten und können nicht gesondert in Rechnung gestellt werden. Sollen diese neben dem Pauschalhonorar geschuldet werden, so muss das etwa so in die Vereinbarung aufgenommen werden: 59

Alle Auslagen, wie Entgelte für Post- und Telekommunikationsdienstleistungen, Schreibauslagen, Reisekosten, Tage- und Abwesenheitsgelder und dergleichen sowie die Mehrwertsteuer (§§ 25–30 BRAGO), werden daneben zusätzlich geschuldet.

Selbstverständlich können auch für die Auslagen höhere Beträge als die gesetzlichen vereinbart werden. So ist es z.B. möglich, dass die Pauschale des § 26 BRAGO nicht 15 % des vereinbarten Honorars sondern 20 % beträgt, dass, wenn mehr als 50 Kopien

---

Nach *Gellert* (Manager-Magazin 1989, 84) vereinbaren renommierte Wirtschaftsanwälte, die Umwandlungen und Fusionen bearbeiten und bei Sanierungen mitwirken, Stundensätze zwischen 500 und 750 DM; LG Düsseldorf AGS 1993, 38 (Stundensatz von 248 DM im Jahre 1989 keinesfalls überhöht); LG Köln BB 1999, 1929 = JurBüro 1999, 528 (Stundensatz von 600 DM zzgl. MWSt. ist für eine auf Arbeitsrecht spezialisierte Kanzlei wegen der Bedeutung der Angelegenheit nicht zu beanstanden). Weitere Beispiele: LG Berlin AnwBl. 1982, 262 (das Sechsfache der gesetzlichen Gebühren); JurBüro 1991, 530 (Streitwertvereinbarung auf das Fünffache); LG Braunschweig AnwBl. 1973, 358 (das Fünffache); LG Karlsruhe AnwBl. 1983, 178 (zusätzliche Verhandlungsgebühr von 3000 DM je Verhandlungstag.

[56] *Knief* AnwBl. 1999, 76 gibt dafür wertvolle Hinweise.
[57] Hamburg MDR 2000, 115.

anzufertigen sind, auch die weiteren Kopien mit 1 DM pro Seite vergütet werden, dass das Kilometergeld grundsätzlich 1 DM pro Kilometer beträgt, dass höhere Abwesenheitsgelder als in § 28 BRAGO normiert vereinbart werden. Bei den Abwesenheitsgeldern sollte man differenzieren: Sind für die gesamte anwaltliche Tätigkeit Stundensätze vereinbart, so sollte klargestellt werden, dass diese Stundensätze auch die Zeiten vom Verlassen der Kanzlei bis zur Rückkehr sowie die Wartezeiten bei Gericht umfassen. Möglicherweise kann hier ein geringerer Stundensatz zu Grunde gelegt werden.

60   Die **Mehrwertsteuer** gehört gem. der Definition des § 1 Abs. 1 BRAGO neben den Gebühren zu der gesetzlichen Vergütung. Wird anstelle der gesetzlichen Vergütung ein höheres Honorar vereinbart, so ist die Mehrwertsteuer darin enthalten.[58] Es ist daher dringend zu empfehlen, in die Vereinbarung die Bestimmung aufzunehmen, dass die Umsatzsteuer zusätzlich zu zahlen ist, und zwar nach dem jeweils gültigen Satz. Fehlt der Hinweis auf den jeweils gültigen Satz, dann kann bei einer Änderung des Mehrwertsteuersatzes nur die Vergütung mit der Mehrwertsteuer in Höhe des bei Abschluss der Vereinbarung gültigen Steuersatzes verlangt werden.

2. Kombinationen

61   Durch die vorstehende Aufzählung von verschiedenen Elementen und Möglichkeiten darf nicht der Eindruck entstehen, jede Honorarvereinbarung müsse möglichst alle Elemente enthalten. Es soll nur einsichtig werden, was im Einzelnen und speziell geregelt werden kann oder muss.

XIII. Praktische Hinweise für das Abfassen von Honorarvereinbarungen

1. Häufige Fehler

62   Der häufigste Fehler, der gemacht wird, ist der: Die Honorarvereinbarung ist zu allgemein abgefasst, so dass Auslegungsprobleme entstehen, sie ist nicht konkret genug auf die betreffende Angelegenheit abgestellt, in ihr sind nicht alle Eventualitäten geregelt.

Angenommen: Der RA ist in einer Unterhaltsangelegenheit mit einem Streitwert von 10 000 DM tätig. Er hat ausgerechnet, im gerichtlichen Verfahren werden vermutlich die drei Regelgebühren des § 31 Abs. 1 Nr. 1–3 BRAGO entstehen, mit Auslagen und Mehrwertsteuer ca. 2000 DM. Da ihm dies zu wenig ist, vereinbart er: „Herr Müller zahlt für seine Vertretung in der Unterhaltssache Herrn RA X ein Pauschalhonorar von 3000 DM." Ungeschickter kann man es nicht machen: Denn es ergeben sich folgende Fragen: Was ist,
a) wenn die außergerichtlich entstehenden Gebühren (z. B. Besprechungsgebühr) und die Regelgebühren im Rechtsstreit insgesamt höher sind, wenn z. B. auch noch eine Vergleichsgebühr hinzu kommt;
b) wenn Rechtsmittel eingelegt werde, soll mit den 3000 DM auch das Berufungsverfahren (Simultananwalt) abgegolten werden;
c) umfasst die Vereinbarung auch Auslagen und Mehrwertsteuer;

---

[58] OLG Koblenz OLGZ 1979, 230; LG Koblenz AnwBl. 1984, 206 m. Anm. *Madert*.

XIII. Praktische Hinweise für das Abfassen von Honorarvereinbarungen

d) fällt unter Unterhaltsangelegenheit auch eine evtl. notwendige Zwangsvollstreckung und damit die Gebühren des § 57 BRAGO?
Es ist also möglich, dass der vereinbarte Betrag sich zu niedrig herausstellt, dass die gesetzlichen Gebühren höher sind. Dann ist der RA an das vereinbarte Pauschalhonorar von 3000 DM gebunden; er kann nicht anstelle des vereinbarten Honorars die gesetzlichen Gebühren verlangen. Aus diesem Grunde **darf in keiner Honorarvereinbarung der Zusatz fehlen:** „*... anstelle der gesetzlichen Gebühren, wenn diese nicht höher sind.*"
Es kann auch zweifelhaft sein, ob das Pauschalhonorar nur für die erste Instanz oder auch für weitere Instanzen gelten soll, daher sollte das in der Honorarvereinbarung klargestellt werden und zwar mit dem Satz: „*Für jede weitere Instanz bleibt für die Vertretung eine neue Honorarvereinbarung vorbehalten.*"
Wenn lediglich ein bestimmter Betrag als Pauschalhonorar vereinbart ist, so sind mit dem Pauschalhonorar auch die Auslagen (§§ 25–23 BRAGO) abgegolten und können nicht gesondert in Rechnung gestellt werden.[59] Sollen diese neben dem Pauschalhonorar geschuldet werden, so muss das etwa so in die Honorarvereinbarung aufgenommen werden, vgl. oben Rn. 56.

2. Checkliste notwendiger und wesentlicher Teile der Honorarvereinbarung

Nochmals sei aus dem in Rn. 11 genannten Gründe davor gewarnt, vorgedruckte Honorarvereinbarungen, kurz Honorarscheine genannt, zu verwenden. Wie weiter in Rn. 7 gezeigt, wird die gesetzliche Schriftform durch Bestätigung des Mandanten in Briefform oder durch Unterzeichnung einer Abschrift eines anwaltlichen Honorarbriefes gewahrt. Es ist nicht verboten, Probleme, die die Sache selbst betreffen, mit Honorarfragen in ein und demselben Brief zu erörtern. Dennoch sollte man die allgemeine Sachkorrespondenz von den die Kosten betreffenden Korrespondenz möglichst trennen.

63

Zu empfehlen ist daher, dass für jede Angelegenheit, für die ein Honorar vereinbart werden soll, eine individuelle Honorarvereinbarung zu entwerfen. Bei der Abfassung einer solchen Honorarvereinbarung sollte der Anwalt anhand einer Checkliste überprüfen, ob alle notwendigen und wesentlichen Bestandteile in der Vereinbarung enthalten sind. Dabei hat sich die programmierte Textverarbeitung sehr bewährt. Denn durch sorgfältig ausgearbeitete und gespeicherte Bausteine wird gewährleistet, dass kein notwendiger Bestandteil einer Honorarvereinbarung vergessen wird, der gespeicherte Text auf den betreffenden Fall abgewandelt werden kann, so dass eine individuelle Honorarvereinbarung entsteht, die dann nicht mehr am AGBG überprüft werden kann.

Zu prüfen sind:

1. Genaue Bezeichnung der Angelegenheit bzw. des Teils der Angelegenheit.

Auf die genaue Bezeichnung der Angelegenheit sollte der RA große Sorgfalt verwenden. Es muss klargestellt werden, um welche Angelegenheit es sich handelt. Handelt es sich um ein gerichtliches Verfahren, sind das Gericht und das Aktenzeichen anzugeben. Sind z.B. mehrere gerichtliche Verfahren anhängig, muss deutlich werden, ob alle ge-

---

[59] LG Koblenz AnwBl. 1984, 206 m. Anm. *Madert*.

richtlichen Verfahren oder nur ein gerichtliches Verfahren von der Honorarvereinbarung umfasst werden. Ist die Honorarvereinbarung gestaffelt für einzelne Verfahrensabschnitte, sollten diese im Einzelnen bezeichnet werden.

2. Die schriftliche Erklärung des Mandanten, seinem RA für diese Angelegenheit ein bestimmtes Honorar zu zahlen.

Es gibt viele Möglichkeiten, ein vereinbartes Honorar festzulegen. Inhalt der Vereinbarung kann nur eine bestimmte, zumindest aber bestimmbare, höhere als die gesetzliche Vergütung sein. Eine Einigung dahin, dass die gesetzlichen Gebührensätze ausgeschlossen sein sollen und dass eine höhere Vergütung zu zahlen sei, genügt nicht. Es ist nötig, das ein Maßstab gewählt wird, der ohne Schwierigkeiten die beziffernmäßige Berechnung zulässt.[60] Es ist aber nicht nötig, dass die Berechnung sofort – vor Abschluss der Tätigkeit des Rechtsanwalts – erfolgen kann. Es genügt, dass die Vergütung nach Abschluss berechnet werden kann. Auch die gesetzlichen Gebühren lassen sich in ihrer Gesamtheit erst nach dem Abschluss der Tätigkeit des RA eindeutig berechnen.

Zulässig ist auch die Vereinbarung, dass der höchste Betrag der anfallenden Rahmengebühr geschuldet wird, dass der doppelte oder dreifache Betrag der gesetzlichen Gebühren oder ein prozentualer Zuschlag zu den gesetzlichen Gebühren zu zahlen sei. Bei der Vereinbarung eines bestimmten Pauschalbetrages muss sorgfältig darauf geachtet werden, dass genau angegeben wird, für welchen Verfahrensabschnitt der Betrag geschuldet wird, bei der Vereinbarung eines Stundenbetrages muss neben dem Betrag für die Stunde darauf geachtet werden, für welche Tätigkeit die Stundengebühr geschuldet wird. Es ist z. B. in einer Strafsache möglich, dass für außergerichtliche Tätigkeit ein geringerer Stundensatz als für Tätigkeiten für Hauptverhandlungstermine festgelegt wird. Eine für alle Fälle gültige Obergrenze gibt es nicht. Die Obergrenze ist erreicht, wenn Sittenwidrigkeit im Sinne von § 138 BGB vorliegt.[61]

3. Der Hinweis, dass das Honorar anstelle der gesetzlichen Gebühren tritt, falls diese nicht höher sind.

Vergleiche Rn. 59.

4. Die Angabe des Honorars, eventuell unterteilt in

a) ein Grundhonorar für die außergerichtliche Vertretung oder für einen bestimmten Verfahrensabschnitt;

b) für die außergerichtliche Vertretung und für die gerichtliche Vertretung, evtl. kombiniert mit dem Ausschluss der Anrechnungsvorschrift des § 118 Abs. 2 BRAGO;

c) das Honorar für die Teilnahme an Besprechungen mit dem Gegner oder mit Dritten, das abweichend von dem sonstigen Honorar bemessen wird.

5. Fälligkeit des Honorars; Vorschuss.

Die Vergütung, auch die vereinbarte Vergütung, wird fällig, wenn einer der Fälligkeitsbestände des § 16 BRAGO vorliegt. Vorher kann der RA nur Vorschuss gem. § 17 BRAGO fordern. Die Vorschrift des § 16 BRAGO ist, da sie dem Schuldrecht ange-

---

[60] BGH AnwBl. 1965, 173 m. Anm. *Brangsch* = NJW 1965, 1023; Hamm AnwBl. 1986, 452.
[61] Weitere Nachweise *Gerold/Schmidt-Madert* § 3 Rn. 3.

XIII. Praktische Hinweise für das Abfassen von Honorarvereinbarungen

hört, nachgiebiges Recht. Der Auftraggeber kann daher mit dem RA vereinbaren, dass die Vergütung früher fällig wird.[62]

In jede Honorarvereinbarung sollte daher aufgenommen werden, wann das vereinbarte Honorar zu zahlen ist. Wird bei Zeithonoraren eine regelmäßige Fälligkeit (monatlich oder vierteljährlich) vereinbart, dann sollte der Anwalt sich in derartigen Fällen verpflichten, jeweils zu bestimmten Zeiten (am besten monatlich) abzurechnen, um dem Auftraggeber Gelegenheit zu geben, die Rechnung nachzuprüfen. Gerade beim vereinbarten Honorar ist dringend zu empfehlen, das vereinbarte Honorar möglichst vor dem Abschluss der Angelegenheit entweder durch vereinbarte Fälligkeit oder als Vorschuss zu erhalten. Denn nachträglich messen die Mandanten die Höhe des Honorars am erzielten Erfolg und machen, wenn die Sache nicht nach ihren Vorstellungen ausgegangen ist, Schwierigkeiten.

6. Auslagen gesondert geschuldet.

Wie oben dargelegt, umfasst das Pauschalhonorar im Zweifel die Auslagen. Sollen diese gesondert in Rechnung gestellt werden, muss das in die Honorarvereinbarung aufgenommen werden.

Selbstverständlich können auch für die Auslagenpauschale des § 26 BRAGO, die Schreibauslagen des § 27 BRAGO sowie die Reisekosten und die Abwesenheitsgelder des § 28 höhere Beträge vereinbart werden als die gesetzlichen, vgl. Rn. 56.

Hinsichtlich der **Mehrwertsteuer** ist aufzunehmen, dass diese zum jeweiligen gültigen Satz zu zahlen ist. Fehlt dieser Hinweis, dann kann bei einer Änderung des Mehrwertsteuersatzes nur eine Vergütung mit der Mehrwertsteuer in Höhe des beim Abschluss der Vereinbarung gültigen Steuersatzes verlangt werden.

7. Dass für jede Instanz bzw. für einen weiteren bestimmten Verfahrensabschnitt eine weitere Honorarvereinbarung vorbehalten bleibt.

Dieser Zusatz darf niemals fehlen, um jeden Zweifel darüber auszuschließen, dass das vereinbarte Honorar nicht für den gesamten Verlauf der Angelegenheit gilt. Vgl. Rn. 58.

8. Dass das Honorar ohne Rücksicht auf den Umfang des Verfahrens geschuldet wird.

Ob eine solche Klausel gültig ist, ist umstritten. Bei vorzeitiger Beendigung der Angelegenheit kann sie nicht die Anwendung des § 628 Abs. 1 S. 1 BGB ausschließen.

9. Der Hinweis, dass im Falle des Obsiegens nur die gesetzlichen Gebühren erstattet werden.

Nach inzwischen gefestigter Rechtsprechung ist die Erstattung vereinbarter Honorare ausgeschlossen, so weit diese höher sind als die gesetzlichen Gebühren. Im Kostenfestsetzungsverfahren können somit gegen den unterlegenen Gegner gem. §§ 91, 103 ff ZPO nur die gesetzlichen Gebühren festgesetzt werden. Für die Erstattung in Strafsachen bestimmt die Vorschrift des § 464a Abs. 2 Nr. 2 StPO, dass zu den notwendigen Auslagen eines Beteiligten gehören „die Gebühren und Auslagen eines Rechtsanwalts, so weit sie nach § 91 Abs. 2 ZPO zu erstatten sind."

---

[62] Riedel/Sußbauer-Fraunholz § 16 Rn. 20.

Der Hinweis, dass im Falle des Obsiegens nur die gesetzlichen Gebühren erstattet werden, sollte in die Honorarvereinbarung aufgenommen werden, um in einem Gebührenrechtsstreit dem Mandanten den Einwand zu nehmen, er sei vom Gegenteil ausgegangen und hätte die Honorarvereinbarung nie unterschrieben, wenn er gewusst hätte, dass nur die gesetzlichen Gebühren erstattet werden.

10. Abtretung der Erstattungsansprüche.

Wenn der Mandant das vereinbarte Honorar vor Ende der Angelegenheit (als Vorschuss) vollständig gezahlt hat, ist eine Abtretung des Erstattungsbetrages unnötig. Wenn der Mandant nur ausreichenden Vorschuss gezahlt hat, genügt es, wenn die Abtretung nur wegen der restlichen Gebührenforderung erfolgt, es sei denn, ein überschießender Erstattungsbetrag wird als Sonderhonorar nachträglich vereinbart.

Die Abtretung sollte dem Erstattungspflichtigen und seinem Verfahrensbevollmächtigten angezeigt werden mit dem Hinweis, dass der Erstattungspflichtige ab Erhalt dieses Schreibens mit befreiender Wirkung nur an den RA leisten kann. (§§ 407, 409 BGB).

11. Der Hinweis, dass der Mandant eine Durchschrift erhalten hat.

Übersendet der RA dem Mandanten das Original und eine Durchschrift der Honorarvereinbarung mit der Bitte, das Original alsbald unterzeichnet zurückzusenden, nimmt man ferner in die Vereinbarung die Bestätigung des Mandanten auf, er habe eine Durchschrift der Vereinbarung erhalten, dann ist wie die gesamte Honorarvereinbarung nichtig. Denn die Erklärung verstößt gegen Wortlaut und Sinn des § 3 Abs. 1 S. 1 BRAGO, ähnlich wie § 7 Abs. 2 S. 2 VerbrKG, das die in einer Erklärung enthaltene Empfangsbekenntnis die Belehrung nichtig macht. Hinzu kommt, dass das mitunterzeichnete Empfangsbekenntnis gegen § 11 Nr. 15b AGBG verstößt, wonach Empfangsbekenntnisse, wenn sie nicht gesondert unterzeichnet werden, nichtig sind.[63]

12. Ort, Datum, Unterschrift des Mandanten.

Zur eigenhändigen Unterschrift des Mandanten vgl. Rn. 9.

---

[63] Düsseldorf MDR 2000, 420.

M. Kostenfestsetzung

I. Vollstreckbarer Titel

1. Entscheidungen

Gemäß § 103 Abs. 1 ZPO kann die Kostenfestsetzung nur auf Grund eines zur Zwangsvollstreckung geeigneten Titels erfolgen. So weit Titel für vorläufig vollstreckbar erklärt werden, reicht dies. Urteile in **Ehe- und Kindschaftssachen** dürfen nicht für vorläufig vollstreckbar erklärt werden (§ 704 Abs. 2 ZPO). Also kann in diesen Sachen ein Kostenfestsetzungsbeschluss wegen § 103 ZPO nur auf Grund eines rechtskräftigen Urteils ergehen. Das gilt wegen § 629d ZPO grundsätzlich auch für die Folgesachen.[1] 1

In **selbstständigen FG-Verfahren** sind §§ 103 ff. ZPO anzuwenden (§ 13a Abs. 3 FGG). Voraussetzung ist ein zur Vollstreckung geeigneter Titel (§ 103 ZPO). Die Vollstreckbarkeit ist grundsätzlich mit der Mitteilung der Entscheidung an die Beteiligten (§ 16 FGG), in einigen Fällen jedoch erst mit der Rechtskraft gegeben (z.B. § 53a Abs. 2 S. 1 FGG Zugewinnausgleich; § 53g Abs. 1 FGG Versorgungsausgleich; § 16 Abs. 1 S. 1 HausratsVO Hausrat und Wohnungszuweisung; § 26 S. 1 FGG Beschwerdeentscheidungen, wenn die sofortige weitere Beschwerde zulässig ist). Die Anordnung der sofortigen Wirksamkeit gemäß § 26 S. 2 FGG bezieht sich nicht per se auch auf die Kostenerstattung, wohl aber die Aussetzung der Vollziehung gemäß § 24 Abs. 2, Abs. 3 FGG.[2] 2

Die Kostenentscheidung der Hauptsache gilt auch für die Kosten des Verfahrens über die **einstweilige Anordnung** (§ 620g ZPO), es sei denn das Gericht hat gemäß § 96 ZPO etwas anderes bestimmt. 3

2. Vergleiche

Ein **Gerichtsvergleich** ist ein für die Kostenfestsetzung geeigneter Titel. 4

Ein **außergerichtlicher Vergleich**, der nicht anschließend bei Gericht protokolliert wird, ist kein zur Kostenfestsetzung geeigneter Titel.[3] Das gilt auch für einen für vollstreckbar erklärten Anwaltsvergleich i.S.v. § 796a ZPO.[4] 5

Wird außergerichtlich ein Vergleich geschlossen und ergeht sodann nach einer übereinstimmenden Erledigungserklärung eine gerichtliche Kostenentscheidung, so werden die durch den Vergleich entstandenen Kosten von dieser nach der h.M. nicht erfasst.[5] Eine Festsetzung auf Grund der gerichtlichen Entscheidung hat jedoch, um weitere Rechtsstreite zu vermeiden, jedenfalls dann zu erfolgen, wenn unzweifelhaft

---

[1] *Lappe* Rn. 433.
[2] *Lappe* Rn. 455.
[3] München Rpfleger 1990, 136; Frankfurt MDR 1980, 60.
[4] München NJW-RR 1997, 1293 m.w.N.
[5] Düsseldorf JurBüro 1982, 1672; München FamRZ 1999, 1674; NJW-RR 1997, 1293; Frankfurt MDR 1980, 60; a.A. *Gerold/Schmidt-von Eicken* § 23 Rn. 67.

feststeht, dass ein Vergleich geschlossen wurde und dass die Parteien vereinbart haben, dass die Kosten des Vergleichs der im Rechtsstreit ergehenden Kostenentscheidung folgen sollen,[6] sei es dass dies ausdrücklich vereinbart wurde,[7] sei es dass eine solche Vereinbarung stillschweigend getroffen wurde und dies im Kostenfestsetzungsverfahren von keiner Seite bestritten wird.[8]

II. Teilentscheidungen mit unterschiedlichen Kostenregelungen

6 Werden in einer Teilentscheidung über die Scheidung gemäß § 628 ZPO die Kosten gegeneinander aufgehoben und später hinsichtlich einer Folgesache die Kosten gemäß § 93a Abs. 1 S. 2 ZPO ganz oder überwiegend einer Partei auferlegt, so bezieht sich die letztere Kostenentscheidung nur auf die Mehrkosten, die durch die betroffene Folgesache entstanden sind (sog. **Differenzmethode**).[9]

Berechnungsbeispiel

> Gesamtwert 50 000 DM. Wert der Scheidung 20 000 DM, des Unterhalts 30 000 DM. Kostenentscheidung: Aufhebung bezüglich Scheidung, 100 % zulasten des Antragstellers bezüglich Unterhalt.
>
> 10/10 Prozessgebühr aus Gesamtwert 30 000 DM ergibt 1425 DM, 10/10 aus Scheidungswert 20 000 DM 945 DM. Diese 945 DM entfallen auf die Kostenaufhebung bezüglich der Scheidung. Hinsichtlich der Differenz von 480 DM (1425 DM – 945 DM) trägt der Antragsteller die Kosten allein.

Wenn der Gesetzgeber es schon gewollt hat, dass bei der Vorabentscheidung nach § 628 ZPO in Abweichung von sonst gültigen Grundsätzen ein Teilurteil zwischen den selben Parteien mit einer Kostenentscheidung versehen wird,[10] so ist davon auszugehen, dass auch gewollt war, dass auf diese Entscheidung eine Kostenerstattung gestützt werden kann und dass diese auch unabhängig von späteren Kostenentscheidungen richtig bleibt. Das kann aber nur über die Differenzmethode erreicht werden, da sich hinsichtlich des Teils, über den noch nicht entschieden wurde, der Streitwert erhöhen kann, und da sich für den Versorgungsausgleich der Streitwert erst aus der gerichtlichen Entscheidung ergibt, die Quote also zurzeit des Erlasses des Teilurteils häufig nicht endgültig feststeht.[11] Um zu verhindern, dass im Falle des § 93a Abs. 1 S. 2 ZPO unterschiedliche

---

[6] Düsseldorf JurBüro 1978, 1813; München FamRZ 1999, 1674; *Mümmler* JurBüro 1982, 1672; offen gelassen Frankfurt JurBüro 1979; 1652.

[7] München FamRZ 1999, 1674.

[8] Düsseldorf JurBüro 1978, 1813; *Mümmler* JurBüro 1982, 1672.

[9] Koblenz FamRZ 1990, 82; KG JurBüro 1987, 290; München NJW-RR 1999, 146; FamRZ 1999, 1153; Nürnberg FuR 1999, 44; Schleswig JurBüro 1994, 748; **a. A.** die sog. Quotelungsmethode, so früher München AnwBl. 1984, 203.

[10] Dies ergibt sich eindeutig aus der Begründung des Rechtsausschusses BT-Drucks. 7/4361 S. 61 zu § 93a ZPO. Dementsprechend verlangt die h. M. im Teilurteil nach § 628 ZPO eine Kostenentscheidung Bremen KostRsp. § 93a ZPO Nr. 12; Hamm AnwBl. 78, 423; *Zöller-Herget* § 93a Rn. 3; zur berechtigten Kritik am Gesetzgeber *Lappe* KostRsp. Anm. zu § 25 GKG Nr. 114.

[11] München NJW-RR 1999, 146; FamRZ 1999, 1153.

IV. Differenzgebühr gemäß § 32 Abs. 2 BRAGO

Berechnungsmethoden anzuwenden sind, je nachdem ob über das Verbundverfahren durch ein einheitliches oder durch zwei Urteile entschieden wurde, muss nach der h. M. die Differenzmethode auch bei einem einheitlichen Urteil angewendet werden.[12] Dann wird aber auch ausnahmsweise eine Tenorierung zulässig sein, dass die Kosten des Verfahrens gegeneinander aufgehoben werden mit Ausnahme der Kosten der Folgesache X, die die Partei Y trägt.[13]

III. Fortführung als selbstständige Verfahren

Werden bei Rücknahme bzw. Abweisung des Scheidungsantrags Folgesachen von Amts wegen (Sorgerecht wegen Kindesgefährdung) oder auf Antrag als **selbstständige Verfahren** gemäß §§ 626, 629 Abs. 3 ZPO **fortgeführt**, so ergeht lediglich eine Kostenentscheidung hinsichtlich der vom Fortsetzungsbeschluss nicht betroffenen Sachen.[14] Daher besteht hinsichtlich der fortgesetzten Sachen, die ein selbstständiges, abgetrenntes Verfahren werden (s. Kap. E Rn. 1, 17 ff.), auch noch kein Erstattungsanspruch gegen den Prozessgegner. Allerdings wird die Ansicht vertreten, dass ein Anspruch auf Streitwertfestsetzung auch hinsichtlich der fortgeführten Sachen besteht, damit der RA für den Fall, dass das Verfahren doch nicht fortgesetzt wird, seine Gebühren gegenüber seinem Mandanten berechnen kann.[15]

7

IV. Differenzgebühr gemäß § 32 Abs. 2 BRAGO

Wird ein Vergleich geschlossen, in dem die Kosten des Vergleichs gesondert geregelt sind (z. B. Kläger trägt die Kosten des Vergleichs, im übrigen Kostenaufhebung) und ist eine Gebühr nach § 32 Abs. 2 BRAGO angefallen, so ist die Kostenregelung in dem Vergleich so auszulegen, dass die Gebühr nach § 32 Abs. 2 BRAGO **zu den Kosten des Vergleichs gehört**. Die Differenzgebühr ist zwar der Form nach eine Prozessgebühr. Sie ist aber durch den Abschluss des Vergleichs verursacht.[16] Dem Beklagten steht im obigen Beispiel also hinsichtlich der Differenzgebühr ein Erstattungsanspruch zu.

8

Scheitert ein Vergleich, nachdem die Differenzgebühr angefallen ist (z. B. der Vergleich wird widerrufen), so zählt die Gebühr des § 32 Abs. 2 BRAGO nicht zu den von der gerichtlichen Kostenentscheidung erfassten Kosten des Rechtsstreits, da die gerichtliche Kostenentscheidung sich immer nur auf die durch den rechtshängig gewordenen Anspruch entstandenen Kosten bezieht. Sie kann deshalb nicht im Kostenfestsetzungsverfahren,[17] sondern nur auf Grund materiellen Rechts geltend gemacht werden.

---

[12] Karlsruhe FamRZ 1997, 222; Köln FamRZ 1997, 764; München FamRZ 1999, 1153.
[13] Wie bei § 281 Abs. 3 und § 344 ZPO.
[14] MüKo ZPO/*Klauser* § 626 Rn. 19.
[15] *Mümmler* JurBüro 1978, 724.
[16] Bamberg AnwBl. 1989, 111; Hamburg MDR 1999, 1527; München AnwBl. 1999, 56.
[17] *Gerold/Schmidt-von Eicken* § 32 Rn. 30.

V. Streitgenossen

9 Grundsätzlich haben Streitgenossen, die von einem gemeinsamen RA vertreten werden, hinsichtlich der gemeinsamen Kosten einen Erstattungsanpruch entsprechend ihrer Beteiligung am Verfahren, bei gleicher Beteiligung jeweils in Höhe der Hälfte der RA-Kosten.[18] Vertritt in einem Unterhaltsverfahren ein Elternteil zugleich ein minderjähriges Kind und handelt es sich um eine echte Vertretung i. S. v. § 164 BGB,[19] also nicht um eine Geltendmachung von Unterhalt im eigenen Namen gemäß § 1629 Abs. 3 BGB, so kann sich etwas anderes ergeben, wenn der Elternteil nicht aufgrund seiner eigenen Unterhaltspflicht verpflichtet ist, die Verfahrenskosten des Kindes zu tragen. Ist in diesem Fall das **Kind mittellos** und zahlt der Elternteil gemäß § 6 Abs. 3 BRAGO an den RA die vollen sich aus dem isolierten Streitwert des Unterhaltsverfahrens des Elternteils ergebenden RA-Kosten, so kann der Elternteil von dem zahlungsunfähigen Kind im Innenverhältnis keinen Ausgleich gemäß § 426 BGB erhalten. Dann greift der Grundsatz ein, dass im Falle der Zahlungsunfähigkeit eines Streitgenossen der andere Streitgenosse bei der Kostenfestsetzung die vollen RA-Gebühren und Auslagen, die angefallen wären, wenn nur er Auftraggeber gewesen wäre, geltend machen kann.[20]

Beispiel

Streitwert des Ehegattenunterhalts   6 000 DM
Streitwert des Kindesunterhalts   3 000 DM

Elternteil zahlt an RA 10/10 Prozessgebühr aus 6 000 DM 337, 50 DM plus 16% MWSt plus Pauschale 40 DM.

Ehegatte kann den gesamten bezahlten Betrag zur Kostenfestsetzung anmelden.

Mehr ist nicht erstattungsfähig, selbst wenn der Elternteil dem RA weitere Gebühren gezahlt haben sollte.[21]

Von dem vorherigen ist der Fall zu unterscheiden, in dem der Elternteil die gesamten RA-Kosten zahlt, weil er die Verfahrenskosten des Kindes **aufgrund seiner Unterhaltspflicht** tragen muss. Dann bleibt es bei der Grundregel, dass er einen Erstattungsanspruch nur hinsichtlich seines Anteils am Gesamtverfahren hat. Die Tatsache, dass aufgrund zivilrechtlicher Vorschriften ein Streitgenosse dem anderen gegenüber verpflichtet ist, dessen Prozesskosten zu tragen, kann nicht dazu führen, dass hierdurch der unterliegende Prozessgegner schlechter gestellt wird und dem Streitgenossen diese Verpflichtung abnimmt.[22]

Macht der Elternteil neben seinem eigenen Unterhalt zugleich den Unterhalt des Kindes gemäß § 1629 Abs. 3 BGB **im eigenen Namen** geltend, so ist der Elternteil Auf-

---

[18] Gerold/Schmidt-von Eicken § 6 Rn. 63 m.w.N.
[19] Dazu, dass dann das Kind hinsichtlich seiner Unterhaltsklage Auftraggeber des RA ist Gerold/Schmidt-von Eicken § 6 Rn 5, 8.
[20] München MDR 1995, 856.
[21] Insoweit unklar Koblenz JurBüro 2000, 145 in den dort nur teilweise veröffentlichten Gründen.
[22] München MDR 1995, 856.

VI. Vereinfachtes Unterhaltsverfahren

Wird dem Antrag auf Festsetzung des Unterhalts im vereinfachten Verfahren **voll statt gegeben,** so ist der Beschluss mit einer Kostenentscheidung zu versehen. In dem Unterhaltsfestsetzungsbeschluss sind gemäß § 649 Abs. 1 S. 3 ZPO auch die bis dahin entstandenen, erstattungsfähigen Kosten des Verfahrens festzusetzen, so weit sie ohne weiteres ermittelt werden können. Dabei genügt es, wenn der Antragsteller die zu ihrer Berechnung notwendigen Angaben dem Gericht mitteilt. Sind die Kosten ohne weiteres zu ermitteln, so muss (!) die Kostenfestsetzung in dem Beschluss erfolgen.[24] Bestreitet der Gegner die Kosten, so bedarf es einer Glaubhaftmachung.[25] Sind jedoch Ermittlungen erforderlich, ergeht, um die Festsetzung des Unterhalts nicht durch Kostenermittlungen zu verzögern, die Kostenfestsetzung in einem gesonderten Beschluss.[26] Wird dem Unterhaltsantrag **nur teilweise stattgegeben,** so gibt es nach h. M. keine Kostengrundentscheidung[27] und damit auch keine Kostenfestsetzung.

10

Für die **Abänderung** des Unterhalts im vereinfachten Verfahren gemäß § 655 ZPO verweist § 655 Abs. 6 ZPO auf § 649 ZPO.

Folgt einem vereinfachten Unterhaltsfestsetzungs- bzw. -änderungsverfahren ein **Rechtsstreit,** so erfasst die Kostenentscheidung des nachfolgenden Rechtsstreits auch die Kosten des vorausgegangenen vereinfachten Verfahrens (§§ 651 Abs. 5, 656 Abs. 3 BGB). Hinsichtlich der Kosten eines Erinnerungs- oder Beschwerdeverfahrens im vereinfachten Verfahren bleibt es jedoch bei den in diesen Verfahren ergangenen Kostenentscheidungen.[28]

VII. Vorläufiger Rechtsschutz

Bei **Arrest und einstweiliger Verfügung** findet eine gesonderte Festsetzung statt, da sie im Verhältnis zum Hauptsacheverfahren selbstständige Verfahren sind. Demgegenüber ist bei der **einstweiligen und vorläufigen Anordnung,** da sie und das Hauptsacheverfahren eine Einheit sind, die Kostenerstattung im Hauptsacheverfahren vorzunehmen.[29]

11

---

[23] Dazu, dass der Elternteil dann auch hinsichtlich des Kindesunterhalts Auftraggeber ist Gerold/Schmidt-von Eicken § 6 Rn 9, 13 zum Parallelproblem bei Erben und Verwalter einer Wohnungseigentümergemeinschaft.
[24] *Stein/Jonas-Schlosser* Rn. 3 zu § 641p ZPO a. F. zur gleichen Problematik bei § 641q ZPO a. F.
[25] *Zöller-Herget* § 649 Rn. 6.
[26] BT-Drucks. 13/7338 S. 41.
[27] *Thomas/Putzo* § 650 Rn 4; Schumacher/Grün FamRZ 1998, 777ff., 792.
[28] *Baumbach/Lauterbach-Albers* 54. Aufl. Rn. 6; *Zöller-Philippi* 20. Aufl. Rn. 16 jeweils zu § 641q ZPO a. F. zur gleichen Problematik bei § 641q ZPO a. F.
[29] *Lappe* 463.

VIII. Willkürlich isolierte Verfahren

12 Allein die Tatsache, dass die Partei Ansprüche, die im Verbundverfahren geltend gemacht werden könnten, in getrennten Verfahren rechtshängig macht, rechtfertigt noch nicht, einen Erstattungsanspruch nur in der Höhe zu gewähren, in der er bei Geltendmachung in nur einem Verfahren entstanden wäre. Etwas anderes gilt jedoch, wenn sachliche Gründe für eine Trennung fehlen.[30] Dieses Problem spielt allerdings in der Praxis bei der Kostenfestsetzung nur eine geringe Rolle. So weit ersichtlich gibt es nur eine veröffentlichte Entscheidung,[31] in der ein Kostenerstattungsanpruch unter diesem Gesichtspunkt gekürzt worden wäre. Hingegen ist dieses Problem bei der PKH von praktischer Bedeutung (s. Kap. O Rn. 41 ff.). Zur PKH wurde auch entschieden, dass, wenn die kostenaufwändige Prozessführung auf einem Anwaltsverschulden beruht, der RA sich wegen positiver Forderungsverletzung schadensersatzpflichtig macht und damit seinen Mandanten von RA-Gebühren freistellen muss.[32]

Macht das Kind **Unterhalt** von vornherein im Wege der Klage und nicht **im vereinfachten Verfahren** geltend, so steht dies einem Erstattungsanspruch hinsichtlich der vollen im Klageverfahren entstandenen Kosten auch dann nicht entgegen, wenn der Unterhaltsschuldner vorgerichtlich keine Einwendungen gegen die Höhe seiner Unterhaltsverpflichtung geltend gemacht hat.[33]

IX. RA-Gebühren als notwendige Kosten

13 In selbstständigen FG-Familiensachen besteht kein Anwaltszwang.[34] Da § 91 Abs. 2 S. 1 BRAGO in FG-Sachen nicht anwendbar ist – § 13a Abs. 3 FGG verweist nur auf § 91 Abs. 1 S. 2 ZPO –, ist in jedem Einzelfall zu prüfen, ob die **Einschaltung eines RA erforderlich** war (§ 91 ZPO). Hierbei kommt es auf **objektive** (Bedeutung, Schwierigkeit und Waffengleichheit, wenn der Gegner einen RA hat – Argument aus § 121 Abs. 2 S. 1 ZPO –) und **subjektive** (persönliche Befähigung der Beteiligten, ohne Anwalt das Verfahren zu führen) **Umstände** an.[35] Auch in **Kindessachen** kommt es auf den Einzelfall an.[36] Besteht zwischen den Eltern Übereinstimmung in der Frage der elterlichen Sorge, so bedarf es lediglich für die Abgabe der Erklärung nach § 1671 Abs. 2 Nr. 1 BGB – Zustimmung zur Zuweisung der alleinigen elterlichen Sorge – nicht der Hinzuziehung eines Rechtsanwalts.[37] Streitig ist, ob es im **vereinfachten Unterhaltsverfahren**

---

[30] Düsseldorf JurBüro 1991, 707 m. w. N.; München FamRZ 1993, 828; *Lappe* 452.
[31] LG Berlin JurBüro 1999, 645 für einen sehr krassen Fall, in dem für 77 gleich lautende Autovermietungsverträge nach Kündigung 77 Prozesse anhängig gemacht wurden. Vgl. dort auch zur Berechnungsweise.
[32] Oldenburg FuR 1999, 184.
[33] Naumburg FamRZ 1999, 1670 dazu, dass dann keine Mutwilligkeit i. S. v. § 114 ZPO vorliegt. Die dort aufgeführten Gründe sind auch bei der Kostenfestsetzung anzuwenden.
[34] *Zöller-Vollkommer* § 78 Rn. 38.
[35] *Lappe* Rn. 456.
[36] Bamberg FamRZ 1997, 377: Köln FamRZ 1997, 377 jeweils zu § 121 Abs. 2 ZPO; nach Köln FamRZ 1997, 1284 ist RA bei Verteidigung gegen Ausschluss des Umgangsrechts grundsätzlich erforderlich.
[37] Dazu, dass in diesem Fall keine Beiordnung eines RA nötig ist Bamberg FamRZ 2000, 763; s. im Übrigen auch FA-FamR-*Oelkers* Kap. 16 Rn. 106 ff.

für beide Parteien erforderlich ist, einen RA heranzuziehen. Die Frage wird im Zusammenhang mit der Beiordnung eines PKH-Anwalts behandelt. Die Argumente können aber auch für die Frage, ob die Beauftragung eines RA erforderlich war, herangezogen werden. Teilweise wird angenommen, dass wegen der Kompliziertheit des Verfahrens, insbesondere des Antragsformulars für beide Parteien die Einschaltung eines RA erforderlich sei. Die Hilfe des Urkundsbeamten bzw. des Jugendamts ändere nichts, da diese selbst mit der Materie noch nicht vertraut seien.[38] Dem steht die Ansicht gegenüber, dass regelmäßig die Zuhilfenahme eines RA nicht nötig sei, da das Antragsformular übersichtlich und eindeutig sei. Außerdem könne die Hilfe des Urkundsbeamten oder des Jugendamts in Anspruch genommen werden.[39] Nach einer dritten Meinung ist stets eine Einzelfallprüfung erforderlich.[40] So weit dabei als Kriterium für die Notwendigkeit einer Beiordnung aufgeführt wird, dass der RA die Partei bereits in anderen Familiensachen vertritt oder die Partei bereits vorprozessual vertreten hat,[41] sind dies jedenfalls im Rahmen der Notwendigkeitsprüfung keine ausreichenden Anhaltspunkte, um einen Erstattungsanspruch zu begründen. Es ist nicht ersichtlich, wie diese Umstände dazu führen sollen, dass eine anwaltliche Vertretung notwendig ist.

X. Verkehrsanwalt

Die Ansicht, die Einschaltung eines **Verkehrsanwalts** sei in Scheidungssachen wegen 14
deren existenzieller Bedeutung grundsätzlich erforderlich,[42] ist wegen der Möglichkeit, zum Prozessbevollmächtigten zu reisen, abzulehnen. Jedoch ist bei der Bemessung der erforderlichen Informationsreisen großzügig zu verfahren.[43] Das gilt auch für das vereinfachte Unterhaltsfestsetzungsverfahren nach §§ 645 ff. ZPO.[44]

Aus der Tatsache, dass der obsiegenden Partei ein **PKH-Verkehrsanwalt** beigeordnet wurde, ergibt sich nicht ohne weiteres, dass auch ein Erstattungsanspruch für einen Verkehrsanwalt besteht.[45] Die zum Teil unangebracht großzügige Handhabung der Gerichte zulasten der Staatskasse wirkt sich nicht auch zulasten des Prozessgegners aus.

XI. Nicht postulationsfähiger RA

Die vom nicht postulationsfähigen RA verdienten Gebühren sind **erstattungsfähig**, so 15
weit der RA in sinnvoller Weise tätig war.[46] Das ist im Regelfall dann gegeben, wenn die Tätigkeit eine Gebühr gemäß §§ 31 ff. BRAGO auslöst. Bei unwirksamen Tätigkeiten

---

[38] *Schulz* FuR 1998, 385; *Groß* Rpfleger 1999, 304 ff.; *van Els* FamRZ 1999, 1356; *Kuhningk* FamRZ 2000, 762.
[39] KG FamRZ 2000, 762; München FamRZ 1999, 1355.
[40] Bamberg JurBüro 2000, 312; München FamRZ 1999, 792.
[41] München FamRZ 1999, 792.
[42] KG Rpfleger 1983, 41 m.w.N.; *Hansens* Rn. 25 „Ehesachen"; *Gerold/Schmidt-von Eicken* Rn. 41 jeweils zu § 52 BRAGO.
[43] Hamm JurBüro 1976, 473.
[44] Zur Auseinandersetzung, ob hier ein PKH-Anwalt beizuordnen ist vgl. *Groß* Rpfleger 1999, 305.
[45] Frankfurt AnwBl. 1982, 381; Hamm MDR 1983, 584; Koblenz NJW-RR 1999, 727.
[46] Düsseldorf JurBüro 1991, 683; Hamm AnwBl. 1986, 208; KG NJW-RR 1996, 53; Koblenz JurBüro 1995, 264.

stellt sich das Problem der Erstattung nicht, da für den RA i. a. R. keine Gebühr anfällt. Stellt z. B. RA in einem normalen ZPO-Verfahren einen Sachantrag, so fällt keine Verhandlungsgebühr an (s. Kap. C Rn. 37 ff.).

Wird zusätzlich auch noch ein postulationsfähiger RA tätig, so scheitert ein Erstattungsanspruch für zwei RA'e an § 91 Abs. 2 S. 3 ZPO.

XII. Fahrtkosten des RA

16 Reisekosten eines RA, der am Ort einer **auswärtigen Abteilung** des Gerichts residiert, für Fahrten zum Sitz des Hauptgerichts sind erstattungsfähig.[47] Das ergibt sich zum einen aus dem Wortlaut des § 91 Abs. 2 S. 2 ZPO,[48] zum anderen daraus, dass nach der Gegenmeinung nicht klar ist, in welchem Fall der Passus des § 91 Abs. 2 S. 2 ZPO, dass (positiv ausgedrückt) Kosten zu erstatten sind, wenn der RA seinen Wohnsitz am Ort einer auswärtigen Abteilung hat, eingreifen soll. Der Fall, dass der RA vor der auswärtigen Abteilung, wo er residiert, auftritt, kann nicht gemeint sein, da dann ohnehin keine Reisekosten entstehen.[49]

Ist gemäß § 23 c GVG **ein AG-Familiengericht für** die Bezirke **mehrerer Amtsgerichte** zuständig, so besteht für Reisen zu dem gemeinsamen Amtsgericht ein Erstattungsanspruch für die hierdurch entstandenen Kosten des RA, der bei dem an sich (ohne die Sonderregelung gemäß § 23 c GVG) zuständigen AG zugelassen ist.[50]

XIII. Rahmengebühren

17 Auch Rahmengebühren, insbesondere die des § 118 BRAGO sind (mit Billigkeitsprüfung gemäß § 12 Abs. 1 BRAGO) festzusetzen. Eine dem § 19 Abs. 7 BRAGO entsprechende Vorschrift fehlt für das Kostenfestsetzungsverfahren nach §§ 103 ff. ZPO.[51]

XIV. Prozesskostenvorschuss

18 Ein gemäß § 1360a Abs. 4 BGB gezahlter **Prozesskostenvorschuss** ist grundsätzlich nicht erstattungsfähig.[52] Unstreitig ist jedoch, dass sich der Empfänger den unterhaltsrechtlichen Prozesskostenvorschuss anrechnen lassen muss, wenn der Pflichtige die **Prozesskosten in vollem Umfang** tragen muss.

19 Auch bei **Kostenquotelung** wird ganz überwiegend[53] die Möglichkeit einer Anrechnung bejaht. Streitig ist jedoch, wann diese zu erfolgen hat. Dabei stehen sich zwei Meinungen gegenüber.[54]

---

[47] Frankfurt MDR 1999, 958; München FamRZ 2000, 622; a. A. LG München II MDR 1985, 589; LG Konstanz MDR 1983, 847.
[48] München FamRZ 2000, 622.
[49] Frankfurt MDR 1999, 958.
[50] *Gerold/Schmidt-Madert* § 28 Rn. 33.
[51] Zweibrücken JurBüro 1987, 766.
[52] München FamRZ 1994, 1605; Oldenburg FamRZ 1998, 445.
[53] Ausnahme Düsseldorf FamRZ 1996, 1409.
[54] Eine dritte Meinung Celle FamRZ 1985, 731, dass entsprechend der Kostenquotelung anzurechnen ist, ist zu Recht vereinzelt geblieben.

XIV. Prozesskostenvorschuss

Nach der einen, in der Rspr. ganz herrschenden Meinung wird der Prozesskostenvorschuss zulasten des Empfängers nur insoweit berücksichtigt, als die Summe aus Erstattungsbetrag und Vorschuss den Gesamtbetrag der den Vorschussempfänger treffenden Prozesskosten übersteigt.[55]

Kostenquotelung Vorschussempfänger 2/5, Pflichtiger 3/5
Empfänger hat insgesamt gezahlt

RA Kosten	2200 DM
Gerichtskosten	800 DM
Summe	3000 DM
Er hat einen Vorschuss erhalten von	1000 DM
Er hat einen Erstattungsanspruch von	1200 DM
Gesamt	2200 DM

Da die Gesamtkosten des Empfängers durch den Vorschuss und den Erstattungsanpruch noch nicht gedeckt sind, findet eine Anrechnung nicht statt. Der Erstattungsanspruch von DM 1200 DM bleibt bestehen.
Erst wenn der Erstattungsanspruch 2000 DM überstiegen hätte, wäre eine Anrechnung vorzunehmen gewesen.

Nach der Gegenmeinung wird der Prozesskostenvorschuss auf den Kostenerstattungsanspruch des Empfängers bis zur Höhe des sich bei einem Kostenausgleich ergebenden Betrages angerechnet.[56]

Im obigen Beispiel bedeutet das, dass von dem Kostenerstattungsanspruch i. H. v. 1200 DM der Prozesskostenvorschuss i. H. v. 1000 DM abgezogen wird. Es verbleibt somit nur noch ein Erstattungsanspruch von 200 DM. Der Empfänger trägt also letztlich 1800 DM selbst.

Die erste Ansicht ist zutreffend. Der Anspruch auf Prozesskostenvorschuss und der auf Kostenerstattung sind zwei grundverschiedene, streng voneinander zu trennende Ansprüche mit ganz anderen Voraussetzungen. Der Anspruch auf Prozesskostenvorschuss ist ein unterhaltsrechtlicher Anspruch. Er folgt aus der Unterhaltspflicht des Pflichtigen. Der Kostenerstattungsanspruch ist ein kostenrechtlicher Anspruch, der sich aus dem Prozessrechtsverhältnis, aus dem Obsiegen und Unterliegen der Prozessparteien ergibt,[57] völlig unabhängig davon, ob die Parteien einander unterhaltspflichtig sind oder nicht. Die hier vertretene Meinung hat keine dogmatischen Schwierigkeiten zu einer Anrechnung zu kommen. Der Prozesskostenvorschuss ist ein Vorschuss.[58] Stellt sich heraus, dass der Berechtigte mehr erhalten hat, als er durch den Prozess Kosten hatte, so muss er den überschießenden Vorschuss zurückzahlen.[59] Diese Auffassung entspricht auch der Rspr. des BGH,[60] wonach die Tatsache allein, dass der Empfänger in dem Rechtsstreit ganz oder teilweise unterlegen ist, den Anspruch auf Rückzahlung nicht rechtfertigen kann.

Die Gegenmeinung kann eine dogmatische saubere Konstruktion für die Anrechnung nicht liefern. Auch Billigkeitserwägungen tragen ihr Ergebnis nicht. War der

---

[55] Vgl. Rechtsprechungsnachweise Nürnberg FamRZ 1999, 1217; in jüngster Zeit Bamberg FamRZ 1999, 724; Hamm FamRZ 1999, 728; Nürnberg FamRZ 1999, 1217.
[56] München FamRZ 1994, 1605; Stuttgart FamRZ 1987, 968. Zweibrücken NJW-RR 1998, 1535; Zöller-Herget §§ 103, 104 Rn. 21 „Prozesskostenvorschuss"; so auch noch FA-FamR-*Müller-Rabe* Kap. 17 Rn. 208 (5).
[57] BGHZ 56, 92 ff.
[58] BGHZ 56, 92 ff., 96.
[59] Zum Rückzahlungsanspruch vgl. auch BGH Z 56, 92 ff.
[60] BGHZ 56, 92 ff., 97.

Empfänger des Vorschusses bei dessen Beantragung zu bescheiden oder waren die Prozesskosten in der Höhe nicht vorhersehbar, weshalb ein zu niedriger Vorschuss zuerkannt wurde, so ist nichts Unbilliges daran, wenn, weil der Pflichtige, der zugleich auch Prozessgegner ist und teilweise verloren hat, auf Grund seines Verlustes und seiner Kostenerstattungspflicht im Ergebnis den Empfänger doch ganz von Kosten freistellt. Teilweise muss er zahlen, weil er unterhaltspflichtig ist, teilweise weil er kostenerstattungspflichtig ist. Im Übrigen ist auch nicht einzusehen, warum der Empfänger bei einem Prozess gegen einen Dritten besser stehen sollte als bei einem Prozess gegen den Ehegatten. Bei einem Prozess gegen einen Dritten hätte der Empfänger einerseits den Prozesskostenvorschuss des Ehegatten, andererseits einen Erstattungsanspruch gegen den Gegner. Letzterer würde nicht ohne weiteres zu einem Rückzahlungsanspruch bezüglich des Prozesskostenvorschuss führen, sondern nur hinsichtlich des Betrages, der die Gesamtkosten des Empfängers übersteigt.

20 Ein besonderes Problem entsteht dann, wenn **bewusst** von vornherein ein **Vorschuss nur hinsichtlich eines Teils** der Prozesskosten gewährt wird z. B. weil der Empfänger die Kosten teilweise aus eigenem Einkommen selbst tragen kann. Dann muss die Regel lauten: Anrechnung nur, so weit der Prozesskostenvorschuss und der Erstattungsanspruch die Gesamtkosten des Empfängers abzüglich des Eigenanteils übersteigt. Diese Frage wird allerdings im Kostenfestsetzungsverfahren in aller Regel keine Rolle spielen, da materiellrechtliche Gegenansprüche in diesem Verfahren nur dann berücksichtigt werden können, wenn sie eindeutig feststehen. Nur wenn Einigkeit im Kostenfestsetzungsverfahren über den Eigenanteil besteht, kommt dessen Berücksichtigung bei der Anrechnung in Betracht. Ansonsten bleibt es bei dem oben dargestellten Grundsatz.

21 Eine Anrechnung im Kostenfestsetzungsverfahren setzt weiter voraus, dass **feststeht**, dass der Pflichtige einen Vorschuss in der behaupteten Höhe geleistet hat. Dies folgt daraus, dass im Kostenfestsetzungsverfahren materiellrechtliche Einwendungen grundsätzlich nicht berücksichtigt werden und eine Ausnahme aus prozessökonomischen Gründen nur besteht, wenn feststeht, dass ein materiellrechtlicher Gegenanspruch besteht. Wann dies feststeht, wird unterschiedlich beantwortet. Die einen verlangen ein ausdrückliches Zugeständnis des Empfängers.[61] Andere lassen zutreffender Weise ein Nichtbestreiten des Empfängers gemäß § 138 Abs. 3 ZPO genügen.[62]

XV. PKH-Antragsverfahren

22 Zu den Kosten des PKH-Antragsverfahrens s. Kap. O Rn. 82.

---

[61] München FamRZ 1994, 1605 ff., 1607.
[62] Köln JurBüro 1998, 309; *Zöller-Herget* §§ 103, 104 Rn. 21 „Prozesskostenvorschuss".

N. § 19 BRAGO

Die Vergütungsfestsetzung gemäß § 19 BRAGO kann nicht bei Rahmengebühren vorgenommen werden (§ 19 Abs. 8 BRAGO), auch nicht bei den Satzrahmengebühren des § 118 BRAGO.[1] Streitig ist, ob eine Festsetzung nach § 19 BRAGO wenigstens dann zulässig ist, wenn der RA lediglich die Mindestgebühr verlangt, da dann eine Billigkeitsprüfung nicht erfolgen muss.[2]

1

---

[1] Ganz h. M. BGH Rpfleger 1977, 59; Bamberg JurBüro 1987, 1041; KG Rpfleger 1991, 220; *Gerold/Schmidt-von Eicken* § 19 Rn. 19; **a. A.** Stuttgart JurBüro 1984, 395.

[2] **Verneinend** Hamburg JurBüro 1972, 1005; KG Rpfleger 1991, 220; **bejahend** *Gerold/Schmidt-von Eicken* § 19 Rn. 19 (aber gegen Aufsplitterung); *Lappe* Rn. 300; offen gelassen BGH Rpfleger 1977, 59; Köln JurBüro 1972, 135.

O. Auswirkungen von Prozesskostenhilfe

I. Leicht übersehen

1. Umfang der Beiordnung

a) Automatische Erfassung

In Familiensachen werden einige Gegenstände automatisch von der Beiordnung erfasst: 1
- § 624 Abs. 2 ZPO. Die Beiordnung für die Scheidungssache erstreckt sich automatisch auf den **Versorgungsausgleich** (aber nach neuem Recht nicht mehr auf das Sorgerecht), auch wenn für diesen zurzeit der PKH-Bewilligung und Beiordnung ein Verfahren noch nicht eingeleitet war (s. unten Rn. 16).
- § 122 Abs. 3 S. 1 BRAGO. Die Beiordnung in einer Ehesache (nicht in einem isolierten Verfahren) erfasst für die **Vergleichsgebühr** auch folgende Gegenstände:
Ehegattenunterhalt
Unterhalt der Kinder im Verhältnis der Ehegatten zueinander
Sorgerecht
Hausrat und Ehewohnung
Ansprüche aus dem ehelichen Güterrecht.
Umgangsrecht (sehr str.) Aber Achtung: Nach Ansicht vieler Gerichte wird das Umgangsrecht nicht erfasst (s. unten Rn. 20). Sicherheitshalber beantragen, dass der RA auch für den Vergleich über das Umgangsrecht beigeordnet wird.
- § 122 Abs. 3 S. 3 Nr. 4 BRAGO. Die Rechtsverteidigung gegen eine **Widerklage in Ehesachen** wird von der PKH für die Ehesache erfasst (s. unten Rn. 18).
- §§ 41 Abs. 2, 32 Abs. 2 BRAGO. Wird der RA für den Abschluss eines Vergleichs beigeordnet und werden in dem Vergleich nicht anhängige Gegenstände mitgeregelt, so erfasst die Beiordnung auch die **Differenzgebühr** gemäß § 41 Abs. 2 BRAGO. Dasselbe gilt – nicht nur für Famliensachen – für § 32 Abs. 2 BRAGO (s. Kap. F Rn. 27 ff.).

b) Nicht erfasste Gegenstände

In allen nachfolgenden Fällen nicht vergessen, einen zusätzlichen Bewilligungs- und 2
Beiordnungsantrag zu stellen:
- Werden nach der Beiordnung des PKH-Anwalts **weitere Gegenstände** anhängig gemacht, so werden sie nicht automatisch von der PKH und Beiordnung erfasst. Das gilt grundsätzlich auch für **Folgesachen** und für die **Widerklage** (s. unten Rn. 16, 18).
- Im Verbundverfahren erfasst die Beiordnung – anders als zum alten Recht – nicht mehr automatisch das nach der PKH-Bewilligung und Beiordnung anhängig gewordene **Sorgerecht** (s. unten Rn. 16).
- Es ist streitig, ob bei einem Prozessvergleich in einer **Ehesache** hinsichtlich der **Vergleichsgebühr das Umgangsrecht** gemäß § 122 Abs. 3 S. 1 BRAGO automatisch von der PKH-Bewilligung und der Beiordnung erfasst ist. Sicherheitshalber

O. Auswirkungen von Prozesskostenhilfe

sollte vor dem Vergleichsabschluss auch ein Beiordnungsantrag zum Umgangsrecht gestellt werden (s. unten Rn. 20).
In **isolierten Verfahren** greift § 122 Abs. 1 S. 1 BRAGO nicht ein. Wird im isolierten Sorgerechtsverfahren, für das eine Beiordnung erfolgt ist, ein **Vergleich** auch zum Umgangsrecht geschlossen, so ist das Umgangsrecht von der Beiordnung nicht erfasst (s. unten Rn. 20).
– Die Beiordnung eines RA in einer Ehesache erstreckt sich nicht auf ein Verfahren über eine **einstweilige Anordnung** oder auf eine Vereinbarung, mit der ein Verfahren auf Erlass einer einstweiligen Anordnung beigelegt wird (s. unten Rn. 30, 22).
– Wird **im PKH-Antragsverfahren ein Vergleich** geschlossen und für den Abschluss des Vergleichs PKH bewilligt und ein RA beigeordnet, so erfasst diese Tenorierung nicht die Erörterungsgebühr. Der RA sollte daher versuchen, den Richter zu bewegen, die Bewilligung und Beiordnung „für das PKH-Antragsverfahren" auszusprechen (s. unten Rn. 75).

c) Außergerichtlicher Vergleich

3 Sehr umstritten ist, ob bei einem außergerichtlichen Vergleich die **Vergleichsgebühr** von der Beiordnung des PKH-Anwalts umfasst wird. Darüber hinaus findet bei einem außergerichtlichen Vergleich nach ganz h. M. § 122 Abs. 3 S. 1 BRAGO (Erstreckung der PKH auf weitere Familiensachen für durch Vergleichsbeschluss verursachte Gebühren) keine Anwendung (s. unten Rn. 24). Es empfiehlt sich, Vergleiche gerichtlich protokollieren zu lassen.

2. Streitgenossen

4 Vertritt RA mehrere Streitgenossen und ist er nur einem beigeordnet, so hat er gegen die Staatskasse einen Anspruch in Höhe von 10/10 Gebühren (Tabelle der PKH-Gebühren) aus dem Streitwert, der den bedürftigen Streitgenossen betrifft. Er ist also so zu stellen, als ob er allein den PKH-Berechtigten vertreten würde. Erkennt der Kostenbeamte in Anlehnung an die BGH-Rspr. einen Vergütungsanspruch nur hinsichtlich der Erhöhungsgebühr zu, so sollte Erinnerung und notfalls Beschwerde gemäß § 128 Abs. 3, Abs. 4 BRAGO eingelegt werden. Die meisten OLG´s folgen dem BGH nicht (s. unten Rn. 33 ff.).

3. Beiordnung eines neuen PKH-Anwalts

5 Wird ein neuer RA beigeordnet „unter Ausschluss der bisher angefallenen Gebühren", so ist nach h. M. diese Einschränkung nur wirksam, wenn der RA dem zugestimmt hat.
Aber Achtung: Viele Gerichte nehmen sehr schnell eine stillschweigende Zustimmung an (s. unten Rn. 38). Will der RA sicher sein, sollte er zum Ausdruck bringen, dass er nicht einverstanden ist.
Nach der h. M. bindet ein einschränkender Beiordnungsbeschluss den Urkundsbeamten nicht (s. unten Rn. 38).
So weit kein Anspruch gegen die Staatskasse besteht, kommt nach obergerichtlicher Rechtsprechung ein Anspruch gegen den Mandanten in Betracht. Hierüber muss der Mandant aber aufgeklärt werden (s. unten Rn. 39).

I. Leicht übersehen

4. Willkürliche isolierte Verfahren

Es ist gefährlich, Ansprüche, die im Verbund bzw. gleichzeitig mit einem sonstigen Verfahren anhängig gemacht werden können, ohne triftigen Grund isoliert geltend zu machen. Viele Gerichte gewähren dann nicht mehr in vollem Umfang PKH. Ein Anspruch gegen den Mandanten hinsichtlich des nicht gedeckten Teils wird, wenn der Mandant nicht aufgeklärt wurde, wegen positiver Forderungsverletzung scheitern (s. unten Rn. 41 ff.).

6

5. Reisekosten des RA

Wird der RA nur „zu den Bedingungen eines ortsansässigen RA" beigeordnet, so ist dies nach h. M. nur zulässig, wenn der RA dem zugestimmt hat (s. unten Rn. 50 ff.).

7

Aber Achtung: Viele Gerichte nehmen sehr schnell eine stillschweigende Zustimmung an (s. unten Rn. 51). Will der RA sicher sein, sollte er zum Ausdruck bringen, dass er nicht einverstanden ist.

Da nach der h. M. der Urkundsbeamte an einen Beiordnungsbeschluss mit einschränkender Klausel gebunden ist (s. unten Rn. 52), sollte gegen diesen gegebenenfalls Rechtsmittel eingelegt werden.

6. RA-Ansprüche gegen den Mandanten

a) Hauptverfahren

Trotz PKH-Bewilligung und Beiordnung können dem RA u. U. Ansprüche gegen den Mandanten zustehen (s. unten Rn. 54).

8

b) PKH-Antragsverfahren

Wird der RA für das Hauptsacheverfahren beigeordnet, so kann er Gebühren gemäß § 51 Abs. 1 S. 1 BRAGO bzw. § 118 BRAGO, die nur im Antragsverfahren entstanden waren, z. B. Erörterungsgebühr, wenn im Hauptsacheverfahren nicht verhandelt oder erörtert wird, dem Mandanten in Rechnung stellen. Diese Gebühren errechnen sich aus der Tabelle für Wahlanwaltsgebühren (s. unten Rn. 68).

9

7. Frist für Antrag auf Vergütungsfestsetzung

§ 128 Abs. 2 BRGO. Setzt der Urkundsbeamte dem beigeordneten RA eine einmonatige Frist für einen Antrag auf Vergütungsfestsetzung, so muss diese unbedingt eingehalten werden, da sonst alle (!) Ansprüche gegen die Staatskasse verloren gehen (s. unten Rn. 53).

10

8. Kostenerstattung

a) Eigener Festsetzungsanspruch des RA

§ 126 Abs. 1 BRAGO. Der RA kann seine Wahlanwaltsgebühren und Auslagen beim unterlegenen Gegner im eigenen Namen beitreiben. Er sollte dies tun, um Aufrechnungen des Gegners gegenüber dem Mandanten auszuschließen. Da viele Gerichte im Zweifel annehmen, dass Kostenfestsetzungsanträge im Namen des Mandanten gestellt

11

sind, sollte ausdrücklich erklärt werden, dass Kostenfestsetzung im eigenen Namen verlangt wird (s. unten Rn. 80).

b) Gerichtskostenerstattung § 58 Abs. 2 S. 2 BRAGO

12 Schließen die Parteien einen Vergleich mit einer Einigung über die Kosten, so kann der siegende, leistungsfähige Gegner vom PKH-Berechtigten Ersatz seiner Gerichtskosten verlangen. § 58 Abs. 2 S. 2 GKG schützt ihn bei Vergleich nicht. Erwägen, ob man nicht nach einem Vergleich den Rechtsstreit für erledigt erklärt und die Kostenentscheidung dem Gericht überlässt (s. unten Rn. 57 ff.).

II. Hauptsacheverfahren

1. RA-Ansprüche gegen Staatskasse

a) Anspruch nur gegen Staatskasse

13 Der RA kann, so weit die Beiordnung reicht, grundsätzlich einen Anspruch nur gegen die Staatskasse (§ 121 BRAGO), nicht gegen den Mandanten geltend machen (§ 122 Abs. 1 Nr. 3 ZPO).

b) Weitere Vergütung

aa) Ratenzahlung an Staatskasse

14 **Berechnungsbeispiel**

PKH-Berechtigter hat ratenweise 4000 DM an die Staatskasse gezahlt. An Gerichts- und Gerichtsvollzieherkosten sind 2000 DM angefallen. Die Staatskasse hat an den beigeordneten RA 1800 DM gezahlt.

Ratenzahlungen	4000 DM
– Gerichts- und Gerichtsvollzieherkosten	2000 DM
– Zahlungen der Staatskasse an RA	1800 DM
RA erhält für weitere Vergütung	200 DM

Die PKH-Anwaltsgebühren sind ab einem Streitwert von über 6000 DM niedriger als Wahlanwaltsgebühren (§ 123 BRAGO). Hat der Mandant aber Raten gezahlt, die höher sind als die Gerichts- und Gerichtsvollzieherkosten sowie die auf die Staatskasse übergegangenen Ansprüche des beigeordneten RA (§ 122 Abs. 1 Nr. 1 ZPO), so kann der RA die Differenz bis zur Höhe der Regelgebühren als weitere Vergütung von der Staatskasse verlangen (§ 124 Abs. 1 BRAGO). Dabei ist jede Instanz gesondert zu behandeln. Die Staatskasse kann daher von den Ratenzahlungen für die erste Instanz nicht zulasten des weiteren Vergütungsanspruchs des RA Gerichtskosten für die zweite Instanz abziehen und die weitere Vergütung nur aus dem dann noch verbleibenden Überschuss leisten.[1]

Die **Staatskasse** ist im Interesse des RA verpflichtet, zusätzliche **Raten einzuziehen**, bis die weitere Vergütung des RA in vollem Umfang abgedeckt ist.[2]

Die weitere Vergütung ist von der Staatskasse nach dem eindeutigen Wortlaut des § 124 BRAGO („eingezogenen Beträge") nur aus den bei ihr **tatsächlich eingegange-**

---

[1] München JurBüro 1995, 532.
[2] Karlsruhe FamRZ 1995, 495; Stuttgart AnwBl. 1985, 49; LArbG Thüringen MDR 1997, 1166.

II. Hauptsacheverfahren

nen **Ratenzahlungen** zu zahlen.[3] Hat die Staatskasse es pflichtwidrig unterlassen, die Raten einzuziehen, so scheidet deshalb ein Anspruch auf eine weitere Vergütung auf Grund des § 124 BRAGO aus. In Betracht kommen jedoch materiellrechtliche Ansprüche wegen pflichtwidrigen Verhaltens der Staatskasse.[4] Ein Anspruch auf die weitere Vergütung gemäß § 124 BRAGO besteht jedoch dann, wenn die Staatskasse eingegangene Ratenzahlungen an den PKH-Berechtigten voreilig zurückgezahlt hat.[5] Eine voreilige Rückzahlung liegt nach OLG Koblenz nicht vor, wenn die Ratenzahlungen höher sind als die bislang angefallenen Kosten. Dass noch mit weiteren Kosten z. B. wegen des Versorgungsausgleichs zu rechnen ist, rechtfertigt danach eine Verweigerung der Rückzahlung nicht.[6]

bb) Vorschusszahlungen an RA
Berechnungsbeispiel 15

Die Wahlanwaltsgebühren betragen 3000 DM, die PKH-Anwaltsgebühren 1700 DM. Der Mandant hat an den RA 2000 DM Vorschuss gezahlt.
Die Zahlung von 2000 DM deckt zuerst die Wahlanwaltsgebühr, also die Differenz zwischen Wahlanwalts- und PKH-Anwaltsgebühr in Höhe von 1300 DM. Die restlichen 700 DM werden vom Anspruch des RA gegen die Staatskasse abgezogen.

Vorschusszahlungen des Mandanten oder eines Dritten an den PKH-Anwalt sind gemäß § 129 BRAGO zunächst auf die Vergütungsansprüche anzurechnen, für die dem RA kein Anspruch gegen die Staatskasse oder nur unter der Voraussetzung des § 124 BRAGO zusteht, also zunächst auf die Differenz zwischen Wahlanwalts- und PKH-Anwaltsgebühren.

Wird ein Kostenvorschuss ohne Spezifizierung für alle mit der Scheidung anfallenden Kosten, auch für außergerichtliche Tätigkeiten des RA, geleistet, so ist er nach OLG Stuttgart anteilig auf die außergerichtlichen und die im gerichtlichen Verfahren angefallenen Kosten zu verrechnen. Das OLG Stuttgart rechnet dann wie folgt:[7]

Gezahlter Vorschuss	1800 DM
Vergütungsanspruch gegen die Staatskasse	1500 DM
Insgesamt angefallene RA-Kosten	8000 DM
Davon entfallen auf die gerichtliche Tätigkeit	
Wahlanwaltsgebühren i. H. v.	2000 DM
Der Anteil an Gesamtkosten ist 25 %	
Vom Vorschuss entfallen auf die gerichtliche Tätigkeit,	450 DM
auf die außergerichtliche Tätigkeit	1350 DM
Auf den Vergütungsanspruch des RA gegen die Staatskasse ist nichts anzurechnen, da die Differenz zwischen PKH- und Wahlanwaltsgebühren von 500 DM höher ist als der Teil des Vorschusses, der auf das gerichtliche Verfahren entfällt und der Vorschuss zunächst auf die weitere Gebühr i. S. v. § 124 BRAGO zu verrechnen ist.	

---

[3] Düsseldorf JurBüro 1991, 236.
[4] Düsseldorf JurBüro 1991, 236.
[5] München AnwBl. 1984, 105.
[6] JurBüro 2000, 259.
[7] FamRZ 1999, 390.

O. Auswirkungen von Prozesskostenhilfe

c) Umfang der PKH

aa) Verbundverfahren

16 Enthält der Beiordnungsbeschluss keine näheren Angaben über den Umfang der Beiordnung, so ist die Beiordnung im Umfang der PKH-Bewilligung angeordnet.[8] Im Verbundverfahren erstreckt sich eine uneingeschränkte Bewilligung der PKH auf alle zum Zeitpunkt der Bewilligung anhängigen Folgesachen. Sollen einzelne Folgesachen ausgenommen werden, so muss dies vom Gericht ausdrücklich erklärt werden.[9] Werden nach der Beiordnung weitere Folgesachen anhängig gemacht, so findet keine stillschweigende Erweiterung der PKH statt.[10] Es muss also insoweit ein neuer PKH-Antrag gestellt werden. Das wird immer wieder vergessen und kann zu einer Haftung des RA führen. Zu beachten ist aber, dass gemäß § 624 Abs. 2 ZPO die PKH-Bewilligung für die Scheidungssache automatisch auch die Folgesache **Versorgungsausgleich** mit erfasst und zwar auch dann, wenn sie zurzeit der PKH-Bewilligung im Verfahren noch nicht angesprochen war.[11] Achtung: Nach der alten Fassung des § 624 Abs. 2 ZPO wurde das **Sorgerecht** auch automatisch von der PKH erfasst. Dies ist nach neuem Recht nicht mehr der Fall. Antrag nicht vergessen!

bb) Unbezifferte Stufenklage

17 Bei der unbezifferten Stufenklage erfasst die PKH-Bewilligung auch den noch unbezifferten Zahlungsanspruch.[12] Wird er später beziffert, so erstreckt sich die bisherige PKH-Bewilligung nach der h. M. auch auf den bezifferten Zahlungsanspruch. Das Gericht kann aber von sich aus den PKH-Beschluss nach der Bezifferung abändern, weil die Klage teilweise keine Aussicht auf Erfolg hat.[13] Nach OLG Celle erfasst die PKH-Bewilligung den bezifferten Zahlungsanspruch nicht. Für diesen muss danach ein neuer PKH-Antrag gestellt werden.[14]

cc) Widerklage

18 Für ein Widerklageverfahren bedarf es einer neuen Bewilligung (PKH-Antrag nicht vergessen!).[15] Zu beachten ist aber § 122 Abs. 3 S. 3 Nr. 4 BRAGO, wonach dies nicht für die Rechtsverteidigung gegen die Widerklage in Ehesachen gilt.

dd) Prozessvergleich § 122 Abs. 3 S. 1 BRAGO

19 Hinsichtlich der Vergleichsgebühr und hinsichtlich der durch den Vergleichsabschluss entstehenden halben Prozeßgebühr des § 32 Abs. 2 BRAGO umschließt die Beiordnung in einer **Ehesache** automatisch auch Ehegattenunterhalt, Kindesunterhalt im Verhältnis der Ehegatten untereinander, Sorgerecht, Ehewohnung und Hausrat sowie Ansprüche aus dem ehelichen Güterrecht (§ 122 Abs. 3 S. 1 BRAGO).

---

[8] *Geroldt/Schmidt-von Eicken* § 122 Rn 1.
[9] München FamRZ 1995, 822.
[10] München, Beschl. vom 20. 1. 1995 – 11 WF 922/94.
[11] *Gerold/Schmidt-von Eicken* § 122 Rn. 13; *Diederichsen* NJW 86, 1467; a. A. zum alten Recht München AnwBl. 1981, 113; heute noch *Hansens* § 122 Rn. 20.
[12] Celle FamRZ 1997, 99; Düsseldorf AnwBl. 2000, 59; Hamm FamRZ 1997, 97; Karlsruhe FamRZ 1997, 98; Nürnberg FamRZ 1997, 100 m.w.N.
[13] Düsseldorf AnwBl. 2000, 59; Frankfurt FamRZ 1993, 1241; Hamm FamRZ 1997, 97; offen gelassen Karlsruhe FamRZ 1997, 98.
[14] Celle FamRZ 1997, 99.
[15] *Baumbach/Lauterbach-Hartmann* § 119 Rn. 51 m.w.N.

II. Hauptsacheverfahren

Das gilt auch für das **Umgangsrecht**. Das Umgangsrecht wurde bei Schaffung des § 122 Abs. 3 S. 1 BRAGO als Bestandteil des Sorgerechts aufgefasst. Die §§ 23b GVG, 620, 621 ZPO, nach denen Sorge- und Umgangsrecht gesonderte Verfahrensgegenstände sind, wurden erst später geschaffen. Dabei wurde vergessen, dass § 122 Abs. 3 S. 1 BRAGO angepasst werden müsste. Es ist kein Grund ersichtlich, warum das Umgangsrecht entgegen dem Sorgerecht nicht mit erfasst sein soll.[16] Da dies jedoch streitig ist, sollte der RA die ausdrückliche Beiordnung für den Abschluss des ganzen Vergleichs beantragen. 20

Zu beachten ist jedoch, dass in einem **isolierten Sorgerechtsverfahren** sich die Beiordnung nicht auf eine in diesem Verfahren geschlossene Umgangsrechtsvereinbarung erstreckt, da § 122 Abs. 3 BRAGO nur für die Beiordnung in einer Ehesache eingreift.[17]

§ 122 Abs. 3 S. 1 BRAGO ist auch einschlägig, wenn die Vereinbarung über die genannten Gegenstände lediglich **für die Dauer des Scheidungsverfahrens** getroffen wird.[18] 21

Die Beiordnung eines RA in einer Ehesache erstreckt sich nicht auf eine Vereinbarung, mit der ein Verfahren auf Erlass einer **einstweiligen Anordnung** beigelegt wird.[19] 22

Regeln die Parteien im Vergleich auch, wer die **gemeinsamen Schulden** im Innenverhältnis zu tragen hat, so wird dies nach dem eindeutigen Wortlaut von § 122 Abs. 3 S. 1 BRAGO nicht erfasst. Entgegen der Handhabung durch einige Gerichte[20] handelt es sich hierbei auch nicht um einen Annex zu den Hausratssachen bzw. zum Güterrecht. Es muss daher eine Erweiterung der PKH und Beiordnung beantragt werden. 23

ee) Außergerichtlicher Vergleich

Sehr umstritten ist, ob bei einem außergerichtlichen Vergleich die **Vergleichsgebühr** von der Beiordnung des PKH-Anwalts umfasst wird.[21] Dies ist zu bejahen. Wenn in § 121 BRAGO eine Tätigkeit „in Verfahren vor Gerichten" für einen Erstattungsanspruch gegen die Staatskasse vorausgesetzt wird, so kann das entgegen der Gegenmeinung auch dahingehend verstanden werden, dass Voraussetzung eine Tätigkeit im Rahmen eines gerichtlichen Verfahrens ist. Gemäß § 37 Nr. 2 BRAGO gehören auch außergerichtliche Vergleichsverhandlungen über eine rechtshängige Sache zum gerichtlichen Verfahren. Das Gegenargument, das Gericht verliere die Möglichkeit auf den Vergleich einzuwirken, überzeugt wenig, wenn gleichzeitig darauf hingewiesen wird, ein Erstattungsanspruch gegen die Staatskasse könne dadurch herbeigeführt werden, dass der außergerichtliche Vergleich gerichtlich protokolliert wird. Kein Richter oder nahezu keiner wird versuchen, bei der Protokollierung eines fertig mitgebrachten Vergleichs, der nicht gegen die guten Sitten oder den ordre public verstößt, noch auf dessen Inhalt einzuwirken. Er wird ihn einfach protokollieren, wie er ist. Die Frage, ob der 24

---

[16] München EzFamR aktuell 1997, 251 = OLGR 1997, 213; Stuttgart FamRZ 1999, 389; *Gerold/Schmidt-von Eicken* § 122 Rn. 40; a. A. Nürnberg JurBüro 1986, 1533; FA-FamR-*Oelkers* Kap. 16 Rn. 45.
[17] München Rpfleger 2000, 26; **a. A.** Stuttgart FamRZ 1999, 389.
[18] Stuttgart JurBüro 1980, 727; *Gerold/Schmidt-von Eicken* § 122 Rn. 47.
[19] Karlsruhe JurBüro 1990, 231.
[20] s. FA-FamR-*Oelkers* Kap. 16 Rn. 99.
[21] Überblick *Zöller-Philippi* § 119 Rn. 25; **bejahend** BGH NJW 1988, 494; Hamburg JurBüro 1988, 1178; LArbG Köln JurBüro 1998, 359; LArbG Thüringen JurBüro 1997, 588; Madert AGS 1998, 38.

O. Auswirkungen von Prozesskostenhilfe

Richter überhaupt Einfluss auf einen ihm schriftlich vorgelegten Vergleich zu nehmen hat[22] (einmal von sittenwidrigen oder gegen den ordre public verstoßenden Vergleichen abgesehen), kann daher offen bleiben.

25 Folgt man der Ansicht, dass ein außergerichtlicher Vergleich unter bestimmten Voraussetzungen auch noch **nach Verkündung eines Urteils** rechtlich der unteren Instanz zugerechnet werden kann[23], so wird die 10/10 Vergleichsgebühr auch noch von der PKH-Bewilligung für die erste Instanz erfasst.

26 Ein Erstattungsanspruch besteht nur hinsichtlich der **Gegenstände, die von der Beiordnung erfasst** sind.[24] Nach ganz h. M. findet § 122 Abs. 3 S. 1 BRAGO keine Anwendung, da er nur für gerichtlich geschlossene Vergleiche gelte.[25] Dabei ist nicht ersichtlich, woraus sich diese Einschränkung ergeben soll. Zur Vermeidung von Unklarheiten empfiehlt es sich, einen außergerichtlichen Vergleich gerichtlich protokollieren zu lassen.

27 Voraussetzung für einen Erstattungsanspruch ist allerdings, dass dem Gericht ein **schriftlicher Vergleich vorgelegt** wird, damit es sich davon überzeugen kann, dass überhaupt ein Vergleich geschlossen wurde und welche Gegenstände, für die PKH gewährt wurde, erfasst sind.

28 Verhandelt ein im Sorgerechtsverfahren beigeordneter RA telefonisch mit dem gegnerischen RA, so ist nach Düsseldorf eine etwa dadurch entstehende **Besprechungsgebühr** von der Staatskasse nicht zu vergüten, da die Rspr. zur Erstreckung der PKH auf außergerichtliche Vergleiche nicht noch weiter ausgedehnt werden dürfe.[26] In ZPO-Verfahren stellt sich dieses Problem nicht, da eine außergerichtliche Besprechung weder eine Verhandlungs-, noch eine Erörterungsgebühr auslöst.

ff) Aussöhnung

29 Die Beiordnung für die Ehesache umfasst auch die Aussöhnungstätigkeit. Der RA hat einen Anspruch gegen die Staatskasse gemäß §§ 121, 123 BRAGO. Einer besonderen Beiordnung bedarf es nicht.[27]

gg) Vorläufiger Rechtsschutz

30 Die Beiordnung in der Hauptsache gilt nicht automatisch für das Verfahren über den Arrest, die einstweilige Verfügung und die einstweilige Anordnung (§ 122 Abs. 3 S. 3 Nr. 2 BRAGO). Folgt man der h. M., dass vorläufige Anordnungen in FG-Sachen keine selbstständigen Angelegenheiten sind (s. Kap. F Rn. 42), so werden sie automatisch von der PKH-Bewilligung für die Hauptsache erfasst. Folgt man der Gegenmeinung, dass vorläufige Anordnungen selbstständige Angelegenheiten sind, so ist § 122 Abs. 3 S. 3 Nr. 2 BRAGO auf sie entsprechend anzuwenden.[28]

---

[22] **verneinend** LAG Thüringen JurBüro 1997, 588.
[23] *Gerold/Schmidt-von Eicken* Rn. 6; *Hansens* Rn. 4 jeweils zu § 37.
[24] *Groß* Rn. 271.
[25] Saarbrücken JurBüro 1989, 1688 m.w.N.; *Gerold/Schmidt-von Eicken* § 122 Rn. 42; **a. A.** Hamburg JurBüro 1988, 1178.
[26] FamRZ 1998, 1036.
[27] Bamberg JurBüro 1985, 233; *Gerold/ Schmidt-von Eicken* § 36 Rn. 18.
[28] *Mümmler* JurBüro 1979, 1843.

II. Hauptsacheverfahren

d) Teil-PKH

aa) Berechnungsbeispiel

Dem Kläger wird PKH nur für einen Teil des Anspruchs gewährt (Gesamtstreitwert 10 000 DM, von PKH betroffener Teilstreitwert 7000 DM).	
Wahlanwaltsgebühr aus 10 000 DM	595 DM
./. 430 DM Wahlanwaltsgebühr aus 7000 DM	165 DM
RA erhält von der Partei	165 DM,
RA erhält von der Staatskasse	390 DM
(10/10 aus 7000 DM nach der PKH-Gebührentabelle), nicht 430 DM.	

bb) Differenzmethode 31

Der Anspruch gegen die **Staatskasse** wird nach der ganz h. M. [29] so berechnet, als wäre 32 nur der Gegenstand anhängig, für den PKH gewährt worden ist. Die Gebühr errechnet sich aus der Tabelle für PKH-Gebühren.

Von der **Partei** erhält der RA nur den Betrag, um den sich die Wahlanwaltsgebühren durch den nicht von der PKH betroffenen Teil erhöhen. Bei der Ermittlung der Differenz sind hinsichtlich des von der PKH betroffenen Teils die Wahlanwaltsgebühren zu Grunde zu legen.

e) Beiordnung für nur einen Streitgenossen.

aa) Berechnungsbeispiel:

RA macht mit einer Klage Ehegattenunterhalt (Streitwert 10 000 DM) und Kindesunterhalt (Streitwert 7000 DM) geltend. Dem Kind wird er als PKH-Anwalt beigeordnet.		33
RA hat insgesamt verdient		
10/10 Prozess-Wahlanwaltsgebühr aus 17 000 DM		875 DM
zuzüglich Pauschale		40 DM
Summe		915 DM
Anspruch des PKH-Anwalts gegen Staatskasse		
10/10 Prozessgebühr aus 7000 DM gemäß PKH Tabelle		390 DM
zuzüglich Pauschale		40 DM
Summe		430 DM
Anspruch des RA gegen Ehegatten		
10/10 Prozessgebühr aus 10 000 DM gemäß Tabelle § 11 BRAGO		595 DM
zuzüglich Pauschale		40 DM
Summe		635 DM
RA kann jedoch insgesamt nicht mehr verlangen als		915 DM
Staatskasse trägt im Innenverhältnis zum leistungsfähigen Streitgenossen		
7/17 aus 915 DM		376,76 DM

---

[29] BGHZ 13, 373; Düsseldorf AGS 1999, 108; Hamburg JurBüro 1995, 426; München FamRZ 1995, 750; Zweibrücken JurBüro 1995, 424; *Gerold/Schmidt-von Eicken* § 122 Rn. 8; **a. A.** OVG Bremen JurBüro 1989, 1689 ff., 1691; *Lappe* Rn. 135.

Ehegatte trägt im Innenverhältnis zur Staatskasse	
10/17 aus 915 DM	538,24 DM
Rückerstattungsanspruch der Staatskasse gegen leistungsfähigen Streitgenossen	
Wenn die Staatskasse an PKH-Anwalt gezahlt hat	430 DM
./. Anteil der Staatskasse im Innenverhältnis	376,76 DM
Anspruch gegen leistungsfähigen Streitgenossen	53,24 DM

bb) Anspruch des PKH-Anwalts gegen die Staatskasse

34 Vertritt ein RA mehrere Streitgenossen hinsichtlich unterschiedlicher Gegenstände und ist er nur einem Streitgenossen beigeordnet, so hat der RA einen Vergütungsanspruch gegen die Staatskasse in Höhe von 10/10 Gebühren gemäß der Tabelle für PKH-Gebühren aus dem Streitwert, der den bedürftigen Streitgenossen betrifft. Er ist also so zu behandeln, als ob er allein den PKH-Berechtigten vertreten würde.

Zu dem Parallelproblem, wenn der RA mehrere Streitgenossen hinsichtlich des selben Streitgegenstandes vertritt, gibt es zwar die – u. a. vom BGH vertretene – Meinung, dass der RA gegen die Staatskasse nur einen Anspruch wegen der Erhöhungsgebühr gemäß § 6 Abs. 1 S. 2 BRAGO hat.[30] Auf die vorliegende Konstellation von mehreren Gegenständen übertragen käme diese Auffassung wohl zu dem Ergebnis, dass der RA einen Vergütungsanspruch gegen die Staatskasse nur insoweit hätte, als er keinen Anspruch gegen den leistungsfähigen Streitgenossen hat.[31] Im Berechnungsbeispiel würde dies bedeuten, dass der RA von der Staatskasse nur 280 DM verlangen könnte (Gesamtanspruch 915 DM abzüglich Anspruch gegen Ehegatten 635 DM). Nach der herrschenden Gegenmeinung zum Fall des identischen Streitgegenstands hat der RA jedoch einen Anspruch gegen die Staatskasse in Höhe von 10/10 aus dem einheitlichen Streitwert gemäß der Tabelle für PKH-Anwaltsgebühren,[32] im Berechnungsbeispiel also 430 DM.

Der ersten, auch vom BGH vertretenen Ansicht ist nicht zu folgen. Sie weicht ohne überzeugende Gründe von zwei gesetzlichen Regeln ab. Zum einen haben Streitgenossen die Möglichkeit, ihr Prozesskostenrisiko durch die Beauftragung eines gemeinsamen Prozessbevollmächtigten zu begrenzen. Zum anderen kann der Prozessbevollmächtigte gemäß § 6 Abs. 3 S. 1 BRAGO (wenn auch mit der Begrenzung des § 6 Abs. 3 S. 2 BRAGO) von jedem die vollen Gebühren verlangen, die ihm zustehen würden, wenn er einen Streitgenossen allein vertreten würde. Auf diese Weise ist das Beitreibungsrisiko des RA bei Zahlungsproblemen eines Streitgenossen herabgesetzt. Die Ansicht des BGH führt dazu, dass der leistungsfähigen Partei die Möglichkeit, das Kostenrisiko zu reduzieren, genommen wird und zugleich sich das Risiko des RA, seine

---

[30] BGH NJW 1993, 1715; ebenso Celle JurBüro 1984, 1248; München (14. Senat) OLGR 1993, 76; Stuttgart (13. Senat) MDR 2000, 545 (ohne Auseinandersetzung); *Zöller-Philippi* § 114 Rn. 7.

[31] Merkwürdigerweise wird die Problematik, dass nur einem Streitgenossen ein RA beigeordnet wird, fast ausschließlich für Fälle mit identischem Streitgegenstand behandelt. Einen Fall mehrerer Gegenstände behandelt das OLG Stuttgart MDR 2000, 545, gewährt aber einen Vergütungsanspruch gegen die Staatskasse nicht nur, so weit der RA keinen Anspruch gegen den leistungsfähigen RA hat, obgleich es für den Fall des identischen Streitgegenstandes dem BGH folgt.

[32] Düsseldorf AGS 1998, 43; München JurBüro (11. Senat) 1997, 89; LArbG Rheinland-Pfalz JurBüro 1998, 30; Schleswig JurBüro 1998, 476; Stuttgart (8. Senat) JurBüro 1997, 200; *Rönnebeck* NJW 1994, 2273; *Gerold/Schmidt-von Eicken* § 122 Rn. 24.

II. Hauptsacheverfahren

Gebühren realisieren zu können, vergrößert. Dem Gesetz ist kein Anhaltspunkt für eine derartige Abweichung von gesetzlichen Bestimmungen zulasten des leistungsfähigen Streitgenossen und des beigeordneten RA im Interesse der Staatskasse zu entnehmen. Es kennt im vorliegenden Zusammenhang keinen Vorrang der Staatskasse vor den Interessen der einzelnen Bürger.

cc) Ausgleichsanspruch der Staatskasse

Durch die hier vertrete Ansicht wird der leistungsfähige Streitgenosse auch nicht besser gestellt, als er stehen würde, wenn sein Streitgenosse nicht PKH-berechtigt wäre. Hat die Staatskasse an den RA 10/10 Gebühren aus dem von der Beiordnung betroffenen Streitwert bezahlt, so steht ihr im Innenverhältnis gemäß § 426 Abs. 2 BGB (direkt oder analog) ein Ausgleichsanspruch zu. Bei der Berechnung des Ausgleichsanspruch muss allerdings – anders als beim Parallelproblem des einheitlichen Streitgegenstands[33] – bei der Berechnung des Gesamtanspruchs insgesamt von Wahlanwaltsgebühren ausgegangen werden, da insoweit eine Differenzierung nicht möglich ist, nachdem es aus der Summe der Streitwerte nur eine einheitliche Gebühr gibt. 35

f) Erst Wahl-, dann PKH-Anwalt

Ist der RA zunächst als Wahlanwalt tätig gewesen und wird er dann beigeordnet, so besteht weitgehend Einigkeit, dass eine Gebühr, die nach der Beiordnung nicht noch einmal anfällt, z. B. die Beweisaufnahme war vor der PKH-Gewährung abgeschlossen, weiter als Wahlanwaltsgebühr gegen den Mandanten geltend gemacht werden kann.[34] So weit aber die gleichen Gebühren nachfolgend noch einmal anfallen, z. B. hinsichtlich der Prozess- und Verhandlungsgebühr, wenn anschließend noch einmal verhandelt wird, dürfen sie nunmehr nicht mehr vom Mandanten verlangt werden. Nach der h. M. gilt das auch für die Differenz zwischen Wahlanwalts- und PKH-Anwaltsgebühr.[35] 36

g) Aufhebung der Beiordnung

Wird die PKH-Bewilligung und Beiordnung später aufgehoben, so behält der RA seine zuvor gegen die Staatskasse begründeten Ansprüche gegen diese weiter.[36] Er kann jedoch statt dessen auch von seinem Mandanten die Wahlanwaltsgebühren verlangen.[37] 37

h) Beiordnung eines neuen PKH-Anwalts

Scheidet ein beigeordneter RA während des Verfahrens aus, etwa weil der Mandant ihm kündigt, so kann und muss u. U. ein neuer RA beigeordnet werden. Dadurch fallen häufig RA-Gebühren doppelt an. Um die Staatskasse vor diesen Mehrkosten zu bewahren, erfolgt in der Praxis häufig die Beiordnung des neuen Anwalts nur „unter Ausschluss der bisher angefallenen Gebühren". Hier stellt sich das Problem der Beschränkung des Vergütungsanspruchs des RA gegen die Staatskasse. 38

Vergleichbare Probleme können auftauchen, wenn der Anspruch des RA gegen die Staatskasse beschränkt werden soll,

---

[33] bei dem die Erhöhungsgebühr sich nur aus der PKH-Tabelle errechnet München JurBüro 1997, 89.
[34] *Gerold/Schmidt-von Eicken* § 121 Rn. 22.
[35] KG MDR 1984, 410; München MDR 1991, 62 m. w. N.; hinsichtlich der Differenz **a. A.** Hamburg MDR 1985, 416.
[36] Koblenz FamRZ 1997, 755 = AnwBl. 1997, 240.
[37] *Zöller-Philippi* § 124 Rn. 24; *Enders* JurBüro 1995, 172.

O. Auswirkungen von Prozesskostenhilfe

– weil der RA nur einem von zwei Streitgenossen beigeordnet wird,
– weil dem auswärtigen RA die Reisekosten nicht ersetzt werden sollen,
– weil Ansprüche willkürlich in mehreren Verfahren geltend gemacht werden.

Nach h. M. ist eine Einschränkung, dass der neu beigeordnete RA die bisher angefallenen Gebühren von der Staatskasse nicht vergütet bekommt, **zulässig** ist.[38] Dies setzt nach heute ganz h. M. voraus, dass der **RA zugestimmt** hat.[39] In der Zustimmung wird ein – unwiderruflicher – Verzicht auf einen Teil des Vergütungsanspruchs gesehen.[40] Allgemeine Meinung ist weiter, dass die **Zustimmung** auch **inzidenter** erfolgen kann. Streitig ist jedoch, unter welchen Voraussetzungen eine stillschweigende Zustimmung anzunehmen ist. Ein solche wird teilweise angenommen, wenn die Partei und der RA in Kenntnis dessen, dass die Voraussetzungen für die Beiordnung eines neuen RA im konkreten Fall nicht erfüllt sind[41] bzw. in Kenntnis dessen, dass an sich grundsätzlich zwei RA nicht nacheinander beigeordnet werden können,[42] die Beiordnung wünschen. Das soll allerdings dann nicht mehr gelten, wenn der alte PKH-Anwalt bereits alle Gebühren verdient hat, so dass der neue PKH-Anwalt keine Gebühren mehr verdienen könnte.[43] Eine andere Meinung lässt nicht genügen, dass der RA Kenntnis davon hat, dass das jeweilige Gericht die Praxis hat, den neuen PKH-Anwalt nur beschränkt beizuordnen.[44] Ebenso wenig lässt sie es genügen, dass der RA gegen den eingeschränkten Beiordnungsbeschluss kein Rechtsmittel eingelegt hat.[45]

Wird im Beiordnungsbeschluss die Beschränkung ausgesprochen, so wird überwiegend angenommen, dass der Urkundsbeamte hierdurch nicht gebunden wird und selbstständig zu entscheiden hat, ob er den anwaltlichen Erstattungsanspruch kürzt.[46]

39 Der RA hat nach OLG Köln, so weit sein Vergütungsanspruch gegen die Staatskasse wirksam eingeschränkt ist, trotz § 122 Abs. 1 Nr. 3 ZPO einen **Vergütungsanspruch gegen seinen Mandanten,** den er auch gemäß § 19 BRAGO festsetzen lassen kann. § 122 Abs. 1 Nr. 3 ZPO erfasse nur die Ansprüche des RA, für die PKH zugebilligt worden ist. Nur insoweit könne dem beigeordneten RA zugemutet werden, sich mit der teilweise geringeren Vergütung zufrieden zu geben. Es gelte hier das Gleiche, wie

---

[38] Karlsruhe FamRZ 1998, 632; JurBüro 1991, 80; KG JurBüro 1982, 1694; Oldenburg JurBüro 1995, 137; *Gerold/Schmidt-von Eicken* vor § 121 Rn. 28; *Fischer* JurBüro 1999, 344.

[39] Karlsruhe FamRZ 1998, 632; JurBüro 1991, 80; KG JurBüro 1982, 1694; Oldenburg JurBüro 1995, 137; *Gerold/Schmidt-von Eicken* vor § 121 Rn. 28; **zu Beschränkung der Reisekosten** h. M. Zustimmung erforderlich: Düsseldorf FamRZ (3. Senat)1993, 819; Karlsruhe FamRZ 1991, 348 Koblenz JurBüro 1985,1727 a. A. Celle FamRZ 1991, 962. In den Entscheidungen zum **Streitgenossen** und zu **willkürlich isolierten Verfahren** spielt die Frage der Zustimmung des RA keine Rolle.

[40] *Gerold/Schmidt-von Eicken* vor § 121 Rn. 28; ähnlich **für Beschränkung der Reisekosten** Düsseldorf 1993, 819.

[41] Karlsruhe FamRZ 1998, 632.

[42] Karlsruhe JurBüro 1991, 80.

[43] Karlsruhe FamRZ 1998, 632.

[44] Oldenburg JurBüro 1985, 137.

[45] Oldenburg JurBüro 1985, 137; **zu Reisekosten** Stillschweigende Zustimmung ist zu bejahen, wenn RA, der § 121 ZPO kennen muss, den Beiordnungsantrag stellt *Kalthoener/Büttner* Rn. 543; *Baumbach/Lauterbach-Hartmann* § 121 Rn. 62 (a. A. LAG Köln MDR 1999, 1469) bzw. wenn der RA, der gemäß dem Beiordnungsbeschluss nur zu den Bedingungen eines gerichtsansässigen RA beigeordnet wird, rügelos in der Hauptsache tätig wird *Kalthoener/Büttner* Rn. 543.

[46] Karlsruhe FamRZ 1998, 632; JurBüro 1991, 80; KG JurBüro 1981, 706; Oldenburg JurBüro 1995, 137; Fischer JurBüro 1999, 344; **a. A.** Köln OLGR 1998, 352, das eine Bindung an den Beiordnungsbeschluss ohne Auseinandersetzung mit den insoweit bestehenden Problemen inzidenter annimmt. **Zu Reisekosten** keine Bindung des Kostenbeamten Düsseldorf FamRZ 1993, 819.

wenn nur teilweise PKH gewährt wird.⁴⁷ Folgt man dem, so wird man aber zumindest verlangen müssen, dass der RA seinen Mandanten hierauf hinweist.

Der **alte PKH-Anwalt** behält hinsichtlich der bereits entstandenen Gebühren seinen Vergütungsanspruch gegen die Staatskasse.⁴⁸ 40

i) Willkürlich isolierte Verfahren

Werden Ansprüche, die im Verbund bzw. gleichzeitig mit einem sonstigen Verfahren geltend gemacht werden könnten, in getrennten Verfahren anhängig gemacht, so hat dies, wenn die gesonderte Verfolgung ohne sachliche Gründe erfolgt, zur Folge, dass dem RA ein Vergütungsanspruch nur in der Höhe zusteht, in dem Kosten auch in einem einheitlichen Verfahren entstanden wären.⁴⁹ Einige OLG's nehmen (zu Unrecht) an, dass für das isolierte Verfahren überhaupt kein Anspruch gegen die Staatskasse besteht.⁵⁰ Eine dritte Meinung verneint jede Einschränkung bei verbundfähigen Familiensachen, da es das Gesetz dem Belieben der Parteien überlassen habe, ob sie Folgesachen im Verbund oder isoliert geltend machen wollen, und da ansonsten die vom BVerfG geforderte Gleichstellung mit einer bemittelten Partei nicht gegeben wäre.⁵¹ Dem ist nicht zu folgen. Die Tatsache, dass der Gesetzgeber die Möglichkeit eingeräumt hat, verbundfähige Ansprüche isoliert geltend zu machen, sagt noch nichts dazu, ob unbeschränkt zulasten der Staatskasse und damit der Gemeinschaft PKH zu gewähren und ein RA beizuordnen ist, wenn es keinen sachlichen Grund für die isolierte Geltendmachung gibt. Die Gleichstellung muss nicht so weit gehen, dass ohne sachlichen Grund der PKH-Berechtigte die von der Staatskasse zu tragenden Kosten erhöhen kann. Im Übrigen wird zumindest vom Grundsatz her auch hinsichtlich des Erstattungsanspruchs einer bemittelten Partei eine Einschränkung angenommen, wenn grundlos Verfahren aufgesplittert werden (s. Kap. M Rn. 12). 41

Wann eine Aufsplitterung ohne ausreichenden sachlichen Grund vorliegt, wird in der Rspr. unterschiedlich beurteilt. 42

So wurde vom OLG Düsseldorf angenommen, dass der **Auskunftsanspruch** zur Vorbereitung eines Versorgungsausgleichs oder eines Zugewinnausgleichs im Verbund geltend gemacht werden muss.⁵² Etwas anderes gilt nur, wenn vernünftige Gründe für die Aufteilung vorgetragen werden.⁵³

Für den Fall, dass nachehelicher **Unterhalt** erst nach Beendigung des Verbundverfahrens durchgeführt wurde, ließ das OLG München prozesstaktische Gründe genügen.⁵⁴ Das OLG Frankfurt hingegen hat, wenn der Kläger keine Anhaltspunkte dafür hatte, dass es nach der Scheidung zu einer gütlichen Einigung über den nachehelichen Unterhalt kommt, wenn sogar das Gegenteil zu erwarten war, angenommen, dass eine getrennte Geltendmachung unsachgemäß war.⁵⁵ In gleicher Weise haben das OLG

---

⁴⁷ Köln OLGR 1998, 352 = FamRZ 1998, 1380 (L).
⁴⁸ Zweibrücken NJW-RR 1999, 436.
⁴⁹ H. M. OLG Dresden FamRZ 1999, 601; OLG Düsseldorf FamRZ 1992, 457; OLG Frankfurt FamRZ 1997, 1411; OLG Köln FamRZ 1994, 1396; OLG Rostock FamRZ 1999, 597.
⁵⁰ OLG Hamm FamRZ 1992, 452; OLG Schleswig FamRZ 2000, 430; OLG Thüringen FamRZ 2000, 100.
⁵¹ OLG Bremen FamRZ 1998, 245; OLG Naumburg FamRZ 1996, 752.
⁵² FamRZ 1991, 94; 1994, 315; vgl. auch Hamburg FamRZ 1981, 1095.
⁵³ FamRZ 1991, 94.
⁵⁴ FamRZ 1993, 828.
⁵⁵ FamRZ 1997, 1411.

O. Auswirkungen von Prozesskostenhilfe

Schleswig,[56] wenn eine gütliche Einigung zum Unterhalt nicht absehbar war, und das OLG Köln,[57] wenn keine vernünftigen Gründe für eine getrennte Geltendmachung vorhanden waren, entschieden.

Nach dem OLG Dresden fehlt es an einem vernüftigen Grund, wenn das Scheidungsverfahren eineinviertel Jahre gedauert hat und das **Zugewinnausgleichsverfahren** bei vernünftiger Prozessführung in etwa dieser Zeit auch hätte beendet werden können. Auch die Hoffnung auf eine außergerichtliche Vereinbarung hinsichtlich des Zugewinns reicht nicht aus, zumal es der Klägerin oblegen hätte, dem Beklagten für die Auskunftserteilung eine Frist zu setzen und bei deren Nichteinhaltung den Zugewinn als Folgesache im Verbund anhängig zu machen.[58]

Nach OLG Düsseldorf müssen die Regelung der **elterlichen Sorge und die Benutzung der Ehewohnung** in einem Verfahren anhängig gemacht werden.[59]

Wird das **Hausratsverfahren** erst nach Abschluss des Scheidungsverfahrens eingeleitet, so ist dies nach OLG Frankfurt sachgemäß, wenn der Antragsteller davon ausgehen durfte, dass es insoweit zu einer gütlichen Einigung kommen würde.[60]

Wird ein Folgeantrag gestellt, obwohl der Gegenstand der Folgesache bereits durch **einstweilige Anordnung** geregelt ist, so ist das nach OLG Hamburg sachgemäß, da die einstweilige Anordnung jederzeit durch eine andere Regelung außer Kraft gesetzt werden kann.[61] Dasselbe hat zu gelten, wenn bei noch nicht vorhandener einstweiliger Anordnung der Anspruch auf Getrenntlebensunterhalt gesondert und nicht im Wege der einstweiligen Anordnung nach § 620 S. 1 Nr. 6 ZPO geltend gemacht wird.[62] Unzutreffend ist es daher, wenn das OLG Düsseldorf eine Unterhaltsklage als unnötig ansieht, wenn der Unterhalt auch im Wege einer einstweiligen Anordnung verlangt werden kann.[63]

43 Nach der h. M. ist bereits im **PKH-Bewilligungs- und Beiordnungbeschluss** die Beschränkung auszusprechen.[64]

44 Der PKH-Anwalt hat **keinen Anspruch gegen seinen Mandanten** hinsichtlich der Gebühren, für die die Staatskasse nicht aufkommt, wenn er sich einer positiven Forderungsverletzung des Mandatsvertrages schuldig macht, weil er Verbundsachen in getrennten Verfahren anhängig macht.[65] Eine solche Verletzung liegt vor, wenn er ohne Aufklärung seines Mandanten und ohne sachlichen Grund getrennte Verfahren anhängig macht. In Zweifelsfällen wird er seinen Mandanten auf das Risiko hinweisen müssen.

---

[56] FamRZ 2000, 430.
[57] FamRZ 1994, 314.
[58] FamRZ 1999, 601.
[59] FamRZ 1991, 959.
[60] NJW-RR 1990, 5.
[61] FamRZ 1990, 181; ebenso FA-FamR-*Oelkers* Kap. 16 Rn. 41.
[62] Ebenso FA-FamR-*Oelkers* Kap 16. Rn. 41.
[63] FamRZ 1991, 94.
[64] Dresden FamRZ 1999, 601; Frankfurt FamRZ 1997, 1411; Saarbrücken AnwBl. 1988, 420; *Fischer* JurBüro 1999, 344; **a. A.** gehört in Vergütungsfestsetzungsverfahren Düsseldorf FamRZ 1994, 312; Rpfleger 1987, 219; **3. Meinung** kann in beiden Verfahren berücksichtigt werden München FamRZ 1993, 828; **zu Reisekosten** gehört in Beiordnungsbeschluss Düsseldorf FamRZ 1993, 819; Hamm NJW 1983, 1507; *Fischer* JurBüro 1999, 344; gehört ins Vergütungsfestsetzungsverfahren Schleswig JurBüro 1980, 1725; **zu Streitgenosse** gehört in Beiordnungsbeschluss BGH NJW 1993, 1715; *Fischer* JurBüro 1999, 343ff.
[65] Frankfurt FamRZ 1997, 1411; vgl. auch *Schneider* MDR 1987, 552.

II. Hauptsacheverfahren

j) Nicht postulationsfähiger RA

Der beigeordnete, nicht postulationsfähige RA kann seine Gebühren der Staatskasse in Rechnung stellen, soweit seine Tätigkeit der Verfolgung der Interessen seiner Partei gedient hat (s. Kap. C Rn. 37ff.).[66]

45

k) Gebührenhöhe

Die dem RA von der Staatskasse zu vergütenden Gebühren sind in § 123 BRAGO geregelt. Sie sind teilweise geringer als die Gebühren nach § 11 Abs. 1 BRAGO. Bei Hausrats- und Ehewohnungssachen erhält der RA gemäß § 63 Abs. 3 BRAGO lediglich die Hälfte der in § 123 BRAGO genannten Gebühren.[67]

46

Die Bestimmung der Gebührenhöhe durch den RA gemäß §§ 118, 12 BRAGO ist auch gegenüber der Staatskasse verbindlich, unterliegt aber einer Billigkeitsprüfung.[68]

l) Reisekosten des RA

aa) Allgemeine Grundsätze

§ 126 Abs. 1 S. 2 Hs. 1 BRAGO. RA aus Tegernsee, zugelassen beim AG München, wird für Verfahren vor dem AG München beigeordnet. Gemäß § 126 Abs. 1 S. 2 Hs. 1 BRAGO, der auch für Familiensachen gilt,[69] erhält der RA Reisekosten nicht vergütet. Reisekosten eines auswärtigen, beim Prozessgericht zugelassenen Rechtsanwalts i. S. v. § 126 Abs. 1 S. 2 Hs. 1 BRAGO sind auch dann nicht zu vergüten, wenn das Prozessgericht die Erforderlichkeit der Reise festgestellt hat, da auch im Falle einer Erforderlichkeit § 126 Abs. 1 S. 2 Hs. 1 BRAGO keine Vergütung von Reisekosten vorsieht, die Feststellung also ins Leere geht.[70] Ist der RA nicht am Sitz des Prozessgerichts, sondern am Sitz einer **auswärtigen Abteilung** dieses Gerichts ansässig, so sind Reisekosten zum Prozessgericht zu vergüten (s. auch Kap. M Rn. 16).

47

§ 126 Abs. 1 S. 2 Hs. 2 BRAGO. RA aus München wird für Verfahren beim AG Stuttgart, wo er nicht zugelassen ist, beigeordnet. Die Reisekosten zum Termin in Stuttgart sind zu vergüten. So weit zum alten Recht die h. M. die Ansicht vertrat, § 126 Abs. 1 S. 2 Hs. 1 und nicht Hs. 2 BRAGO greife ein, wenn gemäß § 78 Abs. 2 S. 2 ZPO a. F. ein beim übergeordneten Landgericht zugelassener RA beigeordnet wurde,[71] ist sie, die dem besonderen Charakter des § 78 Abs. 2 S. 2 ZPO a. F. Rechnung tragen wollte, dadurch überholt, dass es die Sondervorschrift des § 78 Abs. 2 S. 2 ZPO a. F. nicht mehr gibt, nachdem nunmehr jeder bei einem Amtsgericht oder Landgericht zugelassene RA in erster Instanz vor jedem deutschen Gericht postulationsfähig ist.[72] Bei einer Reise des RA zur Teilnahme an einem Termin beim Prozessgericht ist die in § 126 Abs. 1 S. 1 BRAGO verlangte **Erforderlichkeit** stets zu bejahen.[73]

48

---

[66] Koblenz FamRZ 1999, 390.
[67] *Gerold/Schmidt-von Eicken* § 63 Rn. 12.
[68] Köln JurBüro 1996, 356.
[69] OLG Dresden JurBüro 1998, 268; *Gerold/Schmidt-von Eicken* § 126 Rn. 22 m. w. N.
[70] OLG München MDR 1998, 439.
[71] Vgl. die Nachweise bei *Gerold/Schmidt-von Eicken* § 126 Rn 22.
[72] Bereits zum alten Recht wurde von einigen für Parteiprozesse die Anwendung des § 126 Abs. 1 S. 2 Hs. 1 BRAGO aus Gründen abgelehnt, die nach neuem Recht auch für Anwaltsprozesse gelten OLG München AnwBl. 1984, 210; OLG Zweibrücken JurBüro 1982, 714; *Hansens* Rn. 13; *Gerold/Schmidt-von Eicken* Rn. 22 jeweils zu § 126.
[73] OLG München AnwBl. 1984, 210ff., 211; *Gerold/Schmidt-von Eicken* § 126 Rn. 15.

O. Auswirkungen von Prozesskostenhilfe

49 So weit kein Anspruch auf Vergütung der Reisekosten gegen die Staatskasse besteht, kann nach der h. M. ein solcher Anspruch wegen des Verbots des § 122 Abs. 1 Nr. 3 ZPO auch nicht auf dem Umweg über ersparte **fiktive Informationsreisekosten der Partei** der Staatskasse in Rechnung gestellt werden.[74] Der RA hat wegen § 122 Abs. 1 Nr. 3 ZPO keinen Anspruch auf Erstattung der Reisekosten gegen die Partei.[75]

bb) Gerichtlicher Ausschluss der Reisekosten

50 Allgemein wird angenommen, dass es zulässig ist, einen auswärtigen RA i. S. v. § 126 Abs. 1 S. 2 Hs. 2 BRAGO beizuordnen und dennoch zu erreichen, dass er entgegen 126 Abs. 1 S. 2 Hs. 2 BRAGO hinsichtlich der Reisekosten **wie ein ortsansässiger RA behandelt** wird, also keine Reisekosten erhält. Dies ergibt sich auch aus den Gesetzesmaterialien. „Ein nicht bei dem Prozessgericht zugelassener RA kann der Partei auf Antrag beigeordnet werden, wenn dadurch höhere Kosten für die Staatskasse nicht entstehen. Das ist der Fall, wenn der RA gegenüber dem Gericht erklärt, zu den Bedingungen eines bei dem Prozessgericht zugelassenen RA tätig zu werden."[76]

51 Nach einer Meinung bedarf es für den Ausschluss der Reisekosten keiner **Zustimmung** des RA.[77] Nach der herrschenden Gegenmeinung ist dessen Zustimmung nötig.[78] Innerhalb dieser Meinung ist wieder streitig, ob die Zustimmung auch darin gesehen werden kann, dass ein RA, von dem die Kenntnis des § 121 Abs. 2 S. 2 ZPO (durch die Beiordnung eines beim Prozessgericht nicht zugelassenen RA dürfen keine Mehrkosten entstehen) zu erwarten ist, den Beiordnungsantrag stellt[79] bzw. die Zustimmung wenigstens dann anzunehmen ist, wenn der RA, der gemäß dem Beiordnungsbeschluss nur zu den Bedingungen eines gerichtsansässigen RA beigeordnet wird, rügelos in der Hauptsache tätig wird.[80]

52 Nach der h. M. ist die Beschränkung im **Beiordnungsbeschluss** und nicht erst im Vergütungsfestsetzungsverfahren auszusprechen.[81]

m) Fristsetzung für einen Antrag auf Vergütungsfestsetzung

53 Achtung: Setzt der Urkundsbeamte gemäß § 128 Abs. 2 S. 1 BRAGO eine einmonatige Frist für einen Antrag auf Vergütungsfestsetzung, so führt die Versäumung dieser Frist zum Verlust der Ansprüche gegen die Staatskasse (§ 128 Abs. 2 S. 2 BRAGO) und zwar

---

[74] Bamberg JurBüro 1974, 1011; a. A. *Riedel/Sußbauer-Chemnitz* § 126 Rn. 14 m. w. N. auch für die h. M.
[75] *Gerold/Schmidt-von Eicken* § 126 Rn. 22.
[76] BT-Drucks. 8/3068 S. 29 zum damaligen § 119 ZPO, der dem heutigen § 121 ZPO entsprach.
[77] Celle FamRZ 1991, 962 mit dem Zusatz, dass es auch unerheblich ist, ob der RA vorher einen Hinweis über eine mögliche Beschränkung erhalten hat.
[78] Düsseldorf FamRZ (3. Senat) 1993, 819; Karlsruhe FamRZ 1991, 348; Koblenz JurBüro 1985, 1727; LAG Köln MDR 1999, 1469.
[79] **Bejahend** *Kalthoener/Büttner* Rn. 543; *Baumbach/Lauterbach-Hartmann* § 121 Rn. 62; **verneinend** LAG Köln MDR 1999, 1469.
[80] *Kalthoener/Büttner* Rn. 543.
[81] Vgl. Nachweise bei Düsseldorf FamRZ (3. Senat) 1993, 819 Ziff. 3 a i. V. m. Ziff. 1; LAG Bremen JurBüro 1988, 1539; Düsseldorf (4. Senat) JurBüro 1989, 839; Hamm JurBüro 1983, 616; LAG Köln MDR 1999, 1469; *Mümmler* JurBüro 1983, 616; a. A. im Festsetzungsverfahren Düsseldorf (3. Senat) FamRZ 1993, 819; *Zöller-Philippi* § 121 Rn. 12.

II. Hauptsacheverfahren

nach der h. M. zum Verlust aller Ansprüche, also nicht nur dem auf eine weitere Vergütung gemäß § 124 BRAGO, sondern auch dem nach § 123 BRAGO.[82]

2. RA-Ansprüche gegen Mandanten

Grundsätzlich hat der beigeordnete RA gegen seinen Mandanten keinen Vergütungsanspruch. **54**

Ein Anspruch gegen den Mandanten kommt jedoch in folgenden Fällen in Betracht:
Die PKH-Bewilligung und Beiordnung erfasst nur einen **Teil** der streitgegenständlichen Ansprüche (s. oben Rn. 31 ff.).
Der RA war **zuerst Wahlanwalt**, bevor er beigeordnet wurde (s. oben Rn. 36).
Die **Beiordnung** wird später **aufgehoben** (s. oben Rn. 37).
Der **neue PKH-Anwalt** erhält teilweise Gebühren nicht von der Staatskasse (s. oben Rn. 39).
Wegen **willkürlicher Trennung von Verbundsachen** erhält RA von Staatskasse teilweise keine Vergütung (s. oben Rn. 44).
Hinsichtlich Reisekosten s. oben Rn. 49.

3. RA-Ansprüche gegen Gegner

Hierzu nachstehend unter Rn. 80. **55**

4. Rückgriff der Staatskasse gemäß § 130 BRAGO

So weit der RA einen Vergütungsanspruch gegen die Partei oder einen erstattungspflichtigen Gegner hat, geht der Anspruch auf die Staatskasse über, wenn sie gezahlt hat (§ 130 Abs. 1 BRAGO). Dieser Übergang darf nicht zum Nachteil des RA geltend gemacht werden (§ 130 Abs. 1 S. 2 BRAGO).[83] **56**

Der Rückgriffsanspruch steht der Staatskasse nicht gegen einen **Prozessgegner** zu, dem **PKH ohne Ratenzahlung** gewährt wurde.[84] Der Gegenmeinung[85] steht der eindeutige Gesetzeswille und -wortlaut, wenn man ihn nicht einengend interpretiert, entgegen. Nach der Begründung der Bundesregierung[86] werden von § 122 Abs. 1 Nr. 1b ZPO „auch die nach § 130... (sc. BRAGO) übergegangenen Ansprüche des dem Gegner beigeordneten RA gegen die Partei" erfasst. „Dieser Fall kann eintreten, wenn beiden Parteien PKH bewilligt ist. Die ersatzpflichtige Partei soll auch dann nur höchstens die in den §§ 114a, 114c Abs. 3 (Anm. des Verf. Diese entsprachen dem heutigen § 115 ZPO) vorgesehenen Beträge an die Staatskasse zahlen." Der Wortlaut des § 122 Abs. 1 Nr. 1b ZPO spricht von den auf die Staatskasse „übergegangenen Ansprüchen der beigeordneten Rechtsanwälte gegen die Partei". Der Plural bei den Anwälten passt zu der Gesetzesabsicht. Eine Auslegung hingegen, dass nur die Ansprüche des RA gegen die

---

[82] Zweibrücken FamRZ 1999, 391; *Gerold/Schmidt-von Eicken* § 128 Rn. 14; a. A. *Riedel/Sußbauer-Schneider* § 128 Rn. 22.
[83] *Gerold/Schmidt-von Eicken* § 130 Rn. 3.
[84] Braunschweig JurBüro 1990, 508; Hamburg JurBüro 1983, 612; Stuttgart Justiz 1986, 42; Zweibrücken Rpfleger 1989, 114; sehr eingehend *Fischer* JurBüro 1998, 622 ff.
[85] BGH AnwBl. 1999, 492; FamRZ 1997, 1141; *Gerold/Schmidt-von Eicken* § 130 Rn. 11 m. w. N.
[86] BT-Drucks. 8/3068 S. 30.

eigene Partei gemeint sein sollen, passt hierzu nicht.[87] § 123 ZPO steht nicht entgegen. Zum einen ist § 122 Abs. 1 Nr. 1b ZPO im Verhältnis zu § 123 ZPO die speziellere Norm, die damit vorgeht. Zum anderen ist es ein Unterschied, ob der Gegner gegen eine bedürftige Partei vollstreckt oder ob die Staatskasse dies tut, die die bedürftigen Parteien hinsichtlich Prozesskosten zu unterstützen hat.[88]

Ist der Partei, gegen die die Staatskasse gemäß § 130 BRAGO Rückgriff nehmen will, jedoch **PKH mit Ratenzahlungen** gewährt worden, so muss sie die Raten solange zahlen, bis auch die von der Staatskasse bezahlten Kosten des gegnerischen Anwalts gedeckt sind.[89]

5. Gerichtskosten – § 58 Abs. 2 S. 2 GKG

57 Hat ein Kostenschuldner, dem PKH gewährt ist, auf Grund einer gerichtlichen Entscheidung die Kosten zu tragen, so darf die Staatskasse beim Prozessgegner keine Gerichtskosten geltend machen (§ 58 Abs. 2 S. 2 GKG). Auf diese Weise soll verhindert werden, dass der PKH-Berechtigte über den (von der PKH gemäß § 123 ZPO unberührten) Kostenerstattungsanspruch des Gegners letztlich doch für Gerichtskosten in Anspruch genommen wird. Nach der bislang ganz h. M. bedeutete das Verbot des § 58 Abs. 2 S. 2 GKG nur, dass die Staatskasse nach Erlass der Kostenentscheidung beim Gegner des PKH-Berechtigten keine Gerichtskosten mehr geltend machen durfte. Bereits vorher vom Gegner gezahlte Gerichtskosten wurden von der Staatskasse nicht zurückerstattet. Insoweit wurde dem Gegner ein Erstattungsanspruch gegen den unterlegenen PKH-Berechtigten zuerkannt.[90] Das **BVerfG** hat nunmehr entschieden, dass dies mit dem Gleichheitssatz nicht vereinbar ist, da durch diese Auslegung der Beklagte, dem PKH gewährt wird, schlechter gestellt wird als der PKH-berechtigte Kläger. Es hat § 58 Abs. 2 S. 2 GKG verfassungskonform dahingehend ausgelegt, dass bereits gezahlte Gerichtskosten von der Staatskasse an den Einzahler zurückzuzahlen sind und dem PKH-Berechtigen bei der Kostenfestsetzung nicht in Rechnung gestellt werden dürfen.[91]

58 Nach seinem eindeutigen Wortlaut greift § 58 Abs. 2 S. 2 GKG nur ein, wenn der PKH-Berechtigte auf Grund von § 54 Nr. 1 GKG haftet. In § 54 Nr. 1 GKG ist die Haftung auf Grund einer gerichtlichen oder staatsanwaltlichen Kostenentscheidung geregelt. Daher greift die Schutzvorschrift des § 58 Abs. 2 S. 2 GKG zu Gunsten des PKH-Berechtigten nicht bei einem **Prozessvergleich** ein.[92] Diese Auslegung hat das BVerfG ausdrücklich akzeptiert, da bei einem Vergleich die Gefahr bestehen mag, dass die Kosten zulasten der Staatskasse manipuliert werden.[93] Dem haben sich nach der Entscheidung des BVerfG mehrere Obergerichte angeschlossen.[94] Das OLG Frankfurt meint,

---

[87] *Fischer* JurBüro 1988, 622.
[88] *Fischer* JurBüro 1988, 622 ff., 624.
[89] Hamburg JurBüro 1983, 612; Stuttgart Justiz 1986, 42; *Fischer* JurBüro 1998, 622 ff., 624.
[90] Früher fast einhellige Meinung BGH Rpfleger 1989, 376; Düsseldorf Rpfleger 1996, 354; München AnwBl. 1980, 376; Nürnberg FamRZ 1997, 755; **a. A.** schon früher *Lappe* Rn. 137, 471; *Zöller-Philippi* 20. Aufl. § 122 Rn. 25 m. w. N.
[91] BVerfG NJW 1999, 3186 = FamRZ 2000, 474 ff.
[92] Fast einhellige Meinung in der Zeit vor der Entscheidung des BVerfG Düsseldorf JurBüro 1989, 499; Hamburg JurBüro 1989, 213.
[93] BVerfG NJW 1999, 3186 = FamRZ 2000, 474 ff., 476.
[94] Bamberg JurBüro 2000, 88; Karlsruhe NJW 2000, 1121; Koblenz NJW 2000, 1122.

auch insoweit liege ein Verstoß gegen die Verfassung vor, weshalb auch in diesem Fall eine verfassungskonforme Auslegung vorzunehmen sei.[95] Eine verfassungskonforme Auslegung scheidet angesichts des eindeutigen Wortlauts des § 58 Abs. 2 S. 2 GKG aus. Das OLG Frankfurt hätte dem BVerfG (mit wenig Aussicht auf Erfolg) vorlegen müssen. Geht man von der h. M. aus und soll verhindert werden, dass infolge eines Vergleichs ein PKH-Berechtigter über den Kostenerstattungsanspruch des Gegners Gerichtskosten tragen muss, so empfiehlt es sich, eine Kostenentscheidung des Gerichts gemäß § 98 ZPO herbeizuführen.[96] Dies kann z. B. geschehen, indem in den Vergleich keine Kostenregelung aufgenommen und der Rechtsstreit für erledigt erklärt und die Kostenentscheidung dem Gericht überlassen wird. Hierin liegt eine anderweitige Bestimmung i. S. v. § 98 ZPO. Allerdings ist dieser Weg mit einem gewissen Risiko verbunden, da nicht sicher vorhersehbar ist, wie die gerichtliche Kostenentscheidung gemäß § 91a ZPO aussehen wird. Andererseits orientieren sich viele Gerichte am Ergebnis des Vergleichs.[97]

§ 58 Abs. 2 S. 2 GKG findet auf mehrere Schuldner gemäß § 2 Nr. 2 KostO keine Anwendung.[98]

59

III. PKH-Antragsverfahren

1. RA-Gebühren gegen Mandanten

a) ZPO-Verfahren

aa) Berechnungsbeispiele

– RA nur im Antragsverfahren tätig
RA stellt PKH-Antrag (Wert 30 000 DM). Im PKH-Antragsverfahren findet eine Erörterung statt. PKH wird für das Hauptsacheverfahren gewährt und RA beigeordnet. Damit endet die Tätigkeit des RA.
Anspruch gegen Mandanten
§§ 51, 31 Abs. 1 Nr. 1 BRAGO 5/10 aus 30 000 DM aus § 11 BRAGO-Tabelle
§§ 51, 31 Abs. 1 Nr. 4 BRAGO 5/10 aus 30 000 DM aus § 11 BRAGO-Tabelle
Anspruch gegen Staatskasse
Kein Anspruch

60

– RA auch im nachfolgenden Hauptsacheverfahren tätig
RA stellt PKH-Antrag (Wert 30 000 DM). Im PKH-Antragsverfahren findet eine Erörterung statt. PKH wird für das Hauptsacheverfahren gewährt und RA beigeordnet. Im anschließenden Hauptsacheverfahren stellt RA Sachanträge und verhandelt streitig.
Anspruch gegen Mandanten
Kein Anspruch

61

---

[95] NJW 2000, 1120; verfassungsrechtliche Bedenken äußert auch *Schneider* MDR 1999, 1090.
[96] *Lappe* Fn. 8 zu Rn. 137.
[97] Koblenz BB 1987, 1845.
[98] Nahezu einhellige Auffassung OLG Koblenz JurBüro 1998, 368; OLG München JurBüro 1992, 479; *Korintenberg-Lappe* § 5 Rn. 4.

O. *Auswirkungen von Prozesskostenhilfe*

Anspruch gegen Staatskasse
§ 31 Abs. 1 Nr. 1 BRAGO 10/10 aus 30 000 DM aus PKH-Tabelle
§ 31 Abs. 1 Nr. 2 BRAGO 10/10 aus 30 000 DM aus PKH-Tabelle

bb) Prozessgebühr

62 Ist der RA nur im Rahmen des PKH-Antragsverfahrens tätig, so erhält er von seinem Mandanten im PKH-Verfahren 5/10 der in § 31 BRAGO bestimmten Gebühren (§ 51 Abs. 1 S. 1 BRAGO) aus dem Hauptsachewert (§ 51 Abs. 2 BRAGO). Die Gebühren errechnen sich aus der Tabelle für Wahlanwaltsgebühren gemäß § 11 BRAGO.
Vertritt der RA mehrere Mandanten, so erhöht sich die Gebühr um 3/10 aus 5/10.[99] Ebenso greift die Erhöhung des § 11 Abs. 1 S. 4 BRAGO (höhere Instanz) ein.[100] §§ 32, 33 Abs. 1, Abs. 2 BRAGO gelten nicht (§ 51 Abs. 1 S. 3 BRAGO). Der RA behält also auch bei vorzeitiger Erledigung weiter 5/10.[101]
Der RA sollte seinen Mandanten aufklären, dass er, wenn PKH nicht gewährt wird, die Gebühren nach § 51 BRAGO selbst tragen muss.[102]

cc) Erörterungsgebühr

63 Eine Erörterung im PKH-Bewilligungsverfahren (§ 118 Abs. 1 Nr. 3 ZPO) löst nach dem eindeutigen Wortlaut des § 51 BRAGO („der in § 31 genannten Gebühren") eine halbe Verhandlungs- bzw. Erörterungsgebühr aus.[103]

dd) Beweisgebühr

64 Es kann, wenn ausnahmsweise bereits im Bewilligungsverfahren eine Beweisaufnahme stattfindet, auch eine halbe Beweisgebühr anfallen.[104]

ee) Vergleichsgebühr

65 Es kann auch ein Anspruch in Höhe einer Vergleichsgebühr entstehen. Wird im PKH-Bewilligungsverfahren über einen vom PKH-Antrag umfassten Anspruch ein Vergleich geschlossen, so fällt neben der halben Prozessgebühr eine 10/10 Vergleichsgebühr an (wegen § 23 Abs. 1 S. 3 Hs. 2 BRAGO keine 15/10). So weit ein von der PKH nicht erfasster Anspruch mit verglichen wird, beträgt die Vergleichsgebühr 15/10. Dann entsteht hinsichtlich des nicht anhängigen Anspruchs auch noch eine 5/10 Differenzgebühr gemäß § 32 Abs. 2 BRAGO. Diese wird nicht noch einmal halbiert.[105] Zum Problem, wenn PKH für den Vergleichsabschluss gewährt wird s. unten Rn. 76.

ff) Beschwerde gegen Ablehnung des PKH-Antrags

66 Vertritt der RA seinen Mandanten bei der Beschwerde gegen die Ablehnung des PKH-Antrags, so ist dies eine gesonderte Angelegenheit, in der gemäß § 61 Abs. 1 Nr. 1

---

[99] *Enders* JurBüro 1997, 450; *Gerold/Schmidt-von Eicken* § 6 Rn. 29j.
[100] *Gerold/Schmidt-Madert* § 11 Rn. 18; *Gerold/Schmidt-von Eicken* § 51 Rn. 11.
[101] *Gerold/Schmidt-von Eicken* § 51 Rn. 14.
[102] *Enders* JurBüro 1999, 643.
[103] H. M. Bamberg Rpfleger 1988, 334; Saarbrücken JurBüro 1989, 635; *Gerold/Schmidt-von Eicken* § 51 Rn. 7; **a. A.** *Mümmler* JurBüro 1989, 635.
[104] *Gerold/Schmidt-von Eicken* § 51 Rn. 8.
[105] *Riedel/Sußbauer-Keller* § 51 Rn. 10.

III. PKH-Antragsverfahren

BRAGO die Gebühren des § 31 BRAGO in Höhe von 5/10 (wegen § 61 Abs. 3 BRAGO nicht nur 2,5/10) entstehen[106] und zwar wieder aus dem Hauptsachewert. Richtet sich die Beschwerde nur gegen die Ratenzahlung, so errechnet sich der Wert aus dem Kosteninteresse (§ 51 Abs. 2 Hs. 2 BRAGO),[107] also aus dem Gesamtbetrag der zu zahlenden Raten.[108]

gg) Abgrenzung zur Tätigkeit in der Hauptsache

Manchmal kann zweifelhaft sein, ob der RA im PKH-Antragsverfahren oder im Hauptsacheverfahren tätig ist.

Übersendet der Familienrichter eine Klageschrift an den Gegner „zur Stellungnahme im PKH-Verfahren" und schreibt der gegnerische Anwalt daraufhin zur Hauptsache mit Klageabweisungsantrag, so erwächst ihm dennoch nur eine halbe Gebühr gemäß § 51 Abs. 1 BRAGO. Entscheidend ist, in welchem Verfahrensabschnitt sich der Rechtsstreit gerade befindet. Hierüber bestimmt das Gericht durch seine prozessleitenden Verfügungen.[109]

Hat der RA auch Prozessauftrag, stellt aber zunächst nur PKH-Antrag, so erhält er nur eine 5/10 Gebühr gemäß § 51 BRAGO. Das gilt auch, wenn ein RA, der keinen oder nur einen bedingten Prozessauftrag hat, sofort mit dem PKH-Antrag auftragswidrig auch Klage erhebt.[110] Hat der RA allerdings unbedingten Prozessauftrag und erhebt er sofort auch Klage, so richten sich seine Gebühren von Anfang an nach §§ 31 ff. BRAGO.

hh) Nachfolgende Tätigkeit auch in Hauptsache

Wird der RA später auch im Hauptsacheverfahren tätig, so kann er, so weit er im Hauptsacheverfahren gleichartige Gebühren gemäß § 31 ff. BRAGO verdient, die im Antragsverfahren angefallenen Gebühren nicht – auch nicht in Höhe der Differenz zwischen Wahl- und PKH-Anwaltsgebühren – gegen seinen Mandanten geltend machen. Das gilt auch dann, wenn der zunächst nur für das Antragsverfahren mandatierte RA erst nachträglich auch den Auftrag für das Hauptsacheverfahren erhält.[111] Ist jedoch im Antragsverfahren eine Gebühr angefallen, die im Hauptsacheverfahren nicht entstanden ist, so kann der RA diese (§ 51 Abs. 1 S. 1 bzw. § 118 BRAGO) dem Mandanten in Rechnung stellen, z. B. im Antragsverfahren wurde erörtert, im Hauptsacheverfahren wurde weder verhandelt, noch erörtert. Die Gebühr errechnet sich aus der Tabelle für den Wahlanwalt.

---

[106] *Enders* JurBüro 1997, 505; *Gerold/Schmidt-von Eicken* § 61 Rn. 2.
[107] *Hansens* § 51 Rn. 11.
[108] *Enders* JurBüro 1997, 506.
[109] Karlsruhe JurBüro 1999, 191.
[110] *Enders* JurBüro 1997, 450.
[111] *Gerold/Schmidt-von Eicken* § 51 Rn. 15, § 121 Rn. 22 ff.

O. Auswirkungen von Prozesskostenhilfe

b) FG-Verfahren

aa) Berechnungsbeispiele

69

– **RA nur im Antragsverfahren tätig**
RA stellt PKH-Antrag (Wert 30 000 DM). Im PKH-Antragsverfahren findet eine Erörterung statt. PKH wird für das Hauptsacheverfahren gewährt und RA beigeordnet. Damit endet die Tätigkeit des RA.

Anspruch gegen Mandanten
§ 118 Abs. 1 Nr. 1 BRAGO 5/10 aus 30 000 DM aus § 11 BRAGO-Tabelle
§ 118 Abs. 1 Nr. 2 BRAGO 5/10 aus 30 000 DM aus § 11 BRAGO-Tabelle

Anspruch gegen Staatskasse
Kein Anspruch

70

– **RA auch im nachfolgenden Hauptsacheverfahren tätig**
RA stellt PKH-Antrag (Wert 30 000 DM). Im PKH-Antragsverfahren findet eine Erörterung statt. PKH wird für das Hauptsacheverfahren gewährt und RA beigeordnet. Im anschließenden Hauptsacheverfahren verhandelt er zur Sache.

Anspruch gegen Mandanten
Kein Anspruch

Anspruch gegen Staatskasse
§ 118 Abs. 1 Nr. 1 BRAGO 5/10 bis 10/10 aus 30 000 DM aus PKH-Tabelle
§ 118 Abs. 1 Nr. 2 BRAGO 5/10 bis 10/10 aus 30 000 DM aus PKH-Tabelle

bb) § 118 BRAGO

71 In isolierten FG-Sachen greift nicht § 51 BRAGO, sondern § 118 BRAGO ein. Es können eine Geschäfts,- Besprechungs- und Beweisaufnahmegebühr anfallen.

Entsprechend dem Gedanken des § 51 BRAGO fällt zumindest im Durchschnittsfall lediglich eine **5/10 Gebühr** an.[112] Hingegen ist § 51 BRAGO nicht dahingehend anzuwenden, dass zunächst eine Gebühr zwischen 5/10 und 10/10 zu ermitteln ist, die dann noch zu halbieren wäre.[113]

Wird der RA auch im Hauptsacheverfahren tätig, so werden sich häufig die Rahmengebühren erhöhen. Andererseits errechnen sich die Gebühren jetzt nur noch aus der PKH-Gebührentabelle. Im Übrigen gilt das zum ZPO-Verfahren Ausgeführte (s. oben Rn. 68). Zur Abgrenzung, in welchem Verfahren der RA tätig ist s. oben Rn. 67.

Hinsichtlich eines **Vergleichsabschlusses** gilt das zu ZPO-Sachen Gesagte entsprechend (s. oben Rn. 65). Allerdings fällt bei Mitregelung nicht vom PKH-Gesuch erfasster Gegenstände keine Differenzgebühr gemäß § 32 Abs. 2 BRAGO an, sondern erhöht sich die Geschäftsgebühr gemäß § 118 BRAGO.

---

[112] In diese Richtung auch *Gerold/Schmidt-Madert* § 118 Rn. 24.
[113] *Wielgoss* JurBüro 1999, 15.

III. PKH-Antragsverfahren

2. RA-Gebühren gegen die Staatskasse
a) Berechnungsbeispiele
aa) PKH für das gesamte Antragsverfahren

72

RA stellt PKH-Antrag (Wert 30 000 DM). Im PKH-Antragsverfahren wird nach Erörterung vor Gericht (§ 118 Abs. 1 S. 3 ZPO) ein **Vergleich** geschlossen, **PKH für das Antragsverfahren** gewährt und ein RA beigeordnet.

Anspruch gegen Staatskasse
§§ 51, 31 Abs. 1 Nr. 1 BRAGO 5/10 aus 30 000 DM aus PKH-Tabelle
§§ 51, 31 Abs. 1 Nr. 4 BRAGO 5/10 aus 30 000 DM aus PKH-Tabelle
§ 23 Abs. 1 S. 3 Hs. 2 BRAGO 10/10 aus 30 000 DM aus PKH-Tabelle

Anspruch gegen Mandanten
Kein Anspruch

bb) PKH nur für Abschluss eines Vergleichs

73

Im Fall aa) wird im PKH-Antragsverfahren **PKH nur für den Abschluss eines Vergleichs** gewährt.

Anspruch gegen Staatskasse
§§ 51, 31 Abs. 1 Nr. 1 BRAGO 5/10 aus 30 000 DM aus PKH-Tabelle
§ 23 Abs. 1 S. 3 Hs. 2 BRAGO 10/10 aus 30 000 DM aus PKH-Tabelle

Anspruch gegen Mandanten
§§ 51, 31 Abs. 1 Nr. 4 BRAGO 5/10 Erörterungsgebühr aus 30 000 DM aus der § 11 BRAGO-Tabelle

cc) Einbeziehung weiterer Ansprüche in Vergleich

74

RA stellt PKH-Antrag (Wert 30 000 DM). Im PKH-Antragsverfahren wird nach Erörterung vor Gericht (§ 118 Abs. 1 S. 3 ZPO) ein **Vergleich** geschlossen, wobei zusätzlich ein Anspruch (Wert 20 000 DM), für den ein PKH-Antrag nicht gestellt war, mit verglichen wird. PKH-Bewilligung und Beiordnung erfolgt für das PKH-Antragsverfahren und den gesamten Vergleich.

RA Anspruch gegen Staatskasse
§§ 51, 31 Abs. 1 Nr. 1; 32 Abs. 2 BRAGO 5/10 aus 50 000 DM aus PKH-Tabelle
§§ 51, 31 Abs. 1 Nr. 4 BRAGO 5/10 aus 30 000 DM aus PKH-Tabelle[114]
§ 23 Abs. 1 S. 3 Hs. 2 BRAGO 10/10 aus 30 000 DM aus PKH-Tabelle = 565 DM
§ 23 Abs. 1 S. 1 BRAGO 15/10 aus 20 000 DM aus PKH-Tabelle = 727,50 DM
Da jedoch 15/10 aus 50 000 DM aus PKH-Tabelle = 1087,50 DM niedriger sind als 565 DM + 727,50 DM, hat der RA wegen § 13 Abs. 3 BRAGO nur Anspruch auf eine Vergleichsgebühr in Höhe von 1087,50 DM

Anspruch gegen Mandanten
Kein Anspruch

---

[114] Nicht aus 50 000 DM, da der weitergehende Anspruch nicht zur Entscheidung des Gerichts gestellt ist und daher für ihn keine Erörterungsgebühr anfällt, *Gerold/Schmidt-von Eicken* § 31 Rn. 149.

O. Auswirkungen von Prozesskostenhilfe

b) Ausnahmsweise Anspruch gegen Staatskasse

75 Grundsätzlich gibt es keine PKH für das PKH-Antragsverfahren.[115] Aus Gründen der Prozessökonomie kann und wird jedoch in der Praxis PKH gewährt, um den Abschluss eines **Vergleichs** im PKH-Antragsverfahren zu erreichen. Nach ganz h. M. darf die PKH dann jedenfalls auf die Vergleichs- und die halbe Prozessgebühr (§§ 51 Abs. 1 S. 1, 31 Abs. 1 Nr. 1 BRAGO) erstreckt werden.[116] Dasselbe hat für die **Erörterungsgebühr** zu gelten.[117] Stellt man auf die Prozessökonomie ab, so gibt es keinen Grund, die Erörterung, wenn sie nun einmal erforderlich war, um zum Vergleich zu kommen, auszuschließen. Außerdem würde die Partei dann schlechter gestellt, als wenn sie erst im Hauptsacheverfahren nach PKH-Gewährung einen Vergleich schließen würde. Würde die Partei wiederum den für sie günstigeren Umweg über das Hauptsacheverfahren wählen, so wäre das für die Staatskasse in vielen Fällen teurer, da die Prozess- und Erörterungsgebühr nunmehr in Höhe von 10/10 statt 5/10 anfällt.

Für das Vergütungsfestsetzungsverfahren gegen die Staatskasse ist jedenfalls die **Entscheidung des Hauptsachegerichts bindend**. Wird ausgesprochen, dass PKH für das PKH-Prüfungsverfahren angeordnet wird, so ist mangels einer Beschränkung das gesamte Prüfungsverfahren einschließlich der Erörterungsgebühr erfasst.[118] Ist die Anordnung hingegen auf den Vergleichsabschluss beschränkt, so ist damit nur die Vergleichsgebühr und eine halbe Prozessgebühr, nicht jedoch die Erörterungsgebühr mit einbezogen.[119] Das OLG Bamberg hat eine Erstreckung auf die Erörterungsgebühr in einem Fall bejaht, in dem die Einreichung des PKH-Gesuchs vor der Erörterung lag und PKH mit Wirkung ab Einreichung des PKH-Gesuchs für den Abschluss eines Vergleichs gewährt wurde. Aus der Zeitangabe ergebe sich, dass für das gesamte PKH-Antragsverfahren PKH gewährt werden sollte.[120] Der RA sollte darauf hinwirken, dass das Gericht eine Formulierung wählt, die unzweifelhaft das ganze Antragsverfahren erfasst.

c) Einbeziehung nichtanhängiger Gegenstände in Vergleich

76 Wird PKH nur für das Scheidungsverfahren oder nur für eine bestimmte isolierte Familiensache beantragt und wird dann im PKH-Verfahren ein Vergleich geschlossen, wobei auch **nichtanhängige Gegenstände** mit einbezogen werden, und wird PKH zum Abschluss eines Vergleichs auch für diese weiteren Gegenstände gewährt, so fällt hinsichtlich der weiteren Gegenstände die Vergleichsgebühr in Höhe von **15/10** an (sehr str.).[121] Ein „Verfahren über die PKH" ist lediglich dann hinsichtlich eines An-

---

[115] BGHZ 91, 311 m. w. N.; Zöller-Philippi § 114 Rn. 3.
[116] München Rpfleger 1987, 173; Zöller-Philippi § 118 Rn. 8.
[117] Str. Nachw. bei Zöller-Philippi § 118 Rn. 8; bejahend Bamberg JurBüro 1988, 901; FamRZ 1995, 939; Celle FamRZ 1999, 1672; Hamm NJW-RR 1998, 863= FamRZ 1998, 1302; Nürnberg NJW-RR 1998, 864 = FamRZ 1998, 837; JurBüro 1999, 642; Stuttgart AnwBl. 1997, 236; Zöller-Philippi § 118 Rn. 8; Lappe Rn. 529; a. A. Hamburg JurBüro 1983, 287; München Rpfleger 1987, 173. Dazu dass u. U. auch eine Beweisgebühr erfasst wird Enders JurBüro 1999, 643.
[118] A. A. München Rpfleger 1987, 173.
[119] Bamberg FamRZ 1995, 939; Celle JurBüro 1989, 1148.
[120] (1. Senat) JurBüro 1987, 1373.
[121] Bamberg (2. Senat) JurBüro 1997, 366; 1996, 23 (für den Fall einer Scheidungsvereinbarung); Brandenburg JurBüro 1997, 638; Dresden FamRZ 1999, 391; Düsseldorf FamRZ 1998, 114; Frankfurt FamRZ 1999, 1153; 1997, 1347; Hamburg JurBüro 1996, 26; Koblenz (2. Senat) FamRZ 1998, 115; (11. Senat) FamRZ 1998, 1382; Köln (26. Senat) FamRZ 1998, 1032; (14. Senat) FamRZ 1998, 1033; München FamRZ 1997, 1347; Rostock FamRZ 1999, 387; Schleswig FamRZ 1999, 388 und 1031; Stuttgart FamRZ

III. PKH-Antragsverfahren

spruchs „anhängig" i. S. v. § 23 Abs. 1 S. 3 Hs. 2 BRAGO, wenn das Gericht über den Anspruch entscheiden (!) soll und hierfür PKH beantragt wird. Dem RA soll ein Ansporn gegeben werden, zu einer Regelung der Streitsache beizutragen, ohne dass das Gericht sich mit der Sache selbst befassen muss. Werden Gegenstände nur zum Zweck des Vergleichs mit einbezogen, so muss sich das Gericht hinsichtlich der Erfolgsaussicht nicht mit diesen Gegenständen befassen.[122]

Eine 15/10 Gebühr gibt es erst recht im Fall des **§ 122 Abs. 3 S. 1 BRAGO**, wenn es sich also um Gegenstände handelt, auf die sich hinsichtlich der Vergleichsgebühr die Beiordnung eines RA in einer Ehesache automatisch mit erstreckt. Es fehlt an einer Anhängigkeit im oben dargestellten Sinn.[123] Das gilt auch dann, wenn überflüssiger Weise der Bewilligungsbeschluss antragsgemäß diese Gegenstände ausdrücklich erwähnt.[124]

Im Fall des § 624 Abs. 2 ZPO (automatische Erstreckung der PKH auf den **Versorgungsausgleich**) kommt es darauf an, ob der Versorgungsausgleich zurzeit der Vereinbarung bereits anhängig ist, dann nur 10/10. Das Versorgungsausgleichsverfahren wird nicht automatisch mit dem Scheidungsverfahren anhängig (s. Kap. C Rn. 8ff.). Ist der Versorgungsausgleich aber nicht anhängig und wird antragsgemäß PKH für den Vergleich gewährt, so fällt eine 15/10 Gebühr an.

77

Wird in einem PKH-Antragsverfahren für einen Scheidungsantrag ein Vergleich über das **Sorgerecht** geschlossen, für das kein PKH-Antrag gestellt war, so ist im Regelfall das Sorgerechtsverfahren nicht anhängig. Nach neuem Recht ist das Sorgerecht nur anhängig, wenn dies eine Partei beantragt hat. Das Verfahren zum Sorgerecht ist nach neuem Recht primär ein Antragsverfahren (s. Kap D Rn. 19). Nur wenn Anhaltspunkte dafür gegeben sind, dass die besonderen Voraussetzungen für ein Amtsverfahren vorliegen und das Gericht deshalb ohne einen Antrag ein Sorgerechtsverfahren eingeleitet hat, beschränkt sich die Vergleichsgebühr auf 10/10. Dem stehen nicht die Entscheidungen des OLG Düsseldorf und dem OLG Bamberg entgegen, die noch zum alten Recht ergangen und beide davon ausgegangen sind, dass entsprechend der Anregung einer Partei, das Gericht von Amts wegen ein Verfahren eingeleitet hat, was das Gericht seinerzeit noch ohne besondere Voraussetzungen konnte.[125] Aus diesen Entscheidungen darf aber zum neuen Recht nicht der Schluss gezogen werden, dass grundsätzlich ein Sorge- oder Umgangsrechtsverfahren eingeleitet ist, wenn das Gericht im Rahmen der Vergleichsverhandlungen diese Fragen erörtert. Das gleiche gilt für das **Umgangsrecht**.

1997, 1349; Zweibrücken FamRZ 1997, 946; LArbG Düsseldorf JurBüro 1997, 585; *von Eicken*/Madert NJW 1996, 1650; *Enders* JurBüro 1995, 393; **a. A.** (nur 10/10) Koblenz (13. Senat) FamRZ 1997, 946; Saarbrücken MDR 1996, 1193; LArbG Frankfurt AGS 1998, 102; LArbG Nürnberg JurBüro 1998, 190; *Hansens* § 23 Rn. 15; *Mümmler* JurBüro 1995, 356; **Mittelmeinung** Nürnberg FamRZ 1998, 492 = AnwBl. 1999, 294 15/10 nur, wenn die Parteien den Vergleich bereits schriftlich formuliert mitgebracht haben; Köln FamRZ 1998, 1034 (10. Senat) jedenfalls dann nur 10/10, wenn das Gericht die Voraussetzungen für die Bewilligung der PKH mit Blick auf die getroffene Vereinbarung geprüft hat, insbesondere wenn der Vergleich erst nach Erörterung vor Gericht geschlossen wurde.

[122] *Enders* JurBüro 1995, 393.
[123] Bamberg FamRZ 1997, 1346; Koblenz FamRZ 1998, 115; Köln FamRZ 1998, 1033; Rostock FamRZ 1999, 387; Stuttgart FamRZ 1999, 1381; *Madert* AGS 1998, 145 m.w.N.; **a. A.** Köln FamRZ 1997, 945; *Hansens* § 23 Rn. 15; *Mümmler* JurBüro 1995, 356.
[124] Koblenz FamRZ 1998, 115; Rostock FamRZ 1999, 387.
[125] Düsseldorf FamRZ 1998, 114; Bamberg FamRZ 1997, 1346.

O. *Auswirkungen von Prozesskostenhilfe*

3. Gerichtsgebühren

78 Für das PKH-Antragsverfahren fallen keine Gerichtsgebühren an. Für das erfolglose Beschwerdeverfahren wird eine Gerichtsgebühr von 50 DM erhoben (für Zivilprozesse KV 1952, für FG-Sachen § 131 b KostO).

IV. Kostenerstattung bei PKH

1. Hauptsacheverfahren

a) Erstattungsanspruch gegen PKH-Berechtigten

79 Der PKH-Berechtigte ist dem obsiegenden Gegner erstattungspflichtig (§ 123 ZPO). Zu beachten ist aber § 58 Abs. 2 S. 2 GKG s. oben Rn. 57.

b) Eigener Erstattungsanspruch des RA

80 Der beigeordnete RA kann seine Vergütung auch unmittelbar bei dem erstattungspflichtigen Gegner im eigenen Namen oder im Namen der Partei geltend machen (§ 126 Abs. 1 ZPO) und zwar die Wahlanwaltsgebühren.[126] Die begünstigte Partei hat selbst auch einen Erstattungsanspruch.[127] Allerdings stehen der Partei und dem RA insoweit keine Erstattungsansprüche mehr zu, als die Staatskasse an den RA gezahlt hat, da dann insoweit die Forderung auf die Staatskasse übergegangen ist (§ 130 Abs. 1 S. 1 BRAGO). Dem RA ist wegen § 126 Abs. 2 ZPO zu raten, die Kostenerstattung von Anfang an im eigenen Namen geltend zu machen, da nach h. M. eine **Aufrechnung** des Gegners gegenüber dem Mandanten im Verhältnis zum RA dann durchgreift, wenn zu Gunsten der Partei ein Kostenfestsetzungsbeschluss hinsichtlich der RA-Gebühren ergangen[128] und nicht zurückgegeben ist.[129] Dasselbe gilt bereits, wenn der RA im Namen der Partei einen Kostenfestsetzungsantrag gestellt hat und der Gegner die Aufrechnung mit Ansprüchen gegen die Partei erklärt, bevor der RA im eigenen Namen einen Erstattungsantrag gestellt hat.[130] Ist die Aufrechnung gegenüber der Partei wirksam, so verliert der RA, der durch einen Kostenfestsetzungsantrag im Namen seiner Partei dem Gegner Gelegenheit zur Aufrechnung gegeben hat, seinen Vergütungsanspruch gegen die Staatskasse.[131] Der Kostenfestsetzungsantrag sollte ausdrücklich im eigenen Namen gestellt werden, da nach der h. M. bei Zweifeln davon auszugehen ist, dass der Antrag im Namen der Partei gestellt ist.[132]

---

[126] *Zöller-Philippi* § 126 Rn. 1.
[127] Str. BGH NJW 1952, 786; Brandenburg FamRZ 1999, 1218; Düsseldorf NJW-RR 1998, 287; FamRZ 1998, 847; Karlsruhe AGS 1999, 30; KG JurBüro 1987, 773; *Baumbach/Lauterbach-Hartmann* § 126 Rn. 22 m. w. N.; a. A. *Lappe* Rn. 473.
[128] BGH NJW 1994, 3292 ff., 3294 m. w. N.; München OLGR 97, 153; *Zöller-Philippi* § 126 Rn. 17 m. w. N.
[129] Düsseldorf FamRZ 1998, 847.
[130] Düsseldorf AnwBl. 1980, 377 ff.; Koblenz AnwBl. 1990, 56; München OLGR 1997, 153.
[131] München OLGR 1997, 167.
[132] Düsseldorf AnwBl. 1980, 377 ff., 378; Hamm AnwBl. 1982, 383; Koblenz JurBüro 1982, 775; **a. A.** das Gericht muss bei Zweifeln beim RA rückfragen Brandenburg FamRZ 1999, 1218; *Zöller-Philippi* § 126 Rn. 8.

IV. Kostenerstattung bei PKH

c) Zahlung der Staatskasse bei Kostenquotelung

Sind in der Kostenentscheidung die Kosten gequotelt und hat die Staatskasse bereits gemäß § 121 BRAGO Zahlungen an den PKH-Anwalt erbracht, so errechnet sich der Erstattungsanspruch der PKH-Partei gegen den Gegner wie folgt:[133]

81

Streitwert 100 000 DM. Nach mündlicher Verhandlung Urteil mit Kostenquotelung 1/7 zu 6/7 zu Gunsten des Klägers, dem ein PKH-Anwalt beigeordnet war.	
Staatskasse hat an Klägervertreter gezahlt	1821,20 DM
Wahlanwaltsgebühren beider Parteien	9952,80 DM
Beklagter trägt 6/7	8530,97 DM
Abzüglich eigene Kosten des Beklagten	4976,40 DM
Erstattungsanspruch des Klägers	3554,57 DM
Zahlung der Staatskasse an Klägervertreter	1821,20 DM
Kläger würde insgesamt erhalten	5375,77 DM
Klägervertreter hat als Wahlanwalt nur verdient	4976,40 DM
Kläger würde also zu viel erhalten	399,37 DM
Erstattungsanspruch des Klägers von	3554,47 DM
reduziert sich um	399,37 DM
auf	3155,20 DM
Übergang auf Staatskasse § 130 BRAGO	399,37 DM

2. PKH-Antragsverfahren

Zwischen den Parteien gibt es im PKH-Antragsverfahren keine Kostenentscheidungen und keine Kostenerstattungsansprüche.[134] Die Parteien sind im PKH-Antragsverfahren nicht Gegner i. S. v. § 91 Abs. 1 ZPO. Im Falle der erfolglosen Beschwerde durch die Staatskasse gemäß § 127 Abs. 2 S. 1, Abs. 3 ZPO bzw. im Fall einer erfolgreichen Beschwerde gegen die PKH-Versagung steht dem Antragsteller ein Kostenerstattungsanspruch gegen die Staatskasse zu.[135] Der in der Hauptsache obsiegende Gegner des PKH-Berechtigten kann wegen des eindeutigen § 118 Abs. 1 S. 4 ZPO die Erstattung der Kosten des PKH-Verfahrens auch nicht als Prozessvorbereitungskosten verlangen.[136] Da es keinen Grund gibt, den PKH-Berechtigten besser zu stellen, muss dasselbe auch für ihn gelten.[137]

82

---

[133] Vgl. *Hansens* § 130 Rn. 11; Brandenburg JurBüro 1999, 419; München AnwBl. 1982, 115.
[134] *Zöller-Philippi* § 118 ZPO Rn. 26; *Lappe* Rn. 365.
[135] München MDR 1982, 414; Nürnberg JurBüro 1988, 511; *Lappe* Rn. 367; a. A. Celle KostRsp. § 127 ZPO Nr. 125.
[136] Nahezu einhellige Meinung BGHZ 91, 314; *Baumbach/Lauterbach-Hartmann* § 91 ZPO Rn. 154 m.w.N.; a. A. *Lappe* Rn. 469.
[137] Sehr str. Überblick *Enders* JurBüro 1997, 453; wie hier Düsseldorf MDR 1987, 941; München JurBüro 1993, 160; *Zöller-Herget* § 118 Rn. 27 ff.; a. A. Stuttgart JurBüro 1986, 936; *Baumbach/Lauterbach-Hartmann* § 91 Rn. 154 m.w.N.

Sachverzeichnis

Die großen Buchstaben bezeichnen die Kapitel, die arabischen Zahlen die Randnummern.

Beispiel: B 3 führt zu Kapitel B. Randnummer 3, also zu Kapitel B. Streitwerte bzw. – Gegenstands- oder Geschäftswerte. I. Allgemeines, 2. Verbund.

Abänderung einer Entscheidung
Einstweilige Anordnung F 6, 9
HausratsVO D 82
PKH-Beschluss O 17
Unterhalt D 56 ff., 60, 64, 67, 68, M 10, O 17
Versorgungsausgleich D 74
Wert, Abänderungsklage B 65
Zugewinn, Stundung D 96

Abtrennung eines Verfahrens
s. auch Fortführung von Folgesachen als selbständige Familiensache
s. auch Scheidungsurteil vor Folgesachenentscheidung
s. auch Vorwegentscheidung zur elterlichen Sorge
Echte Abtrennungen
Abtrennung mehrerer Gegenstände E 18
Berechnungsbeispiel 1. Instanz E 17
Gerichtskosten E 20
RA-Gebühren E 18
Übersicht E 1

Unechte Abtrennungen, Übersicht E 1

Amtsverfahren
Einleitung im Verbund C 8 ff.
Gerichtskosten C 44
Prozessgebühr im Verbund C 8 ff.

Anerkennung ausländischer Urteile
Berechnungsbeispiele D 104 ff.
Gerichtskosten D 107
RA-Gebühren D 106

Anfechtung der Ehelichkeit s. Kindschaftssachen

Angelegenheit, eine oder mehrere
Abänderung eines Titels D 57, 58, 64, 82
Abtrennung, echte E 18, 20
Allgemeine Grundsätze I 13
Anerkennung ausländischer Urteile D 106
Anzahl der Angelegenheiten in Scheidungs- und Folgesachen J 31
Arrest und einstweilige Verfügung F 51

Beratungshilfe I 25
Beschwerde im PKH-Verfahren O 66
Beschwerden, mehrere F 18
Einstweilige Anordnung F 4 ff., 21
Mehrere Anträge F 5, 21
Mehrere Beschwerden F 18

Elterliche Sorge D 4, E 21
FG-Verfahren, mehrere D 4
Fortführung einer Folgesache als selbständige Sache E 19
Gebühren des § 118 BRAGO I 38
Gemeinsame Verhandlung D 4
Gütergemeinschaft, Klage auf Aufhebung D 101
Hausrat D 82 ff.
Anrufung des falschen Gerichts D 83
Herausgabeklage D 83

Isolierte Familiensachen D 4, 5
Keine Familiensachen J 33
Pauschale gemäß § 26 BRAGO C 35
Rechtsmittel, mehrere D 5
Rechtszug D 4
Scheidungsurteil vor Folgesachenentscheidung E 4
Trennungs- und Scheidungsvereinbarung J 32
Umgangsrecht D 4
Unterhalt
Abänderungsverfahren D 56 ff., 64 ff.
Stufenklage D 47
Teils vereinfachtes Verfahren D 55, 63
Übergangsrecht D 65
Unterhaltsberechtigte, mehrere C 7

Verbund C 3
Versorgungsausgleich, Stufenklage D 70
Vorläufige Anordnung in FG-Sachen F 42, O 30
Vorwegentscheidung zur elterlichen Sorge E 12, 15
Zugewinn, vorzeitiger Ausgleich D 94
Zwangsvollstreckung H 1

Anhörung
Ehesache C 19 ff.
Elterliche Sorge C 22 ff., 23, 26, 27

Sachverzeichnis

PKH-Antragsverfahren C 19
Scheidung C 19 ff.
Stoffsammlung C 26 ff.

Anordnungsverfahren s. Widerspruchs- und Anordnungsverfahren

Anrechnung
Abtrennung des Verfahrens E 26
Anwaltsvergleich J 29
Einstweilige Anordnung, Einigung und Vergleich F 34
Prozesskostenvorschuss M 18 ff.
Verbindung von Verfahren E 23, 26
Vereinfachtes Unterhaltsverfahren D 54, 55, 57, 58, 59, 62, 63, 64

Antragserweiterung, PKH O 16

Anwaltliche Versicherung
Beweisgebühr F 13
Glaubhaftmachung hinsichtlich Erörterungsgebühr C 34

Anwaltshaftung s. Haftung des RA

Anwaltsvergleich
Allgemeines J 26
Anrechnung der Gebühr auf die Prozessgebühr J 29
Berechnungsbeispiel J 25
Gebühren J 27
Gebühren für die Vollstreckbarerklärung J 28
Kostenfestsetzung M 5

Anwendungsbereich der Verbundvorschriften C 4

Arrest und einstweilige Verfügung
Berechnungsbeispiele
1. Instanz F 47
2. Instanz F 53
Widerspruch F 50

Gerichtskosten F 49
Berufung F 55
Widerspruchs- und Anordnungsverfahren F 52

Kostenfestsetzung M 11
PKH O 30

RA-Gebühren F 48
Berufung F 54
Erlass in Berufungsinstanz F 48
Widerspruchs- und Anordnungsverfahren F 51

Aufhebung einer Entscheidung
Arrest bzw. einstweilige Verfügung F 51

Beiordnung O 37
Einstweilige Anordnung F 6, 9
Gebührenpflichtige Entscheidung D 100

Aufhebung der Gütergemeinschaft D 101

Aufrechnung
s. auch Anrechnung
PKH, Aufrechnung gegen Erstattungsanspruch des RA O 80

Ausgleichsanspruch der Staatskasse gegen Streitgenossen O 35

Auskunft
Unterhalt D 46, 47
Versorgungsausgleich D 70, O 42

Ausländisches Recht
Anerkennung ausländischer Entscheidungen, Gerichtskosten D 107

RA-Gebühren
Anerkennung ausländischer Entscheidungen D 106
Italienisches Recht, Trennung C 4

Streitwerte
Anerkennung einer ausländischen Entscheidung in Ehesachen B 98
Italienisches Recht, Trennung und Scheidung B 97
Verfahren auf Vollstreckbarerklärung eines ausländischen Urteils B 99

Auslagen
Ehewohnung und Hausrat C 48, D 84

Elterliche Sorge
Auslagenschuldner D 19 ff.
Isoliertes Verfahren D 17 ff., 27, 28
Kostenentscheidung D 30 ff.
Verbund C 48

RA als Portotransferadresse C 35
Verbund C 48
Versorgungsausgleich D 75

Außergerichtlicher Vergleich
s. Vergleich
s. Vergleichsgebühr

Aussetzung der Vollziehung F 6

Aussöhnungsgebühr § 36 Abs. 2 BRAGO
Aussöhnungsgebühr G 7
Begriff Aussöhnung G 4
Berechnungsbeispiel G 1
Ehegefährdung G 2, 3

Sachverzeichnis

Höhe der Aussöhnungsgebühr G 7
Mitwirkung des RA G 5, 6
PKH O 29
Vergleich G 9
Weitere Gebühren G 8
Wert B 28

Beratungshilfe
Anrechnung I 17
Anspruch gegen den Gegner I 24
Auslagen I 20
Eine oder mehrere Angelegenheiten I 25
Gebühr für Rat oder Auskunft I 16
Gegenstandswert I 21
Schutzgebühr I 22
Vergleich oder Erledigung der Rechtssache I 19
Vergütung für die in § 118 BRAGO bezeichneten Tätigkeiten I 18
Vergütungsvereinbarung I 22

Berufung
s. Rechtsmittel

Beschwerde
s. Rechtsmittel

Besprechungsgebühr § 118 Abs. 1 Nr. 2 BRAGO
Allgemeines D 10, I 33 ff.
Dritter (Begriff) I 36
Einmaligkeit der Gebühren, mehrere Auftraggeber, mehrere Angelegenheiten I 38
Einverständnis mit dem Auftraggeber I 35
Elterliche Sorge C 23, D 10
Höhe der Gebühr D 14, I 40
Leicht übersehen D 2
Mitwirkung bei der Gestaltung eines Gesellschaftsvertrages und bei der Auseinandersetzung von Gesellschaften und Gemeinschaften I 34
PKH-Antragsverfahren O 71
PKH, außergerichtlicher Vergleich O 28
Vermittlungsverfahren gemäß § 52a FGG D 36

Beweisaufnahmegebühr § 118 Abs. 1 Nr. 3 BRAGO
Abgrenzung zur Stoffsammlung C 26
Allgemeines D 12 ff.
Beweisbeschluss D 12
Elterliche Sorge D 12 ff.
Gebührenhöhe D 14
Gutachten D 12 ff.
Mitwirkung des RA D 12 ff., I 37
PKH-Antragsverfahren O 71

Beweisgebühr
Anhörung
Ehesache C 19 ff.
Elterliche Sorge C 22 ff., 26, 27
PKH-Antragsverfahren C 19

Arrest und einstweilige Verfügung F 48
Beweisbeschluss C 24, 26
Ehewohnung C 29
Einstweilige Anordnung gemäß § 620 Nr. 1–9 ZPO F 13
Elterliche Sorge C 26, 27
FG-Folgesachen C 19, 26
Formloses Beweisverfahren C 26
Nicht postulationsfähiger RA C 41
PKH-Antragsverfahren O 64
Prüfung des Beweisbeschlusses C 24
Prüfung eines schriftlichen Gutachtens C 24
Sachverständigengutachten C 24
Stoffsammlung C 26
Teilung der Wohnung C 29
Unterhalt C 25
Unterhalt, vereinfachtes Verfahren D 53, 67
Verbund C 19 ff.
Verdienstbescheinigung C 25
Versorgungsausgleich C 26, 28
Vorläufige Anordnung F 42
ZPO-Folgesachen C 24 ff.
Zweifel an Beweisaufnahme C 26

Beweislast bei RA-Gebühren C 26, 34

Beweiswürdigung C 24, D 13

Bruchteilsgemeinschaft
RA-Gebühren D 103
Streitwert B 95

Differenzgebühr § 32 Abs. 2 BRAGO
Einstweilige Anordnung F 36 ff.
FG-Verfahren O 71
Kostenfestsetzung M 8
PKH-Antragsverfahren O 65, 71

Differenzgebühr § 41 Abs. 2 BRAGO F 34 ff.

Ehesache
s. auch Ehescheidung
Anhörung zur Ehesache C 19 ff.
Anzuwendende Vorschriften D 7
Kostenfestsetzung M 1
PKH-Umfang O 18, 19
Verhandlungsgebühr C 15 ff.

Ehescheidung
Gerichtskosten C 43 ff. 53 ff.

Sachverzeichnis

Kostenfestsetzung, Verkehrsanwalt M 14

RA-Gebühren
Anhörung zur Scheidung C 19 ff.
Beweisgebühr C 19 ff.
Prozessgebühr C 5
Rechtsmittel C 51 ff.
Verhandlungsgebühr C 15 ff.

Streitwert
Antragsänderung B 25
Aussöhnungsgebühr, Wert B 28
Bedeutung des Eheverfahrens B 23
Berechnungsbeispiel B 13
Bewertungszeitpunkt B 15
Einkommen, Berechnung B 16, 17
Gerichts- und Anwaltsgebührenwert B 14
Kinder u. sonstige Unterhaltsberechtigte B 19
Prozesskostenhilfe, beiderseitige 18
Rechtsmittel B 26
Schulden B 20
Sonstige Ehesachen B 25
Streitwertfestsetzung B 27
Umfang der Sache B 22
Vermögen B 21

Ehewohnung und Hausrat

Berechnungsbeispiele
1. Instanz D 80
2. Instanz D 85

Gerichtskosten D 84
Isoliertes Verfahren, 1. Instanz D 84
Isoliertes Verfahren, Rechtsmittel D 87
Verbund, Auslagen C 48

Geschäfts- bzw. Streitwert
Benutzung des Hausrats B 82
Ehewohnung B 80
Hausrat B 81
Rechtsmittel B 84
Vergleich über den Hausrat B 83

PKH
Nicht postulationsfähiger RA O 45
Umfang bei Vergleich O 19
Willkürlich isoliertes Verfahren O 42

RA-Gebühren
Änderung einer Entscheidung D 82
Anrufung des falschen Gerichts D 83
Einstweilige Anordnung F 3
Gewöhnliche Herausgabeklage D 83
Isoliertes Verfahren D 80 ff.
Rechtsmittel D 85 ff.
Verbund C 3
Verbund, Beweisgebühr C 29
Verbund, Prozessgebühr C 13
Vorläufige Anordnung F 42

Eidesstattliche Versicherung, Beweisgebühr F 13

Eilverfahren
s. Arrest und einstweilige Verfügung
s. Eilverfahren, Streitwerte
s. Einstweilige Anordnung
s. Einstweilige Anordnung, Einigung und Vergleich
s. Vorläufige Anordnung in FG-Sachen

Eilverfahren, Streitwerte
Allgemeines B 10
Arrest B 12, 115
Aufhebung oder Änderung F 6
Aussetzung F 6
Benutzung der Ehewohnung und des Hausrats § 620 Nr. 7 ZPO B 107
Einstweilige Anordnung in Ehesachen B 100, F 37
Einstweilige Anordnung in Unterhaltssachen § 644 ZPO B 110
Einstweilige Anordnung über Prozesskostenvorschuss § 621 ff. ZPO B 112
Einstweilige Verfügung B 115
Elterliche Sorge § 620 Nr. 1 ZPO B 101
Feststellung des Außerkrafttretens F 6
Getrenntlebende Ehegatten § 620 Nr. 5 ZPO B 105
Herausgabe oder Benutzung zum persönlichen Gebrauch B 108
Kindesherausgabe § 620 Nr. 3 ZPO B 103
Prozesskostenvorschuss für Ehesache und Folgesachen § 620 Nr. 9 ZPO B 109
Prozesskostenvorschuss in Unterhaltssachen § 127 a ZPO B 111
Rechtsmittel in Eilverfahren B 116
Umgangsrecht § 620 Nr. 2 ZPO B 102
Unterhalt für Mutter und Kind nach § 641 d ZPO B 113
Unterhaltspflicht gegenüber minderjährigem Kind § 620 Nr. 4 ZPO B 104
Unterhalt eines Ehegatten § 620 Nr. 6 ZPO B 106
Vorläufige Anordnungen in selbständigen Familiensachen B 11, 114
Wiederholte Anträge F 6

Eine oder mehrere Angelegenheiten s. Angelegenheit, eine oder mehrere

Einigung
s. Differenzgebühr
s. Einstweilige Anordnung, Einigung und Vergleich

Einstweilige Anordnung gemäß §§ 127 a, 621 f ZPO F 24

Sachverzeichnis

Einstweilige Anordnung gemäß § 641 d ZPO
F 25

Einstweilige Anordnung gemäß § 644 ZPO
Berechnungsbeispiel F 20
Gerichtskosten F 22
Rechtsmittel F 23
RA-Gebühren F 21
Mehrere einstweilige Anordnungsanträge F 21
Rechtsmittel F 23

Einstweilige Anordnung gemäß § 53 a Abs. 3 FGG F 26

Einstweilige Anordnung, Allgemeines und § 620 Nr. 1–9 ZPO
s. auch Eilverfahren, Streitwerte
s. auch Einstweilige Anordnung, Einigung und Vergleich
Angelegenheit, eine oder mehrere F 4, 7
Berechnungsbeispiele
1. Instanz F 2
2. Instanz F 16

Erlass der einstweiligen Anordnung in der Rechtsmittelinstanz F 10
Gerichtskosten F 15
Feststellung des Außerkrafttretens F 19
Sofortige Beschwerde F 19

Kostenfestsetzung M 3, 11
Leicht übersehen F 1
PKH O 22, O 30

RA-Gebühren
Änderung einer einstweiligen Anordnung F 6
Anzuwendende Vorschriften F 3
Anzuwendende Vorschriften im Beschwerdeverfahren F 17
Aufhebung einer einstweiligen Anordnung F 6
Außergerichtliche Einigungsgespräche F 38
Aussetzung der Vollziehung einer einstweiligen Anordnung F 6
Beweisgebühr F 13
Ehewohnung und Hausrat F 3
Erörterungsgebühr F 11 ff.
Feststellung des Außerkrafttretens einer einstweiligen Anordnung F 6
Mehrere Anträge F 5, F 7
Mehrere Rechtsanwälte F 8
Mehrere sofortige Beschwerden F 18
Prozessgebühr F 9 ff.
Prozessgebühr bei Erlass durch Prozessgericht F 10
Vergleichsgebühr im Beschwerdeverfahren F 17

Verhandlungsgebühr F 11 ff.
Wiederholt neue Anträge F 6

Einstweilige Anordnung, Einigung und Vergleich gemäß § 41 Abs. 2 BRAGO F 27 ff.
Berechnungsbeispiele F 27 ff.
Gerichtliche Vergleichsgebühr F 41
RA-Gebühren
Anhängiger Antrag F 33
Endgültige Regelung F 36 ff.
Erörterungsgebühr F 39
Nicht anhängiger Gegenstand F 34 ff.
Prozessgebühr F 33 ff.
Vergleichsgebühr F 40
Verhandlungsgebühr F 39
Vorläufige Regelung F 34 ff.

Einstweilige Verfügung
s. Arrest und einstweilige Verfügung

Einverständnis mit Scheidung
Prozessgebühr C 5
Verhandlungsgebühr C 16

Elterliche Sorge
Berechnungsbeispiele
1. Instanz D 8
2. Instanz D 22

Gerichtskosten
Auslagen im isolierten Verfahren C 48, D 17 ff., 27, 30
Auslagen im Verbundverfahren C 48
Auslagenschuldner im Amtsverfahren D 21
Auslagenschuldner im Antragsverfahren D 19 ff.
Einstweilige Anordnung F 15
Gerichtsgebühren D 16
Interessenschuldner D 21
Kostenentscheidung D 29 ff.
Kostenfestsetzung M 13
Mehrere Kinder D 16
Rechtsmittel, isoliertes Verfahren D 26, 28
Rechtsmittel, Verbund C 53
Sachverständigengutachten D 17
Übersicht über einschlägige Vorschriften in Kindessachen D 15
Veranlassungsschuldner D 19
Verbund C 4
Vergleichsgebühr F 41
Vorschuss D 18

Kostenentscheidung
§ 94 Abs. 3 S. 2 KostO D 29 ff.
§ 13 a Abs. 1 FGG D 29 ff.

Kostenfestsetzung M 13
PKH O 16, 19, 42

269

Sachverzeichnis

RA-Gebühren
Abtrennung des Verfahrens, echte E 18
Amtsverfahren C 8 ff.
Anhörung zur elterlichen Sorge C 22 ff.
Befristete Beschwerde D 23 ff.
Besprechungsgebühr D 10
Beweisaufnahmegebühr D 11 ff.
Beweisgebühr bei Anhörung gemäß § 613 Abs. 1 S. 2 ZPO C 22 ff.
Beweisgebühr im Verbund C 27
Geschäftsgebühr C 23, D 9
Prozessgebühr C 8 ff., 23
Ratsgebühr C 23
Verbindung des Verfahrens E 21
Verbund C 4
Vergleich C 23
Vorwegentscheidung zur elterlichen Sorge E 1, 11 ff.
Weitere befristete Beschwerde D 25
Zurückverweisung D 24

Streitwert bzw. Geschäftswert
Änderung einer früheren Entscheidung B 32
Eine oder mehrere Angelegenheiten B 37
Mehrere Kinder B 31
Rechtsmittelverfahren B 33
Selbständige Familiensache B 30
Sorge- u. Umgangsrecht in einem Verfahren B 32
Verbundverfahren B 29
Vergleich B 32

Willkürlich isoliertes Verfahren O 42

Erörterungsgebühr C 30 ff.
Anhängiger Gegenstand C 32
Beweislast C 34
Einstweilige Anordnung F 11 ff.
Einstweilige Anordnung, Einigung und Vergleich F 39
Entgegengesetzte Standpunkte C 30
Erörterung zur Sache C 31
Nicht postulationsfähiger RA C 42
PKH-Antragsverfahren O 63, O 75
Scheidung C 33
Verhandlungsbereiter gegnerischer RA C 33

Erstberatung s. Rats- oder Auskunftsgebühr

Erweiterung des Antrags
s. Antragserweiterung

Fälligkeit von RA-Gebühren
Scheidungsurteil vor Folgesachenentscheidung (§ 628 ZPO) E 5
Verbund C 36
Vorwegentscheidung zur elterlichen Sorge (§ 627 ZPO) E 13

Fahrtkosten und Abwesenheitsgeld des RA
s. Reisekosten des RA

Feststellung des Außerkrafttretens F 6, 19

Feststellungsklage, negative B 68–70

FG-Verfahren, Zugehörigkeit zu diesen D 3

Fortführung von Folgesachen als selbständige Verfahren
Berechnungsbeispiel E 17
Echte Abtrennung E 1, 19
Kostenfestsetzung M 7
Streitwertfestsetzung M 7

Gebührenhöhe, RA-Gebühren
Bestimmung durch RA, § 12 BRAGO D 14

Ehewohnung und Hausrat
Isoliertes Verfahren D 81, 86
Verbund C 13

Erhöhung
Beschwerde D 67
Geschäftsgebühr D 23
Mehrere Unterhaltsberechtigte C 7
Vorläufige Anordnung F 42

Geschäftsgebühr D 14, I 40, O 71
Korrektur durch Gericht D 14
PKH O 46
PKH-Antragsverfahren O 71
Prozessgebühr des nicht postulationsfähigen RA C 39
Rechtsmittel im Verbund C 51, 52
Unterbevollmächtigter, Ehewohnung und Hausrat D 81
Unterhalt, vereinfachtes Unterhaltsverfahren D 53, 67

Vergleichsgebühr
PKH-Antragsverfahren O 76
Vereinfachtes Unterhaltsverfahren D 53

Verhandlungsgebühr
Ehe- und Kindschaftssachen C 15, D 41
FG-Folgesachen C 18
ZPO-Folgesache C 17

Verkehrsanwalt, Ehewohnung und Hausrat D 81
Versorgungsausgleich C 12

Gebührenstreitwert B 2

Gegenstand, einer oder mehrere
Einstweilige Anordnung, wiederholte Anträge F 6

Sachverzeichnis

Mehrere Kinder B 31
Mehrere Unterhaltsberechtigte C 7
Verbund C 3

Gemeinsame Schulden s. Schulden, gemeinsame

Gerichtskosten

Arrest und einstweilige Verfügung F 49
Anordnungsverfahren F 52
Widerspruchsverfahren F 52

Ehewohnung und Hausrat, isolierte Verfahren D 84, 87

Einstweilige Anordnung
§§ 127a, 621f ZPO F 24
§ 620 Nr. 1–9 ZPO F 15
§ 641d ZPO F 25
§ 644 ZPO F 22
§ 53a Abs. 3 FGG F 26

Elterliche Sorge, isolierte Verfahren D 15ff.
Auslagen D 17ff.
Auslagenschuldner im Amtsverfahren D 21
Auslagenschuldner im Antragsverfahren D 19ff.
Gebührenschuldner D 16
Interessenschuldner D 21
Kostenentscheidung D 29ff.
Mehrere Kinder D 16
Rechtsmittel D 26ff.
Sachverständigengutachten D 17
Überblick über anzuwendende Vorschriften D 15
Veranlassungsschuldner D 19
Vorschuss D 18

Kindesherausgabe D 15
Kindschaftssachen D 43ff.
PKH § 58 Abs. 2 GKG O 57ff.
PKH-Antragsverfahren O 78
Scheidungsurteil vor Folgesachenentscheidung E 6, 9
Übersicht der anzuwendenden Vorschriften, isolierte Verfahren D 3

Umgangsrecht, isolierte Verfahren D 15
s. auch Elterliche Sorge, isolierte Verfahren
Auslagenschuldner D 20, 21

Unterhalt, isolierte Verfahren D 48, 51
Unterhalt, vereinfachtes Verfahren D 61, 68
Verbindung von Verfahren E 24

Verbund C 43ff.
Abtrennung E 20
Amtsverfahren C 44
Anwendung des GKG C 43
Auslagen C 48

Auslagenvorschuss C 48
Beschlussgebühr C 47
Genehmigung einer Vereinbarung über Versorgungsausgleich C 46
Rechtsmittel C 53, 54
Rücknahme des Scheidungsantrags C 45
Scheidungsurteil vor Folgesachenentscheidung (§ 628 ZPO) E 6
Urteilsgebühr C 47
Verfahrensgebühr C 44
Vorauszahlungspflicht C 44
Vorschuss C 48

Vermittlungsverfahren gemäß § 52a FGG D 38
Versorgungsausgleich, isolierte Verfahren D 71ff.
Vornahmegebühr D 16
Vorschuss D 18
Zugewinn, vorzeitiger Ausgleich D 94
Zugewinnausgleich, isolierte Verfahren D 90, 92

Geschäftsgebühr § 118 Abs. 1 Nr. 1 BRAGO
Allgemeines D 9, I 27
Anrechnung der Gebühren des § 118 BRAGO auf andere Gebühren I 47
Einfache Schreiben I 32
Einmaligkeit der Gebühren, mehrere Auftraggeber, mehrere Angelegenheiten I 38
Elterliche Sorge C 23, D 9
Gebührenhöhe D 14, I 40, O 71
Geschäftsgebühr und Mehrvertretungszuschlag I 30
Geschäftsgebühr in Wohnungs- u. Hausratssachen I 31
Höhe der Gebühr I 40, O 71
PKH-Antragsverfahren O 71
Vermittlungsverfahren gemäß § 52a FGG D 35

Getrenntleben F 15

Gütergemeinschaft s. Güterrecht, eheliches

Güterrecht, eheliches

Berechnungsbeispiele
Stundung und Übertragung gemäß §§ 1382ff. BGB, 1. Instanz D 95
Stundung und Übertragung gemäß §§ 1382ff. BGB, 2. Instanz D 98
Zugewinn, vorzeitiger Ausgleich D 93
Zugewinn, 1. Instanz D 88
Zugewinn, 2. Instanz D 91

Gerichtskosten
Stundung oder Übertragung gemäß §§ 1382ff. BGB D 97
Stundung oder Übertragung gemäß §§ 1382ff. BGB, Rechtsmittel D 100

Sachverzeichnis

Zugewinn, vorzeitiger Ausgleich D 94
Zugewinnausgleich D 90
Zugewinnausgleich, Rechtsmittel D 92
Zustimmungsverfahren D 102

PKH O 19, 42

RA-Gebühren
Gütergemeinschaft D 101
Klage auf Aufhebung der Gütergemeinschaft D 101
Stufenklage D 89
Stundung oder Übertragung gemäß §§ 1382ff. BGB D 96
Stundung oder Übertragung gemäß §§ 1382ff. BGB, Rechtsmittel D 99
Vorzeitiger Ausgleich des Zugewinns D 94
Zugewinnausgleich D 89
Zugewinnausgleich, Rechtsmittel D 92
Zustimmungsverfahren D 102

Streitwert
Änderung des Güterstandes B 93
Gütergemeinschaft B 94
Klage und Widerklage B 87
Stundung der Ausgleichsforderung B 90
Übertragung bestimmter Vermögenswerte B 91
Vorzeitiger Ausgleich des Zugewinns B 89
Wertberechnung, wenn kein Zugewinn vorhanden B 88
Zugewinnausgleich B 86–88
Zustimmungsverfahren B 92

Willkürlich isolierte Verfahren O 42

Gutachten
Beweisaufnahmegebühr D 13
Beweisgebühr C 24
Gutachten nach §§ 21 oder 21a BRAGO I 26

Haftung des RA
s. auch Hinweispflicht des RA
Unterlassener weiterer PKH-Antrag bei Klageerweiterung O 16
Willkürlich isolierte Verfahren D 6, M 12, O 44

Hausrat s. Ehewohnung und Hausrat

Hinweispflicht des RA
Neuer PKH-Anwalt O 39
PKH-Antragsverfahren O 62
Willkürlich isolierte Verfahren D 6

Höhe der RA-Gebühren s. Gebührenhöhe

Honorarvereinbarungen in Ehe- und Familiensachen
Allgemeines L 1

Auslagenvereinbarung L 19
Bei Beratungshilfe L 22
Dritte als Versprechende L 8
Erfolgshonorar L 29
Erklärung des Auftraggebers L 7
Freiwillige Zahlung L 13
Formvorschriften L 4, 5

Gebührenunterschreitung L 23
Ausnahme, besondere Umstände in der Person des Auftraggebers L 24
Beweisfragen L 27
Bei Pauschal- und Zeitgebühren L 25
Zivilrechtliche Folgen des Verstoßes L 28

Herabsetzung der vereinbarten Vergütung
Durchführung der Herabsetzung L 32
Herabsetzung auf den angemessenen Betrag L 33
Folge der Herabsetzung L 34
Unangemessen hohe Vergütung L 31

Höhere als die gesetzliche Vergütung L 6
Honorarscheine L 11
Inhalt von Honorarvereinbarungen L 17

Mögliche Honorarvereinbarungen
Auslagenvereinbarung L 56
Ausschluss einzelner gesetzlicher Regelungen L 53
Gebührenvereinbarung L 52
Gesamtbetrag L 51
Kombinationen L 55
Mehrwertsteuer L 57
Streitwert- oder Gegenstandswertvereinbarung L 52
Zeitgebühren L 54, 55

Namensunterschrift, eigenhändige L 9
Nachträgliche Honorarvereinbarung L 23
Notwendigkeit von Honorarvereinbarung L 36, 37

Praktische Hinweise für das Abfassen von Honorarvereinbarungen
Checkliste notwendiger und wesentlicher Teile von Honorarvereinbarungen L 59
Häufige Fehler L 59

Praxis der Honorarvereinbarungen
Anfertigung eidesstattlicher Versicherung L 40
Ehescheidungsrechtsstreit als nicht vermögensrechtliche Streitigkeit L 38
Kapitalabfindung anstelle gesetzlicher Unterhaltsansprüche L 39
Gestaffeltes Honorar L 50
Vorarbeiten, Kalkulation L 36, 37
Zeitpunkt des Abschlusses L 49

Prozesskostenhilfe L 21

Sachverzeichnis

Quota litis L 29
Umsatzsteuer L 20
Verstoß gegen die Formvorschriften L 12
Vorläufige Anordnung F 42
Zeitgebühren L 18
Zulässigkeit L 2

Zulässige Honorarvereinbarung
Im Ermessen des Vorstands der Rechtsanwaltskammer L 14
Im Ermessen eines Vertragsteils oder eines Dritten L 14

Isolierte Familiensachen, Allgemeines
Anzuwendende Vorschriften D 3
Eine oder mehrere Angelegenheiten D 4

Italienisches Recht s. Ausland

Kindesherausgabe
Gebühren, s. elterliche Sorge

Streitwert bzw. Geschäftswert
Eine oder mehrere Angelegenheiten B 37
Isolierte Familiensachen B 8
Verbund, isolierte Familiensache B 36

Kindessachen s. elterliche Sorge, s. Umgangsrecht

Kindschaftssachen nach § 640 Abs. 2 ZPO
Berechnungsbeispiele D 39 ff.
Gerichtskosten D 43 ff.
Kostenfestsetzung M 1
Leicht übersehene Gebühr D 1
RA-Gebühren C 15, D 41 ff.
Streitwert B 38

Kostenentscheidung
Auslagen bei elterlicher Sorge D 30 ff.
Auslegung D 32
Bindung an Kostenentscheidung D 30
Elterliche Sorge D 29 ff.
Scheidungsurteil vor Folgesachenentscheidung (§ 628 ZPO) E 5
Unterschied § 94 Abs. 3 S. 2 KostO – § 13a Abs. 1 FGG D 29 ff.
Vereinfachtes Unterhaltsverfahren M 10

Kostenerstattung, PKH
s. PKH, Kostenerstattung

Kostenfestsetzung
s. auch PKH, Kostenerstattung
Arrest und einstweilige Verfügung M 11
Differenzgebühr gemäß § 32 Abs. 2 BRAGO M 8
Einstweilige Anordnung M 11

Elterliche Sorge M 13
Fortführung von Folgesachen als selbständige Verfahren M 7
Glaubhaftmachung C 34
Kindessachen M 13
Kosten des PKH-Antragsverfahrens als Prozessvorbereitungskosten O 82
Mehrere Rechtsanwälte F 8, M 15
Nicht postulationsfähiger RA M 15
Protokollvermerk C 34
Prozesskostenvorschuss, Anrechnung M 18 ff.
RA-Gebühren als notwendige Kosten M 13
Rahmengebühren M 17
Reisekosten des RA M 16
Scheidungsurteil vor Folgesachenentscheidung (§ 628 ZPO) M 6
Streitgenossen M 9
Vereinfachtes Unterhaltsverfahren M 10, 13
Verkehrsanwalt M 14

Vollstreckbarer Titel M 1 ff.
Ehe- und Kindschaftssachen M 1
Einstweilige Anordnung M 3
Isolierte FG-Verfahren M 2
Vergleich, außergerichtlicher M 5
Vergleich, gerichtlicher M 4

Vorläufige Anordnung M 11
Willkürlich isolierte Verfahren M 12

„Kostenfestsetzung" gemäß § 19 BRAGO s. Vergütungsfestsetzung gemäß § 19 BRAGO

Leicht übersehen
Einstweilige Anordnung F 1
Isolierte FG-Verfahren D 2
Isolierte ZPO-Verfahren D 1
PKH O 1 ff.
Scheidungsurteil vor Folgesachenentscheidung (§ 628 ZPO) E 2
Verbund C 1
Vorwegentscheidung zur elterlichen Sorge E 10

Lohnauskünfte, Beweisgebühr C 25, F 13

Mediation
Anrechnung nach § 118 Abs. 2 BRAGO K 12
Anwaltliches Berufsrecht K 2
Begriff K 1
Besprechungsgebühr K 10
Beweisaufnahmegebühr K 11
Erstberatung und Mediation K 6
Geschäftsgebühr K 8
Honorarvereinbarungen K 5
Mehrvertretungszuschlag K 9
Ratsgebühr K 7
Vergleichsgebühr K 13
Vergleichsgebühr, Höhe K 14

273

Sachverzeichnis

Vergütung K 3, 4
Zusammenfassung K 17, 18

Mehrere Anträge, Einstweilige Anordnung
F 5, 21

Mehrere Rechtsanwälte F 8, M 15

Mehrere Rechtsmittel F 12, 21

Nicht postulationsfähiger RA
Anwendungsbereich C 38
Beweisgebühr C 41
Erörterungsgebühr C 42
Kostenfestsetzung M 15
PKH O 45
Prozeßgebühr C 39
Verhandlungsgebühr C 40

Notwendige Kosten gemäß § 91 ZPO, RA-Gebühren
Elterliche Sorge M 13
Vereinfachtes Unterhaltsverfahren M 13
Verkehrsanwalt M 14

Pauschale gemäß § 26 S. 2 BRAGO s. Post- und Telekommunikation

PKH, Ausgleichsanspruch der Staatskasse gegen Streitgenossen O 35

PKH, Gerichtskosten

§ 58 Abs. 2 S. 2 GKG O 57ff.
Anwendung bei § 2 Nr. 2 KostO O 59
Prozeßvergleich O 58

PKH-Antragsverfahren O 78

PKH, Kostenerstattung
Aufrechnung gegenüber RA O 80
Eigener Erstattungsanspruch des RA gegen Gegner O 80
Erstattungsanspruch gegen PKH-Berechtigten O 79
PKH-Antragsverfahren O 82
Übergang der RA-Ansprüche auf die Staatskasse O 80ff.
Zahlung der Staatskasse bei Kostenquotelung O 81

PKH, RA-Ansprüche im PKH-Antragsverfahren

Berechnungsbeispiele
Gegen Mandanten, FG-Verfahren O 69ff.
Gegen Mandanten, ZPO-Verfahren O 60ff.
Gegen Staatskasse O 72ff.

RA-Gebühren gegen Mandanten
Abgrenzung zur Tätigkeit in der Hauptsache O 67
Beschwerde gegen Ablehnung des PKH-Antrags O 66
Besprechungsgebühr O 71
Beweisaufnahmegebühr O 71
Beweisgebühr C 19, O 64
Erörterungsgebühr O 63
FG-Verfahren O 71
Geschäftsgebühr O 71
Mehrere Mandanten O 62
Nachfolgende Tätigkeit in Hauptsache O 68
Prozeßgebühr O 62
Rechtsmittelinstanz O 62
Vergleichsgebühr O 65, 71

RA-Gebühren gegen die Staatskasse O 72ff.
Bindende Entscheidung des Hauptsachegerichts O 75
Erörterungsgebühr O 75
Prozeßgebühr O 75
Vergleich O 75
Vergleich über nicht anhängige Gegenstände O 76
Vergleich über Umgangsrecht O 77
Vergleich über Versorgungsausgleich O 77

PKH, RA-Anprüche im Hauptsacheverfahren
Abänderung des PKH-Beschlusses bei Stufenklage O 17
Alter PKH-Anwalt O 40
Anspruch gegen Staatskasse O 13
Arrest und einstweilige Verfügung O 30
Aufhebung der Beiordnung O 37
Ausgleichsanspruch der Staatskasse O 35
Aussöhnung O 29

Beschränkung der PKH
s. unten Neuer PKH-Anwalt
s. unten Streitgenossen, Beiordnung für nur einen
s. unten Teil-PKH
s. unten Willkürlich isolierte Verfahren

Besprechungsgebühr O 28
Einstweilige Anordnung O 22, 30
Elterliche Sorge O 16
Fristsetzung für Antrag auf Vergütungsfestsetzung O 53
Gebührenhöhe O 46
Gemeinsame Schulden O 23
Leicht übersehen O 1ff.

Neuer PKH-Anwalt O 38ff.
Beschränkung des Vergütungsanspruchs O 38
Vergütungsanspruch gegen Mandanten O 39

Sachverzeichnis

Nicht postulationsfähiger RA O 45
PKH-Antragsverfahren s. PKH, RA-Gebühren im PKH-Antragsverfahren
RA-Ansprüche gegen Gegner O 80
RA-Ansprüche gegen Mandanten O 54

Reisekosten des RA O 47ff.
Anspruch gegen Partei O 49
Fiktive Informationsreisekosten der Partei O 49
Gerichtlicher Ausschluss der Reisekosten O 50ff.
Nicht zugelassener RA O 48
Zugelassener RA O 47

Streitgenossen, Beiordnung für nur einen O 33ff.
Anspruch gegen die Staatskasse O 34
Ausgleichsanspruch der Staatskasse gegen Streitgenossen O 35
Berechnungsbeispiel O 33

Teil-PKH O 31ff.
Anspruch gegen Partei O 32
Anspruch gegen Staatskasse O 32
Berechnungsbeispiel O 31

Übergang der RA-Ansprüche auf Staatskasse gemäß § 130 BRAGO O 56
Umfang der Beiordnung im Verbund O 16, 18
Umgangsrecht O 20
Unbezifferte Stufenklage O 17
Verbundverfahren O 16

Vergleich
Außergerichtlicher O 24ff.
Prozessvergleich O 19ff.
Nach Verkündung des Urteils O 25

Versorgungsausgleich O 16
Vorläufige Anordnung O 30
Vorläufiger Rechtsschutz O 22, 30
Vorschusszahlungen an RA O 15
Wahl-, dann PKH-Anwalt O 36
Weitere Vergütung O 14ff.
Widerklage O 18

Willkürlich isolierte Verfahren O 41ff.
Anspruch gegen Mandanten O 44
Auskunftsanspruch O 42
Beschränkung des Vergütungsanspruchs O 41ff.
Ehewohnung und Hausrat O 42
Einstweilige Anordnung O 42
Elterliche Sorge O 42
Unterhalt O 42
Versorgungsausgleich O 42
Zugewinnausgleichsverfahren O 42

PKH, Streitwert bei Beschwerde über Ratenzahlung O 66

Postulationsfähigkeit des RA s. nicht postulationsfähiger RA

Post- und Telekommunikation
RA als Posttransferstelle C 35
Verbund C 35

Protokollvermerk C 34

Prozessgebühr C 5ff.
Amtsverfahren im Verbund C 8ff.
Anhörung zur elterlichen Sorge C 22ff.
Arrest und einstweilige Verfügung F 48, 51, 54
Ehewohnung und Hausrat C 13, D 81ff.

Einstweilige Anordnung
§§ 127a, 621f ZPO F 24
§ 644 ZPO F 21, 23
§ 641d ZPO F 25
§ 53a Abs. 3 FGG F 26
Allgemeines und § 620 Nr. 1–9 ZPO 1. Instanz F 9ff.
Allgemeines und § 620 Nr. 1–9 ZPO 2. Instanz F 17ff.
Einigung und Vergleich F 33ff.

Einverständnis mit Scheidung C 5
FG-Sachen im Verbund C 8ff.
Kindschaftssachen D 41ff.
Mehrere Unterhaltsansprüche C 7
Nicht postulationsfähiger RA C 39
PKH-Antragsverfahren O 62, O 75
Scheidung C 5
Unterhalt C 7, D 47
Unterhalt, Abänderung D 56ff.
Verbund C 5ff.
Versorgungsausgleich im Verbund C 8
Vorläufige Anordnung F 42

Prozesskostenhilfe s. PKH

Prozesskostenvorschuss, Anrechnung M 18ff.
Kostenquotelung M 19
Kostentragung in vollem Umfang M 18
Nachweis der Vorschusszahlung M 21

Rats- oder Auskunftsgebühr § 20 Abs. 1 BRAGO
Abbedingung der Erstberatungsgebühr I 11
Abgrenzung zwischen § 20 u. § 118 BRAGO I 3
Allgemeines I 2
Angelegenheit und Beratungsgegenstände I 14
Anrechnung der Erstberatungsgebühr I 12
Auskunft I 2
Auslagenpauschale I 8
Eine oder mehrere Angelegenheiten, Begriff I 13
Elterliche Sorge, Anhörung C 23
Erstberatung, Begriff I 9

Sachverzeichnis

Erstberatungsgebühr und Gebühren-
  ermäßigung nach dem Einigungsvertrag I 9
Höhe der Gebühr I 6
Höhe der Gebühr bei Beratung Mehrerer I 3
Mehrere Beratungen über denselben Gegen-
  stand I 15
Mehrere Besprechungen I 7
Voraussetzungen für dieselbe Angelegenheit I 13
Vorbemerkung und Berechnungsbeispiel I 1
Zusammenhang mit anderer gebühren-
  pflichtiger Tätigkeit I 5

Rechtsmittel
Angelegenheit, eine oder mehrere D 5

Berechnungsbeispiele
Arrest und einstweilige Verfügung F 53
Ehewohnung und Hausrat D 85
Einstweilige Anordnung F 16
Elterliche Sorge D 22
Kindschaftssachen D 40
Scheidungsurteil vor Folgesachenentscheidung
  (§ 628 ZPO) E 7
Unterhalt D 49
Verbund C 49 ff.
Vereinfachtes Unterhaltsverfahren D 66
Versorgungsausgleich D 77
Vorläufige Anordnung F 44
Vorwegentscheidung zur elterlichen Sorge
  E 14
Zugewinnausgleich D 91
Zugewinnausgleich, Stundung und Übertragung
  D 98

Gerichtskosten
Arrest und einstweilige Verfügung F 49, 52, 55
Ehewohnung und Hausrat D 87
Einstweilige Anordnung F 19, 21, 24
Elterliche Sorge D 26
Kindschaftssachen D 43 ff.
PKH-Antragsverfahren O 78
Scheidungsurteil vor Folgesachenentscheidung
  (§ 628 ZPO) E 9
Unterhalt D 51
Verbund C 53 ff.
Vereinfachtes Unterhaltsverfahren D 68
Versorgungsausgleich D 79
Vorläufige Anordnung F 46
Zugewinnausgleich D 92, 100

RA-Gebühren
Ablehnung des PKH-Antrags O 66
Arrest und einstweilige Verfügung F 48, 51, 54
Aussöhnung G 7
Ehewohnung und Hausrat D 86
Einstweilige Anordnung F 17, 23, 24
Elterliche Sorge D 23 ff.
Erhöhung der Geschäftsgebühr D 23
Kindschaftssachen D 41 ff.

Mehrere Beschwerden F 18
PKH-Antragsverfahren O 62
Scheidungsurteil vor Folgesachenentscheidung
  (§ 628 ZPO) E 8
Unterhalt D 50
Verbund C 51 ff.
Vereinfachtes Unterhaltsverfahren D 67
Versorgungsausgleich D 78
Vorläufige Anordnung F 45
Vorwegentscheidung zur elterlichen Sorge
  E 15 ff.
Zugewinnausgleich D 92, 99
Zurückverweisung C 51, D 24

Werte bei mehreren Beschwerden B 9

Reisekosten des RA
Kostenfestsetzung M 16

PKH-Anwalt O 47 ff.
Anspruch gegen Partei O 49
Fiktive Informationsreisekosten der Partei
  O 49
Gerichtlicher Ausschluss der Reisekosten
  O 50 ff.
Nicht zugelassener RA O 48
Zugelassener RA O 47

Revision
s. Rechtsmittel

Sachverständigengutachten C 24, D 12 ff.

Scheidung s. Ehescheidung

**Scheidungsurteil vor Folgesachenent-
scheidung (§ 628 ZPO)**
Berechnungsbeispiele
1. Instanz E 3
2. Instanz E 7

Gerichtskosten E 6
Rechtsmittel E 9

Kostenfestsetzung M 6
Leicht übersehen E 2

RA-Gebühren E 4 ff.
Fälligkeit E 5
Kostenentscheidung E 5
Rechtsmittel E 8
Verjährung E 5

Unechte Abtrennung E 1, 4

Scheidungsvereinbarung s. Trennungs- und
  Scheidungsvereinbarungen

Sachverzeichnis

Schulden, gemeinsame
PKH O 23
RA-Gebühren D 103
Streitwert B 96

Sofortige Beschwerde
s. Rechtsmittel

Sorgerecht s. elterliche Sorge

Streitgenossen
Kostenfestsetzung M 9
PKH O 33 ff.
PKH-Antragsverfahren O 62

Streitwert, Allgemeines
Arrest B 12
Einstweilige Anordnungen B 10
Einstweilige Verfügung B 12
Folgesachen, abgetrennte B 6
Gebührenstreitwert B 2
Isolierte Verfahren B 8
Prozessstreitwert B 1
Scheidungsantrag abgewiesen B 4
Verbund B 3
Verfahrensstreitwert B 1
Vorläufige Anordnungen B 11
Vorwegentscheidung über den Scheidungsantrag B 5

Streitwertfestsetzung bei Fortführung als selbständiges Verfahren M 7

Stufenklage
PKH O 17
Unterhalt s. Unterhalt für Ehegatten und Kinder
Versorgungsausgleich D 70
Zugewinnausgleich D 89

Stundung bei Zugewinn s. Güterrecht, eheliches

Tätigkeitsgebühr gemäß § 44 Abs. 1 BRAGO
D 53 ff.

Teilurteil über Scheidung s. Scheidungsurteil vor Folgesachenentscheidung

Trennung nach italienischem Recht s. Ausland

Trennungs- und Scheidungsvereinbarungen
Abgrenzung in Ehe- und Familiensachen J 5
Allgemeines J 1
Anhängigkeit eines Rechtsstreites J 2
Anrechnung von Gebühren J 19

Ausnahmen J 6–8
Gebühren nach §§ 31 ff. oder 118 BRAGO, Allgemeines J 20–22
Gebühren nur nach §§ 31 ff. BRAGO J 18–21
Gebührenvereinbarung J 10
Gegenstandswert J 18
Geschäfts- und Besprechungsgebühr J 11
Prozessauftrag erteilt, Rechtsstreit nicht anhängig J 3
Prozessauftrag, bedingter J 4
Trennungsvereinbarung, reine J 7
Vergleichsgebühr J 12 -18
Vergleich nach Urteil J 24
Vertretung beider Eheleute J 9
Wege zu § 118 BRAGO J 10

Übergang der RA-Anprüche auf Staatskasse gemäß § 130 BRAGO O 56, 80, 81
Ausgleichsanspruch der Staatskasse gegen Streitgenossen s. dort

Übertragung bei Zugewinn s. Güterrecht, eheliches

Umgangsrecht
s. elterliche Sorge

Geschäftswert
Geschäftswert B 34
Vermittlungsverfahren nach § 52a FGG B 35

PKH bei Vergleich O 20

Unterbevollmächtigter
Ehewohnung und Hausrat, Gebührenhöhe D 81

Unterhalt für Ehegatten und Kinder
s. auch Unterhalt für Ehegatten und Kinder, Streitwert
s. auch Unterhalt, Vereinfachtes Verfahren

Berechnungsbeispiele
1. Instanz D 45 ff.
2. Instanz D 49

Gerichtskosten D 48
Abänderungsverfahren D 64
Rechtsmittel D 51
Übergangsrecht D 65

Kostenfestsetzung bei Streitgenossen M 9

PKH
Prozessvergleich O 19
Stufenklage O 17
Willkürlich isolierte Verfahren O 42

RA-Gebühren D 41 ff., D 47
Abänderungsverfahren D 56 ff.

Berufung D 50
Beweisgebühr C 25
Mehrere Unterhaltsberechtigte C 7
Revision D 50
Stufenklage D 47
Übergangsrecht D 60

Unterhalt für Ehegatten und Kinder, Streitwert
Abänderungsklage B 65
Abfindungsvergleich B 72
Anlage U zur Steuererklärung B 48
Berufung des Beklagten gegen die Verurteilung zur Auskunftserteilung B 55
Bestimmung der Art des Unterhalts nach § 1612 BGB B 46
Einbeziehung von freiwilligen Leistungen in einen Vergleich B 53
Feststellungsklage, negative B 49
Freistellung von Kindesunterhalt B 47
Freiwillige Zahlungen und Streitwert B 52
Gesetzlicher Unterhaltsanspruch B 40
Getrenntlebensunterhalt B 41
Getrenntlebens- und nachehelicher Unterhalt B 27
Isolierte Auskunftsklage B 54
Klage und Widerklage B 51
Mehrere Unterhaltsberechtigte B 40
Negative Feststellungsklage B 68–70
Rechtsmittelwert B 73
Rückstände B 49, 61
Rückstände bei einem Gesuch um PKH B 50

Stufenklage
Allgemeines B 57
Anspruch auf Abgabe der eidesstattlichen Versicherung B 59
Anspruch auf Auskunftserteilung und Rechnungslegung B 58
Berechnungsbeispiele B 56
Bezifferte Teilklage verbunden mit Auskunft- bzw. Stufenklage B 64
Hauptanspruch B 60
Rechtsmittelwert B 63
Streitwert der einzelnen Regelgebühren B 62

Unterhaltsansprüche für die Zeit des Getrenntlebens und nach Scheidung B 42
Unterhaltsansprüche nach § 1615 l u. m BGB B 45
Unterhaltsverzicht B 71
Vereinfachte Abänderung von Unterhaltstiteln B 67
Vertraglicher Unterhaltsanspruch B 39
Vollstreckungsabwehrklage B 66

Unterhalt, vereinfachtes Verfahren
Berechnungsbeispiele
1. Instanz D 52
2. Instanz D 66

Gerichtskosten D 61 ff.
Abänderungsverfahren D 64
Rechtsmittel D 68
Teils vereinfachtes, teils streitiges Verfahren D 63
Übergangsrecht D 65, 68
Überleitung ins streitige Verfahren D 62

Kostenentscheidung M 10

Kostenfestsetzung
Kostenfestsetzung auf Unterhaltsfestsetzungsbeschluss M 10
RA-Gebühren als notwendige Kosten M 13
Verkehrsanwalt M 14
Willkürlich isolierte Verfahren M 12

RA-Gebühren D 53 ff.
Abänderung D 56 ff.
Abänderung gemäß § 654 ZPO D 57
Abänderung gemäß § 655 ZPO D 58
Abänderung gemäß § 656 ZPO D 59
Sofortige Beschwerde D 67
Tätigkeitsgebühr D 53
Teils vereinfachtes, teils streitiges Verfahren D 55
Übergangsrecht D 60
Überleitung ins streitige Verfahren D 54
Weitere sofortige Beschwerde D 68

Streitwert B 43
Regelbetragsunterhalt und Rückstände B 44
Regelunterhalt und Vaterschaftsfeststellung B 44

Verbindung von Verfahren E 21 ff.
Abgrenzung
Abgabe oder Überleitung ohne Verbindung E 21
Bloße Verhandlung in gemeinsamem Termin E 21
Sorgerecht und Scheidungssache E 21

Berechnungsbeispiele
Erhöhung des Streitwerts nach Verbindung E 27
Gleiche Gebühren vor Verbindung E 22
Ungleiche Gebühren vor Verbindung E 25

Gerichtskosten E 24

RA-Gebühren
Erhöhung des Streitwerts nach Verbindung E 28
Gleiche Gebühren vor der Verbindung E 23
Ungleiche Gebühren vor der Verbindung E 26
Verbindung von FG-Verfahren E 23

Sachverzeichnis

Verbund
Amtsverfahren, insbes. Versorgungsausgleich C 8 ff.
Anwendungsbereich C 4
Anzuwendende Vorschriften C 3

Berechnungsbeispiele
1. Instanz C 2
2. Instanz C 49 ff.

Gerichtskosten C 43 ff.
Anwendung des GKG C 43
Auslagen C 48
Beschlussgebühr C 47
Prozessvergleich C 45
Rechtsmittel C 53 ff.
Rücknahme des Scheidungsantrags C 45
Urteilsgebühr C 47
Verfahrensgebühr C 44
Versorgungsausgleich, Genehmigung einer Vereinbarung C 46, 47
Vorauszahlungspflicht C 44
Weitere Beschwerde C 54

Leicht übersehene Gebühren C 1
Post und Telekommunikation C 35
PKH bei Prozessvergleich O 19
PKH-Umfang O 16

RA-Gebühren C 3 ff.
Amtsverfahren C 8 ff.
Angelegenheit C 3
Anwendungsbereich C 4
Anzuwendende Vorschriften C 3
Befristete Beschwerde C 51
Berufung C 51
Beweisgebühr C 19 ff.
Beweisgebühr bei Anhörung zur Ehesache C 19 ff.
Beweisgebühr bei Ehewohnung und Hausrat C 29
Beweisgebühr bei elterlicher Sorge C 22 ff., 26, 27
Beweisgebühr in FG-Folgesachen C 26 ff.
Beweisgebühr bei Unterhalt C 25
Beweisgebühr bei Versorgungsausgleich C 28
Beweisgebühr in ZPO-Folgesachen C 24 ff.
Ehewohnung und Hausrat C 3, 13, 29
Elterliche Sorge C 4
Erörterungsgebühr C 14, 30 ff.
Erörterungsgebühr hinsichtlich Scheidung C 33
Fälligkeit C 36
Gegenstand, mehrere C 3
Kindesherausgabe C 4
Nicht postulationsfähiger RA C 37 ff.
Post- und Telekommunikation C 35
Prozessgebühr C 5 ff.
Prozessgebühr bei Scheidung C 5

Prozessgebühr bei Versorgungsausgleich C 8 ff.
Revision C 52
Sachverständigengutachten C 24
Trennung nach italienischem Recht C 4
Umgangsrecht C 4
Verhandlungsgebühr in FG-Folgesachen C 18
Verhandlungsgebühr in ZPO-Sachen C 14 ff.
Versorgungsausgleich C 8 ff.
Weitere Beschwerde C 52
Zusammenrechnung der Werte B 3, C 3

Verdienstbescheinigung s. Lohnauskünfte, Beweisgebühr

Vereinfachtes Unterhaltsverfahren s. Unterhalt, vereinfachtes Verfahren

Verfahrenspfleger D 17

Verfahrenstrennung s. Abtrennung eines Verfahrens

Verfahrensverbindung s. Verbindung von Verfahren

Vergleich
s. auch Einstweilige Anordnung, Einigung und Vergleich
s. auch Vergleichsgebühr
Gerichtsgebühr F 41
Kostenfestsetzung M 5

PKH
Außergerichtlicher Vergleich O 24 ff.
Außergerichtlicher Vergleich nach Urteilsverkündung O 25
Besprechungsgebühr O 28
Ehesache O 19
Einstweilige Anordnung O 22
Gemeinsame Schulden O 23
PKH-Antragsverfahren O 65, 71, 75, 76
PKH-Hauptsacheverfahren O 19 ff.
Umgangsrecht O 20
Vereinbarung für die Dauer des Scheidungsverfahrens O 21

Vergleichsgebühr
s. auch Einstweilige Anordnung, Einigung und Vergleich
s. auch Vergleich
Allgemeines I 41
Begriff des Vergleichs I 42
Einbeziehung anhängiger Gegenstände in einen außergerichtlichen Vergleich J 17
Einstweilige Anordnung F 17, 40
Elterliche Sorge C 23
Gegenseitiges Nachgeben bei Trennungs- und Scheidungsvereinbarungen J 12

Sachverzeichnis

Gegenstandswert hinsichtlich der Vergleichs-
gebühr J 18
Gerichtsgebühr F 41
Höhe der Vergleichsgebühr I 45
PKH-Antragsverfahren O 65, 71, 75 ff.
Trennungs- und Scheidungsvereinbarung J 16

Mitwirken des Rechtsanwalts bei Trennungs-
und Scheidungsvereinbarung J 13
Ursächlichkeit I 44
Vereinfachtes Unterhaltsverfahren D 53
Vergleich über die Kosten I 46
Vermittlungsverfahren gemäß § 52a FGG
D 37
Wert für die Vergleichsgebühr I 22
Wirksamkeit des Vergleichs und Beweislast bei
Trennungs- und Scheidungsvereinbarung
J 14, 15

Vergütungsfestsetzung gemäß § 19 BRAGO
N 1

Verhandlungsgebühr C 14 ff.
Ehesachen C 15
Einstweilige Anordnung gemäß § 620 Nr. 1–9
ZPO F 11 ff.
Einstweilige Anordnung, Einigung und
Vergleich F 39
Kindschaftssachen C 15 ff., D 41
Nicht postulationsfähiger RA C 40
Scheidung C 15 ff.
Unterhalt D 47
Unterhalt, vereinfachtes Verfahren D 53, 67

Verbund
FG-Folgesachen C 18
ZPO-Sachen C 14 ff.

Versorgungsausgleich C 18
Vorläufige Anordnung F 42

Verjährung
Scheidungsurteil vor Folgesachenentscheidung
(§ 628 ZPO) E 2, 5
Vorwegentscheidung zur elterlichen Sorge
(§ 627 ZPO) E 13

Verkehrsanwalt
Gebührenhöhe bei Ehewohnung und Hausrat
D 81
Kostenfestsetzung M 14

Verkehrsrecht s. Umgangsrecht

Vermittlungsverfahren gemäß § 52 FGG
Berechnungsbeispiel D 33 ff.
Gerichtskosten D 38

Geschäftswert B 35
RA-Gebühren D 35 ff.

Versorgungsausgleich
Berechnungsbeispiele
1. Instanz D 69
2. Instanz D 77

Gerichtskosten D 71 ff.
§ 99 Abs. 1 KostO D 71
§ 99 Abs. 2 KostO D 72
Auslagen D 75
Genehmigung einer Vereinbarung im isolierten
Verfahren D 73
Genehmigung einer Vereinbarung im Verbund
C 46, 47
Kostenschuldner D 76
Rechtsmittel D 79
Verfahren nach dem VAHRG D 74
Weitere Beschwerde D 79

PKH-Umfang O 16
PKH, willkürlich isolierte Verfahren O 42

RA-Gebühren D 70
Auskunftsverfahren D 70
Beweisgebühr im Verbund C 28
Gebühren nach Verfahrenseinleitung im
Verbund C 12
Gebühren vor Verfahrenseinleitung im Verbund
C 11
Prozessgebühr im Verbund C 8 ff.
Rechtsmittel im isolierten Verfahren D 78
Verhandlungsgebühr C 18

Streitwert
Abfindungsverfahren B 76
Abweichung zwischen gerichtlichem Streitwert
und dem Wert für die RA-Gebühren B 75
Auskunftsverfahren zum Versorgungsausgleich
B 79
Genehmigung einer Vereinbarung B 77
Geschäftswert im isolierten Verfahren B 78

Vollstreckbare Titel M 1 ff.

Vollstreckungsabwehrklage, Wert B 66

Vorläufige Anordnung in FG-Sachen F 42 ff.
Berechnungsbeispiel 2. Instanz F 44
Gerichtskosten F 43, 46
Kostenfestsetzung M 11
PKH O 30
RA-Gebühren F 42

Vorläufiger Rechtsschutz
s. Arrest und einstweilige Verfügung
s. Eilverfahren, Streitwerte

Sachverzeichnis

s. Einstweilige Anordnung
s. Einstweilige Anordnung, Einigung und Vergleich
s. Vorläufige Anordnung in FG-Sachen

Vornahmegebühr D 16

Vorschuss für Gerichtskosten s. Gerichtskosten

Vorschusszahlungen an PKH-RA O 15

Vorwegentscheidung zur elterlichen Sorge (§ 627 ZPO)
Berechnungsbeispiele
1. Instanz E 11
2. Instanz E 14

Leicht übersehen E 10

RA-Gebühren E 12 ff.
Befristete Beschwerde E 15
Fälligkeit E 13
Verjährung E 13
Weitere Beschwerde E 16

Unechte Abtrennung E 1

Wahlanwalt, dann PKH-Anwalt O 36

Weitere Beschwerde
s. Rechtsmittel

Weitere Vergütung des PKH-Anwalts O 14

Widerklage, PKH O 18

Widerspruchs- und Anordnungsverfahren s. Arrest und einstweilige Verfügung

Willkürlich isolierte Verfahren
Anwaltshaftung D 6, M 12
Kostenfestsetzung M 12
PKH O 41 ff.
Vereinfachtes Unterhaltsverfahren M 12

Wohnung und Hausrat s. Ehewohnung und Hausrat

ZPO-Verfahren, Zugehörigkeit zu diesen D 3

Zugewinnausgleich s. Güterrecht, eheliches

Zurückverweisung
Geschäftsgebühr D 24

Zwangsvollstreckung
Gerichtskosten H 2
RA-Gebühren H 1

Buchanzeigen

Gerold/Schmidt/v. Eicken/Madert

Bundesgebührenordnung
für Rechtsanwälte

Kommentar. Begründet von Dr. Wilhelm Gerold †.
Fortgeführt von Dr. Herbert Schmidt †, Kurt von Eicken, Vors. Richter
am Kammergericht a. D., Wolfgang Madert, Rechtsanwalt in Moers
14., überarbeitete Auflage. 1999
XXIII, 1560 Seiten. In Leinen DM 176,–
ISBN 3-406-44994-8

Anwaltliches Gebührenrecht – glänzend kommentiert
Dieses bewährte Standardwerk hilft Anwälten, ihre Gebühren optimal auszuschöpfen. Übersichtlich, umfassend und zuverlässig beantwortet der Klassiker alle Rechtsfragen und erleichtert die Arbeit durch knappe Zusammenfassungen, viele Berechnungsbeispiele und Hinweise auf regionale Unterschiede in der Rechtsprechung. Deshalb greifen auch Richter und Rechtspfleger in Zweifelsfällen gern zu dieser praxisfreundlichen Kommentierung.

Die Neuauflage
erfaßt die umfangreiche neueste Rechtsprechung zu relevanten Streitfragen des Gebührenrechts und berücksichtigt die einschneidenden Änderungen der BRAGO durch
– die zum 1. 1. 1999 in Kraft getretene Insolvenzordnung
– das Kindschaftsrechtsreformgesetz vom 16. 12. 1997
– die 2. Zwangsvollstreckungsnovelle vom 17. 12. 1997
– das Schiedsverfahrens-Neuregelungsgesetz vom 22. 12. 1997
– die Änderung des Gesetzes über Ordnungswidrigkeiten vom 26. 1. 1998
– das Kindesunterhaltsgesetz vom 6. 4. 1998
– das Zeugenschutzgesetz vom 30. 4. 1998
– das Eheschließungsrechtsgesetz vom 4. 5. 1998
– das Betreuungsrechtsänderungsgesetz vom 25. 6. 1998

So kommen Sie auf Ihre Kosten
als Rechtsanwälte, Richter, Rechtspfleger und Bürovorsteher

Die Autoren
sind als erfahrene Praktiker mit dieser Materie aus richterlicher und anwaltlicher Sicht bestens vertraut.

Verlag C. H. Beck · 80791 München

Scholz/Stein
Praxishandbuch Familienrecht

Herausgegeben von Harald Scholz und Rolf Stein
Bearbeitet von Margarethe *Bergmann*, Dr. Jürgen *Bredthauer*, Ulrike *Carlberg*,
Dr. Marc *Eckebrecht*, Robert *Erdrich*, Sven F. *Fröhlich*, Dr. Norbert *Kleffmann*,
Gisela *Kühner*, Sabine *Neidhardt*, Dr. Uta *Roessink*, Harald *Scholz*,
Christiane *Schreiber*, Rolf *Stein*, Josef *Tischler* und Gerd *Uecker*
2000. Rund 1250 Seiten. Im Leinenordner, 23 gelochte Broschüren DM 168,–
ISBN 3-406-43089-9

Das ganze Familienrecht für den Praktiker

Das neue Werk ist umfassend auf die Bedürfnisse der anwaltlichen und notariellen Praxis angelegt. Das Autorenteam behandelt systematisch, praxisnah und anhand von Beispielen alle Rechtsfragen, die sich bei der Bearbeitung eines familienrechtlichen Mandats stellen, einschließlich verfahrensrechtlicher und kostenrechtlicher Aspekte. Das Handbuch ist als Fortsetzungswerk angelegt. Der Ordner enthält jedoch keine losen Blätter, sondern eine eigene gelochte und geheftete Broschüre für jedes einzelne Thema. Nachsortierkosten entstehen so nicht, und auch die Gefahr falsch einsortierter oder fehlender Blätter ist ausgeschlossen.

Die neueste Aktualisierung enthält

- eine vollständige Überarbeitung und Aktualisierung des zentralen Abschnitts Einkommensermittlung (*Kleffmann*)
- Aktualisierung des Anhangs: Texte und Tabellen zum Versorgungsausgleich (*Bergmann*)
- Ergänzung des Teils Internationales Familienrecht um eine tabellarische Übersicht zum Scheidungs- und Scheidungsfolgenrecht innerhalb der EU, in Polen und in der Türkei (*Uecker*)
- Vervollständigung des Teils Vertragsgestaltung im Familienrecht mit 62 Mustern zu Eheverträgen, Getrenntlebens- sowie Scheidungsfolgenvereinbarungen (*Bredthauer*)

Die Autoren des Werkes

sind langjährige Praktiker im Familienrecht, die teilweise auch bereits durch andere Veröffentlichungen ausgewiesen oder durch ihre Fortbildungstätigkeit beim DAV/DAI bekannt geworden sind.

Lob aus der Praxis:

»Herausragend sind die Kapitel zur unterhaltsrechtlichen Einkommensermittlung sowie zum Verfahrensrecht [...] Wegweisend ist auch das Kapitel zur elterlichen Sorge bzw. dem Umfangsrecht.«
(*Rechtsanwalt Christoph Schnell und Rechtsanwältin und Notarin Ingeborg Rakete-Dombek, in BRAK-Mitteilungen 1/1999*)
»Das Werk ist sehr benutzerfreundlich gegliedert. Die Kommentierung ist verständlich und auf die in der Praxis relevanten Probleme abgestellt.«
(*Diplom-Rechtspfleger Dieter Bobenhausen, in Rechtspflegerblatt 1/1999*)

Verlag C. H. Beck · 80791 München